刘　备　传

张作耀 著

人民出版社

成都武侯祠刘备塑像

目　　录

1

6

绪　　言

东汉中期以后,政治腐败,外戚与宦官交互专权,社会陷入严重混乱。先是和帝年幼,窦太后临朝,窦宪专权,父子兄弟并为卿校,充满朝廷。和帝长大了,想夺回权力,便同中常侍郑众定计除掉了窦宪。郑众因功封侯,做了大长秋,乘势豫政。这个头一开,竟至不可收拾,时而太后临朝,外戚掌权;时而宦官得势,专断朝廷。皇帝成了他们的傀儡。

顺帝、桓帝期间,外戚梁商、梁冀父子先后为大将军。梁冀秉政二十余年,"威行内外,百僚侧目,莫敢违命,天子恭己而不得有所亲豫(意指皇帝大权旁落)"。梁冀搜刮的财富多达三十余万万。史载,梁冀被杀后,以其财货充归朝廷,竟能"减天下税租之半"。宦官握权,为恶更烈,他们"典据(掌控)州郡,辜榷(垄断)财利,侵掠百姓,百姓之冤,无所告诉,故谋议不轨,聚为盗贼"。又加天灾频仍,水灾、旱灾、蝗灾、风灾、雹灾、震灾等接连发生。天灾人祸,民不堪命,流离失所,饿殍遍地。劳动人民为了活命,不得不铤而走险。汉灵帝光和七年(公元184年),终于爆发了规模宏大的以张角兄弟为首的黄巾农民起义。

黄巾起义虽然被镇压下去了,但它的历史影响很大。它点燃了反抗汉朝统治者的烈火,"自张角之乱,所在盗贼并起,……大者二三万,小者六七千人"[①]。其中,张飞燕的"黑山军",部众竟达

----

①　《通鉴纪事本末》卷8。

一百万人。他们使汉王朝的统治势力削弱了,根基动摇了。另一方面,在镇压黄巾起义的过程中,用兵者和州郡史守、地方豪强,甚至一些野心家趁机招兵买马发展了自己的势力,很快形成了一些各霸一方的军事集团。

外戚与宦官的斗争愈演愈烈,外戚何进谋诛宦官,反为宦官所杀;袁绍尽杀宦官二千余人;董卓应何进之召,引兵入洛阳,废刘辩,杀何太后,立刘协,是为汉献帝。董卓专权及其部将李催、郭汜之乱,酿成全国更大的混乱。一场历时数十年、规模空前的军阀混战开始了。

这种特殊的历史环境,给人民带来了深重的灾难,也为一批人提供了发挥才干、表演自己的机会。数十年间,群雄割据,"大者连郡国,中者婴(占据)城邑,小者聚阡陌"①,你争我夺,无有休止之时。老百姓渴望安定和统一。有本事的割据称霸者,相对得到老百姓的支持,在战争中发展了自己,成为一方之主;平庸之辈和逆潮流者、对广大民众施暴不恤者,受到历史的惩罚,由强变弱,由大变小,最终或被吞并,或被消灭。这其中,取得较大成功者是曹操,其次便是孙权和刘备。他们都堪称为一代风流人物。

刘备虽为汉景帝后代,但世系久远,实由布衣起步而终得一方天下。他少年孤苦,与母贩履织席为业;24岁从军,参加了镇压黄巾农民起义的战争;继而投入军阀战争,站在公孙瓒一边,对抗袁绍。因为数有战功,公孙瓒让他做了平原相,成为郡守级的地方官。他在平原相任上表现出了一定的行政能力,取得了不少成绩,颇得人心,颂声日播。

刘备治民用兵都有作为,因而引起了时人,特别是方镇大员的

---

① 曹丕:《典论·自叙》。

注意。不几年,他便成了拥兵一方的军事集团的首领和封疆大吏。兴平元年(公元194年),陶谦表荐刘备为豫州刺史,继让徐州,使他成为徐州牧。这是刘备人生道路上的重大转折。从此,他便周旋于封疆大吏之间了。

但是,他的发展道路非常艰苦。袁术、吕布欺负他,打得他丢妻弃子,东奔西跑,没有立身之地;曹操将他看做最为危险的敌人,必欲除之而后安。他名为州牧,却没有自己的地盘,只能寄人篱下,先是投靠袁绍,为袁绍所驱使;然后投靠刘表,怀着忐忑不安的心情,借地谋兵。曹操取荆州,当阳一战,打得他形同丧家之犬。孙、刘联合,取得赤壁战争的胜利,他虽然分得一杯羹,但从此受制于吴,难得伸其志向。可幸的是,最后他在诸葛亮、庞统、法正等人的辅佐下,智诈并用,终得巴蜀,自立为蜀汉皇帝。

《三国志》作者陈寿用"折而不挠",概括他的性格和奋斗历程。《华阳国志》作者常璩说:"于时先主(刘备)名微人鲜,而能龙兴凤举,伯豫君徐,假翼荆楚,翻飞梁、益之地,克胤汉祚,而吴、魏与之鼎峙。非英才名世,孰克如之!"这都是很有道理的。

本书试图比较全面地论述刘备坎坷崎岖、充满危机的人生历程,深刻地反映其折而不挠、败不气馁的战斗精神。同时,对其功业、某些思想主张,以及为人、平庸的一面做出适当的分析和研究。

刘备重义、爱民甚得历史好评。被演义化了的刘、关、张结义的佳话,长期在中国历史文化发展和社会道德培养中发挥重大作用。其中,虽然不无负面影响,但积极的一面始终是主要的。他以诚待人,收到了"以性情相契"的效果,关羽、张飞、赵云等人,"自少结契,终身奉以周旋";三顾诸葛亮于草庐之中,喜谓"孤之有孔明,犹鱼之有水也",遂使诸葛亮"由是感激,遂许先帝驱使",鞠躬尽瘁,死而后已;他善待部属,所以士兵甘为驱使;他甚知"得人心者得天下"的道理,认为"济大事必以人为本",所以大难当头,宁知不利而不弃民;为政务宽,史无苛敛记载。

自然,他的民本思想是同他谋图大事紧紧相连的。正如晋人习凿齿所说:"先主(刘玄德)虽颠沛险难而信义愈明,势逼事危而言不失道。追景升(刘表)之顾,则情感三军;恋赴义之士,则甘与同败。……其终济大业,不亦宜乎!"①

书中指出,封建时代谋立大业的历史人物,很少将信义作为目的而信守不易者。对他们来说,倡信崇义自始至终都是争取人心,进而达到政治目的的手段。刘备自然也不例外。他崇尚信义,但决不为此自囿。所以,从另一角度看,刘备也有诡诈而不讲信义的一面。刘备对待刘璋的态度是最为明显的以怨报德。但从政治大局考虑,均可不以为非。

刘备少年时期不太喜欢读书,但曾受过正规的儒学熏陶,在自处、办事、建制、用人等方面都表现出了明显的儒家色彩。另一方面,残酷的历史现实和坎坷的人生阅历,又使他甚知诸子百家之可观以及术法之可用。因此,他的思想具有明显的霸王道杂之的特征。既强调儒为学先,又重视峻刑苛法。

刘备一生,大部分时间是在战争环境下度过的。所以,他同曹操一样,可谓是鞍马劳顿,倥偬军旅数十年。他重视兵书的学习,并在战争实践中得知兵书之用,因而临终能够要求刘禅"闲暇"时读《六韬》;他更知战争实践的重要,因而当其脱离战争时间长了的时候,便觉不安。但是,他并不是一个善于用兵的人。如果说年轻时候在别人的统率下尚能"数有战功",那么自从代领徐州牧、

---

① 《三国志·蜀书·先主传》注。

身为封疆大吏以后,由他自己指挥的战争便是败多胜少了。可喜的是,他一举夺得益州,成就大业。所以综合考察,不能不承认,刘备虽然是通过军事手段谋取天下,但其军事才略远不及曹操,也不如孙权。夷陵惨败,走死白帝,是"备不晓兵"(曹丕语)的最后盖棺论定的证明。

刘备做了两年的皇帝便死了。由于忙于复仇战争,他在政治、经济等方面都没有值得称道的建树。考虑到诸多方面的因素,本书不以庸君视之,而称他是一位未及有所作为的皇帝。

本书对诸葛亮、刘禅作为刘备事业的后继者进行了讨论,表明了作者对于诸葛亮的基本态度。诸葛亮是一个伟大的历史人物,政治家,军事家:定益治蜀,治民有道,使蜀汉地区得到一段相对稳定的时期;治军严明,刑政峻急而不酷,给后人留下了许多可以借鉴的东西;东联孙吴,南抚夷越,在外事交往和民族关系史上给人以诸多启示;尽心事业,鞠躬尽瘁,一种高尚的做人精神垂范后世;为官清廉,倡俭节丧,聪明睿智,长于巧思,皆令后人佩服。但是,诸葛亮是人,不是神,所以也有人的局限和弱点。

刘备与诸葛亮的关系非常微妙。历史的客观条件和人才匮乏的情况,以及诸葛亮所表现出的出众的才能,决定了刘备不能不重用诸葛亮。初谓"孤之有孔明,犹鱼之有水也",当是肺腑之言。但是,他对诸葛亮存有戒心,及至弥留之际,表现出了很大的不安。诸葛亮惶恐受托,心存芥蒂,虽然尽力国事,止于不篡,但并没有按照刘备所希望的那样去辅佐、培养后主。

本书认为,三国鼎立,蜀汉先亡,有许多方面的原因。诸如,国小力弱,难抗大国;后主暗弱,诸葛亮壮志未酬身先死;宦官误国,等等。但最为重要的是人才问题,结论是:蜀无能臣谋将。造成这种局面,刘备、诸葛亮都有不可推卸的责任。亡国之责,不能全由后主承担。

以上就是本书内容和作者基本观点的简单概括,是为绪言,权作导读。

第一章　家世及其青少年时代

刘备,字玄德,涿郡涿县(今河北涿州市)人。生于东汉桓帝延熹四年(公元 161 年),卒于三国蜀汉章武三年(魏黄初四年,公元 223 年),终年 63 岁。

一、汉室支庶

史云,刘备为汉景帝儿子中山靖王刘胜的后代。汉景帝有十四个儿子,贾夫人生刘胜。刘胜其人,乐酒好内,妻妾成群,有子一百二十余人。其中二十人封侯,刘贞是最早封侯的五人之一。《三国志·蜀书·先主传》说,"胜子贞,元狩六年(公元前 117 年)封涿县陆城亭侯,坐酎金失侯(酎,音 zhòu,指醇酒),因家焉(家,动词)。"此记与《汉书》所载不同。《汉书·王子侯表》说:"陆城侯贞,中山靖王子,(元朔二年,公元前 127 年)六月甲午封,十五年,元鼎五年(公元前 112 年)坐酎金免。"《三国志·先主传》记载有两个明显的错误:一是时间不对,晚了十年;二是爵级不符,把县级侯国降为乡亭级的侯爵封号(实际上,西汉无乡侯、亭侯之封)。刘贞为侯十五年,因"坐酎金失侯",国除(封国被撤消),子孙也没有继嗣为侯者,降为庶民百姓。所谓"坐酎金免",实是元鼎年间,汉武帝大规模的削藩行动以便加强中央集权的组成部分。汉制,每年八月新酒酿成后皇帝要在宗庙举行大祭,称谓"天子饮酎"。

"饮酎"时,诸侯王和列侯都要献金助祭,称为"酎金"。据《汉书·武帝纪》和《史记·平准书》注引如淳的话说:"《汉仪注》诸侯王岁以户口酎黄金于汉庙,皇帝临受献金,金少不如斤两,色恶(成色不好),王削县,侯免国。"汉武帝利用这一机会,狠狠打击、削弱了诸侯的势力。《汉书·武帝纪》载:"(元鼎五年)九月,列侯坐献黄金酎祭宗庙不如法夺爵者百六人。"刘贞便是其中之一。

从公元前112年刘贞失侯,到公元196年"曹公(操)表先主(刘备)为镇东将军,封宜城亭侯"①,中经三百余年,刘备的直系先人别无封侯者。裴松之注《三国志》时指出,"先主虽云出自孝景,而世数悠远,昭穆难明,既绍汉祚,不知以何帝为元祖以立亲庙。"元人胡三省注《资治通鉴》时也指出,"《蜀书》云备中山靖王胜子陆城亭侯贞之后,然自祖父以上世系不可考。"

具体的世系传承是很难搞清楚了,但我们从历史的考察中知道,东汉光武帝刘秀是汉高祖的九世孙,景帝的六世孙;汉献帝是汉光武帝的八世孙。这样算来,至少十三世以前,刘备才同东汉献帝同一祖先——汉景帝。所以,称他为东汉皇室的远系支庶是颇为恰当的。②

《三国志·先主传》说,"先主祖雄,父弘,世仕州郡。雄举孝廉,官至东郡范令。先主少孤,与母贩履织席为业。"据此,可以得到三个结论:一、刘备的先祖官居高位者很少,否则必会述及;二、祖父刘雄、父亲刘弘都在州郡内做过职级不高的小官。刘雄孝廉

---

① 《三国志·蜀书·先主传》。
② 《三国演义》第20回列述刘备先祖世系,自景帝至刘备历十九世,并谓陆城亭侯刘贞以后至刘备祖父刘雄以前直系先人,两汉期间有十三世封侯。不见史传,当为小说家特意撰补。按,如果依此算来,刘备的辈分比献帝小得多。可见,《三国演义》所列世系和让献帝称刘备为皇叔的说法都是无稽的、矛盾的。

出身,官至范县(今河南范县)令,说明家虽不显,但也颇有一定社会地位;三、父亲刘弘早逝,家势顿落,刘备少孤,为了生存之计,不得不自食其力,与母贩履织席为业,过着既非穷困也不富裕的一般的平民生活。这样的家庭出身,对他的成长以及为人处事自然产生了微妙的影响。一方面,家庭的根基和社会地位使他不会甘于如此平淡的生活;另一方面,经济的状况又必然影响他的思想轨迹、制约他的发迹历程以及交际和爱好。

二、少有大志

历史上,凡已成其大业的人物,出生时的乡土异象、少年时代表现出的若干异人和过人之处,常常被后人根据传说编织出一些美丽的花环戴在他们的头上。

《三国志·先主传》说,"(刘备)舍东南角篱上有桑树生高五丈余"。刘备居住的村庄就是以他家的这株大桑树命名的。这株大树,由于同刘备有如此的关系,所以也便名留青史了。地理学家、刘备的同乡、北魏时的涿县人郦道元作《水经注》时特意提到这一点:"督亢沟水东经涿县郦亭楼桑里南,即刘备之旧里也。"直到宋代,楼桑村依然比较有名,所以《方舆纪要》也特意提到了它的确切位置,说"楼桑村在涿州西南十五里"。

更有趣的是,刘备家的这株桑树,不仅高大,而且形状与众不同,树冠犹如大伞,"遥望见童童如小车盖",所以"往来者皆怪此树非凡,或谓当出贵人"。中国历史上第一个为刘备争正统地位的历史学家、晋人习凿齿在写《汉晋春秋》时,非常重视搜集这样的异兆和传说,因而在书中明确地记载着,当时涿县有一位名叫李定的善知风水的人,看到了这株怪状大树,便向世人宣称:"此家必出贵人。"这贵人，当然就是刘备了。

　　大树之下往往是村民集谈和少儿玩耍的地方。据载，"先主（刘备）少时，与宗中诸小儿于树下戏，言：'吾必当乘此羽葆盖车。'叔父子敬谓曰：'汝勿妄语，灭吾门也！'"①羽葆盖车，指用鸟的羽毛装饰的只有天子才能乘坐的华盖车。如此企图做皇帝的狂言，自然属于大逆不道，会招来灭门之祸，所以引起了叔父的恐慌。著史者记载了这一故事，目的全在于要说明刘备其人自幼怀有大志，表现与众不同；同时也要说明少年刘备已经引起了家族和世人的注意。

　　刘备的母亲和同宗人等都察觉到刘备有过人之处，因而也都重视对他的教育和培养。15岁那年，母亲让他出外求学，"与同宗刘德然、辽西公孙瓒俱事故九江太守同郡卢植。"②卢植亦涿郡涿县人，是后汉大儒，"少与郑玄俱事马融，能通古今学，好研精而不好章句"③，著作甚多，曹操称其为"名著海内，学为儒宗，士之楷模，国之桢干"④。拜到这样大儒的门下，自然很不容易，既需一定的学识根基，也需交纳不菲的束脩费用。同宗刘德然的父亲刘元起"常资给先主"，担负了他的大部或全部费用，资助数量之多竟"与德然等"。据说，元起的妻子很不高兴，因说："各自一家，何能常尔邪！"元起当即说出了心里话："吾宗中有此儿，非常人也。"⑤可见，宗族中人们资助刘备求学，实是作为一种政治投资。

　　根据历史的记载推测，刘备跟随卢植求学时间不会太长。因

---

　　①　《三国志·蜀书·先主传》。

　　②　同上。

　　③　《后汉书·卢植传》。

　　④　《三国志·魏书·卢毓传》注引《续汉书》。

　　⑤　《三国志·蜀书·先主传》。

为刘备 15 岁是熹平四年(公元 175 年)。这一年,卢植拜为九江太守,刘备、刘德然、公孙瓒都不可能跟随到九江从学。不久,卢植"以病去官",在家著书立说,并授学于缑氏山(今河南偃师东)中。熹平末年(公元 177 年),"会南夷反叛,以植尝在九江有恩信,拜为庐江太守。"岁余,"复征拜议郎……转为侍中,迁尚书"。[①] 可见,刘备从卢植求学只可能在卢植"以病去官"后至再拜庐江太守之前的不足两年的时间里。因此,他虽然受到大儒的熏陶,但不会是很多、很深刻的,甚至还没有养成读书的习惯。

刘备的长相颇有一些与众不同的特点。他身高七尺五寸(按东汉官尺算,约合 1.78 米),"垂手下膝,顾自见其耳"[②]。长了两条长胳臂可能是真的,但说垂手过膝,当属言过其实。因为除非是畸形人,那不符合人类的生理特征。耳朵较常人为大也可能是真的。吕布骂他"大耳儿,最叵信!"[③]曹操称他为"大耳翁"[④],都可以作为证明。但如《三国演义》所说"两耳垂肩",则是没有历史根据的。

史称"先主不甚乐读书,喜狗马、音乐、美衣服"[⑤],当是真的。惜无更多直接的事实证据。这说明,他的家境虽然不甚富裕,但也并非非常困难;同时说明,刘备不是一个善治产业的人,更非安分守己、满于现状之辈。

刘备身处东汉末年社会矛盾空前激烈之际。尤其在他 20 岁前后的时候,社会必将大乱的形势已很明显。因此,他开始积极行

---

① 《后汉书·卢植传》。
② 《三国志·蜀书·先主传》。
③ 《后汉书·吕布传》。
④ 《华阳国志·刘先主志》。
⑤ 《三国志·蜀书·先主传》。

动,谋划在乱世中建功立业。史载,刘备"少语言,善下人,喜怒不形于色。好交结豪侠,年少争附之"。"善下人"是谦虚待人之意;"喜怒不形于色"表现了善断大事的风度。这都是能够成其大事的重要条件。

在此期间,他终究结交了多少豪杰,把多少有志青少年笼络在自己周围,不得而知。但就"年少争附之"推测,定当不少。其中名气最大的自然是青年关羽和张飞。

关羽,字云长,本字长生,河东解(今山西临猗西南)人。《三国志·关羽传》说,关羽"亡命奔涿郡。先主于乡里合徒众,而羽与张飞为之御侮"。《华阳国志·刘先主志》也说,刘备合众,"河东关羽云长、同郡张飞益德并以壮烈为御侮"。关羽因何"亡命",史无明记。《三国演义》说是因为杀了本地豪强而亡命,自然是一种合理的推测。"御侮"是什么意思呢?这是一种职务,是个名词,而不是一般意义上的抵御侵犯,语出《诗经·大雅·绵》"予曰有御侮"。《疏》云:"御侮者,有武力之臣,能折止敌人之冲突者,是能扞御侵侮,故曰御侮也。"用现代话说,就是贴身警卫,就是保镖。《关羽传》说:"先主与二子寝则同床,恩若兄弟,而稠人广坐,侍立终日,随先主周旋,不避艰险。"这段话,固然反映了他们之间的真挚情感,同时也表明了他们之间的尊卑关系。人们常见戏剧舞台上刘备坐着,关、张肃立身后,而以为是关、张对刘备的尊敬,实非仅仅如此,更重要的是职所使然。

张飞,字益德,或作翼德,涿郡人。有关他的家世、出身,正史没有记载,从而为演义类作品留下了广泛驰骋的园地。至于其可信度有多少,自然是不得而知的。《三国志·张飞传》说,张飞"少与关羽俱事先主。羽年长数岁,飞兄事之"。《华阳国志·刘先主志》说:"先主与二子寝则同床,食则共器,恩若兄弟,然于稠人广众中侍立终日。"所谓桃园三结义云云,就是根据这些记载演义出来的。

在经济上,中山(今河北定县)大商张世平、苏双等给了重大帮助。据载,这两人"赀累千金,贩马周旋于涿郡,见(刘备)而异之,乃多与之金财。先主由是得用合徒众"①。

三、乱世发迹

东汉末年,动荡的社会形势为刘备的发迹提供了机会。灵帝中平元年(公元184年),爆发了以钜鹿(今河北巨鹿)人张角为首的黄巾起义,"所在燔烧官府,劫略聚邑,州郡失据,长吏多逃亡,旬日之间,天下响应,京师震动。"②朝廷慌了手脚,立即采取了以下措施:(一)急以外戚、河南尹何进为大将军,率左右羽林五营营士屯驻洛阳周围,修理器械,紧急备战,以镇守、保卫京师;(二)置函谷(今河南新安东北)、太谷(今河南洛阳南)、广城(今河南伊川西南)、伊阙(今河南洛阳南)、镮辕(今河南偃师东南)、旋门(今河南荥阳西)、孟津(今河南孟县南)、小平津(今河南孟津东北)八关都尉,构成京都屏障;(三)发天下精兵,以尚书卢植为北中郎将讨张角,北地太守皇甫嵩为左中郎将、谏议大夫朱儁为右中郎将讨颖川黄巾;(四)全国总动员,命令公卿捐献马匹和弓箭,选拔"列将子孙及吏民有明战阵之略者"到有关部门报到。③可见,当时的形势是,一方面起义军如火如荼地发展,一方面各州郡纷纷举兵自保,同时各地地主武装和一些怀有野心或试图借此以为进阶的人

---

① 《三国志·蜀书·先主传》。
② 《后汉书·皇甫嵩传》。
③ 《后汉书·灵帝纪》。

也都行动起来。

刘备就是在此种形势下率领自己的属从，包括关羽和张飞等而毅然投军的。这时，他的年龄是 24 岁。

从镇压黄巾军起步

史载，"灵帝末，黄巾起，州郡各举义兵，先主（刘备）率其属从校尉邹靖讨黄巾贼有功"①。邹靖其人，生平不详，既任校尉（高级军职），就当时的布军态势和地望看，当为北中郎将卢植或幽州牧刘虞的麾下，或为直属朝廷的一支队伍的长官②。

在此期间，刘备还参加了平定张纯反叛的战争。中平四年（公元 187 年），中山相渔阳张纯与同郡故泰山太守张举及乌桓大人丘力居等联盟，反叛，劫略蓟中，杀护乌桓校尉公綦稠、右北平太守刘政、辽东太守杨终等，众至十余万，张举称天子，张纯自号弥天将军、安定王，寇略青、徐、幽、冀四州。朝廷下诏，令青、徐、幽、冀各州进讨。《三国志·先主传》注引《典略》说："平原刘子平知备有武勇，时张纯反叛，青州被诏，遣从事将兵讨纯，过平原，子平荐备于从事，遂与相随"。进军中，突与叛军遭遇，刘备险些遇难，"遇贼于野，备中创阳死（按：阳死即佯死，装死），贼去后，故人以车载之，得免。"中平六年（公元 189 年），骑都尉公孙瓒、幽州牧刘虞平定了张纯叛乱。史籍不载刘备有何战绩。

---

① 《三国志·蜀书·先主传》。

② 《三国演义》说邹靖为涿郡太守刘焉属下，误。第一，刘焉历任雒阳令、冀州刺史、南阳太守、宗正、太常，没有担任过幽州刺史，也没有担任过涿郡太守。天下方乱之时，他已自求为监军使者，到益州"领益州牧"了，没有直接参与镇压北方的农民起义；第二，据《后汉书·百官志》载，校尉是高级武职，秩为二千石，或为大将军属，或为特置，如司隶校尉、城门校尉、戊己校尉等，而郡太守的属官最大的武职是都尉。所以，邹靖不可能是太守的部下。

刘备因为参与镇压黄巾起义有功，被授为中山安喜（今河北定州境）尉。刘备所立军功，史无具体记载。①

尉是县长（或令）的佐官，武职，主掌按察盗贼、维护地方治安、征发卒役等事。《后汉书·百官志》说，"县万户以上为令，不满为长，侯国为相。皆秦制也。丞各一人。尉，大县二人，小县一人。"刘备做安喜尉，也未见大的功业，但鞭打督邮一事却是载于青史的。

《三国志·先主传》说，"督邮以公事到县，先主求谒，不通，直入缚督邮，杖二百，解绶（解下绶带当绳子用）系其颈着马枊（音àng，拴马桩），弃官亡命。"裴松之注引《典略》更为详细地记录了事情的来龙去脉："其后州郡被诏书，其有军功为长吏者，当沙汰之，备疑在遣中。督邮至县，当遣备，备素（早）知之。闻督邮在传舍，备欲求见督邮，督邮称疾不肯见备，备恨之，因还治（指治所），将吏卒更诣传舍，突入门，言'我被府君（按：郡太守尊称府君）密教收（捕）督邮'。遂就床缚之，将出到界，自解其绶以系督邮颈，缚之著树，鞭杖百余下，欲杀。督邮求哀，乃释去之。"督邮是朝廷命官，郡太守的重要属官，主要负责督察一郡之内所属各县长吏善恶和是否称职。刘备怒打督邮，以下犯上，罪不容诛，便只好逃命了②。

刘备逃命，辗转到了京师洛阳，不久又率领关羽、张飞等从军了。《三国志·先主传》注引《英雄记》说："灵帝末年，备尝在京师，后与曹公俱回沛国，募召合众。会灵帝崩，天下大乱，备亦起军

---

① 《三国演义》所说关云长刀斩程远志，三兄弟共同战张角，并且救了董卓的命，以及刘备箭中张宝左臂、跟随朱儁大战黄巾余部等，统统不见于史传。

② 《三国演义》说张飞怒鞭督邮，刘备仁慈，出面阻止。这是为了塑造刘备、张飞的形象，非是。当以史传为是，实系刘备自为，或督率属下而为之。

从讨董卓。"《三国志》刘备本传说，"大将军何进遣都尉毌丘毅诣丹杨（治今安徽宣城）募兵，先主与俱行，至下邳（今江苏睢宁西北）遇贼，力战有功，除为下密（今山东昌邑东南）丞。复去官。后为高唐（山东今县）尉，迁为令。"

这是一些很不完整的记载。刘备"回沛国，募召合众"，那是建安初年，他被吕布打败以后的事。还有，他与都尉毌丘毅一起到丹杨募兵，在军中被授予什么军职，立了什么样的功，为什么做了县丞又不做了，又凭着什么得为高唐县尉、令，均不清楚。

但是，从这些记载中则能准确无误地看出，刘备的确是再次积极地参加了镇压农民起义的战争，立有战功，并由此得官，从县之丞尉到县令。可见，如果说曹操是以镇压农民起义起家的话，那么刘备何尝不是由此起步。

靠公孙瓒发达

农民起义军没有放过刘备，不久便攻破高唐，把他打跑了。初平（公元190—193年）初，刘备无处安身，率领属从投奔了公孙瓒。此即历史所称，刘备"为贼所破，往奔中郎将公孙瓒"①。

公孙瓒，字伯珪，辽西令支（今河北迁安境）人，是刘备的同窗好友，也是有助于刘备发迹的一位关键人物。二人曾经同学于卢植。《三国志·先主传》说："瓒深与先主（刘备）相友。瓒年长，先主以兄事之。"公孙瓒以孝廉为郎，被授予辽东属国长史，后因抵御鲜卑入塞和讨伐张纯有功，升涿县令，再升骑都尉，又升中郎将，封都亭侯。后来，又因镇压农民起义军有功，拜为奋武将军，封蓟侯；继而，汉献帝又自长安遣使拜瓒为前将军，封易侯。他同袁绍

---

① 《三国志·蜀书·先主传》。

的关系,先是互相利用,后是势不两立。他曾应袁绍之约,出兵攻击冀州牧韩馥,迫使韩馥把冀州让给了袁绍。根据当时的建制,公孙瓒应该接受幽州牧刘虞节度,但因对付乌桓、鲜卑策略上的不同而与刘虞不和:"瓒志扫灭乌桓,而刘虞欲以恩信招降,由是与虞相忤。"①袁绍谋立刘虞为帝,公孙瓒自然持反对态度。袁绍、袁术各怀异志,兄弟因立刘虞事不和,公孙瓒站到袁术一边,派遣从弟公孙越率骑兵一千帮助袁术,结果公孙越被杀,从而更加与袁绍势不两立。公孙瓒上疏数袁绍十大罪状,急剧向南发展,自置冀州、青州、兖州刺史和郡县守令,以与袁绍所置州郡史守相对抗。继而,他杀死了幽州刺史刘虞,控制了幽州地区。所以,公孙瓒虽非州牧,但却是雄居一方的相当有影响的一股势力。

刘备往奔中郎将公孙瓒后,瓒表请朝廷封刘备为别部司马。据《后汉书·百官志》载,将军属官有长史、司马各一人,秩千石,司马主兵。又说,"其别营领属为别部司马,其兵多少各随时宜。"可见,别部司马,是一个职级相当高的具有一定独立性的武职②。

公孙瓒是很有名的血腥镇压黄巾农民起义的人物。史载:初平二年,公孙瓒迎击青、徐黄巾军于东光(河北今县)南,"斩首三万余级",黄巾"弃其车重数万辆,奔走渡河",瓒因其半济而攻之,又杀黄巾数万,流血丹水,收得生口七万余人,车甲财物不可胜算。由此"威名大震"③。刘备是否参加了公孙瓒这次大规模的杀害农民军的行动,史无记载,但从时间上看,有可能刘备已经到了公孙瓒那里。因而,他参加这次屠杀行动是非常可能的。

---

① 《后汉书·公孙瓒传》。

② 元郝经《续后汉书》说,公孙瓒表刘备为别部司马在初平二年(公元191年)十月。

③ 同上。

《三国志·先主传》注引《英雄记》说:"天下大乱,备亦起军从讨董卓。"所谓"从讨",表明他还没有一支像样的独立的军事力量,而是作为公孙瓒的部属参加了战争。但是,从正式的历史记载看,公孙瓒和刘备在讨伐董卓的战争中,都没有什么殊功卓勋,只是做了一些策应性的行动。《三国演义》所述的刘备跟随公孙瓒参加讨伐董卓的战争作为,以及关羽刀斩董卓骁将华雄①和刘、关、张三人战吕布,统统不见于正史。

公孙瓒主要是用刘备来对付袁绍。公孙瓒派他到青州去,"使与青州刺史田楷以拒冀州牧袁绍"。这是初平三年与四年间(公元192—193年)的事。史载:"袁绍与公孙瓒所置青州刺史田楷连战二年,士卒疲困,粮食并尽,互掠百姓,野无青草。绍以其子袁谭为青州刺史,楷与战,不胜。"②在对抗袁绍的战争中,刘备确实帮了公孙瓒大忙,数有战功,因而公孙瓒让他"试守平原(今山东平原南)令,后领平原相"③。侯国的相,与郡太守同级。至此,他已是享秩二千石的官了。

平原任上"雄姿杰出"

刘备做平原相的时候,以关羽、张飞为别部司马,分统部曲。同时结交了赵云,用主骑兵。

赵云,字子龙,常山真定(今河北正定)人。他曾是公孙瓒的部下,《三国志·赵云传》及注引《云别传》说:"云身长八尺,姿颜雄伟,为本郡所举(荐),将(率领)义从吏兵诣公孙瓒"。赵云为什

---

① 华雄是被孙坚杀死的。《三国志·吴书·孙坚传》云,初平二年(公元191年),孙坚"复相收兵,合战于阳人,大破卓军,枭其都督华雄(一作叶雄)等"。
② 《资治通鉴》卷60,献帝初平四年。
③ 《三国志·蜀书·先主传》。

么不就近追随袁绍,而常山郡又为什么要推举赵云投附公孙瓒,《云别传》的记载可见一斑。记载反映了常山郡一些地方官吏对于形势的错误分析和赵云期投明主的心情:"时袁绍称冀州牧,瓒甚忧州人之从袁绍也,善云来附,嘲云曰(用调侃的口气对赵云说):'闻贵州人皆愿袁氏,君何独回心,迷而能反乎?'云答曰:'天下讻讻,未知孰是,民有倒悬之厄,鄙州论议,从仁政所在,不为忽袁公私明将军也。'遂与瓒征讨。"当时,恰巧刘备也到了公孙瓒那里,二人有了接触,刘备"每(常常)接纳云,云得深自结托"。

公孙瓒遣刘备配合田楷抗拒袁绍,同时让赵云随从,"为先主(刘备)主骑"。不过,这段时间不会太长。因为赵云很快认识到公孙瓒不是一个贤能而最终有所作为的人物,想找机会离开,于是"云以兄丧,辞瓒暂归"。这时,刘备与赵云已深结友谊,知其骁勇可用,因此"知其不反,捉手而别",从而充分表达了难舍难离和希望为己所用之意。赵云自然明白刘备的意思,因而非常明确地对刘备说:"终不背德也。"数年之后,赵云兑现了自己的诺言,终成刘备名将。

刘备在平原任上颇有政绩。《三国志·先主传》注引王沈《魏书》说:"是时人民饥馑,屯聚钞暴。备外御寇难,内丰财施,士之下者,必与同席而坐,同簋而食,无所简择。众多归焉。"他很得人心,颂声远播。

据载,他的政绩和能力,竟然受到别有用心的人的妒忌。《先主传》上有一段很有趣的记载:"郡民刘平素轻先主,耻为之下,使客刺之。客不忍刺,语之而去。其得人心如此。"本传注引《魏书》也提到:"刘平结客刺备,备不知而待客甚厚,客以状语之而去。"这些记载,颇令后人疑惑。卢弼《三国志集解》注引赵一清的话说:"前注引《典略》言平原刘子平荐先主,此言刘平刺之,何相反也?岂先主失欢于故人邪,抑别一人也?"看来,两种可能都是有的,但就刘备当时力结士人的情况看,失欢于故人的可能性小,况且两个名字并不完全相同,所以当以两人为是。

他曾发兵援救过北海相孔融。虽无大功,却获得了一个难得的提高知名度的机会。

《华阳国志·刘先主志》说:"北海相鲁国孔融为黄巾贼所围,使太史慈求救于先主。"孔融,字文举,是孔子二十世孙,少年时代即出了名。善言辞,崇礼让,人称"幼有异才"。《后汉书·孔融传》注引《融家传》记载孔融让梨的故事,至今传为佳话。据称:"兄弟七人,融第六,幼有自然之性。年四岁时,每与诸兄共食梨,融辄引小者。大人问其故,答曰:'我小儿,法当取小者。'由是宗族奇之。"10 岁时,随父至京师,竟敢冒称"通家"(指世交之家)子弟求见河南尹李膺,李膺谓其"高明必为伟器"。既长,先后做过侍御史、司空掾、虎贲中郎将,因为违忤董卓的意旨,被转为议郎,继而被派到最危险的地方做地方官。《后汉书·孔融传》说:"时黄巾寇数州,而北海(治今山东寿光东南)最为贼冲,卓乃讽(婉转地告诉)三府(按:指太尉、司徒、司空)同举融为北海相。"孔融到北海,"承黄巾残破之后,修复城邑,崇学校,设庠序,举贤才,显儒士",并且"收合士众,起兵讲武",颇有令名。然而,此其人,志大才疏,不识时务,"高谈教令,盈溢官曹,辞气温雅,可玩而诵",及至动真格的,"论事考实,难可悉行",在郡六年,"奸民污吏,猾乱朝市,亦不能治"。他先是被黄巾张饶部打败,"连年倾覆,事无所济,遂不能保障四境,弃郡而去",继而又被黄巾管亥部围困在都昌(今山东临朐东北),情况危急,因遣太史慈向刘备求救①。

---

① 以上见《后汉书·孔融传》、《三国志·魏书·崔琰传》注引《续汉书》《九州春秋》。

太史慈，字子义，东莱黄（今山东威海）人，是把刘备同当世名人孔融搭上关系的重要人物。慈少好学，仕郡为奏曹史。据说，当时郡守与州刺史有矛盾，太史慈受郡守之使截毁了州刺史给朝廷的奏章，"由是知名，而为州家所疾"。为了避祸，逃到辽东。他的行为，受到孔融的欣赏："北海相孔融闻而奇之，数遣人讯问其母，并致饷遗。"慈从辽东回来以后，其母对慈说："汝与孔北海未尝相见，至汝行后，赡恤殷勤，过于故旧，今为贼所围，汝宜赴之。"太史慈为报答孔融，单身步行，径至都昌。融想向平原相刘备告急，但城中人无法冲出重围。慈自告奋勇，愿意担此重任。融曰："今贼围甚密，众人皆言不可，卿意虽壮，无乃实难乎？"慈对曰："昔府君倾意于老母，老母感遇，遣慈赴府君之急，固以慈有可取，而来必有益也。今众人言不可，慈亦言不可，岂府君爱顾之义，老母遣慈之意耶？事已急矣，愿府君无疑。"孔融自然是求之不得，同意了。太史慈随即冲出重围，到达平原，对刘备说："慈，东莱之鄙人也，与孔北海亲非骨肉，比（地方基层组织，五家为比）非乡党，特以名志相好，有分灾共患之义。今管亥暴乱，北海被围，孤穷无援，危在旦夕。以君有仁义之名，能救人之急。故北海区区，延颈恃仰，使慈冒白刃，突重围，从万死之中自托于君，惟君所以存之。"

刘备得到当代名人孔融的求救，异常惊喜，高兴地说："孔北海知世间有刘备邪！"因而即刻发兵三千随太史慈往救。黄巾军闻刘备来救，亦即自动解围散去。[1] 既然"贼乃散去"，未曾交手，自然也无《三国演义》所说关羽斩管亥的记载。

刘备治民用兵都有作为，因而引起了时人的注意。《华阳国志·刘先主志》载，广陵（治今江苏扬州东北）太守陈登曾对功曹

---

[1] 《三国志·吴书·太史慈传》。

陈矫说:"闺门雍穆,有德有行,吾敬陈元方父子;冰清玉洁,有德有言,吾敬华子鱼;博闻强记,奇伟卓荦,吾敬孔文举;雄姿杰出,有霸王之略,吾敬刘玄德。名器尽此。"①

① 另见《三国志·魏书·陈矫传》,文稍异。陈矫,后仕魏,官至司徒;陈元方父子,指陈寔、陈纪父子,陈纪字元方,汉末官至尚书令、大鸿胪;华子鱼,即华歆,汉末曾为尚书令,仕魏为司徒、太尉。

第二章 始为封疆大吏

袁绍与公孙瓒相互攻伐初期，刘备一直以别部司马带兵同青州刺史田楷屯兵齐地，抗拒袁谭。不几年，他的治军和为政能力，就得到了时人，包括诸多州牧的重视。因而，他很快便成了拥兵一方的军事集团的首领和封疆大吏。对此，从客观上说，自领兖州牧的曹操和徐州牧陶谦、冀州牧袁绍都为他的进一步发展提供了新的机遇。

一、援陶谦，代领徐州牧

初平、兴平之交发生了曹操讨伐陶谦的战争。

陶谦，字恭祖，丹阳（治今安徽宣城）人，时为安东将军、徐州牧。陶谦为人，并不像《三国演义》里说得那样好。本来，"徐州百姓殷盛，谷米丰赡，流民多归之，而谦背道任情"，疏远忠直，亲近小人，"刑政失和，良善多被其害，由是渐乱"①。

史载，初平四年（公元 193 年），曹操的父亲曹嵩携妾及小子曹德避难琅邪，在泰山郡华、费间（今山东费县境）被徐州牧陶谦的部下杀了。曹操为了报仇和扩大自己的势力范围，是年秋天，率领大军出击陶谦。曹操攻拔十余城，很快打到陶谦的大本营彭城

---

① 《三国志·魏书·陶谦传》。

（今江苏徐州市）。陶谦兵败东奔，走保郯（今山东郯城）。据记载，"谦退保郯，操攻之不能克，乃还。过拔取虑（今江苏睢宁西南）、睢陵（今江苏睢宁）、夏丘（今安徽泗县），皆屠之。凡杀男女数十万人，鸡犬无余，泗水为之不流，自是五县城保，无复行迹。初三辅遭李催乱，百姓流移依谦者皆歼。"①

兴平元年（公元194年）夏，曹操第二次征陶谦，陶谦告急于青州刺史田楷和平原相刘备。田楷、刘备率兵往救。据载："时先主自有兵千余人及幽州乌丸杂胡骑，又略得饥民数千人。既到，谦以丹杨兵四千益先主，先主遂去楷归谦。"②这说明，刘备已经有了近万人的部队。他自认该是谋取更大发展的时候了，于是脱离了公孙瓒和田楷，归附陶谦，率兵驻扎到陶谦的临时驻地郯城附近。但是，这支刚刚乌合的队伍没有很强的战斗力，再加遇上善于用兵的曹操，所以不久便吃了败仗。《三国志·武帝纪》记载了这次战斗："夏，（曹操）使荀彧、程昱守鄄城，复征陶谦，拔五城，遂略地到东海（郡治今山东郯城）。还过郯，谦将曹豹与刘备屯郯东，要（截击）太祖（曹操）。太祖击破之，遂攻拔襄贲（今山东临沂），所过多所残戮。"《后汉书·陶谦传》说："曹操复击谦，略定琅邪、东海诸县，谦惧不免，欲走归丹阳。"幸曹操后院起火，陈留太守张邈和陈宫反曹操而迎吕布为兖州牧，曹操被迫撤离徐州，返回鄄城。否则，陶谦、刘备还会受到更大的打击。这是刘备生平第一次同曹操的战争，亲自体验到曹操用兵之能和残酷，从而在心中留下了惧怕与曹操交战的阴影。

刘备归附陶谦以后，陶谦自料不能长久以属下视之，于是便做

① 《后汉书·陶谦传》。《三国志·魏书·陶谦传》所记不同，说"死者万数"。
② 《三国志·蜀书·先主传》。

人情交易,表荐刘备为豫州刺史,屯驻小沛(今江苏沛县东)①。当时十三州刺史部之刺史已是地方的最高军政长官,所以从此以后他也就可以名列封疆大吏了。

不久,陶谦忧愤成疾,弥留之际,虑及儿子平庸和州郡残破的局面,以及刘备已经拥兵近处、曹操觊觎再进、袁术威胁于南的态势,因对别驾麋竺说:"非刘备不能安此州也。"

陶谦死后,麋(一作糜)竺遵照陶谦的遗愿,率领州人到小沛奉迎刘备接任徐州牧。据载,刘备甚有顾虑,不敢贸然承当。下邳(治今江苏睢宁西北)人、广陵太守陈登和北海相孔融极力促成其事。陈登出力最多,亲到小沛,对刘备说:"今汉室陵迟,海内倾覆,立功立事,在于今日。彼(当作徐)州殷富,户口百万,欲屈使君抚临州事。"刘备细度形势,深知当时驻扎在近处的袁术自领了扬州刺史,又在觊觎徐州,便对陈登说:"袁公路(术)近在寿春,此君四世五公,海内所归,君可以州与之。"陈登明确表示:"公路骄豪,非治乱之主。今欲为使君(按:指刘备。汉时,敬称州刺史为使君)②合步骑十万,上可以匡主济民,成五霸之业,下可以割地守境,书功于竹帛。若使君不见听许,登亦未敢听使君也。"意思很明白,没有商量的余地,必要刘备接受徐州牧的职务。北海相孔融也跑到小沛,对刘备说:"袁公路岂忧国忘家者邪?冢中枯骨(指袁氏先世四世五公),何足介意。今日之事,百姓与(举)能,天与不取,悔不可追。"其实,这正是刘备求之不得的。"天与不取,悔

---

① 汉末大乱,牧守可以私相署置或自领,无须经过朝廷同意,最多上表打个招呼就可以了,所以常常出现一州数牧(刺史)。例如:当时,本有豫州刺史郭贡,驻谯,陶谦又表刘备为豫州刺史,驻小沛;本有公孙瓒所置青州刺史田楷,刘备又表孔融为青州刺史,继而袁绍又以自己的儿子袁谭为青州刺史。

② 汉时,常尊称州刺史为使君、郡太守为府君。

不可追"，自然更是打动了他的心，于是便在大家的劝勉、拥戴下，"遂领徐州"①。这就是世传陶谦让徐州之佳话的来历。

刘备有了州牧资格，从而也有了荐置州郡大吏权力。为了报答孔融的知遇之恩，他捐弃旧谊，竟然置旧友、老上司公孙瓒和青州刺史田楷于不顾，上表另以孔融"领青州刺史"。客观上，这也是一种叛离公孙瓒而依附袁绍的明确表示。当时公孙瓒、袁术和袁绍严重对立，任何对公孙瓒、袁术势力的削弱或不利影响，都是对袁绍的支持。所以，刘备此举深得时为讨伐董卓联军盟主、地盘最大、势力最强的冀州牧袁绍的欣赏和支持。

据《三国志·先主传》注引《献帝春秋》说，陈登等派人把奉迎刘备为徐州牧的事向袁绍做了报告，词谓："天降灾沴（沴，音 h，灾疫），祸臻鄙州，州将殂殒（死亡），生民无主，恐惧奸雄一旦承隙，以贻盟主日昃之忧，辄共奉故平原相刘备府君以为宗主，永使百姓知有依归。方今寇难纵横，不遑（来不及）释甲，谨遣下吏奔告于执事（指主管长官）。"袁绍接到陈登等人的报告后，很高兴，不暇思索，为了更好地笼络刘备，当即表示支持，回答说："刘玄德弘雅有信义，今徐州乐戴之，诚副所望也。"这样，刘备便进一步获得了相对合法的承认。这是兴平元年（公元 194 年）十二月发生的事，刘备 34 岁。

二、保徐州，频战袁术和吕布

袁绍说刘备"弘雅有信义"，但他羽毛初长便脱离了公孙瓒，所以相对公孙瓒来说，则无异于背信弃义。

当时，袁绍、袁术兄弟不睦，袁术正北联公孙瓒对付袁绍；袁绍

---

① 《三国志·蜀书·先主传》。

则南联曹操、刘表牵制袁术,以求稳住南方,从而全力北战公孙瓒。因此,当刘备身领徐州牧(治下邳,今江苏宿迁境)的时候,自然面临着如下军事态势:

(1)北有袁绍和曹操。

袁绍,字本初,汝南汝阳(今河南商水西北)人,曾为西园八校尉之一,诛杀宦官出了名。董卓专权,他亡奔冀州,董卓知袁氏树恩四世,门生故吏遍天下,怕袁绍"收豪杰以聚徒众,英雄因之而起"①,不敢治其罪,反而封他为勃海太守,邟乡侯。袁绍起兵讨董卓,被推为盟主,自号车骑将军,领(兼任)司隶校尉。不久又逼冀州牧韩馥让位,自领冀州牧,控有冀、青、幽、并四州地,是北方最大最强的一股势力。

曹操,字孟德,沛国谯(今安徽亳州)人,也曾是西园八校尉之一。黄巾起义后,他被任命为骑都尉,因功拜官济南相。后为典军校尉。董卓专权,曹操亡命陈留,首举义兵。后因镇压黑山起义军有功,被袁绍表荐为东郡太守,又在镇压黄巾起义中壮大了自己,被济北相鲍信和部属陈宫等拥戴,领兖州牧。

兖、徐紧紧相邻。时,袁绍、曹操处于联合之势,不久之前打败了袁术和陶谦,但他们依然各自忙于征战和巩固自己的地盘,所以暂时不对刘备构成威胁。

另外,公孙瓒署置的青州刺史田楷也是近邻。但是公孙瓒的征战目标不在徐州,而且公孙瓒、田楷与刘备本有宿谊,所以,虽有微嫌,但也不对刘备构成威胁。

(2)南有袁术。

袁术,字公路,袁绍的异母兄弟,曾累官河南尹、虎贲中郎将。

① 《三国志·魏书·董卓传》。

董卓入洛阳后,袁术怕为董卓所不容,出奔南阳。到了南阳,被荆州牧刘表荐为南阳太守。先是试图向北发展,抢夺曹操的地盘,结果被曹操打败,然后他"以余众奔九江,杀扬州刺史陈温,领其州(治今安徽寿县)"①,又自称徐州伯。意思很明白,他是既要占有扬州,又要北图徐州,以实现他做皇帝的美梦。所以,刘备的势力存在,是最为袁术所不能容忍的。从而袁术也就成了刘备最大、最迫近、最现实的威胁。

(3)近有吕布。

吕布,字奉先,五原郡九原(今内蒙古包头西)人,初为并州刺史丁原的主簿,甚见亲待。后来,丁原受何进召带兵进入洛阳为执金吾(官名)。吕布不念旧谊,受董卓之诱,杀死丁原,投靠了董卓。董卓以吕布为骑都尉,誓为父子,继而升为中郎将,封都亭侯。据载,司徒王允利用了他们之间的矛盾,以布为内应杀了董卓。后来,吕布被李傕、郭汜赶出长安,投袁术,袁术恶其反复,拒而不受;投袁绍,袁绍阳为重用,并利用他领兵击破黑山起义军万余众于常山(今河北元氏),但内实患之,想把他杀掉;然后,他走奔河内,投靠并州刺史张杨,"(张)杨及部曲诸将,皆受(李)傕、(郭)汜购募,共图布"。幸张杨念及"州里"之谊(同为并州人),"外许汜、傕,内实保护布",使得本怕吕布为乱的李傕、郭汜,改变了主意,反而"更下大封诏书,以布为颍川太守"。吕布在走投张杨经过陈留时,太守张邈待之甚厚,临别,二人"把手共誓"图大事。兴平元年,张邈与陈宫等乘曹操出征在外,迎吕布为兖州牧以代曹操。曹操从讨陶谦的前线匆匆赶回,开始了同吕布争夺兖州地盘的战争。

---

① 《后汉书·袁术传》。《三国志·魏书·袁术传》裴松之引《英雄传》说,陈温先为扬州刺史,自病死,袁术更用陈瑀为刺史,术败封丘,南向寿春,瑀拒术不纳,术更军攻瑀,瑀走下邳。其说不同。

兴平二年,曹操大破吕布于钜野(今山东巨野)、定陶(山东今县),吕布东奔,投靠了刘备,屯于下邳(今江苏睢宁西北)之西①。吕布入居刘备腹地,对于刘备来说,实同引狼入室。《三国志·吕布传》注引《英雄记》说:"布见备,甚敬之,谓备曰:'我与卿同边地人也。布见关东兵起,欲诛董卓。布杀卓东出,关东诸将无安布者,皆欲杀布耳。'请备于帐中坐妇床上,令妇向拜,酌酒饮食,名备为弟。备见布语言无常,外然之而内不说。"

综上可见,当时威胁刘备地位和地盘的主要敌人是袁术和吕布。

首战袁术

建安元年(公元 196 年)六月,袁术发动了攻打刘备的第一次战争②。

是年八月,曹操控制了汉献帝,自领司隶校尉,录尚书事;九月,自为司空,行(代理)车骑将军,"百官总己以听"。为了笼络刘备和激励刘备抗拒袁术,曹操表荐刘备为镇东将军,封宜城亭侯。

对于袁术的进攻,刘备兵分两路进行抵抗,"使司马张飞守下邳,自将拒术于盱眙、淮阴,相持经月,更有胜负。"③《三国志·先主传》注引《英雄记》也说:"备留张飞守下邳,引兵与袁术战于淮阴石亭(今江苏淮安境),更有胜负。"

"更有胜负"是互有胜负的意思。但情况很快发生了变化,一是自身力量迅速地削弱了。史载,陶谦故将、下邳相曹豹与张飞不和,张飞欲杀之,激起州治下邳城内大乱,"豹众坚营自守",不听

---

① 《三国志·魏书·吕布传》并注。
② 《三国演义》说战争是刘备奉曹操假传的诏旨主动发起的,非是。
③ 《资治通鉴》卷 62,献帝建安元年。

刘备、张飞的调遣和号令，"使人招吕布"，投降了吕布；中郎将丹杨许耽，也在酝酿投靠吕布。二是袁术与吕布联合，敌方力量增强了。袁术为了拉拢吕布攻击刘备，写信大大夸奖吕布一番，劝令袭击下邳，并答应资助军粮二十万斛。力量对比，刘备迅疾由相对劣势变为绝对劣势。吕布其人，有奶便是娘，于是"引军水陆东下"。《三国志·吕布传》注引《英雄记》说："布水陆东下，军到下邳西四十里。备中郎将丹杨许耽夜遣司马章诳（按：章诳，人名）来诣布（去见吕布），言：'张益德与下邳相曹豹共争，益德杀豹，城中大乱，（互）不相信。丹杨兵有千人屯西白门内，闻将军来东，大小踊跃，如复更生。将军兵向城西门，丹杨军便开门内（纳）将军矣。'布遂夜进，晨到城下。天明，丹杨兵悉开门内布兵。布于门上坐，步骑放火，大破益德兵。"张飞败走，吕布取得下邳，尽获刘备军资，并俘获了刘备的妻子及部曲将吏家口。

刘备闻知袁术以吕布攻下邳，立即率兵自盱眙、淮阴北还，及至下邳，张飞兵已经大溃。刘备收拾余兵，东取广陵（按：泛指广陵郡辖区），再与袁术战，结果又败，不得已转屯于海西（今江苏东海县南）①。

刘备抗拒袁术失败，以至被吕布端了老窝，表面上看是力量对比悬殊，实则反映出：第一，刘备为徐州牧，虽然得到徐州刺史部少数文官如麋竺、陈登、孙乾等的拥护，但没有得到拥兵武将的广泛认同，甚至没有得到陶谦亲信部队诸如州治（下邳）守将曹豹、嫡系丹杨兵及其首领许耽等人的支持；第二，刘备陶醉于周围拥戴的气氛，没有重视并及时做好对陶谦旧部的团结工作；第三，刘备既知吕布反复，而乏未雨绸缪之谋，没有想到预防袁术、吕布军事上

① 《三国志·蜀书·先主传》、《三国志·魏书·吕布传》并注。

的联合;第四,刘备自将外出,以莽将军张飞守下邳,说明他对客观形势缺乏清醒的分析和用人之不当。

投降吕布

刘备在海西,给养难供,陷入饥困,不仅难以应付袁术、吕布的攻势,而且生存也成了问题。《三国志·麋竺传》载,别驾从事麋竺"于是进妹于先主为夫人,奴客二千,金银货币以助军资;于时困匮,赖此复振"。"赖此复振"云云实是著史者为了表述麋竺的功劳而写出的夸张之词。实际上,困难依然很大。据《先主传》注引《英雄记》说:"备军在广陵,饥饿困踧(踧,音 cù,通蹙,急迫),吏士大小自相啖食,穷饿侵逼"。此是事实。刘备在广陵海西实在是呆不下去了,所以"欲还小沛",派人到吕布那里请求投降。

吕布本来是被曹操赶到徐州地界的,刘备准其在自己的地盘上立脚,他不仅不谋报答,反而为利所动,帮助袁术攻击刘备。刘备在走投无路的情况下,反而倒过头来又向吕布投降①,真是莫大的讽刺。

当刘备兵败请降时,吕布正因袁术"运粮不复至"而不高兴,想找机会给袁术点颜色看看,于是派出车马迎接刘备来归,以壮大自己的声势。并且他乘机剥夺了刘备徐州牧的头衔,让其挂名豫州刺史,屯驻小沛(治今江苏沛县东,属豫州境),自己取而代之做了徐州牧②,驻下邳,相约"并势击术"。据载,吕布还按照刺史的规格,为刘备举行了欢送仪式:"具刺史车马童仆,发遣备妻子部

① 《三国志·蜀书·先主传》不言刘备"请降",而称"先主求和于吕布,布还其妻子"。当以"请降"为是,因为吕布是以受降者的姿态,把刘备赶出徐州境界的。

② 《后汉书·吕布传》。

曲家属于泗水上,祖道(指饯行)相乐。"①当然这也是刘备所愿意的,所以有些记载说,刘备还屯小沛是主动要求去的。如《先主传》注引《魏书》说:"诸将谓布曰:'备数反复难养,宜早图之。'布不听,以状语备。备心不安而求自托,使人说布,求屯小沛,布乃遣之。"不管何种情况,反正是刘备做了一年半的徐州牧后,便被袁术和吕布赶出徐州境了。

刘备屯驻小沛后②,不久,建安元年九月袁术第二次向刘备用兵,派遣大将纪灵等步骑三万进攻刘备。刘备新败以后,刚刚安顿,兵力很弱,自然无力抗拒,于是又向吕布求救。

吕布的将领们对吕布说:"将军常欲杀刘备,今可假手于(袁)术。"简短一句话,透露了吕布对待刘备的真实态度。但吕布没有这样做,因为他明白,暂与刘备成掎角之势,有利于抑制、抵抗袁术的势力,有利于稳定自己在徐州地区的地位,所以对诸将说:"不然。术若破备,则北连太山诸将,吾为在术围中,不得不救也。"③可见,吕布虽属有勇无谋之辈,但也有清醒之时。

据载,吕布率步骑千余援救刘备,纪灵等闻吕布至,"皆敛兵而止"。纪灵敛兵,自然是因为考虑到悬军敌境,难敌吕布与刘备的共同抵御,一旦交手,难免吃亏。吕布屯兵小沛城外,"遣人招备,并请灵等与共餐饮"。刘备和纪灵等皆应招而至,吕布对纪灵说:"玄德,布弟也,为诸君所困,故来救之。布性不喜合斗,但喜解斗耳。"于是命令军侯(执掌军纪的军官)植戟于营门,自弯弓,对刘备和纪灵等说:"诸君观布射戟小支,中者当各解兵,不中可

---

① 《三国志·蜀书·先主传》注引《英雄记》。

② 《三国志·蜀书·先主传》说:"遣关羽守下邳,先主还小沛"。此记不对,正如《通鉴考异》所说:"遣关羽守下邳,此在布败后,备传误也。"故不取。

③ 《三国志·魏书·吕布传》。

留决斗。"说罢,一箭发出,正中戟支。据载,"灵等皆惊,言'将军天威也'。明日复欢会,然后各罢。"①这就是辕门射戟故事的来历。

就当时的军事态势分析,"辕门射戟"不过是一个传奇故事而已,迫使袁术收兵的真正原因当在:袁术想完全越过吕布的军事存在而向刘备进攻是有顾虑的,试图在极短时间内奄有徐、豫,也有困难,所以只好暂时罢手。

吕布为刘备解除了一次军事危机。尽管是形势使然,吕布的动机和根本目的主要是为了自己,但总算是对刘备有好处。

归依曹操,助擒吕布

袁术的人马撤离以后,刘备在小沛急谋恢复和发展势力,"复合兵得万余人"。

吕布虽然不愿袁术将刘备消灭了,但也不愿刘备强大起来,所以对其迅速合兵万余人非常不安。吕布感到了刘备的威胁,于是再次毅然亲自率兵进攻刘备。刘备力弱,不敢恋战,"败走",投奔曹操。这是一年之内刘备第二次被吕布打败。

从此,刘备便成了曹操棋盘上的一颗棋子。

《三国志·先主传》载,刘备归操,"曹公厚遇之,以为豫州牧。"这是刘备从曹操控制的"朝廷"那里取得的正式的封疆大吏头衔,也是"朝廷"对吕布先时表荐刘备为豫州牧(刺史)的承认。嗣后,直至取益定蜀之前,官场上便以"刘豫州"尊称刘备了。

刘备走归曹操之日,也是曹操谋兵东南、征伐袁术和即将用兵吕布之时。

---

① 《后汉书·吕布传》。

33

历史表明,群雄并立,但时常萦回于曹操脑海中的最主要的是两大劲敌,一是北方袁绍,二是东方吕布。此期间,曹操的一切活动及其策略安排都是以最终消灭这两股势力为目标,南征张绣是为了消除后顾之忧,东伐袁术是为了削弱诸敌掎角之势。

先战袁绍,抑或先讨吕布?这个问题,曹操一直在盘算。经过深思熟虑和群僚谋议,逐渐统一了认识,认识到:"不先取吕布,河北亦未易图也。"①"不先取布,若绍为寇,布为之援,此深害也。"②

正当曹操谋取吕布的时候,刘备归依到曹操麾下。毫无疑问,这对于曹操来说,是件好事。刘备的力量虽然不大,但曾数年转战徐淮,略知吕布、袁术的军事势力和地理形势,自然会对打击、牵制吕布、袁术有用。所以,曹操鼓励刘备尽快返回小沛,收集散兵,再图吕布,并且"给其军粮,益与兵",给予了切实的支持。

刘备在曹操的援助下,不久便以朝廷的正式命官豫州牧、镇东将军的名义率部返回小沛。

此时,曹操已经酝酿成熟了剿灭吕布的计划,并且开始付诸实施。有鉴于此,为了便于了解刘备在曹操剿灭吕布的军事行动中的作用,不妨略述一下当时的徐淮形势。

吕布与袁术本相安扬、徐。由于袁术急于称帝和吞并徐州地盘,他们之间的矛盾加深了,表面化了。曹操抓紧时机,离间了袁术与吕布之间的关系,激化了二人之间的矛盾。建安二年,曹操以朝廷的名义,封吕布为左将军,并亲自写了一封信,对吕布"深加尉(慰)纳"。吕布受封,并接到这样一封充满"善意"的信,当然很高兴,殊不知自己已堕入曹操的圈套之中。据载,起初袁术怕吕布

① 《三国志·魏书·荀彧传》。
② 《三国志·魏书·郭嘉传》注引《傅子》。

为害，为子求婚，"夏五月，袁术遣使者韩胤以称帝事告吕布，因求迎妇。布遣女随之。"沛相陈珪怕袁、吕合纵为难，往说吕布："曹公奉迎天子，辅赞国政，将军宜与协同策谋，共存大计。今与袁术结姻，必受不义之名，将有累卵之危矣。"①吕布与袁术本有宿怨，嫁女亦非本愿，听了陈珪的话，立即把已在途中的女儿追还，并将袁术使者韩胤械送至许（今河南许昌东）。曹操将韩胤杀了。果如曹操所期，袁术哪能容忍吕布无礼，于是派遣大将张勋、桥蕤与杨奉、韩暹联兵，以步骑数万，兵分七路攻击吕布。吕布身边这时仅有兵三千，马四百匹，众寡不敌，甚是害怕。吕布用陈珪计，策反韩暹、杨奉，暹、奉背叛袁术，反过头来，配合布军作战，术大将张勋、桥蕤等落荒而走。随后，吕布与韩暹、杨奉合军向袁术的老巢寿春进发，水陆并进，一直追到钟离（今安徽凤阳东山）。袁术自将步骑五千退守淮水南边，吕布的军队隔水对袁大加嘲笑而还。

吕布此举，打击了袁术的锐气，削弱了袁术的兵力，并掳掠了袁术辖地的资财，发展了势力。但同时也为曹操各个击破提供了有利条件。

建安二年秋九月，曹操率军东征袁术。色厉而内荏的袁术听说曹操亲自率军东来，自知不敌，匆匆弃军而走，又加天旱岁荒，士民冻馁，自此一蹶不振。

曹操激化袁术、吕布间的矛盾，收到了一石三鸟之效，打击了袁术，孤立了吕布，同时也把刘备拉在自己一边。

应该说，曹操自始至终都支持刘备抵抗袁术和吕布。先是表荐刘备为镇东将军，对抗袁术，至此又厚遇刘备，以为豫州牧，让其收拢兵力攻打吕布。

---

① 《后汉书·吕布传》。

刘备回到小沛以后,很不争气,不久又打了败仗。吕布遣其中郎将高顺与北地太守张辽攻刘备,曹操遣夏侯惇往救,结果也为顺等所败。高顺等破小沛,再次俘虏了刘备的妻子,刘备再次单身走归曹操。

《三国志·先主传》注引《英雄记》简单地记录了这次战争的经过:"建安三年春,布使人赍金欲诣河内买马,为备兵所钞。布由是遣中郎将高顺、北地太守张辽等攻备。九月,遂破沛城,备单身走,获其妻息。"这是刘备第三次被吕布打败。

建安三年(公元198年)九月,曹操亲征吕布。曹操兵进,刘备于梁国界中(今安徽砀山境)与操相遇,遂随操东征。冬十月,曹操屠彭城(今徐州),继而引沂水、泗水灌下邳。吕布虽然骁猛,但无谋而多疑,诸将各怀异心,形不成战斗力,所以每战多败。曹操水困下邳,围城三月,吕布部属上下更加离心。十二月癸酉,其将侯成与宋宪、魏续等一起把吕布主将陈宫、高顺捉起来,率众投降曹操。吕布众叛亲离,知将不免,遂同麾下登下邳城南门(白门楼)①,先令左右割下他的脑袋送给曹操,左右不忍,于是自己出降。

吕布投降后,刘备把他送上了断头台。史载,曹操令人把吕布绑起来,"缚太急"(意谓捆绑时用力快、狠而紧),布请求"小缓之",操曰:"缚虎不得不急也。"吕布试图免死,表示愿为其用,对操说:"明公所患不过于布,今已服矣,天下不足忧。明公将步,令布将骑,则天下不足定也。"②时,刘备在旁,吕布以乞求的眼光又

---

① 《后汉书·吕布传》注引《北征记》说:"下邳城有三重,大城之门周四里,吕布所守也。魏武禽布于白门。白门,大城之门也。"郦道元《水经注》说:"南门谓之白门,魏武禽陈宫于此。"取郦说。

② 《后汉书·吕布传》。

对刘备说："玄德,卿为坐上客,我为降虏,绳缚我急,独不可一言邪?"曹操本来听了吕布的话,有些动摇,不想杀死吕布,便让人为吕布"宽缚",刘备急忙阻止,说:"不可。明公不见吕布事丁建阳、董太师乎?"吕布曾经先后为丁原(字建阳)、董卓的部将,丁、董二人都是被吕布亲手杀死的。曹操明白了刘备的意思,点头表示理解。吕布怒视刘备说:"大耳儿,最叵信!"①曹操遂命人把吕布勒死,并将陈宫、高顺同时处死,然后将其人头送许。

这件事,世人常谓刘备为人的谲诈程度不在曹操之下。诚然如此。但从刘备的角度看,他吃吕布的亏实在是太多了,乘机除掉后患,似乎也是可以理解的。如从更高更远的方面想想,也不排除以下可能:刘备是怕曹操收容吕布以后,力量更振,终将于己不利。假若此点能够成立,说明这时刘备已能谋及将来,不失是一位具有一定头脑的人物。

击斩杨奉

《三国志·先主传》说:"杨奉、韩暹寇徐、扬间,先主邀击,尽斩之。"这是发生在刘备驻小沛期间的事。

杨奉、韩暹是怎样的一支军事势力呢? 杨奉本是黄巾农民起义军白波部的一个头领,后投董卓为李傕部将。董卓被杀后,李傕、郭汜为乱,转相攻战于长安城中数月,一人劫天子,一人质公卿,死者万数。史载,"傕将杨奉与傕军吏宋果等谋杀傕,事泄,遂将兵叛傕。傕众叛,稍衰弱。"②李傕的力量稍弱之后,汉献帝得到机会脱离了李傕的控制,到了新丰(今陕西临潼东北)、霸陵(今陕

---

① 《后汉书·吕布传》。
② 《后汉书·董卓传》。

西西安东)间。郭汜又想控制天子,胁迫献帝都郿(今陕西眉县),献帝逃奔杨奉营。杨奉打败了郭汜。期间,杨奉被封为兴义将军。韩暹亦本农民起义军白波部帅。兴平二年十月,安集将军、国戚董承密连杨奉,并由杨奉"急招"河东故白波帅韩暹、胡才、李乐等,共击李傕、郭汜,护驾(献帝)东归。

建安元年七月,历经艰危,汉献帝在董承、杨奉、韩暹的护卫下,终于回到了洛阳。无疑,杨奉、韩暹护驾之功很大,因此杨奉被封为车骑将军,屯梁(今河南开封以东,商丘及安徽砀山境);韩暹被封为大将军,领司隶校尉。同时,河内太守、安国将军张杨因"以食迎于道路",被封为大司马,屯野王(今河南沁阳县)。

杨奉、韩暹、张杨均系武人,俱乏政治才能。新的权力分配,很快便引发出新的矛盾。其中,最重要的是董承图谋更大的权力。

当时,曹操在许,谋迎天子。正当曹操积极谋划进驻洛阳的时候,时局发生了戏剧性变化。过去董承凭险拒操,不让曹操的使者到长安见汉献帝,但这时曹操突然收到董承"潜召"。史载,韩暹"矜功恣睢(居功狂妄),干乱政事,董承患之"。这说明,董承与韩暹之间权力之争已经到了不可调和的程度。张杨则居功自傲,竟然将汉献帝住的地方以自己的姓氏命名,称为"杨安殿"。董承"潜召"曹操,给了曹操一个很好的机会。曹操当机立断,立即率兵进驻洛阳,"诣阙(阙,指皇帝殿庭)贡献,禀公卿以下,因奏韩暹、张杨之罪"。据载,汉献帝曾出面为韩暹、张杨说话,"帝以暹、杨有翼车驾之功,诏一切勿问。"韩暹、张杨虽然当时没有被杀,但他们明白自己不是曹操、董承的对手,"暹惧诛,单骑奔杨奉"①。

这时张杨、杨奉之兵均在外,韩暹又跑了,洛阳城中兵势最大

---

① 《后汉书·董卓传》。

的就是曹操。曹操甚知如何利用天子，更知如何对付反对力量。八月辛亥，曹操自领司隶校尉，录尚书事。庚申（公元196年10月7日），也就是在其自领司隶校尉的第九天上，曹操趁诸多外兵尚无察觉自己的意图的情况下，按照原来的谋划，迅即"移驾"（实是挟持）出洛阳，经辕辕（今河南偃师东南）而东，迁都于许。《三国志·武帝纪》说："天子之东也，（杨）奉自梁欲要之，不及。"《后汉书·董卓传》注引《献帝春秋》说："车驾出洛阳，自辕辕而东，杨奉、韩暹引军追。轻骑既至，操设伏兵要于阳城山峡中，大败之。"

杨奉、韩暹兵败以后，投奔袁术，助术为恶，并作为一支相对独立的军事力量"纵暴"于扬、徐之间。可见，杨奉、韩暹等的军事存在，虽然势力不大，却因驻地较近，构成了对许都的威胁。对于曹操来说，不能不除。

是年十月，曹操征杨奉，"奉南奔袁术，遂攻其梁屯，拔之"①。建安二年，袁术称帝于寿春（今安徽寿县），遣其大将张勋、桥蕤等联合韩暹、杨奉趋军下邳，攻打吕布。前已述及，吕布用沛相陈珪之计，策反韩暹、杨奉，韩、杨反戈一击，联合吕布，把袁术打得大败。十一月，曹操征张绣期间，韩暹、杨奉在下邳，寇掠徐、扬，军饥饿，想离开吕布到荆州去，吕布不答应。杨奉也是一个反复人物，想利用刘备的军事存在，谋取自己的利益："知刘备与布有宿憾，私与备相闻，欲共击布。"②

刘备时在吕布的卵翼之下，不敢妄动，又怕开罪曹操，更怕杨奉、韩暹得势而为害自己，但自虑诉诸武力没有必胜的把握，所以

---

① 《三国志·魏书·武帝纪》。
② 《资治通鉴》卷62，献帝建安二年。

采用阴谋手段除掉了他们。

《资治通鉴》卷62载，杨奉派人同刘备联络，"备阳许之。奉引军诣沛，备请奉入城，饮食未半，于座上缚奉，斩之。"杨奉被杀，韩暹处于孤立无援之地，知将不保，想带领十余骑逃奔并州，结果未出沛国界，便"为杼秋（沛国属县）令张宣所杀"①。

刘备杀杨奉、韩暹，消灭了窜居徐、扬间的一股军事势力，主观上，自然是为了剪除周围的敌对势力，以利自己的发展，但在客观上却为曹操消灭异己，征伐吕布、袁术的战争做出了贡献。所以，也可看做是对于曹操的一种报答。

---

① 《资治通鉴》卷62，献帝建安二年。《后汉书·董卓传》注引《九州春秋》谓："暹失奉，孤特，与千余骑欲归并州，为张宣所杀。"如有千人之众，当不轻易为张宣杀害，故取通鉴之说。

第三章 周旋于曹操袁绍之间

刘备协助曹操擒杀吕布于下邳之后，曹操没有让他留在下邳，更没有恢复他徐州牧的地位，而是以车胄为徐州刺史，把他带回了许都。所以，史称"先主复得妻子，从曹公还许"。据说，曹操待刘备甚厚，"表先主为左将军，礼之愈重，出则同舆，坐则同席。又拜关羽、张飞，皆中郎将。"①

其实，双方心里都有一本账。曹操甚知刘备为非常人等，不可轻易授以方镇。刘备则尽力隐蔽自己的野心，韬光养晦，等待时机，争取脱离曹操的直接控制。

曹操属下很多人劝曹操趁机除掉刘备。东中郎将程昱对操说："观刘备有雄才而甚得其众，终不为人下，不如早图之。"曹操则表示："方今收英雄时也，杀一人而失天下之心，不可。"②但随后还是有人提这件事，说："备有英雄志，今不早图，后必为患。"曹操因问司空军祭酒郭嘉，嘉认为刘备的确会成后患，但不同意把他杀掉，嘉答操说："有是。然公提剑起义兵，为百姓除暴，推诚仗信以招俊杰，犹惧其未也。今备有英雄名，以穷归己而害之，是以害贤为名，则智士将自疑，回心择主，公谁与定天下？夫除一人之患，以

---

① 《三国志·蜀书·先主传》。
② 《三国志·魏书·武帝纪》。

沮四海之望,安危之机,不可不察。"曹操听了这番话很高兴,认为郭嘉说得很对①。不过对于郭嘉的态度,还有相反的第二种记载:"初,刘备来降,太祖以客礼待之,使为豫州牧。嘉言于太祖曰:'备有雄才而甚得众心。张飞、关羽者,皆万人之敌也,为之死用。嘉观之,备终不为人下,其谋未可测也。古人有言:一日纵敌,数世为患。宜早为之所。'"对于郭嘉的态度虽然有两种截然不同的记载,但曹操的态度都是完全一致的,他听了前一种郭嘉的话后,很高兴,赞郭嘉曰"君得之矣";听了后一种郭嘉的话,记载上说:"是时,太祖奉天子以号令天下,方招怀英雄以明大信,未得从嘉谋。"其实,就郭嘉之善谋看,当以第一种态度为是。曹操、郭嘉都会顾及当时,虑及久远,决不会做出那种杀一人而失天下人心的傻事②。

曹操和他属下的担心是有道理的。此后,刘备终其一生,大部分精力便主要用来对付曹操了。

一、受密诏,阴谋诛操

刘备入许以后,很快受到反对曹操的人的重视。他完全自觉地,而且非常隐蔽地参与了谋图曹操的密谋活动。

参与诛杀曹操的密谋

《三国志·先主传》载:"献帝舅车骑将军董承辞受帝衣带中

---

① 《三国志·魏书·郭嘉传》注引《魏书》。
② 《三国志·魏书·郭嘉传》注引《傅子》。

密诏,当诛曹公。"①董承找到刘备,刘备遂与董承及长水校尉种辑、将军吴子兰、王子服等谋诛曹操。

曹操待刘备甚厚,但刘备却在曹操的眼皮底下暗地里同董承等相结。如从忠君大义上说,这自然不仅不为非,而且是非常值得赞赏的;但是,如果从人与人之间的关系论,毫无疑问是刘备先负于曹操。

刘备参与了刘协、董承的阴谋活动,自然心中有些打鼓。史载,正当他们密谋于密室而未发的时候,有一天曹操请刘备吃饭,漫不经心地对刘备说,"今天下英雄,唯使君与操耳。本初(袁绍)之徒,不足数也。"②刘备闻言,一是怕曹操把自己视为英雄,于己将会不利,二是以为曹操知道了什么,吓得两手发抖,筷子掉在地上。当时正值雨天打雷,刘备遂掩饰说,"圣人言:'迅雷风烈必变',良有以也。一震之威,乃至于此也。"③很奇怪,足智多诈的曹操当时竟然没有发现刘备之诈。由于二人各怀鬼胎,事后曹操怕刘备起疑心,"亦悔失言",便派人到刘备的住所观察动静。《华阳国志·刘先主志》记载当时的情节说:"先主还解(廨),公(操)使觇(派人偷视)之,见其方披葱(方披葱,意谓正在栽葱),使觇人为之,不端正,举杖击之。公曰:'大耳翁未之觉也。'"刘备知道曹操会来窥视动静。他的聪明的"表演",蒙蔽了曹操。其实,刘备如坐针毡,亟想逃出许都。

---

① 舅,指谓甚多,此指岳丈,不是国舅。裴松之注谓:"董承,汉灵帝母董太后之侄,于献帝为丈人。盖古无丈人之名,故谓之舅也。"误。卢弼《三国志集解》注引各家说指出,董承不是后族。按《后汉书·伏后纪》:"董承女为贵人,操诛承而求贵人杀之。"可见,董承是汉献帝的岳丈。

② 《三国志·蜀书·先主传》。

③ 《华阳国志·刘先主志》。

事有凑巧,时袁术已是穷途末路,想从下邳北走投袁谭,因此曹操便派刘备督将军朱灵、路招等截击袁术。

这是曹操决策上的错误。刘备既出,曹操心腹程昱、郭嘉和董昭等焦急地对操说:"刘备不可纵。"程昱说:"公前日不图备,昱等诚不及也。今借之以兵,必有异心。"郭嘉说:"放备,变作矣。"董昭说:"备勇而志大,关羽、张飞为之羽翼,恐备之心未可得论也。"①曹操听了郭嘉、程昱、董昭等人的话,也醒悟了,但刘备已经走远,追之不及。

刘备、朱灵截击袁术,袁术不得过,返回寿春(今安徽寿县),不久死去。袁术既南走而死,朱灵等还许,刘备遂据下邳。

也有记载说,不是曹操放归刘备,而是刘备主动逃离许都的。如《三国志·先主传》注引胡冲《吴历》说:"曹公数遣亲近密觇诸将有宾客酒食者,辄因事害之。备时闭门,将(带领)人种芜菁,曹公使人窥门。既去,备谓张飞、关羽曰:'吾岂种菜者乎?曹公必有疑意,不可复留。'其夜开后栅,与飞等轻骑俱去,所得赐遗衣服,悉封留之,乃往小沛收合兵众。"此说虽然有趣而生动,并为小说家所采用和渲染,但不尽合理,所以裴松之虽引而置疑。裴松之说:"魏武帝遣先主统诸将要击(要击,意同邀击、截击)袁术,郭嘉等并谏,魏武不从,其事显然,非因种菜遁逃而去。如胡冲所云,何乖僻之甚乎!"司马光《资治通鉴》也不录用胡冲《吴历》之说,是有道理的。

彻底与曹操决裂

刘备到达下邳以后,乘机杀死曹操所置徐州刺史车胄,然后留

---

① 《三国志·魏书·武帝纪》、《程昱传》、《郭嘉传》、《董昭传》。

关羽代理下邳太守事，自还小沛。独自发展势力，不再听从曹操的号令。史谓："备到下邳，杀徐州刺史车胄，反。"[①]一个"反"字，表明刘备与曹操彻底决裂了，自此成为终生敌人。

应该说，刘备投靠曹操，随操入许，得益甚多。其中最为重要的是，他不仅成了被朝廷正式承认的豫州牧，封宜城亭侯，而且先后得为镇东将军、左将军。这样，他在曹操的"帮助"下，也成了正式"拜爵受命"的人物。这一点，在当时的条件下，对于欲乘天下大乱谋大事者的作用是非常大的。因为从此，刘备也可以举起受命"为国除贼"的旗帜了。

刘备回到小沛以后，东海昌豨（即昌霸）及郡县大多叛操归刘备。刘备兵马很快发展为数万人，即"遣从事北海孙乾自结于袁绍"，连兵共同对付曹操。

顿时，曹操由于决策错误，又增加了一股新的敌人，成了腹背受敌之势。曹操遣司空长史刘岱、中郎将王忠击刘备，结果没有奏效。刘备傲气十足地对刘岱等扬言，像你们这样的人来一百个对我也没办法，即使曹操自己来，胜负也未可知[②]。

建安五年（公元 200 年）正月，董承衣带诏事暴露，曹操杀董承及王子服、种辑等，夷其三族。此时，曹操更知刘备其人，欲谋大事，不可不除。因此决定趁袁绍迟疑未发之际，亲自率兵讨伐刘备。

当时，曹操已经率军驻扎官渡，诸将都不同意他亲征刘备，他们说："与公争天下者，袁绍也。今绍方来而弃之东，绍乘人后，若何？"曹操对大家解释说："刘备，人杰也，今不击，必为后患。"郭嘉

---

① 《三国志·魏书·董昭传》。
② 参见《三国志·魏书·武帝纪》注引《献帝春秋》、《华阳国志·刘先主志》。

支持曹操的决定,帮助曹操做诸将的工作,说:"绍性迟而多疑,来必不速;备新起,众心未附,急击之,必败。此存亡之机,不可失也。"①

曹操同他的谋士及诸将很快统一了认识,立即率兵急趋而东,打了刘备一个措手不及。当时刘备错误地估计了形势,认为曹操正与大敌袁绍对峙,不能东顾;及至探子来报曹操兵马即到,便慌了手脚。《三国志·武帝纪》注引《魏书》说:"是时,公(曹操)方有急于官渡,乃分留诸将屯官渡,自勒精兵征备。备初谓公与大敌连,不得东,而候骑(侦探骑兵)卒至,言曹公自来。备大惊,然犹未信。自将数十骑出望公军,见麾旌,便弃众而走。"曹操尽收其众,虏备妻子,进拔下邳,擒关羽,又击破昌豨。

对于这次战争,王夫之《读通鉴论》(卷九)做过如下分析:一是战争是刘备为了制约袁绍而主动发动的,他说:"绍之进黎阳,围白马,操战屡北,军粮且匮……操其必为绍禽。而先主遽发以先绍者,亦虑操为绍禽,而己拥天子之空质,则绍且枭张于外而逼我,孤危将为王允之续矣。惟先绍而举,则大功自己以建,而绍之威不张。"二是袁绍不援刘备,亦不乘机袭击曹操的后路,是怕"先主诛操入许而拥帝",所以"今日弗进,亦犹昔者拥兵冀州,视王允之诛卓而为之援,其谋一也"。结果是,刘备与袁绍"两相制,两相持,而曹操之计得矣"。此种分析,纯属心理揣测,全无事实根据。

刘备刚刚积聚起来的军队被击垮以后,无处安身,只有北奔袁绍一条路可走。于是急走青州见袁绍的儿子、青州刺史袁谭,通过袁谭投靠了袁绍。

曹操正月出征,当月还军官渡,大约只有十数天的时间即解决

---

① 《三国志·魏书·武帝纪》并《郭嘉传》注引《傅子》。

了刘备的威胁，免除了两面作战的危险。足见，刘备所谓"曹公自来，未可知耳"①的话，实为壮胆之言，而非自信之语。

二、投袁绍，助战官渡

《三国志·先主传》载，刘备弃众而逃，北走青州，"青州刺史袁谭，先主故茂才也②，将步骑迎先主。先主随谭到平原，谭驰使白绍。绍遣将道路奉迎，身去邺（今河北临漳西南）二百里，与先主相见。"可见，袁绍父子非常看重刘备。正如《先主传》注引《魏书》所说："备归绍，绍父子倾心敬重。"

刘备投靠袁绍之日，亦是曹操和袁绍准备在官渡决战之时。刘备"驻月余日，所失亡士卒稍稍来集"，遂即自以部众归袁绍驱使。

联兵战操于延津南阪下

建安五年（公元200年）正月间，曹操击溃刘备，俘虏了刘备的妻子和关羽。曹操不仅善待刘备的妻子，而且以关羽为偏将军，示以重用。刘备、关羽各在一方，分别为袁绍和曹操效力。其中所谓斩颜良、诛文丑的故事，尤为小说家所乐道。其实，关云长斩颜良是有的，但说文丑也是他斩杀的，却不见于史籍，纯属于张冠李戴。

颜良、文丑确属袁绍猛将，所以孔融在反对曹操出兵战袁绍时说出了如下的话："绍地广兵强；田丰、许攸，智计之士也，为之谋；

---

① 《三国志·魏书·武帝纪》注引《献帝春秋》。
② 袁谭，汝南人，《三国志集解》注引钱大昕说："汝南在豫州部，先主领豫州牧，得举谭茂才。"

审配、逢纪尽忠之臣也,任其事;颜良、文丑,勇冠三军,统其兵,殆难克乎!"但也正如荀彧所说:"绍兵虽多而法不整,田丰刚而犯上,许攸贪而不治,审配专而无谋,逢纪果(决断)而自用,……颜良、文丑,一夫之勇耳,可一战而禽也。"①

建安五年二月,曹操还军官渡(今河南中牟东北)。袁绍进军黎阳(今河南浚县东北),遣其将郭图、淳于琼和颜良渡河攻东郡太守刘延于白马(今河南滑县境)。夏四月,曹操北救刘延,荀彧对曹操说:"今兵少不敌,分其势乃可。公到延津(今河南延津境,在白马以西),若将渡兵向其后者,绍必西应之,然后轻兵袭白马,掩其不备,颜良可禽也。"②曹操采纳了荀彧的计策,引兵西向延津。袁绍闻操将渡河击其后,立即分兵西应;操乃引军东趋白马,直到离颜良营地十余里,颜良才发现曹军,大惊,仓促迎战。操使裨将军张辽、偏将军关羽为先锋率先击敌,关羽"望见(颜)良麾盖,策马刺良于万众之中,斩其首还,绍诸将莫能当者,遂解白马围。"③

曹操"声东击西"的战术获得了圆满成功,关羽斩颜良也立了大功,曹操遂表封关羽为汉寿亭侯。

曹操解白马围,然后"徙其民,循河而西"。袁绍气极,命令文丑和刘备渡河追操。刘备和文丑所部到达延津南,曹操勒兵驻营白马山南阪下,立即酝酿成诱敌之计。他令人登高瞭望来敌情况。瞭望哨先是报告大约有五六百骑来到;继而报告,又来了一些骑兵和不可胜数的步兵。曹操说,不用报告了。遂令骑兵"解鞍放马"。是时,自白马撤下的辎重都放在路上。诸将以为敌骑多,不

---

① 《三国志·魏书·荀彧传》。

② 《三国志·魏书·武帝纪》。

③ 《三国志·蜀书·关羽传》。

如还保营。荀攸明白曹操的计谋,对大家说:"此所以饵敌,如何去之。"不久,刘备和绍将文丑率领五六千骑兵先后来到,诸将说,可以上马了。曹操说,没到时候。不一会儿,敌骑来得更多了,而且分头争抢辎重。曹操说,可以上马了。时曹操骑兵不满六百,纵兵而出,大破绍军五六千骑,斩其将文丑。曹操的诱敌战术获得了成功。刘备幸免于死,落荒而走。

讲到颜良、文丑被诛的事,不能不谈一下关羽反复于曹操、刘备之间的问题。曹操一贯重视人才的笼络和使用。他不疑归从,对于归从的人,不管是文官,还是武将,都以诚相待,听其言,重其谋,授以重任,不以外人视之,致力于尽速将其变为自己的心腹。他大胆用降,量功必赏。曹操属下屡建功勋的武将和卓有才华的文臣,有不少是其主人失败后投降曹操的。曹操对待这些人,尤其注意待之以诚,授以实权,使其冰释疑虑,尽力国事。例如:张辽,本吕布属下,降操,拜为中郎将,赐爵关内侯,数有战功,累迁裨将军、荡寇将军、征东将军。张郃,本袁绍部下,降操,拜为偏将军,封都亭侯,常被委以先锋之任,以功迁平狄将军,后拜荡寇将军。文聘,本刘表大将,表死,归操,操使将北兵追讨刘备于长坂,随后拜为江夏太守,使典北兵,委以边事,官至讨逆将军,封延寿亭侯。庞德,本马超部将,降操,曹操闻其骁勇,拜立义将军。文官如陈琳,为袁绍所用,写了《讨曹檄文》,袁氏败,归操,曹操"爱其才而不咎",遂以琳与阮瑀并为司空军谋祭酒(官名)。更可贵的是,曹操还敢于拔将才于卒伍之间。如:乐进,本为曹操帐下吏,以功封广昌亭侯、游击将军、折冲将军。于禁,本为济北相鲍信部从,频建军功,迁偏将军,继拜虎威将军。典韦,本张邈部下士卒,曹操收做自己的贴身护卫,"将亲兵数百人,常绕大帐",升官校尉。正是有这样的思想,所以曹操非常看重关羽,擒归以后,"拜为偏将军,礼之甚厚",期其为用,态度是坦诚的。但关羽对于曹操却心存芥蒂。

《三国志·关羽传》注引《蜀记》说:"曹公与刘备围吕布于下邳,关羽启公(启公,向曹操陈述意见),布使秦宜禄行求救(行,行将,将要),乞娶其妻,公许之。临破,又屡启于公。公疑其(秦宜禄妻)有异色,先遣迎看,因自留之,羽心不自安。"《华阳国志·刘先主志》说:"先主(备)与公(操)猎,羽欲于猎中杀公。先主为天下惜,不听。故羽常怀惧。"由此可见,关羽谋归刘备,心怀忠义固然是其重要的内在因素,但心怀疑惧也是他不敢久居曹营的重要原因。

关羽离操而走归刘备,肯定是在建安五年四月斩杀颜良以后、七月刘备南略汝颖之前。两条记载可以作证。《三国志·武帝纪》说,颜良、文丑被斩以后,"绍军大震,公(操)还军官渡,绍进保阳武(今河南原阳境),关羽亡归刘备"。《三国志·关羽传》说:"初,曹公壮羽为人,而察其心神无久留之意。谓张辽曰:'卿试以情问之。'既而辽以问羽,羽叹曰:'吾极知曹公待我厚,然吾受刘将军厚恩,誓以共死,不可背之。吾终不留,吾要当立效以报曹公乃去。'辽以羽言报曹公,曹公义之。及羽杀颜良,曹公知其必去,重加赏赐。羽尽封其所赐,拜书告辞,而奔先主于袁军。左右欲追之,曹公曰:'彼各为其主,勿追也。'"可见,此时袁绍在阳武,刘备随袁绍军行动,当驻阳武、延津、黎阳一线,尚未离开袁绍而南略汝、颖;曹操驻军官渡,关羽身在曹营为偏将军,当在官渡至白马一线。两军相距不远。所以,关羽"奔先主于袁军"实际是由曹军驻扎地到袁军驻扎地,绝对不会出现像《三国演义》所说先是离许而西取路洛阳,然后再东折长驱至滑州,继而闻刘备在汝南,复南向,既至汝南,又知刘备北还,再北折至河北,东西南北跋涉数千里。

因此,也绝不会发生过五关斩六将的事①。

受袁绍派遣,攻略汝、颍之间

曹操军斩颜良、文丑后,还屯官渡,袁绍则屯阳武,两军处在相持态势中。建安五年七月,汝南黄巾刘辟等背叛曹操而与袁绍相呼应。刘辟攻略许下,顿时对曹操后方构成威胁,所以袁、曹双方都很重视。袁绍立即派遣刘备率兵帮助刘辟,据说,"郡县多应之"。

刘备攻略汝、颍之间,"自许以南,吏民不安"。曹操深以为忧。厉锋校尉曹仁向曹操分析形势,指出两点:一是南方郡县投靠刘备是形势所迫。他认为,"南方以大军(指曹军)方有目前急,其势不能相救,刘备以强兵临之,其背叛故宜也。"二是打败刘备并不困难。他认为,刘备刚刚统领袁绍的士兵,"未能得其用,击之可破也。"于是,曹操遂派曹仁率领骑兵击刘备,"破走之,仁尽复收诸叛县而还"。据载,与此同时,袁绍还另遣别将韩荀由西路趋攻许都,曹仁击败刘备后,又由西路趋师北上,击韩荀于鸡洛山(今河南密县东南之径山),也大破之。袁绍派出的两股兵力都失败了,"由是绍不敢复分兵出"②。

刘备失败后,又北走,回到了袁绍那里。

刘备附于袁绍麾下,前后年余,对袁绍为人有了进一步的认识,知其刚愎自用,不善大谋,终难共成大事。为了独立发展自己的势力,他"阴欲离绍",最后终于想出了"劝袁绍南联刘表"的策略。袁绍南联刘表有利于牵制曹操的兵力,固然是其原有之议,但

---

① 《三国志·蜀书·先主传》记谓"绍遣先主将兵与辟等略许下。关羽亡归先主"。是并记两件事,没有时间上的先后关系。

② 以上参阅《三国志·魏书·曹仁传》、《资治通鉴》卷63。

从另一角度看,急准刘备南去,实际也是上了刘备试图远离的圈套。

在此期间,刘备部属中增加了一位新的骁将。他就是赵云。前已述及,刘备归依公孙瓒时,结好赵云,赵云曾受公孙瓒之遣,为刘备主骑,抗拒袁绍。刘备投靠袁绍后,赵云见刘备于邺。刘备"与云同床眠卧,密遣云合募得数百人,皆称刘(备)左将军部曲,绍不能知"。

建安五年秋,袁绍派刘备率领本部兵马再至汝南。刘备背着袁绍让赵云拉起的队伍,自然也跟着刘备到了荆州地界。

刘备到汝南后,即与黄巾龚都(一作共都)等部联合,有众数千人。曹操得知消息后,立即派遣叶县守将蔡扬(亦作蔡杨或蔡阳)出击刘备、龚都。当时,曹操的主要兵力,大都在河北前线,刘备知蔡扬兵力有限,且非名将,因而再次声言:"吾势虽不便,汝等(指蔡扬)百万来,未如我何;曹孟德单车来,吾自去。"①寥寥数语,反映了他战胜蔡扬的自信,也反映了他对曹操的心理恐惧。蔡扬轻视了这支刚刚联合起来的队伍,轻进遽击,结果失利。

《三国志·武帝纪》说,曹操"遣蔡扬击(龚)都,不利,为都所破"。《先主传》和《华阳国志·刘先主志》记载不同,说蔡扬"为先主所杀"。《资治通鉴》取后者,称"为备所杀"。记载不同,说明蔡扬是在龚都和刘备的联合攻击下阵亡的。但不管哪种记载,都没有提到关羽斩蔡扬的事。

---

① 《华阳国志·刘先主志》。

第四章　试图在荆州发展

刘备联合黄巾龚都部战胜曹操守将蔡扬部以后,遂在汝南发展势力。不久,官渡之战结束,"曹公既破绍,自南击先主"。刘备最怕曹操亲征,正如他自己所说的"曹孟德单车来,吾自去"。自知不敌,于是遣糜竺、孙乾与刘表联系,情愿依附于刘表。

据载,"公(操)南征备,备闻公自行,走奔刘表,(龚)都等皆散。"①

事实上,曹操这次南征刘备,也是向刘表耀兵。史谓,建安六年春,曹操曾"以袁绍新破,欲以其间击刘表"。他的重要心腹、尚书令荀彧觉得条件尚不成熟,指出:"(袁)绍既新败,其众离心,宜乘其困,遂定之;而欲远师江、汉,若绍收其余烬,乘虚以出人后,则公(操)事去矣(意谓已取得的优势就失掉了)。"②因此,曹操没有发动这次行动。亦正因如此,九月间,曹操南击刘备,刘备逃依刘表时,曹操没有追击他。

刘表,字景升,山阳高平(今山东鱼台境。一说在今金乡境)人,西汉鲁恭王刘馀之后。党锢期间,曾是一个有点名气的党人,

---

① 《三国志·魏书·武帝纪》。
② 《资治通鉴》卷64,汉献帝建安六年。

"与同郡张俭等俱被讪议"，为"八顾"之一①。献帝初平元年（公元 190 年），长沙太守孙坚攻杀荆州刺史王叡，诏书以刘表为荆州刺史。刘表"单马入宜城（今湖北宜城南），请南郡人蒯越、襄阳人蔡瑁共谋划"。在蒯越等人的帮助下，他平定江南，遂有"南接五岭，北据汉川，地方数千里"之地和"带甲十余万"之众。史载，刘表"招诱有方，威怀兼洽（威慑、怀柔两手并用）"、"万里肃清，大小咸悦而服之"。兖、豫诸州及关西"学士归者盖有千数"。《刘镇南碑》对于他的政绩还夸张地说："劝稼务农，以田以渔，稌粟红腐（谓粮食吃不完，变质了。稌，音 tū，稻），年谷丰伙。江湖之中，无劫掠之寇，沅湘之间，无攘窃之民……当世知名，辐辏而至，四方襁负（背着孩子），自远若归，穷山幽谷，于是为邦，百工集趣，机巧万端，器械通变，利民无穷。邻邦怀慕，交、扬、益州，尽遣驿使，冠盖相望。下民有康哉之歌（康哉，出《尚书·益稷》"庶事康哉"之语，用以赞颂时势安宁），群后有归功之绪（意谓各路诸侯不断把功劳归于刘表）。"可见，在北方连年战争的时候，而刘表统治的荆州是相对稳定的。他自己也颇知清廉之要，"在荆州几二十年，家无余积"。但是，刘表乃一儒人，胸无大志，谋无远虑，不习军事，试图"爱民养士，从容自保"。所以，曹操与袁绍争持期间，他既不助袁，也不援操，欲坐观天下之变②。

刘表对刘备来归很重视。他怀着忐忑不安的心情，亲自"郊

---

① "党锢之祸"，党人"虽废锢，天下士大夫皆高尚其道而污秽朝廷，希之者惟恐不及，更共相标榜，为之称号"。窦武、陈蕃、刘淑被称为"三君"（"君者，言一世之所宗也"，即首领），李膺等八人被称为"八俊"（"俊者，言人之英也"），郭泰、范滂等八人被称为"八顾"（"顾者，言能以德行引人者也"），张俭等八人为"八及"（"及者，言其能导人追宗者也"），度尚等八人被称为"八厨"（"厨也，言能以财救人者也"）。

② 参见《后汉书·刘表传》，《全三国文》卷 64。

迎"这位徒有虚名的豫州刺史,"以上宾礼待之,益其兵,使屯新野。"①这是建安六年九月的事。

刘备从刘表那里得到了多少兵,史籍没有记载。但是,刘表准其作为一个军事实体独立存在,却是刘备所求之不得的。

一、三顾茅庐请诸葛

刘备屯驻新野(河南今县),急谋发展,抓紧时间广揽人才,因而"荆州豪杰归先主者日益多"②。

徐庶、司马徽共荐卧龙

据《三国志·诸葛亮传》和注引《襄阳记》等书载,是徐庶和司马徽分别向刘备推荐了诸葛亮。

徐庶,本名福,字元直,颍川人。"本单家子(按:犹言出身单寒之家)"③。初习武,后事文。"少好任侠击剑"。曾经为了替人报仇,"白垩(音è,白土)突(涂)面,被(披)发而走,为吏所得,问其姓名,闭口不言",险些被杀,幸"其党伍共篡解之(意为党徒朋友们用强力夺取),得脱"。他对朋友们的搭救很是感激。嗣后,"弃其刀戟,更疏巾单衣,折节学问"。据说,开始的时候,他到精舍(学校)去,"诸生闻其前作贼,不肯与共止(共止,一起居住)。

---

① 《三国志·蜀书·先主传》。
② 同上。
③ 《三国演义》第35回《单福新野遇英主》因史称徐庶"本单家子"而说徐庶"姓单名福";36回又说,徐庶"为因逃难,更名单福"。流俗至今,大误。清钱大昕广征汉魏史籍指出,"凡云单家者,犹言寒门非郡之著姓耳。徐庶为单家子,与此一例。流俗读单为善,疑其本姓单,后改为徐,妄之甚矣。"(见卢弼《三国志集解》卷35)

（徐）福乃卑躬早起，常独扫除，动静先意（先意，揣度对方意思，察言观色），听习经业，义理精熟。遂与同郡石韬相亲爱。"可见他是一个文武都有一些本事的人。后来，"中州兵起，又与（石）韬南客荆州，到，又与诸葛亮特相善。"①《诸葛亮传》说，徐庶投到刘备幕下，"先主器（重）之"。徐庶与诸葛亮"特相善"，甚知其能，对刘备说："诸葛孔明者，卧龙也，将军岂愿见之乎？"刘备说："君与俱来。"庶说："此人可就见，不可屈致也。将军宜枉驾顾之。"由是"先主遂诣亮，凡三往，乃见"。

司马徽，字德操，颍川人，"清雅有知人鉴（有知人鉴，意谓有知人之明）"②。据《三国志·庞统传》注引《襄阳记》载，庞统的叔叔、诸葛亮小姊的公公庞德公亦甚知人，庞德公曾将司马徽与诸葛亮、庞统并称，说："诸葛孔明为卧龙，庞士元为凤雏，司马德操为水镜。"刘备访世事于司马德操，德操自谦，自称为"儒生俗士"，不自比于诸葛亮和庞统，说："儒生俗士，岂识时务？识时务者在乎俊杰。此间自有伏龙、凤雏。"刘备问为谁，德操回答说："诸葛孔明、庞士元也。"③

刘备通过与徐庶、司马徽的接触，知道了诸葛亮、庞统以及客居荆州的颍川石韬（广元）、博陵崔州平、汝南孟建（公威）等，皆欲拢之。这都是一些待机而出的人物，并不是隐士。但他们中的多数，既知刘表无能，不愿在荆州为官，也不看重刘备，而是倾向于北还，到曹操那里做官。如石广元北归仕魏，历任郡守、典农校尉等职；孟公威"思乡里，欲北归"，诸葛亮对他说"中国（按：指中原）饶（多）士大夫，遨游何必故乡邪"，公威不听，终北归，在魏"贵达"，为凉州刺

---

① 《三国志·蜀书·诸葛亮传》注引《魏略》。
② 《三国志·蜀书·庞统传》。
③ 《三国志·蜀书·庞统传》注引《襄阳记》。

史,有治名,官至征东将军①。至于崔州平,乃汉末太尉崔烈之子,兄崔钧为西河太守,自然志在谋官,可惜史失其事,不知所终。

诸葛亮隆中对策

诸葛亮,字孔明,琅邪阳都(治今山东沂南南)人。史谓:"其先葛氏,本琅邪诸县(今山东诸城)人,后徙阳都。阳都先有姓葛者,时人谓之诸葛,因以为氏。"②其先祖诸葛丰曾在西汉元帝时做过司隶校尉,父亲诸葛珪在东汉末年做过泰山郡丞。可见,诸葛亮出身并非寒苦之家,因而能够得到较好的学问教养。不幸的是,在他尚未成年的时候,父亲死了,成了孤儿,不得不跟随叔父诸葛玄生活。《三国志·诸葛亮传》说,"亮早孤,从父玄为袁术所署豫章太守,玄将(带着)亮及亮弟均之官。"诸葛玄到达豫章后,不久,汉朝中央"更选朱皓代玄"。诸葛玄丢了官以后,无所止,由于素与荆州牧刘表有旧,便"往依之"③。诸葛玄死后,诸葛亮与弟弟诸葛均开始独立生活,安家于襄阳城西二十里隆中,并亲自参加田间劳动。史称"玄卒,亮躬耕陇亩,好为《梁父吟》④。

---

① 《三国志·蜀书·诸葛亮传》注引《魏略》;《三国志·魏书·温恢传》。
② 《三国志·吴书·诸葛瑾传》注引《吴书》。另,注引《风俗通》说,有葛婴者,"为陈涉将军,有功而诛,(汉)孝文帝追录,封其孙诸县侯,因并氏焉"。其说不同。
③ 另《三国志·蜀书·诸葛亮传》注引《献帝春秋》记载不同,称:"初,豫章太守周术病卒,刘表上诸葛玄为豫章太守,治南昌。汉朝闻周术死,遣朱皓代玄。皓从扬州刺史刘繇求兵击玄,玄退屯西城,皓入南昌。建安二年正月,西城民反,杀玄,送首诣繇。"
④ 梁父(一作梁甫),泰山之下一小山名。《梁父吟》,乐府楚调名,今传古辞"步出齐城门,遥望荡阴里。里中有三坟,累累正相似。问是谁家冢? 田疆古冶子。力能排南山,文能绝地理。一朝被谗言,二桃杀三士。谁能为此谋? 国相齐晏子"。今人大都认为是诸葛亮作,非是。(宋)郭茂倩《乐府诗集·梁父吟题解》说:"《梁父吟》,盖言人死葬此山,亦葬歌也。"反映着悲凉慷慨之气。卢弼《三国志集解》说得对:"梁父吟本为古歌谣,诸葛吟之遣兴耳。"辞意是讥晏婴而悲三士,还是颂晏婴,理解各有不同。

身长八尺（约近 1.9 米的大个子），每自比于管仲、乐毅，时人莫之许也。惟博陵崔州平、颍川徐庶元直与亮友善，谓为信然"。① 可见：诸葛亮虽然躬耕田亩之中，但并不是一个安心于农的标准的农民，而是一面种田，一面研究学问、吟咏歌赋，一面广交朋友、结交名士、扩大自己的影响，一面综观天下之变、测度诸雄（各路军阀）优劣、讨论时政、谋划安定大局的策略。心怀大志、待机而出的急迫心情跃然纸上。他的一些亲近友好都很清楚诸葛亮试图"出山"有所作为，因而誉称其为"伏龙"、"卧龙"。所谓"臣本布衣，躬耕于南阳，苟全性命于乱世，不求闻达于诸侯"云云，实为后来自为之词，非为出山之前的真实心情。

刘备三顾茅庐问策诸葛亮于隆中。隆中对策确立了刘备嗣后战略决策的指导思想，重要意义不可低估。《三国志·诸葛亮传》记录了二人在没有任何人参加的情况下的谈话内容。刘备问曰："汉室倾颓，奸臣窃命，主上蒙尘（指皇帝蒙难）。孤不度德量力，欲信（伸）大义于天下，而智术短浅，遂用猖獗（谓以往所为都失败了），至于今日。然志犹未已，君谓计将安出？"诸葛亮成竹在胸，当即将久经酝酿的一番话说了出来：

> 自董卓已来，豪杰并起，跨州连郡者不可胜数。曹操比于袁绍，则名微而众寡，然操遂能克绍，以弱为强者，非惟天时，抑亦人谋也。今操已拥百万之众，挟天子而令诸侯，此诚不可与争锋。孙权据有江东，已历三世，国险而民附，贤能为之用，此可以为援而不可图也。荆州北据汉、沔，利尽南海，东连吴、会，西通巴、蜀，此用武之国，而其主不能守，此殆天所以资将军，将军岂有意乎？益州险塞，沃野千里，天府之土，高祖因之

---

① 《三国志·蜀书·诸葛亮传》。

以成帝业。刘璋暗弱,张鲁在北,民殷国富而不知存恤,智能之士思得明君。将军既帝室之胄,信义著于四海,总揽英雄,思贤如渴,若跨有荆、益,保其岩阻,西和诸戎,南抚夷越,外结好孙权,内修政理,天下有变,则命一上将将荆州之军以向宛、洛,将军身率益州之众出于秦川,百姓孰敢不箪食壶浆以迎将军者乎? 诚如是,则霸业可成,汉室可兴矣。

隆中对策要在三点,第一,剖析形势,进而指出北不可与曹操争锋,南不可谋袭孙权,荆、益地险而主弱,可相机据而有之;第二,确定战略,这就是跨有荆、益,西和诸戎,南抚夷越,东结孙权,北拒曹操;第三,突出人谋和贤能为之用的思想。

刘备很欣赏诸葛亮的隆中对策,连连称"善"。因而把诸葛亮视为高人,收为心腹,佐谋于幕府之中。据说,刘备与诸葛亮情好日密,惹得关羽、张飞等不高兴,刘备对他们说:"孤之有孔明,犹鱼之有水也。愿诸君勿复言。"关羽、张飞等闻此,不仅知道了诸葛亮在刘备心目中的地位,而且也知道了诸葛亮韬略过人,因而也就不复再言了。

当然,也有另说。如《先主传》注引晋人孙盛《魏略》和司马彪《九州春秋》都说是诸葛亮主动求见刘备的:"刘备屯于樊城。是时曹公方定河北,亮知荆州次当受敌,而刘表性缓,不晓军事。亮乃北行见备,备与亮非旧,又以其年少(亮,时年 27 岁),以诸生意待之(用对待一般知识分子那样待之)。坐集既毕,众宾皆去,而亮独留,备亦不问其所欲言。备性好结毦(毦,音 ěr。羽毛装饰品),时适有人以牦牛尾与备者,备因手自结之。亮乃进曰:'明将军当复有远志,但结毦而已邪!'备知亮非常人也,乃投毦而答曰:'是何言与,我聊以忘忧耳。'亮遂言曰:'将军度刘镇南(表)孰与曹公邪?'备曰:'不及。'亮又曰:'将军自度何如也?'备曰:'亦不如。'曰：'今皆不及，而将军之众不过数千人，以此待敌，得无非计乎！'备曰：'我亦愁之，当若之何？'亮曰：'今荆州非少人也，而著籍者寡（登录在籍的少），平居发调（平常按户籍征收税赋），则人心不悦；可语镇南（刘表），令国中凡有游户，皆使自实（自实，按实际情况自报），因录以益众可也。'备从其计，故众遂强。备由此知亮有英略，乃以上客礼之。"刘备听从了诸葛亮的建议，通过刘表征录"游户"壮丁，扩大了自己的队伍。对此，南朝宋人裴松之提出非议，认为既然诸葛亮出师表中讲到"先帝不以臣卑鄙，猥自枉屈，三顾臣于草庐之中，谘臣以当世之事"，所以不是诸葛亮主动找刘备是很清楚的。我认为，可能性是极大的，所以不妨备此一说，两说并存。因为：

第一，诸葛亮喜欢自比管仲、乐毅。管、乐均文韬武略过人，而且都是善于主动求仕者。管仲，春秋时期齐人，"三仕三见逐于君"，最后得到齐桓公重用。"管仲既用，任政于齐，齐桓公以霸，九合诸侯，一匡天下，管仲之谋也。"[1]乐毅，战国时期赵国人，得知燕昭王招贤，"遂委质为臣"。燕昭王使乐毅为上将军，配相国印，联合赵、楚、韩、魏等国伐齐，"徇齐（攻取齐地）五岁，下齐七十余城，皆为郡县以属燕"。他的《报燕惠王书》，至今读来令人感叹不已[2]。

第二，诸葛亮等待时机而谋仕进的意愿早已明显流露。如本传注引孙盛《魏略》说："亮在荆州，以建安初与颍川石广元、徐元直、汝南孟公威等俱游学，三人务于精熟，而亮独观其大略。每晨夜从容，常抱膝长啸，而谓三人曰：'卿三人仕进可至刺史郡守

---

① 《史记·管仲传》。
② 《史记·乐毅传》。

也.'三人问其所至（意谓三人问亮能做到多大的官），亮但笑而不言。后公威思乡里，欲北归，亮谓之曰：'中国饶士大夫，遨游何必故乡邪！'"这说明，诸葛亮的抱负是很大的，虽然没有打算北向投曹谋官，但什么刺史、郡守都不放在眼里。裴松之认为，孙盛《魏略》此言，"谓诸葛亮为公威计者可也，若谓兼为己者，可谓未达其心矣。老氏（老子）称知人者智，自知者明，凡在贤达之流，固必兼而有焉。以诸葛亮之鉴识，其不能自审其分乎？"显然，这是一种想当然的分析，没有事实根据。

第三，孙盛、司马彪，皆晋人，去时不远。两人皆书其事，当非空穴来风。

由上可见，先有诸葛亮主动求见，后有刘备亲顾问策，遂礼而用之，不是没有可能。其实，不管何种情形，都无损于刘备善用诸葛亮之明。自然，对于诸葛亮形象的树立，后者似乎不如前者，但亦无损大局。

这里还需要指出的是，《隆中对》出自陈寿《三国志·诸葛亮传》，文字工整严密，述事若合符契，显系后来整理过的语言。正因如此，难免真假之讽。窃以为，虽如此，但其基本内容当非伪造，因就当时的形势言，有头脑的政治家作此判断并不困难。

二、刘表"托国"

刘备屯驻新野（河南今县），声名日播，荆州豪杰图谋前程者纷纷投靠。这种情形，自然引起刘表的注意，所以便有了"表疑其心，阴御之"①的记载。由此看出，刘表对于刘备待以上宾之礼，乃

---

① 《三国志·蜀书·先主传》。

是表面现象,而心怀疑虑则是其真实的心理状态。

刘表"阴御"刘备的方法,最主要的有两点。一是表示"信任"和"重用",让他拒守边场,离开新野。这是一箭双雕的计划,既让刘备离开了临时根据地新野,又让他为自己拒敌于边场。二是表示"亲热",将他羁縻于襄阳,使离军事。无疑,这后一种则是更深一步的阴谋。

刘备对于刘表的心思自然是明白的。因此,他能自觉而有效地利用刘表所提供的条件,既能暂安于荆州地域,又能适度发展自己,相机而动。

博望诱战夏侯惇

史载,刘表使刘备"拒夏侯惇、于禁等于博望(今河南南阳东北)。久之。先主设伏兵,一旦自烧屯伪遁,惇等追之,为伏兵所破"。① 既谓"久之",可见是有一段比较长的时间离开了新野,驻扎在同曹操军事接壤的地区;并且曾经主动发动过一次战役,取得小胜,打败了曹操名将伏波将军、河南尹夏侯惇和虎威将军于禁。

《三国志·李典传》记载了这次战争的简单情况:"刘表使刘备北侵,至叶(今河南叶县西南),太祖(操)遣(李)典从夏侯惇拒之。备一旦烧屯去,惇率诸军追击之,典曰:'贼无故退,疑必有伏。南道狭窄,草木深,不可追也。'惇不听,与于禁追之,典留守。"夏侯惇中了刘备的埋伏,"战不利,典往救,备望见救至,乃散退"②。

---

① 《三国志·蜀书·先主传》。
② 《三国演义》渲染的刘备住新野期间大战曹仁、袭夺樊城的战争,不见史传。

62

刘备用诱敌深入的计策打赢了这一仗。取得小胜,但未敢主动扩大战果。这是他一生中少有的胜仗之一。这次战争,规模虽然不大,但因对方是曹操的名将,所以大大增强了刘备在荆州地界的威望,也更加增大了刘表对刘备的疑虑,使刘表感觉到让刘备远离自己而亲临军事前线,并不是制约的好办法。

羁縻于襄阳、樊城

刘表的第二手是,将刘备羁縻于襄阳、樊城(两城均属今湖北襄樊市),让其离开军事前线,率领部伍屯驻樊城。刘表做荆州牧,治襄阳,而樊城与襄阳隔水相望。这样,从地域上看,刘表便让刘备驻扎到了自己的眼皮底下。无疑,这更有利于掌握和窥测刘备的动向。但是,这样又不免使刘表产生了新的疑虑。《三国志·先主传》注引《世语》说:"备屯樊城,刘表礼焉,惮其为人,不甚信用。"相对来说,屯驻樊城,其实也不是刘备所希望的。他所希望的是能在荆州地域内,不受控制和限制地、更方便地发展自己的势力。

刘备羁于襄阳、樊城的时间可能比驻兵在外更长。所以留下了不少有趣的故事。如《三国志·先主传》注引《九州春秋》说:"备在荆州数年,尝于表坐起至厕,见髀(大腿)里肉生,慨然流涕。还坐,表怪问备,备曰:'吾常身不离鞍,髀肉皆消。今不复骑,髀里肉生。日月若驰,老将至矣,而功业不建,是以悲耳。'"这是刘备慨叹事业不成,更是意欲摆脱刘表的羁縻而想出的一条试图打动刘表心灵的计策。刘表懦暗,自然看不出来,而反为所动。

另外,还有一些更具戏剧性、信疑参半的记载,如同书注引《世语》说:刘表"曾请备宴会,蒯越、蔡瑁欲因会取备,备觉之,伪如厕,潜遁出。所乘马名的卢①,骑的卢走,堕襄阳城西檀溪水中,溺不得出。备急曰:'的卢:今日厄矣,可努力!'的卢乃一踊三丈,遂得过,乘桴(栿,小竹筏)渡河,中流而追者至,以(刘)表意谢(告别)之,曰:'何去之速乎!'"对此,晋人孙盛说:"此不然之言。备时羁旅,客主势殊,若有此变,岂敢宴然终表之世而无衅故乎?此皆世俗妄说,非事实也。"其实,蒯越乃刘表重要谋臣,蔡瑁系刘表忠实心腹,素忌刘备,既知刘表"不甚信用"刘备,图谋除之是完全可能的。刘备当然亦知刘表及其谋臣的心思,在一种特殊环境下不辞而别也会是有的。至于"马跃檀溪",当然属于夸张性的描述。

劝刘表袭击曹操后路

官渡之战,曹操打败了袁绍。袁绍"惭愤,发病呕血"而死。嗣后,曹操曾在先征刘表,还是先彻底解决袁绍的儿子袁尚(自领冀州牧)、袁谭(青州刺史)、袁熙(幽州刺史)及其外甥高干(并州刺史)霸居北方的问题,犹豫过。我在《曹操传》中曾作如下表述:自建安七年九月至第二年三月,曹操大战袁谭、袁尚于黎阳,最后谭、尚败退还邺。谭、尚败退之后,诸将欲乘胜追击,曹操欲待其变而攻之。郭嘉更知袁氏内部状况,劝操待变,对操说,袁绍爱此二子,生前没有定下立谁,现在郭图、逢纪等分别为谭、尚的谋臣,必

---

① 关于"的卢"马的来历和故事,晋人傅玄《乘舆马赋》说:"刘备之初降也(按:指归依曹操),太祖(曹操)赐之骢马,使(刘备)自至厩选之,名马以百数,莫可意者,次至下厩,有的颅(卢)马委弃莫视,瘦瘁骨立,刘备抚而取之,众莫不笑之。其后刘备奔于荆州,逸足电发,追不可逮,众乃服焉。"(转自[清]杭世骏《三国志补注》卷五)"的卢(颅)"马的名字,《伯乐相马经》说:"马白额入口至齿者,名曰榆雁,一名的卢。奴乘客死,主乘弃市,凶马也"(见南朝人刘义卿《世说新语·德行》刘孝标注)。

交斗其间,他们回军之后必将分裂,"急之则相持,缓之而后争心生,不如南向荆州若征刘表者,以待其变,变成而后击之,可一举定也"①。何谓"若征"? 就是摆出一个征讨的架势,并不是真正的用兵。曹操最善示假,而且屡屡得手。他称赞并采纳了郭嘉的计谋,遂示以南征刘表的假象,建安八年五月率军自北还许,然后大张旗鼓"南征"。果如曹操、郭嘉所料,不久,袁氏兄弟反目,袁谭攻袁尚,谭败,兵还南皮(今县);袁尚率兵攻谭,谭又败,奔平原(今县)。谭不懂得"唇亡齿寒"、"兄弟阋于墙"的严重后果,竟遣辛毗向曹操求救。时,操已耀兵南下,军驻西平(治今河南西平西)。辛毗至西平见操,转达袁谭求救之意。因为军已南向,群下多以为刘表强,袁氏兄弟不足忧,应该先平刘表。荀攸则支持曹操、郭嘉的预谋,认为应该乘乱而取河北。荀攸做了两方面的分析,一是认为刘表虽强但不可怕,"天下方有事,而刘表坐保江、汉之间,其无四方之志可知矣";二是指出袁氏仍有势力,如果"兄弟和睦以守其成业,则天下之难未息也。今兄弟构恶,此势不两全,及其乱而取之,此时不可失也"②。在此谋略的指导下,不几年,曹操便消灭了袁谭,打败了袁尚,稳定了北方,自己兼做了冀州牧。

建安十二年(公元 207 年),曹操决定北征乌桓,进而彻底消灭袁绍儿子袁尚、袁熙的残余势力。荆州得此消息时,刘备曾劝说刘表乘机袭许。刘表没有听从刘备的意见,即史籍所称:"表不能用"。应该说,刘备的意见是有道理的,如果付诸实施,可以对曹操的后方构成威胁。当时,曹操的许多将领也意识到这一点,他们说:"袁尚亡虏耳,夷狄贪而无亲,岂能为尚用。今深入征之,刘备

---

① 《三国志·魏书·郭嘉传》。
② 《三国志·魏书·荀攸传》。

必说刘表以袭许。万一为变,事不可悔。"①这种意见的基点是,袁尚与乌桓不能联合,不可怕,而可怕的是刘备、刘表乘操北征,而袭其后。

当时,曹操的重要谋士、军谋祭酒郭嘉则看得更远,深刻分析了北方形势以及刘表与刘备的关系,支持曹操征乌桓。郭嘉说:"公(操)虽威震天下,胡(乌桓)恃其远,必不设备。因其无备,卒然击之,可破灭也。且袁绍有恩于民夷,而(袁)尚兄弟生存。今四州之民,徒以威附,德施未加,舍而南征(刘表),(袁)尚因乌丸(即乌桓)之资,招其死主之臣,胡人一动,民夷俱应,以生蹋顿之心,成觊觎之计,恐青、冀非己之有也。(刘)表,坐谈客耳,自知才不足以御(刘)备,重任之则恐不能制,轻任之则(刘)备不为用,虽虚国远征,公无忧矣。"②郭嘉的分析很透彻,一是乌桓无备,可掩而袭之;二是袁氏仍有影响,但袁氏兄弟尚未把势力收拢起来;三是刘表只会坐而论道,"坐谈客耳",不足忧;四是刘表对刘备存有戒心,指出刘备其人及其军事存在客观上已对刘表形成了制约。郭嘉深刻的分析,切中要害,从而坚定了曹操的决心,遂起兵北上。

乌桓亦称乌丸,本东胡之一部。《后汉书·乌桓传》称:"汉初,匈奴冒顿灭其国,余类保乌桓山,因以为号焉。"俗善骑射,居无常处,食肉饮酪,以毛毳(毳,音 cuì,鸟兽身上的细毛)为衣,贵少而贱老,其性悍塞(悍塞,强悍鲠直),有勇健能理决斗讼者,推为大人。乌桓长期臣服匈奴,每年都要给匈奴贡献牛马羊皮。西汉武帝时骠骑将军霍去病击匈奴左地,因徙乌桓于上谷(治今河北怀来东南)、渔阳(治今北京密云西南)、右北平(初治辽宁凌源

---

① 《三国志·魏书·武帝纪》。
② 《三国志·魏书·郭嘉传》。

西南,徙治河北丰润东南)、辽西(治今辽宁义县西)、辽东(治今辽宁辽阳北)五郡塞外,始置护乌桓校尉。以后时附时离。东汉灵帝初,乌桓大人上谷有难楼,众九千余落;辽西有丘力居,众五千余落;辽东有苏仆延,众千余落;右北平有乌延,众八百余落,均自称王。献帝初平年间,丘力居死,子楼班年少,侄子蹋顿代立,总摄辽东、辽西、右北平三郡。建安初,袁绍与公孙瓒相持,蹋顿遣使至绍求和亲,并助袁绍击破公孙瓒。袁绍假借皇帝的名义赐各部大人皆为单于,并以家人女为己女嫁给蹋顿。后难楼、苏仆延等共奉楼班为单于、蹋顿为王。因为袁绍曾厚待蹋顿,所以袁尚、袁熙兄弟兵败后投奔了他。

建安十二年八月,曹操大胜乌桓,"斩蹋顿及名王以下,胡、汉降者二十万余口。"袁尚、袁熙投奔辽东太守公孙康。九月,曹操从柳城撤兵,不久公孙康出于自身利益的考虑,斩袁尚、袁熙及苏仆延等,将其人头送到曹操面前。建安十三年正月,曹操凯旋还邺。

曹操北伐乌桓的成功,稳定了北方;彻底消灭了袁氏势力,根除了心腹之患;公孙康内附,幽、冀不再有重大反对力量存在。从此再也无须"临观异同,心怀犹豫,不知当复何从"[1]了。于是,南征刘表便即提到日程上。

至此,刘表也意识到自己将是下一个被征伐的目标,大大后悔了。《先主传》注引《汉晋春秋》说,曹公北征乌桓胜利自柳城还兵后,刘表曾对刘备说:"不用君言,故为失此大会(大会,大好机会)。"刘备则对刘表安慰说:"今天下分裂,日寻干戈,事会(机会)之来,岂有终极乎?若能应之于后者,则此未足为恨也。"话虽这

---

① 《曹操集·步出夏门行》。

样说,但二人依然各怀疑虑,尤其是更加重了刘表对刘备的疑惧。郭嘉说的"重任之则恐不能制,轻任之则备不为用"两句话,可谓是刘表心理特征的生动写照。

刘表临终玩"托国"花招

建安十二年以后,刘表与刘备的关系,相对来说,形式上比较"融洽"了。这既有刘备谋事、处事、虚与委蛇和善于掩饰方面的原因,也有刘表迫于形势方面的原因。

所谓迫于形势,第一,最重要的是刘表知道曹操在先后解决了吕布、袁术、袁绍父子、乌桓以后,南征荆州已经摆到日程上了。据载,曹操北征乌桓凯旋回邺,立即开始了南征刘表的准备:先是在邺做玄武池训练水军;继而调整政治机构,自为丞相,控制权力,排除异己,以求有一个安定的后方;同时抓紧调整军事部署,以张辽屯长社(今河南长葛东),于禁屯颍阴(今河南许昌),乐进屯阳翟(今河南禹县),镇兵许都附近;上表朝廷征前将军马腾为卫尉,以其子马超为偏将军统其众,同时迁其家属至邺,让马腾及其家属做了实际上的人质,以减轻西北方向之忧。七月,曹操在进行或完成上述几件大事之际,得知孙权已破江夏,斩黄祖,甚感时不我待。他知道,必须抢在孙权之前夺得荆州,否则一旦荆州为孙权所有,形势就大不一样了。因此,问计荀彧,荀彧提出了"可显出宛、叶而间行轻进,以掩其不意"①的策略。曹操采纳了荀彧的意见,遂于秋七月,南征刘表,直趋宛(今河南南阳)、叶(今河南叶县西南)。

其次,孙权屡次向荆州用兵。早在曹操出兵荆州之前,鲁肃即

---

① 《三国志·魏书·荀彧传》。

劝孙权乘曹操北出之机而取荆州,指出"汉室不可复兴,曹操不可卒除。为将军计,惟其鼎足江东,以观天下之衅。规模如此,亦自无嫌。何者?北方诚多务也。因其多务,剿除黄祖(刘表将、江夏太守),进伐刘表,竟长江所极,据而有之,然后建号帝王以图天下,此高帝之业也。"①甘宁也劝孙权说:"南荆之地,山陵形便,江川流通,诚是国之西势也。宁已观刘表,虑既不远,儿子又劣,非能承业传基者也。至尊(孙权)当早规之,不可后操。"②孙权听从了鲁肃、甘宁等人的意见,建安八年(公元203年),西伐刘表的江夏(今湖北武昌)太守黄祖,"破其舟军";十二年,再征黄祖,"虏其人民而还";十三年,复征黄祖,屠其城,"枭其首,虏其男女数万口"③。可见,曹操、孙权都在觊觎荆州,而且都想遽而有之。荆州东线、北线都很紧张。

第三,刘备坐地日大,网罗益众。刘表让刘备作为一支独立的军事力量屯驻腋下之地樊城,实是一个重大错误。随着刘备军事力量的不断增大和威望的日渐提高,刘表深深感到了刘备的威胁。及至弥留,已经陷入子孙难保其国的恐慌之中。

第四,特别让刘表担心的是,荆州内部出现了严重危机。

刘表所生二子刘琦、刘琮,皆平庸无能之辈,正如曹操所给的评语那样,"生子当如孙仲谋(孙权字),刘景升(刘表字)儿子若豚犬耳!"④将人比做猪狗,可见鄙视之甚。刘表生病期间,二子都在觊觎州牧的位子。《后汉书·刘表传》载,起初刘表因为长子刘琦的相貌很像自己,"甚爱之",后来为次子刘琮娶了后妻蔡氏的侄

① 《三国志·吴书·鲁肃传》。
② 《三国志·吴书·甘宁传》。
③ 《三国志·吴书·吴主传》。
④ 《三国志·吴书·吴主传》注引《吴历》。

女，"蔡氏遂爱琮而恶琦，毁誉之言日闻于表。表宠耽后妻，每信受焉。又妻弟蔡瑁及外甥张允并得幸于表，又睦于琮，而琦不自宁。"

刘琦失宠了，失势了，恐慌了，因而向诸葛亮请求自安之术。《后汉书·刘表传》载，"亮初不对。后乃共升高楼，（琦）因令去梯，谓亮曰：'今日上不至天，下不至地，言出子口而入吾耳，可以言未？'亮曰：'君不见申生在内而危，重耳居外而安乎？'琦意感悟，阴规出计（暗地谋划离开州牧所在地）。会表将江夏太守黄祖为孙权所杀，琦遂求代其任。"①《三国志·刘表传》的记载不同，认为刘琦并非自求，而是被遣外任的："初，表及妻爱少子琮，欲以为后。而蔡瑁、张允为之支党，乃出长子琦为江夏太守。"两说可以并存。

刘表晚年，完全被后妻蔡氏、少子刘琮及其"支党"所控制。据《三国志·刘表传》注引《典略》记载，刘表病甚，刘琦性孝，"还省疾"，蔡瑁、张允恐刘琦见到刘表，"父子相感，更有托后之意"，将刘琦"遏于户外，使不得见"，威胁说："将军（指刘表）命君抚临江夏，为国东藩，其任至重。今释（丢下）众而来，必见谴怒，伤亲之欢心以增其疾，非孝敬也。"刘琦流涕而去。可见，刘琦、刘琮的明争暗斗是相当激烈的。亦可见，如果刘琦确实是听了诸葛亮的意见自求外任的，那实在不是好主意。这就像袁绍的长子袁谭被外任青州刺史一样，一旦离开，便失去了与其弟弟争夺州牧的机会和可能。这一点，以诸葛亮之智应当是非常清楚的。这会不会是诸葛亮、刘备别有用心，有意促成刘琦外出，加速激化刘氏兄弟二

---

① 申生、重耳皆春秋时晋献公儿子，申生为太子被丽姬所害，重耳出逃在外，后来返国为君，是为晋文公。

人之间的矛盾,最终分裂荆州势力? 当是一个值得怀疑的问题。

刘表迫于外有强邻(北有曹操,东有孙权)、近有刘备军事力量的存在、内患自己和儿子们"才不足以御备",而又面临刘琦、刘琮兄弟互不相容的严峻形势,病重期间玩了一个"托国"的把戏,试图稳住刘备,以保荆州牧的权力平稳过渡到自己儿子刘琮的手里。这就是《三国志·先主传》注引《英雄记》所说:"(刘)表病,上(刘)备领荆州刺史。"注引《魏书》所说:"表病笃,托国于备,顾谓曰:'我儿不才,而诸将并零落,我死之后,卿便摄荆州。'"当时,刘表已经立次子刘琮为嗣,刘备自然明白刘表的本意所在,因而当即表示:"诸子自贤,君其忧病。"意谓"您的儿子都很好,不必担心,您就放心地走吧"。据说,刘表死后,有人劝刘备"宜从表言",即宣布遵照刘表的遗言夺了荆州牧的位子。刘备说:"此人(指刘表)待我厚,今从其言,人必以我为薄,所不忍也。"这就是被历代诸儒和治史者以及小说家所极度赞赏的德者之风。实质上,这是根本不存在的事。南朝宋人裴松之已经指出:"(刘)表夫妻素爱(刘)琮,舍嫡立庶,情计久定,无缘临终举荆州以授(刘)备,此亦不然之言。"

确实如此,刘表怎么会无缘无故把荆州让给刘备呢。刘表其人,"虽外貌儒雅,而心多疑忌"①。所以,如果将其视为刘表要的政治花招,自然就会得出比较合理的解释。

刘备胆怯不敢遽有荆州

刘表死后,蔡瑁、张允等遂以刘琮为嗣。刘琮继为镇南将军、荆州牧,以刘表的"成武侯"印授刘琦。刘琦不得继承荆州牧实

---

① 《三国志·魏书·刘表传》。

职,勃然大怒,将侯印"投之地"(摔在地上),立即部署,准备乘奔丧的机会"作难"①。诸葛亮、刘备的离间计策在不长的时间里便见成效。

刘琦想乘"奔丧"的机会"作难"的计划,未及发动,曹操的大军已经到达新野,因此不得不将军队撤到江南待机。假设不是这样,即使没有曹操直趋宛、叶而迅占新野,刘表的儿子们自然必如袁绍的儿子们一样,大战一场,而最终得利的将是刘备。

从刘备方面来说,他不接受荆州之托,绝非良德有加,更非内心不欲。这一点,完全被其后来夺取更为厚待自己的刘璋的益州牧的行径所证实。所以,任何为其粉饰的语言都是多余的。

历史表明,刘备不敢接受"托国",最为重要的亦属形势使然:

第一,荆州内部,实际权力主要控制在刘表的心腹大将蒯越、别驾刘先、以及妻弟蔡瑁和外甥张允等人的手里,他们既以全力"奉琮为嗣",不惜将刘琦赶出襄阳,让他去做江夏太守,怎么会轻易把权力送给刘备呢!

第二,刘表的谋臣蒯越、傅巽、蔡瑁等自始至终都对刘备持怀疑态度,试图除之而没有得到机会。前述蒯越、蔡瑁等谋乘宴会之便袭杀刘备,即是例证。

第三,刘表、刘琮周围围绕着一股很强的亲曹势力,他们的政治态度很明确:宁归曹操,不附刘备。比如,在曹操和袁绍相拒官渡期间,从事中郎韩嵩、别驾刘先和蒯越等就曾对刘表说:"……曹操善用兵,且贤俊多归之,其势必举袁绍(举,攻灭),然后移兵以向江汉,恐将军不能御也。今之胜计,莫若举荆州以附曹操,操必重德将军,长享福祚,垂之后嗣,此万全之策也。"据说,刘表狐

---

① 《后汉书·刘表传》。

疑不断,便派韩嵩到许,观望虚实。韩嵩至许,被曹操授予侍中、零陵太守的职务,"及还,盛称朝廷曹操之德,劝遣子入侍(入侍,做人质)。"此事引起了刘表的很大不满,以至想把韩嵩杀死①。

第四,面临强敌入境的严峻形势。当时,曹操和孙权都在向荆州用兵,曹军已临国门,吴将屡蚕边界。这是刘备不敢贸然自为的重要外部原因。

以上就是刘表病重期间的客观形势。此种情形,刘备面临两方劲敌和荆州内部复杂而不利的形势,自然不敢受托。若然,则将立即成为众矢之的。不仅刘表、刘琮的心腹和亲曹派不答应,就是刘琦也不会接受;更重要的是必将成为孙权、曹操出兵讨伐的口实。况且从主观上说,试图以自己的数千之众统御心怀狐疑的十数万大兵也是力不从心。可见,"所不忍也"云云,不过是托词、誉赞而已。

其实,就当时的情形看,即使没有曹操、孙权的进攻和威胁,刘备要想谋得荆州牧的位子,第一步也只有通过联合刘琦搞掉刘琮才有可能。事实上,刘备、诸葛亮所谋划的正是这样一条路子。所以我说,诸葛亮劝说刘琦离开襄阳,实为刘备,而对刘琦来说,则非良策。

三、兵败当阳

建安十三年(公元208年)七月,曹操南征刘表;八月,刘表病故;九月,曹操军至新野。

---

① 《后汉书·刘表传》。

刘琮降操

大兵压境，荆州的重要僚属章陵太守蒯越、从事中郎韩嵩、东曹掾傅巽，以及文士王粲等同说刘琮投降曹操。刘琮犹豫，本想负隅顽抗，说："今与诸君据全楚之地，守先君之业，以观天下，何为不可乎？"傅巽对刘琮说："逆顺有大体，强弱有定势。以人臣而拒人主，逆道也；以新造之楚而御中国，必危也；以刘备而敌曹公，不当也。三者皆短，欲以抗王师之锋，必亡之道也。"随后，傅巽向刘琮提出问题："将军自料何与刘备？"刘琮承认："不若也。"傅巽尖锐地指出："若（刘）备不足御曹公，则虽全楚不能以自存也；若足御曹公，则（刘）备不为将军下也。愿将军勿疑。"①这个分析，重在两点，一是王师——曹军不可敌，二是刘备不可靠。王粲更直言不讳地对刘琮说："曹操故人杰也，雄略冠时，智谋出世"，要想保己全宗，长享福祚，"只有卷甲倒戈，应天顺命"，归降曹操②。

刘琮知敌难抗，又知部属离心，更知刘备难以久恃，于是听从蒯越、韩嵩、傅巽、王粲等人的建议，举州投降了曹操。

曹操挟天子以令诸侯，刘琮与曹操并非平等的敌国关系，而是以下逆上，且强弱悬殊，大势不利，败不可免，举众归降，实属明智之举。刘琮投降后，曹操虽然没有让他继续留在荆州，而另以涿州李立为荆州牧，但也合乎情理地安排了他，让他做了青州刺史，封列侯③。

---

① 《后汉书·刘表传》。
② 《三国志·魏书·王粲传》注引《文士传》。
③ 《三国志·魏书·刘表传》。《三国演义》说曹操以刘琮为青州刺史，遂派于禁追杀刘琮于途。这纯属子虚乌有。《三国志·刘表传》注引《魏武故事》载曹操令提到："虽封列侯一州之位，犹恨此宠未副其人；而比有笺求还州。监史虽尊，秩禄未优。今听所执，表琮为谏议大夫，参同军事。"可见，刘琮虽然未到青州赴任，想回荆州，也没得到批准，但也不曾被杀，而是做了没有实权的谏议大夫。

同时，"下令荆州吏民，与之更始（更始，重新开始）。乃论荆州服从之功"①。蒯越等十五人，对于和平解决荆州问题有重大贡献，均被封侯，许多人被调入朝廷担任要职。如："（蒯）越为光禄勋；（韩）嵩，大鸿胪；（邓）羲（一作邓义），侍中；（刘）先，尚书令；其余多至大官。"②傅巽"以说刘琮之功，赐爵关内侯"③。大将文聘，更被厚礼待之，授以江夏太守，使统本兵，随追刘备。

闻变南走

刘琮降操，受到最大影响的莫过于难容于曹操的刘备。他顿失所依，成了孤立之旅，所以特别紧张，特别愤怒。

刘琮遣使请降之时，刘备"屯樊，不知曹公卒至，（曹兵）至宛，（备）乃闻之，遂将其众去。"④又，《三国志·先主传》注引孔衍《汉魏春秋》说："刘琮乞降，不敢告备。备亦不知，久之乃觉，遣所亲问琮。琮令宋忠诣备宣旨。是时曹公在宛，备乃大惊骇，谓忠曰：'卿诸人作事如此，不早相语，今祸至方告我，不亦太剧乎（剧，突然）！'引刀向忠曰：'今断卿头，不足以解忿，亦耻大丈夫临别复杀卿辈！'遣忠去，乃呼部曲议。"

时之刘备，东面尚未与孙权通协，北临曹军压境，没有后路，只有南走江陵一途。

据载，当时有人劝刘备"劫将琮及荆州吏士径南到江陵"。刘备说："刘荆州临亡托我以孤遗，背信自济，吾所不为，死何面目以

① 《三国志·魏书·武帝纪》。
② 《三国志·魏书·刘表传》。
③ 《三国志·魏书·刘表传》注引《傅子》。
④ 《三国志·蜀书·先主传》。

见刘荆州乎!"①显然,度势而论,刘备已没有机会和能力为此,所言不过托词而已。

又,《三国志·先主传》说,诸葛亮曾经主张乘机消灭刘琮,占有荆州:"过襄阳,诸葛亮说先主攻琮,荆州可有。先主曰:'吾不忍也。'乃驻马呼琮,琮惧不能起。琮左右及荆州人多归先主。"

对于诸葛亮劝刘备攻劫刘琮而乘机夺得荆州的事,"帝蜀寇魏"论者,如朱熹等为其未行而叹惜。然而,治史者度于形势,多有不信。卢弼《三国志集解》卷32引用的王懋竑的话是一种代表性的意见。王懋竑说:"夫跨有荆益乃隆中之本计,而以当日事势揣(揣度)之,恐诸葛公未必出此。是时,曹操已在宛,军势甚盛,先主以羁旅之众,乘隙以攻人之国,纵琮可取,操其可御乎!"显然,这后一种意见是对的。

刘备听到刘琮已降的消息后,率部张飞、赵云以及诸葛亮、徐庶等急趋南下。《先主传》注引《典略》说:"(刘)备过辞(刘)表墓,遂涕泣而去。"经过襄阳,一些不愿归依曹操的刘琮左右及荆州人大多归依刘备。沿途不断有人加入,"比到当阳(湖北今县),众十余万,辎重数千两(辆)"。刘备背上了很大的"包袱",行动迟缓,日行不过十余里。这是军事上的大忌。

当时有人劝刘备弃众而走,说:"宜速行保江陵,今虽拥大众,被(披)甲者少,若曹公兵至,何以拒之?"②无疑,这种意见是正确的。终究是何人出此弃众而速保江陵的计策,历史讳言其名。但就当时在刘备身边的谋人来看,麋竺、简雍、孙乾、伊籍等不谙军事,难虑及此,而能从军事角度出此策者,不是诸葛亮,就是徐庶,

①　《三国志·蜀书·先主传》注引《汉魏春秋》。
②　《三国志·蜀书·先主传》。

而最大的可能是诸葛亮①。史讳其名的原因,全在维护他们的名誉。因为按照儒家的观点,以礼义治民者是绝对不能弃民而求自保的。我这样说的另一个根据是,《三国志》中明白记载的诸葛亮劝刘备乘机攻刘琮而夺荆州的话,在《资治通鉴》里便变成了"或劝备攻琮"。同样,也是用一个"或"字,隐去了诸葛亮的名字。这是治史者常用的笔法。

刘备面对严峻形势,表现了一位"仁君"的胸怀,因说:"夫济大事必以人为本,今人归吾,吾何忍弃去!"对此,晋代历史家习凿齿曾做过一番颇受后人尊崇的评论。他说:"先主虽颠沛险难而信义愈明,势逼事危而言不失道。追景升(刘表)之顾,则情感三军;恋赴义之士,则甘与同败。观其所以结物情者(结物情者,意为人心归向),岂徒投醪抚寒(投醪抚寒,意为送上浊酒,抚慰饥寒。醪,浊酒)含蓼问疾(口含辛辣之蓼,抚问百姓疾病)而已哉!其终济大业,不亦宜乎!"②的确,刘备此举,在后人眼睛里获得了不少政治分数,从为政爱民的角度亦应给予一定肯定,但就当时言,说明刘备不善权衡政治与军事的轻重关系。

兵败当阳

史载,曹操知江陵地处要冲,且有粮储、兵械之类,深恐为刘备据有,于是放弃辎重,轻军追击刘备,及到襄阳,听说刘备已南去,便督将曹纯和刚刚投降过来的刘表大将文聘率领精骑五千急追,一日一夜行三百里,终于在当阳县之长阪追上了刘备。曹操不顾所谓"百里而趋利者蹶上将"的兵法之忌,正是看到了刘备包袱

---

① 《三国演义》说,从事中郎简雍劝刘备"速弃百姓而走"。查无任何根据。
② 《三国志·蜀书·先主传》注。

重、行动缓、处事迟的弱点。

　　追击中,曹操俘获了徐庶的母亲,徐庶被迫离开刘备而归依曹操。《三国志·诸葛亮传》载,"(刘)琮闻曹公来征,遣使请降。先主在樊闻之,率其众南行,亮与徐庶并从,为曹公所追破,获庶母。庶辞先主而指其心曰:'本欲与将军共图王霸之业者,以此方寸之地也。今已失老母,方寸乱矣,无益于事,请从此别。'遂诣曹公。"①

　　战斗很快结束,刘备惨败,弃妻子,与诸葛亮、张飞、赵云等数十骑逃走,曹操大获其人众辎重。《三国志·曹仁传附曹纯传》说:曹纯"从征荆州,追刘备于长阪,获其二女辎重,收其散卒"。

　　据说,张飞、赵云在战斗中均有非凡表现。张飞将二十骑拒后,"据水断桥,瞋目横矛曰:'身是张益德也,可来共决死!'敌皆无敢近者,故遂得免。"②赵云身抱刘备的幼子刘禅,杀出重围,"及先主为曹公所追于当阳长阪,弃妻子南走,云身抱弱子,即后主也,保护甘夫人,即后主母也,皆得免难。"③

　　随后,刘备仓皇自长阪斜趋东向走汉津(今湖北沙洋境),幸好与此前派出的相约会师于江陵的关羽水军相遇,渡过沔水(今汉水),并得到刘表长子、江夏太守刘琦的接应,一起到了夏口(今汉口)。

---

① 《三国演义》把徐庶荐诸葛亮放在刘备驻新野之时而自己即将离开刘备之前,于时不符。实际上,徐庶和诸葛亮同在刘备幕下达一年之久。《三国志·蜀书·诸葛亮传》注引《魏略》说,"及荆州内附,孔明与刘备相随去,福(徐庶)与韬(石广元)俱来北。至黄初中,韬仕历郡守、典农校尉,福至右中郎将、御史中丞。"石广元、徐庶在魏都没有得到足够的重视,所以诸葛亮后来不由叹息:"魏殊多士邪,何彼二人不见用乎?"但言徐母"自杀",庶"誓不为(曹操)设一谋",均无事实根据。

② 《三国志·蜀书·张飞传》。

③ 《三国志·蜀书·赵云传》。

四、会战赤壁

刘备东走夏口,曹操以曹仁为行(代)征南将军,率领主力,占领了军事要地江陵。曹操据有荆州,扩大了地盘,壮大了力量,威声大震。孙权、刘备无不感到恐惧,急谋自存之策。我曾在《曹操传》一书中指出,当时曹操本有两条可取之策,一是不要在江陵停下来,而是乘胜迅即东下继续追击刘备,以各个击破为指导思想,急破刘备于孙、刘联盟形成之前;二是索性缓攻刘备,先事休整,用贾诩之策,以其破袁氏、收汉南,"威名远著,军势既大"的声威,"乘旧楚之饶,以飨吏士,抚安百姓,使安土乐业",以达到"不劳众而江东稽服"的目的①。但曹操的决策,既非前者,也非后者,而是在江陵耽误了一段既不长也不短的时间,给了刘备以喘息的机会,致使孙、刘联盟得以形成。

孙刘联手

孙、刘联合实乃历史的必然。史载,曹操趋兵荆州的时候,孙权已知自将不免,且势不能敌,所以便主动开始了联合刘备的行动。

讲到孙权与刘备联手抗曹,首先应该知道一个为此而作出很大付出的关键人物——鲁肃。鲁肃,字子敬,临淮东城(治今安徽定远东)人,"生而失父,与祖母居。家富于财,性好施与。尔时天下已乱,肃不治家事,大散财货,摽卖(标价出售)田地,以赈穷弊结士为务,甚得乡邑欢心。"袁术闻其名,授以东城长。当时,他与

---

① 《三国志·魏书·贾诩传》。

79

居巢（治今安徽巢县西南）长周瑜甚相善。据载，"肃见（袁）术无纲纪，不足与立事，乃携老弱将（率领）轻侠少年百余人，南到居巢就（投靠）瑜。瑜之东渡，因与同行，留家曲阿（今江苏丹阳）。"周瑜向孙权推荐了鲁肃，"荐肃才宜佐时（佐时，辅佐处理当前时务），当广求其比（谓应当多听他对问题的分析），以成功业，不可令去也。"①

我们常说，刘备问策诸葛亮于隆中，奠定了其以后发展的重要的战略指导思想，意义很大。大约就在同时或稍后，孙权和鲁肃同样也有过一次重要的有关战略指导思想的问策与对策。后人对诸葛亮的《隆中对》给予了足够重视，但对鲁肃的对策的重要意义却少有提到应有高度的分析。本书的传主是刘备，自然也不能着墨太多，但考虑到鲁肃是对刘备事业产生重大影响和制约的人物，则有必要略述其要。

据载，孙权得到周瑜的推荐，立即接见鲁肃，"与语甚悦之"。随后，便单独引见，"合榻对饮"，密议问策。

孙权问："今汉室倾危，四方云扰，孤承父兄余业，思有桓文之功（按：意谓打算建有齐桓、晋文那样的霸业）。君既惠顾，何以佐之？"

鲁肃答："昔高帝（刘邦）区区欲尊事义帝而不获者，以项羽为害也。今之曹操，犹昔项羽，将军何由得为桓文（桓文，齐桓公、晋文公）乎？肃窃料之，汉室不可复兴，曹操不可卒除。为将军计，惟有鼎足江东，以观天下之衅。规模如此（指自己占有的地盘），亦自无嫌。何者？北方（指曹操）诚多务也。因（乘）其多务，剿除黄祖，进伐刘表，竟长江所极，据而有之，然后建号帝王以图天下，

① 《三国志·吴书·鲁肃传》。

此高帝之业也。"

很清楚,鲁肃关于"汉室不可复兴,曹操不可卒除"的形势分析同诸葛亮对天下大势的观察完全一致。他的战略指导思想,对于东吴来说,确定为:第一步,"鼎足江东,以观天下之衅";第二步,"竟长江所极,据而有之,然后建号帝王以图天下"。

鲁肃的密室献策,深刻地影响了孙权。孙权高兴而谦虚地说:"今尽力一方,冀以辅汉耳,此言非所及也(按:非所及,指建号帝王)。"

刘表死后,鲁肃又进一步对孙权说:"夫荆楚与国邻接,水流顺北,外带江汉,内阻山陵,有金城之固,沃野万里,士民殷富,若据而有之,此帝王之资也。"意思更明白,要建帝王之业,就必须有根基,这根基就是夺取荆州而有之。

历史表明,孙权就是按照鲁肃的这一指导思想而谋取天下的。

接下来,鲁肃分析了荆州的具体形势及其相应的策略,指出:第一,荆州势力已经分裂,"今表新亡,二子素不辑睦,军中诸将各有彼此。"第二,把策略重点放在刘备身上,视刘备与荆州地方势力间的相互情况而采取两种不同的对待荆州的策略,一为"结好",二为"别图之(意即武力夺取)"。他认为,"刘备天下枭雄,与操有隙,寄寓于表,表恶其能而不能用也。若备与彼(指刘表)协心,上下齐同,则宜抚安,与结盟好;如有离违(不和),宜别图之,以济大事。"第三,时不我待,当前应立即联合刘备,使抚荆州之众。因此,鲁肃要求孙权派他"吊表二子,并慰劳其军中用事者,及说备使抚表众,同心一意,共治曹操"。并且进而指出:"备必喜而从命。如其克谐,天下可定也。今不速往,恐为操所先。"①

① 以上《三国志·吴书·鲁肃传》。

孙权听从了鲁肃的意见,让其借吊刘表死丧的机会,相机说刘备统率刘表之众,"同心一意,共治曹操"。《先主传》注引《江表传》更明确地记述了此行的目的:"孙权遣鲁肃吊刘表二子,并令与备相结。"

据载,鲁肃到达夏口,闻曹操已向荆州进军,于是"晨夜兼道"。当赶到南郡时,刘琮已经投降曹操,刘备惶遽奔走,欲南渡江。鲁肃只好改道,径迎向前,与刘备相遇于当阳长阪,"因宣权旨,论天下事势,致殷勤之意"①,并"陈(说)江东强固,劝备与权并力"②。

《三国志·先主传》注引《江表传》生动地记录了鲁肃劝说刘备应同孙权结盟的对话:

鲁肃问刘备:"豫州(刘备自曹操表荐其为豫州牧,人们便常尊称为刘豫州)今欲何至?"

刘备回答:"与苍梧(今广西梧州)太守吴巨有旧,欲往投之。"

鲁肃即劝刘备与孙权结盟,说:"孙讨虏(权)聪明仁惠,敬贤礼士,江表英豪,咸归附之,已据有六郡,兵精粮多,足以立事。今为君计,莫若遣腹心使自结于东,崇联合之好,共济世业,而云欲投吴巨,巨是凡人,偏在远郡,行将为人所并,岂足托乎?"

此时,刘备新败,正苦无安身之地,很高兴地接受了鲁肃的意见,便随鲁肃东走夏口。然后,过江退守樊口(今湖北鄂州西北)。

联合抗操实际也是刘备早已酝酿的问题。前已述及,刘备屯新野,三顾诸葛亮于茅庐之中,诸葛亮在对刘备剖析天下大势时,明确指出:"操已拥百万之众,挟天子而令诸侯,此诚不可与争锋。

---

① 《三国志·蜀书·先主传》注引《江表传》。
② 《三国志·吴书·鲁肃传》。

孙权据有江东,已历三世,国险而民附,贤能为之用,此可以为援而不可图也。"①

但最初实际谋划并促成联合的关键人物是谁呢？显然,鲁肃的作用比诸葛亮更重要。所以,南朝宋人裴松之非常客观地指出,"刘备与权并力,共拒中国,皆肃之本谋。"②

《三国志·诸葛亮传》着力渲染诸葛亮在这方面的作用,裴松之颇不为然,指出:"蜀书亮传曰:'亮以连横之略说权,权乃大喜。'如似此计始出于亮。若二国史官,各记所闻,竞欲称扬本国容美,各取其功。今此二书(按:指《三国志》中的《吴书》和《蜀书》),同出一人,而舛互(相互抵触)若此,非载述之体也(意谓不是同一部史书所应有的)。"③

孙刘必然联合的趋势,没有引起曹操的重视。他自以为势大,所以再也没有想到运用故伎,离间孙刘,以利各个击破。他把刘备视做屡败之将,觉得只要沿江而下即可彻底击败;孙权小儿更非对手,只要大兵压境,再恫吓一下,就会俯首听命。他甚至同他的属将们认为孙权必杀刘备。当时,只有奋武将军程昱认为孙权不仅不会杀刘备,而且必然与之联合。程昱说:"孙权新在位,未为海内所惮。曹公无敌于天下,初举荆州,威震江表,权虽有谋,不能独当也。刘备有英名,关羽、张飞皆万人敌也,权必资(资,借助,凭借)之以御我。难解势分,备资以成,又不可得而杀也。"程昱的分析是对的,孙权不仅没有采取杀刘备以求自保的策略,而且主动派人同刘备联系,继而"多与备兵,以御太祖(操)"④。

---

① 《三国志·蜀书·诸葛亮传》。
② 《三国志·吴书·周瑜传》注。
③ 同上。
④ 《三国志·魏书·程昱传》。

曹操基于一种不切实际的判断,略作军事部署,使后军都督、征南将军曹仁和军粮督运使夏侯渊驻守江陵,以厉锋将军曹洪驻守襄阳,另以一部水陆军由襄阳沿汉水南向夏口,然后遂即率所部及新附荆州之众顺江东下。

曹操率兵自江陵顺江东下,刘备、诸葛亮甚惧。诸葛亮对刘备说:"事急矣,请奉命求救于孙将军(权)。"所谓"奉命求救",自然也反映着刘备迫于形势而急于联合孙权的心思。

诸葛亮随鲁肃见孙权于柴桑(今江西九江市西南),劝说孙权早下决心联合抗操,表现出了出色的外交才能。

诸葛亮对孙权说:"海内大乱,将军起兵据有江东,刘豫州亦收众汉南,与曹操并争天下。今操芟夷大难(指操铲除袁绍、袁术、吕布等股势力),略已平矣,遂破荆州,威震四海。英雄无所用武,故豫州遁逃至此。将军量力而处之,若能以吴、越之众与中国抗衡,不如早与之绝;若不能当,何不案兵束甲,北面而事之! 今将军外托服从之名,而内怀犹豫之计,事急而不断,祸至无日矣。"

孙权说:"苟如君言,刘豫州何不遂事之乎?"

诸葛亮回答说:"田横,齐之壮士耳,犹守义不辱,况刘豫州王室之胄,英才盖世,众士慕仰,若水之归海,若事之不济(如果大事不能成功),此乃天也。安能复为之下乎!"

这是一种激将的方法。孙权听后勃然大怒:"吾不能举全吴之地,十万之众,受制于人,吾计决矣。"

诸葛亮使吴,最终完成了刘备与孙权的联合。

然后,诸葛亮为孙权分析大势,指出:第一,刘备仍有一定的力量基础,"豫州(刘备)军虽败于长阪,今战士还者及关羽水军精甲万人,刘琦合江夏战士亦不下万人。"第二,曹军虽强,但劣势明显。一谓师老兵疲:"曹操之众,远来疲弊,闻追豫州,轻骑一日一夜行三百余里,此可谓'强弩之末势不能穿鲁缟'者也。故《兵法》忌之,曰:'必蹶上将军。'"二谓"北方之人,不习水战"。三谓民心未服:"荆州之民附操者,逼兵势耳,非心服也。"

根据以上的分析,诸葛亮激励孙权说:"今将军诚能命猛将统兵数万,与豫州协规同力,破操军必矣。操军破,必北还。如此则荆、吴之势强,鼎足之形成矣。成败之机,在于今日。"①

孙权听了诸葛亮的话很高兴,答应进一步同群下计谋。

正在此时,曹操的恐吓书信送到了孙权面前。信上说:

> 近者奉辞伐罪,旄麾南指,刘琮束手。今治水军八十万众,方与将军会猎于吴。②

这封信虽然只有寥寥数语,却有震天骇地之势,"孙权得书以示群臣,莫不向震失色"。长史张昭等明确提出了投降主张,说:"曹公豺虎也,既托名汉相,挟天子以征四方,动以朝廷为辞,今日拒之,事更不顺。且将军大势,可以拒操者,长江也;今操得荆州,奄有其地,刘表治水军,蒙冲斗舰,乃以千数,操悉浮以沿江,兼有步兵,水陆俱下,此为长江之险已与我共之矣,而势力众寡,又不可论。愚谓大计不如迎之(迎之,即投降)。"③张昭的话显然是一种悲观论。但从一定意义上说,又不无道理。因为曹操的确具有不可比拟的优势,如果策略得当,的确能够将孙权彻底击垮。

孙权惶恐之际,又是力主孙刘联合的鲁肃坚定了他的抗操决心。鲁肃对孙权说:"向察众人(按:指张昭等)之议,专欲误将军,不足与图大事。今肃可迎操耳,如将军不可也。何以言之?今肃迎操,操当以肃还付乡党,品其名位,犹不失下曹从事,乘犊车,从

---

① 以上《三国志·蜀书·诸葛亮传》。

② 《三国志·吴书·吴主权传》注引《江表传》。

③ 《三国志·吴书·周瑜传》。

吏卒,交游士林,累官故不失州郡也。将军迎操,欲安所归? 愿早定大计,莫用众人之议也!"鲁肃也用激将法,使孙权明白没有后路,从而说服了孙权。孙权不禁感慨说:"此诸人持议,皆失孤望;今卿廓开大计,正与孤同,此天以卿赐我也。"①

同时,鲁肃劝孙权立即把周瑜从鄱阳召回。

周瑜,字公瑾,庐江舒人,初从孙策,为中护军,领江夏太守,孙权讨刘表之江夏太守黄祖时,瑜为前部大督。周瑜从鄱阳被召回,表示了与鲁肃同样坚决的态度。

周瑜对孙权说:"操虽托名汉相,其实汉贼也。将军以神武雄才,兼仗父兄之烈,割据江东,地方数千里,兵精足用,英雄乐业,尚当横行天下,为汉家除残去秽;况操自送死,而可迎之邪!"这是有针对性的,从政治的角度首先揭穿曹操"挟天子以令诸侯"、动辄以朝廷为辞的实质,抗操并非抗朝廷,而是为朝廷除贼。

然后,周瑜讲述了能够战胜曹操的具体理由,先是分析曹军的弱点,指出:第一,操有后顾之忧,"北土既未平安,加马超、韩遂尚在关西,为操后患";第二,兵用其短,"舍鞍马,仗舟楫,与吴、越争衡,本非中国所长";第三,"又今盛寒,马无藁草";第四,"驱中国士众远涉江湖之间,不习水土,必生疾病"。

既而,周瑜又进一步分析了曹军的实际力量,指出:"诸人徒见操书言水步八十万而各恐慑,不复料其虚实,便开此议,甚无谓也。今以实校之,彼所将中国(中原)人不过十五六万,且军已久疲;所得(刘)表众亦极(最多)七八万耳,尚怀狐疑。夫以疲病之卒御(统率)狐疑之众,众数虽多,甚未足畏。"

周瑜表示愿意请得精兵五万人,进驻夏口与操决战。

① 《三国志·吴书·鲁肃传》。

孙权听了鲁肃、周瑜的话后,抗操决心遂定,因而拔刀砍去奏案的一角,说:"诸将吏敢复有言当迎操者,与此案同!"孙权对周瑜说:"公瑾,卿言至此,甚合孤心。子布(张昭)、元表(秦松)各顾妻子,挟持私虑,深失所望;独卿与子敬(鲁肃)与孤同耳,此天以卿二人赞孤也。五万兵难卒合,已选三万人,船粮战具俱办。卿与子敬、程公(程普)便在前发,孤当续发人众,多载资粮,为卿后援。卿能办之者诚决,邂逅不如意,便还就孤,孤当与孟德决之。"①

孙权的抗操决心又反过来给周瑜等以极大激励。孙权遂以周瑜、程普为左右都督,率兵同刘备联合,共同拒操,同时以鲁肃为赞军校尉,随军助划方略。

会战赤壁

周瑜率领的军队在樊口与刘备会合。据载,刘备对于诸葛亮东去求救,心情急迫,但信心不足。《江表传》说:"备从鲁肃计,进住鄂县之樊口(在今湖北鄂州西北)。诸葛亮诣吴未还,备闻曹公军下,恐惧,日遣逻吏于水次候望权军。吏望见瑜船,驰往白(告诉)备,备曰:'何以知非青徐军(按:指曹操的军队)邪?'吏对曰:'以船知之。'备遣人慰劳之。"

周瑜为人,恃才傲物,他虽然不像《三国演义》里渲染的那样想以借刀杀人之计,除掉诸葛亮、刘备,但确也表现出对于惨败之后的刘备看不起,根本不将其作为封疆大吏看待,而且对其派人而不是亲自迎接自己并"慰劳"军队很不高兴。根据职阶,他应该去拜见刘备,共谋进取,然而他却要求刘备"屈驾"来见自己。因此,他让刘备派来的慰军使者带口信给刘备:"有军任,不可得委署

①　以上见《三国志·吴书·周瑜传》并注引《江表传》。

（不能擅离岗位而委托别人代理），倘能屈威，诚副其所望。"

关羽、张飞对于周瑜如此以下傲上、口气强硬的态度很不为然。这方面，刘备的确比关羽、张飞更有头脑，是一位能屈能伸的人物。他急忙对关羽、张飞说："彼欲致（招致）我，我今自结托于东而不往，非同盟之意也。"于是，刘备"乘单舸（按：意谓不另带护卫船只）往见周瑜"。

会见中，刘备问："今拒曹公，甚为得计。战卒有几？"周瑜曰："三万人。"备曰："恨少。"瑜曰："此自足用，豫州但观瑜破之。"刘备希望让鲁肃、诸葛亮参加会谈，"欲呼鲁肃等共会语"，周瑜断然拒绝："受命不得妄委署，若欲见子敬，可别过之。又孔明已俱来，不过三两日到也。"这说明，会谈是在周瑜盛气凌人、刘备卑而下之的气氛中进行的。

刘备与周瑜会谈以后，信心依然不足，因而预为自己留了后路。史载，刘备"虽深愧异瑜，而心未许之能必破北军也，故差池在后（故意出错使自己的军队落在后面），将两千人与羽、飞俱（俱，会合），未肯系瑜，盖为进退之计也"。①

本来"情急"而主动求援结盟，而又心怀异虑，不将主力开赴前哨，更不愿将自己的军队归周瑜指挥，反映了刘备谲诈的一面。晋人孙盛曾对此段记载持怀疑态度，他说："刘备雄才，处必亡之地，告急于吴，而获奔助，无缘复顾望江渚而怀后计。《江表传》之言，当是吴人欲专美之辞。"②实际上，这恰恰就是刘备的心理写照。他新败之后，心怀余悸，不敢想像能以三万人抵十数万之众；他残兵有限，不能把仅有的数千兵押在这胜负难卜的最后的赌注

---

① 以上《三国志·蜀书·先主传》注引《江表传》。
② 《三国志·蜀书·先主传》注。

上;他面临如果再败而不可复振的形势,不能不考虑自己的后路。

周瑜、程普等水军数万,与刘备"并力",逆水而上,行至赤壁,与顺水而下的曹军相遇。

赤壁位于今湖北赤壁市西北,隔江与乌林(今湖北洪湖市东北)相对。据载,建安十三年(公元208年)十月十日两军刚一接战,曹操即吃了败仗。

为什么初一交战曹军便失利了呢? 我曾在《曹操传》一书中指出,直接的原因有四:一是曹军中瘟疫流行,病者甚众;二是曹军不习水战,站立尚且不稳,何来战斗力;三是曹操料敌不周,自以为势不可当,猝然相遇,缺乏思想上的充分准备,未能根据当时当地的实际情况做出正确的调度与部署;四是狭路相逢,曹军虽众,但江中相接者却是对等的。一句话,本处优势的曹操,在此特定的情况下反而转处于劣势了。

曹操失利后,不得不停止前进,把军队"引次(率领军队驻扎在)江北",全部战船靠到北岸乌林一侧。周瑜则把战船停靠南岸赤壁一侧,两相对峙。

时值寒冬,北风紧吹,战船颠簸,曹军将士不习舟楫,眩晕不能自抑;又加军中疫病流行,自然减员甚多,战斗力大损。曹操为了固结水寨,解决战船颠簸、士兵晕船之苦,令将士们用铁链把战船连锁在一起①;此时陆军亦陆续到达,亦令岸边驻扎。可以看出,曹操是想暂作休整,待冬尽春来,再谋进取。这样决策,把战船连锁在一起固不可取,但在战斗力甚弱的情况下暂作休整,应该说是可取的。问题是他存在轻敌思想,总以为大兵压境,足以慑敌,以至料敌不当,虑事不周,最终导致失败。

----

① 《三国演义》所谓庞士元献连环计的故事,不见史传。

曹操、周瑜两军隔江相望,曹操连锁战船的事对方很快就知道了。周瑜部将黄盖因而献出火攻之策。黄盖对周瑜说:"今寇众我寡,难与持久。然观操军船舰,首尾相接,可烧而走也。"①周瑜采纳了黄盖的意见,并即决定让黄盖利用诈降接近曹操战船,然后纵火烧之。

黄盖修降书一封,派人送给曹操,书称:"盖受孙氏厚恩,常为将帅,见遇不薄。然顾(观察)天下事有大势,用江东六郡山越之人,以当中国百万之众,众寡不敌,海内所共见也。东方将吏,无有愚智,皆知其不可,惟周瑜、鲁肃偏怀浅戆(心胸狭窄无远见),意未解耳。今日归命(指归降),是其实计。瑜所督领,自易摧毁。交锋之日,盖为前部,当因事变化,效命在近。"②

这封降书,正与曹操心中所想相符,认为黄盖归降,实属情理中事。为了慎重,他还特别召见送信人,秘密审问了一番。此等送信人,绝非等闲之辈,必定既有胆识,又有辩才,把黄盖欲降之意表述得更加清楚。于是,曹操让送信人向黄盖转达他的口谕:"盖若信实,当授爵赏,超于前后也。"③并约定归降时的信号。看来,当时并未约定具体日期。

周瑜、黄盖得知曹操允降,立即进行战斗准备,"乃取蒙冲斗舰(蒙冲、斗舰,均战舰名)数十艘,实以薪草,膏油灌其中,裹以帷幕,上建牙旗",又"豫备走舸(小船),各系大船后"④。万事俱备,只欠东南之风。

至于《三国演义》中说的"草船借箭",则完全是移花接木。

① 《三国志·吴书·周瑜传》。
② 《三国志·吴书·周瑜传》注引《江表传》。
③ 注引《江表传》。《三国演义》说送信人是阚泽,于史无征。
④ 《三国志·吴书·周瑜传》。

《三国志·吴主传》注引《魏略》记载建安十八年孙权抵抗曹操进攻濡须口的战役，说："（孙）权乘大船来观军，公（曹操）使弓弩乱发，箭著其船，船偏重将覆，权因回船，复以一面受箭，箭均船平，乃还。"这个情节的确很精彩，所以被演说三国评话的人和罗贯中移花接木地变成了赤壁战时诸葛亮"草船借箭"的原型。实际上，这个记载是不可信的。重要理由是，《三国志·吴主传》注引《吴历》也记载了这次战役，情况完全不同。《吴历》说："曹公出濡须，作油船，夜渡洲上。权以水军围取，得三千余人，其没溺者亦数千人。"又说："权数挑战，（曹）公坚守不出。权乃自来，乘轻船，从濡须口入公军。诸将皆以为是挑战者，欲击之。公曰：'此必孙权欲身见吾军部伍也。'敕军中皆精严，弓弩不得妄发。权行五六里，回还作鼓吹。"这说明，这次战役，曹操虽然受到了损失，但并没有让士兵乱发弓箭，而是明令"不得妄发"。既如此，"草船借箭"事，自然是不曾发生过。

《三国演义》说，诸葛亮为周瑜"借东风"。这自然又是不可能的。"借东风"，不见史传，最早见于《搜神记》一类不经之书。

其实，时值隆冬，多刮北风，但按气象规律，几天严寒日过后，亦常间有稍暖之日，风向亦或变为东风、南风、东南风。据说，十一月十二日甲子日（公元208年12月7日）这一天，晴空风暖，傍晚南风起①，及至午夜风急，黄盖即以所备之船舰出发，以十艘并列向前，余船以次俱进。到了江的中心，众船举帆，黄盖手举火把，告诉部下，使众兵齐声大叫"我们是来投降的"。曹军吏士毫无戒备，"皆延颈观望，指言盖降"。离操军二里许，黄盖命令各船同时

---

① 《三国志·魏书·贾诩传》裴松之注谓："（曹操）至于赤壁之败，盖有运数。实有疾疫大兴，以损凌厉之锋，凯风自南，用成焚如之势。天实为之，岂人事哉？"可见，实为南风，"东风"云云，为后起之说。

发火，"火烈风猛，船往如箭，飞埃绝烂（形容火势凶猛），烧尽北船，延及岸上营柴"。顷刻之间，"烟炎张天，人马烧溺死者甚众。"①周瑜等指挥轻锐船只，随继其后，擂鼓大进。曹军大溃，战船被烧，并且延及岸上，陆寨也难保守了，又加病卒甚多，曹操知道不可久留，于是下令自焚余船，引军西走。

由上可见，刘备及其部属在赤壁水战中的作用是不大的。但不少记载将刘备作为战争主体。《三国志·武帝纪》记载，"公（操）至赤壁，与备战，不利。于是（时）大疫，吏士多死者，乃引军还。备遂有荆州江南诸郡。"注引《山阳公载记》也说，"公船舰为备所烧，引军从华容道步归"。这可能是就整体而说的。因为孙权是应刘备的"请救"而出兵的，所以视刘备为战争主体。实际上，刘备只起了配合作用。相对来说，《三国志·先主传》和《吴主传》的记载比较客观一些。《先主传》说："先主遣诸葛亮自结于孙权，权遣周瑜、程普等水军数万，与先主并力，与曹公战于赤壁，大破之，焚其舟船。"《吴主传》说："瑜、普为左右督，各领万人，与备俱进，遇于赤壁，大破曹公军。"

治史者大都认为，当以《周瑜传》及其注引《江表传》为是，主要是周瑜烧毁了曹操的战舰，而不取曹操的船舰"为备所烧"的说法。

还应指出的是，曹操的很大一部分船只实是自己在退军途中烧毁的。《三国志·周瑜传》注引《江表传》载："瑜之破魏军也，曹公曰：'孤不羞走。'后书与孙权曰：'赤壁之役，值有疾病，孤烧船自退，横使周瑜虚获此名。'"这里，固有自我解嘲的成分，但亦当反映了一定事实。所以，《三国志·郭嘉传》也记载了这件事："太

①　《三国志·吴书·周瑜传》注引《江表传》。

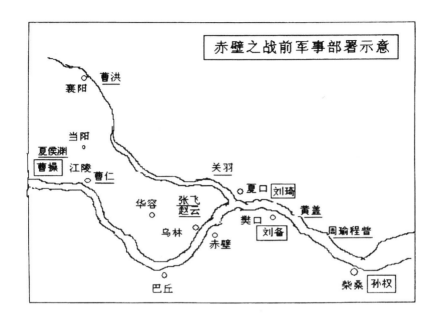

祖（操）征荆州还，于巴丘遇疾疫，烧船，叹曰：'郭奉孝在，不使孤至此。'"另，《读史方舆纪要》卷77巴陵县曹公洲注说"即孟德为孙权所败，烧船处"。巴丘，山名，在湖南岳阳市湘水右岸；巴陵，即今湖南岳阳。岳阳距赤壁、乌林不下百里之遥，可见曹操烧船大多是在退却中为了避免以船资敌，出于战略的需要而主动采取的措施。《吴主传》也承认这一点，说："公（操）烧其余船引退，士卒饥疫，死者大半。"

刘备的主要作用在陆战方面。相传，周瑜在谋划水战的同时，派兵在乌林一侧登陆，刘备也自蜀山（今湖北嘉鱼境）向乌林进发①，所以他们能在曹操败退之时形成共同追击之势。

---

① 《读史方舆纪要》卷76鱼岳山条："先主会吴拒操，曾驻跸于蜀山。"

曹操在其船只被烧或自烧以后,"引军从华容道(在今湖北监利境)步归,遇泥泞,道不通,天又大风,悉使羸兵负草填之,骑乃得过。羸兵为人马所蹈藉,陷泥中,死者甚众。"①幸得张辽、许褚等接应,才得脱险。应该指出的是,曹操在华容道并没有遭到刘备军的伏击,更没有关羽放走曹操的事情发生。据载,"军既得出,公大喜,诸将问之,公曰:'刘备,吾俦也,但得计少晚,向使早放火,吾徒无类矣。'"的确如操所料,刘备行动慢了一步,曹军已过,他才赶到,虽然放了一把火,但是正如记载所说:"寻亦放火,而无所及。"②

周瑜、刘备水陆并进,追赶曹操,直至南郡(治江陵)城下。操军兼以疾疫,死者大半。曹操既已失败,又恐后方不稳,于是留征南将军曹仁、横野将军徐晃守江陵,折冲将军乐进守襄阳,然后率领残部北还。

赤壁之战,以曹操失败而告终。

周瑜、刘备将曹仁等包围在江陵城中一年多。刘备在周瑜攻夺江陵和击败曹仁于夷陵的战斗中,发挥了重要作用。史载,"备谓瑜云:'仁守江陵城,城中粮多,足为疾害。使张益德将千人随卿,卿分二千人追(随)我,相为从夏水入截仁后,仁闻吾入必走。'"为此,周瑜确曾"以二千人益之"③,说明他们有过军事上的联合行动。他们的联合行动,迫使曹仁孤城难守,不得不主动放弃江陵,退守襄樊。

《三国志·吴书》的记载有失公平。《吴主传》说:"(周)瑜、

---

① 《三国志·魏书·武帝纪》注引《山阳公载记》。
② 《三国志·魏书·武帝纪》注引《山阳公载记》。
③ 《三国志·吴书·周瑜传》注引《吴录》。夏水,在今江陵东北,注入汉水,故汉水亦称夏水。

（曹）仁相守岁余，所杀伤甚众。仁委城走。"《周瑜传》记述了吴将甘宁与曹仁的夷陵战役："瑜与程普又进南郡，与仁相对，各隔大江。兵未交锋，瑜即遣甘宁前据夷陵。仁分兵骑别攻围宁。宁告急于瑜。瑜用吕蒙计，留凌统以守其后，身与蒙上救宁。宁围既解，乃渡屯北岸，克期大战。瑜亲跨马拣陈（拣，通掠，冲击），会流矢中右胁，疮甚，便还。后仁闻瑜卧未起，勒兵就陈。瑜乃自兴，案行军营，激扬吏士，仁由是遂退。"《甘宁传》说："（周瑜）攻曹仁于南郡，未拔。宁建计先径进取夷陵，往即得其城，因入守之。时手下有数百兵，并所新得，仅满千人。曹仁乃令五六千人围宁。宁受攻累日，敌设高楼，雨射城中，士众皆惧，惟宁谈笑自若。遣使报瑜，瑜用吕蒙计，帅诸将解围。"这些记载，都突出了周瑜、甘宁的谋略与战斗精神，而不提刘备同甘宁一起绕江陵而西，入据夷陵事，起到了重要的配合作用，显然是不公平的。

五、自为荆州牧

曹仁北退，孙权遂以周瑜为南郡太守，屯江陵；程普为江夏太守，屯沙羡（今汉口西南）；吕范为彭泽太守；吕蒙为寻阳令。这样，孙权便完全控制了西起夷陵（今湖北宜昌东南）东至寻阳（今江西九江）的长江防线。

刘备也得到暂时的喘息机会，收拢并发展了自己的军队。

"借荆州"

共同的敌人打败以后，孙刘两家的矛盾立即表现出来。

吴人认为曹操是他们打退的，荆州辖地理所当然地应该归吴所有。因此在如何安置（确切地说是如何对付）刘备方面费起周折来。概括为：

第一，使其居于狭小地区之内。《三国志·先主传》注引《江表传》说，周瑜为南郡太守，分南岸地给刘备，刘备立营于油江口，改名为公安（今湖北公安）。

所谓南岸地并不是许多人所说的长江以南所有荆州四郡的地盘，而是南郡的长江以南的近江地区。这一点，前人已有辨证。如卢弼在《三国志集解》中驳胡三省注通鉴所谓"荆州八郡，瑜既以江南四郡给备，备又欲得江汉间四郡"时指出，"……周瑜分南岸地给备者，即指油口立营之地，非谓江南四郡也。若已给江南四郡，又欲兼得江汉间四郡，将置周瑜、程普于何地乎！（时，周、程二人分领南郡、江夏太守）且公瑾方深忌先主，上疏以猥（多）割土地为虑，岂肯遽给四郡乎！是南岸之地仅限于油口立营之地无疑。"

第二，设法将刘备羁縻于吴。《三国志·周瑜传》记载，刘备为求土地，到京（京口，今江苏镇江）见孙权，周瑜上疏给孙权说："刘备以枭雄之姿，而有关羽、张飞雄虎之将，必非久屈为人用者。愚谓大计宜徙备置吴，盛为筑宫室，多其美女玩好，以娱其耳目，分此二人（关、张），各置一方，使如瑜者得挟与攻战，大事可定也。今猥割土地以资业之，聚此三人，俱在疆场（边疆），恐蛟龙得云雨，终非池中物也。"《三国志·吕范传》也记载，"刘备诣京见权，范（时，范为彭泽太守）密请留备（留，不准离去，即扣留的意思）。"

但鲁肃不同意扣留刘备。当他听到吕范劝孙权扣留刘备的话后，立即表示"不可"，因对孙权说："将军虽神武命世，然曹公威力实重，初临荆州，恩信未洽，宜以借备，使抚安之。多操之敌，而自为树党，计之上也。"①

---

① 《三国志·吴书·鲁肃传》注引《汉晋春秋》。

孙权认为鲁肃的意见是对的,"以曹公在北方,当广揽英雄,又恐(刘)备难卒制(难以最后控制)",没有接受周瑜和吕范的意见①。

据《三国志·庞统传》注引《江表传》说,刘备后来得知东吴曾有扣留之议,因而问庞统:"卿为周公瑾功曹,孤到吴,闻此人(指周瑜)密有白事,劝仲谋(孙权)相留,有之乎?"庞统回答:"有之。"刘备不禁后怕,惊叹说:"孤时危急,当有所求,故不得不往,殆不免周瑜之手!天下智谋之士,所见略同耳。时孔明谏孤莫行,其意独笃,亦虑此也。孤以仲谋所防在北,当赖孤为援,故决意不疑。此诚出于险涂,非万全之计也。"

第三,允其向南发展。既然不能将刘备羁縻于吴,自然就得允许他有安身立命之地。《江表传》载,"刘表吏士见(现)从北军,多叛来投备。备以瑜所给地少,不足以安民,复从权借荆州数郡"②。《资治通鉴》卷66的记载,避开"借"字,称:"刘表故吏士多归刘备,备以周瑜所给地少,不足以容其众,乃自诣京见孙权,求都督荆州。"

所谓"借",是站在孙吴的立场上说的,不见于《蜀书》。可能是鲁肃首倡其说,所以,《三国志·吴主传》明载:"后备诣京见权,求都督荆州,惟肃劝权借之,共拒曹公。"

"借荆州"的决策,对于孙刘两家都是有利的。我们可以从曹操的态度体味到它的正确性。据说,"曹公闻权以土地业(送给)备,方作书,落笔于地。"③

从刘备的角度看,"借荆州"之说,是不确切的,所以后人常论

<hr />

① 《三国志·吴书·鲁肃传》、《周瑜传》。
② 《三国志·蜀书·先主传》注引《江表传》。
③ 《三国志·吴书·周瑜传》。

其非。实际上是刘备主动向南拓地,只不过是需要孙权给予默认罢了。清人赵翼《二十二史札记·借荆州之非》说:"借荆州之说,出自吴人事后之论,而非当日情事也。……夫借者,本我所有之物而假与人也。荆州本刘表地,非孙氏故物,当操南下时,孙氏江东六郡,方恐不能自保,诸将咸劝权迎操,权独不愿,会备遣诸葛亮来结好,权遂欲借备共拒操。其时但求敌操,未敢冀得荆州也。亮之说权也,权即曰非刘豫州莫可敌操者,乃遣周瑜、程普等随亮诣备,并力拒操,是且欲以备为拒操之主而己为从矣。亮又曰:'将军能与豫州同心破操,则荆吴之势强,而鼎足之形成矣。'是此时早有三分之说,而非乞权取荆州而借之也。……迨其后三分之势已定,吴人追思赤壁之役,实借吴兵力,遂谓荆州应为吴有,而备据之,始有借荆州之说。"此论是有道理的。

收服江南四郡

曹操败归北去之后,刘备先表举刘表的儿子刘琦为荆州牧。这是明智之举。这样做不仅利于收众,更利于收服荆州之江南诸郡。

刘备乘周瑜、曹仁相持江北之际,南征江南荆州辖地武陵、长沙、桂阳、零陵四郡。武陵(治今湖南常德西)太守金旋、长沙太守韩玄、桂阳(治今湖南郴州)太守赵范、零陵(治今湖南零陵北)太守刘度皆降。根据记载分析,刘备南征,除武陵太守金旋微有抗拒,因而"为备所攻劫死"外,基本上没有遇到严重的抵抗[1]。

这就是他以原荆州牧刘表的儿子刘琦为荆州牧的效果(四郡本是荆州的固有属地)。《三国演义》中收四郡的精彩战争场面,

---

① 《三国志·蜀书·先主传》注引《三辅决录注》、《赵云传》注引《云别传》。

大都是虚拟的。

据载,桂阳太守赵范投降后,因同赵云没有搞好关系又逃走了。《三国志·赵云传》注引《云别传》记录了这样的故事:赵云跟随刘备平定江南四郡,被委以偏将军,领桂阳太守,代赵范。赵范想拍马屁,施以美人之计:"范寡嫂曰樊氏,有国色,范欲以配云。"赵云对赵范存有戒心,不愿受制于人,便以不成其理由的传统观念相拒绝:"相与同姓,卿兄犹我兄。"其实,女人姓樊,这与"同姓不婚"的传统理念是根本不搭界的。赵范再三请婚,赵云"固辞不许"。有人劝赵云答应,赵云道出了真实心情:"范迫降耳,心未可测;天下女不少。"赵范弄巧成拙,献嫂不成,心怀疑虑,便逃走了。

刘备南定四郡,除了拓地以外,还有一个重要收获是:黄忠"委质"投靠。黄忠,字汉升,南阳人,原为荆州牧刘表的中郎将,与刘表的侄子刘磐一起驻守长沙攸县(今湖南湘潭境),"及曹公克荆州,假行裨将军,仍就故任,统属长沙太守韩玄"。韩玄既降,黄忠自然也就投降了①。

另,与此同时,曹操驻庐江(安徽今县)的"营帅"雷绪也叛操归备,"率部曲数万口稽颡"。稽颡是深表敬服而愿归顺的意思。实际上,他们之间隔着曹操、孙权的武装,不可能真正地联合起来。所以,不久,曹操即派行领军夏侯渊"督诸将击庐江叛者雷绪",将其镇压了②。

自为荆州牧

刘备占有江南四郡之后不久,刘琦病死。天赐良机,刘备在群

---

① 《三国志·蜀书·黄忠传》。
② 以上见《三国志·蜀书·先主传》、《三国志·魏书·夏侯渊传》。

下的推举下自为荆州牧,州治设在公安(湖北今县)。刘琦的数万之众,顺利地成为刘备直接控制的武装力量。这样,刘备又有了江北部分地区。久久欲为而不敢为的荆州牧终于到手了。

建安十四年冬十二月,刘备为了换得荆州牧的被承认,特意主动与孙权做了一笔交易,上表荐"(孙)权行车骑将军,领徐州牧"。有记载说,孙权回报,即"以备领荆州牧"①。

所谓孙权"以刘备为荆州牧"出自《资治通鉴》等著作,后人因之,不见《三国志》之《吴主传》与《先主传》。《吴主传》说:"刘备表权行车骑将军,领徐州牧。备领荆州牧,屯公安。"这条记载,"备领荆州牧"前没有"以"字。《先主传》以及《华阳国志·刘先主志》亦无孙权对于刘备自为荆州牧的态度的记述。我以为,孙权绝不可能同意刘备做荆州牧。如果那样,吴人所谓刘备"借荆州"之说便成为荒唐了。孙权及其僚属不会犯如此战略性的、幼稚的错误。

刘备自为荆州牧,便有资格和力量建设州级机构,委署自己的官吏了。史载,"先主遂收江南,以亮为军师中郎将,使督零陵、桂阳、长沙三郡,调其赋税,以充军实";"以羽为襄阳太守、荡寇将军,驻江北";"以飞为宜都(宜都郡为刘备分南郡而置,治今湖北枝城)太守、征虏将军,封新亭侯,后转在南郡"②;"以偏将军赵云领桂阳太守"③。

至此,刘备对东汉末年荆州七郡④中的大部分地区(四郡,加

---

① 《资治通鉴》卷65。

② 《三国志·蜀书·诸葛亮传》、《关羽传》、《张飞传》。

③ 《资治通鉴》卷65。

④ 两汉郡置时有变化,《后汉书·地理志》载荆州七郡:南阳、南郡、江夏、长沙、武陵、零陵、桂阳,无章陵。所谓荆州八郡,注史者均据《汉官仪》加章陵。此可能是建安末年曹操将南阳之章陵诸县析出而置。

南郡分置出的宜都郡,江夏郡部分地区)实现了直接控制。曹操在荆州地区仅控南阳(和由南阳南部、南郡北部析置的襄阳郡、章陵郡[治今湖北枣阳市境],以及由南阳西部分置的南乡郡),孙权仅控南郡、江夏部分地区和夷陵地区。因此,客观地说,刘备已是真正的荆州之主。

第五章 实现跨有荆益的既定目标

刘备征有江南四郡以后，荆州故吏士众多来归依，坐地日大，势力渐强，"跨有荆益"的目标便自然提到日程上来。刘备、诸葛亮都很清楚，如要实现这个目标，必须有一定的步骤。其中，"结好孙权"，解除后顾之忧是不可少的。然后，一旦条件成熟，西取刘璋，占有巴蜀。回过头来，再同孙权周旋。

一、结好孙权

刘备力量的逐渐强大，顿使孙权感到威胁。但另一方面，孙权又知道，严重的危险依然来自北方。

建安十四年，曹操连连向孙权示兵。三月，在谯（今安徽亳州）又把赤壁败下来的军队收拢起来，"作轻舟，治水军"，进行备战，并派出军队解除了孙权对合肥的包围；七月，自涡（淮河支流）入淮，"出肥水，军（动词，驻军）合肥，开芍陂屯田"；十二月，遣荡寇将军张辽讨斩庐江人陈兰、梅成叛乱，并以张辽和折冲将军乐进、破虏将军李典率领七千人屯驻合肥，直逼孙权的东线前阵①。

如此军事态势，孙权自然不敢两面受敌，构恶同刘备的关系。

刘备此时既有不小的地盘和势力，自然也觉腰板硬起来，所以

---

① 《三国志·魏书·武帝纪》、《资治通鉴》卷66。

敢于至吴见孙权。

质言之，刘备和孙权当时都认识到北有强敌而不宜将对方吃掉。固结友好成为共同的需要。

联姻固好

"先主为荆州牧，治公安。权稍畏之，进妹固好。"①这条记载说明，是孙权主动将年仅 20 岁左右的同父异母妹妹嫁给年已 49 岁的刘备的。历史上，尤其是小说家言，特别喜欢突出周瑜的"徙备置吴，盛为筑宫室，多其美女玩好，以娱其耳目"的计策。无疑，这是孙权、周瑜计策的组成部分。是一桩双方自愿的政治婚姻。

建安十四年，刘备的妻子甘夫人病卒南郡。这件不幸的事，适为孙权和刘备"结好"的谋略提供了契机。据说，"先主至京（今江苏镇江）见权，绸缪恩纪"②。"绸缪恩纪"是指刘备与孙权的关系非常融洽呢，还是指刘备与孙权的妹妹情深义重呢，史记含糊。所以，卢弼著《三国志集解》注引说："此处必有脱文，与下文意不相属。"我意不妨两方面看待，一是出于相互为用的考虑，孙刘的表面关系的确很好，所以能有以后数年的和平共处；二是夫妻情深，达到了亲密"绸缪"的极致。

但从历史的记载看，这桩婚姻，自始至终都笼罩在政治的阴影中。《三国志·法正传》说："（权）妹才捷刚猛，有诸兄之风，侍婢百余人，皆亲执刀侍立，先主每入，衷心常凛凛。""凛凛"是心中感到有一股阴森寒气而恐惧的意思。为什么这样呢？元人胡三省注《资治通鉴》说得很对："恐为所图（谋害）也。"《三国志·赵云传》

① 《三国志·蜀书·先主传》。
② 同上。

注引《云别传》也说:"此时先主孙夫人以权妹骄豪,多将吴吏兵,纵横不法。"据说,刘备为了壮胆,特意将赵云安排在身边:"先主以(赵)云严重,必能整齐,特任掌内事。"不难想见,数年中,孙权时以妹妹为砝码胁迫刘备,刘备则亦始终处在戒备之中。

孙权是什么时候将妹妹接回去的?

《资治通鉴》卷66说,建安十四年十二月"权以妹妻备",十六年"孙权闻备西上,遣舟船迎妹"。这样看来,他们的婚姻仅有两年的时间。此说源自《赵云传》注引《云别传》。《云别传》说:"先主入益州,(赵)云领留营司马……权闻备西征,大遣舟船迎妹,而夫人内欲将后主(刘禅)还吴,云与张飞勒兵截江,乃得后主还。"《三国演义》"赵云截江夺阿斗"就是据此演义而成的。

《三国志·蜀书·穆皇后传》则载,"先主既定益州,而孙夫人还吴。"刘备克蜀定益是建安十九年的事。《华阳国志·刘先主志》也说,孙夫人回吴是刘备定益以后法正劝刘备主动做的事:"(法)正劝先主还之。"这样,刘备与孙权妹的婚姻大约维持了6—7年。

《三国志集解》注引王昙意见说,孙夫人还吴是迫不得已的:"法正已进刘瑁妻吴氏于宫中,舟船之迎,实夫人见几(机)之哲。是岁建安二十年乙未,正(孙)权袭取长沙分界联合之日。可想见,蜀主与夫人同牢已七年矣。"①窃以为,这个推断是接近于事实的。

历史表明,权妹返而难归,是这桩政治婚姻的必然历史悲剧。就孙权来说,迎妹回吴是谋略上的重大失误,不仅暴露了自己的意

---

① 以上参阅《资治通鉴》卷66;《三国志·蜀书·赵云传》注引《云别传》;《三国志·蜀书·穆皇后传》等。

图,构恶双方关系,而且使刘备得以解脱。就刘备来说,自然当做两方面的分析,一是孙氏既回,刘备一身轻松,不仅纳妾数人,并且毫无顾忌地即纳刘焉儿子刘瑁的遗孀吴氏为夫人;二是加深了孙刘裂痕,在吴蜀战争成为不可避免时,失去了一味有利的缓冲剂。一句话,这桩政治婚姻的结束,对于双方,都是弊大于利。同时也害苦了年轻貌美的无辜的孙氏夫人。孙夫人回吴后,寡居抑或他适,史失记载,不知所终。

表面相安,内怀疑忌

孙、刘联姻结好,双方都在一定程度上解除了后顾之忧,得以自谋新的进取。但他们自始至终都没有把对方看做是可靠的朋友。荆州归属,始终是双方斗争的焦点。

就孙权方面来说,刘备在荆州势力的存在,深刻地制约着他们的进一步发展。因此,他们总有一种"养虎贻患"的恐惧感。为了对刘备形成半包围形势和建构北战曹操的有利条件,周瑜曾提出过"取蜀(刘璋)而并张鲁"的策略。周瑜对孙权说:"今曹操新败,忧在腹心,未能与将军(指孙权)连兵相事也。乞与奋威(孙权堂兄弟孙瑜官居奋威将军)俱进取蜀,取蜀而并张鲁,因留奋威固守其地,与马超结援,瑜还与将军据襄阳以蹙操,北方可图也。"[1]权许之。可惜,周瑜返还江陵途中,病卒于巴陵,其谋未行。

史载,周瑜弥留之际,给孙权书,除述知遇之恩外,一言形势严峻,坦言对刘备的疑虑,二荐鲁肃自代。书谓:"……人生有死,修命短矣(长命而早逝),诚不足惜,但恨微志未展,不复奉教命耳。方今曹公在北,疆场未静,刘备寄寓,有似养虎,天下之事未知终

---

[1] 《资治通鉴》卷66,汉献帝建安十五年。奋威,指孙权堂弟、奋威将军孙瑜。

105

始,此朝士旰食(旰食,事忙不能按时吃饭。旰,音 gàn)之秋,至尊(指孙权)垂虑之日也。鲁肃忠烈,临事不苟,可以代瑜。人之将死,其言也善。倘或可采,瑜死不休矣。"①另,《三国志》鲁肃本传载文稍异,但同样反映了周瑜对于刘备的担心,文中说:"当今天下,方有事役,是瑜乃心夙夜所忧,愿至尊先虑未然(先考虑尚未发生的事),然后康乐。今既与曹操为敌,刘备近在公安,边境密迩,百姓未附,宜得良将,以镇抚之。鲁肃智略足任,乞以代瑜,瑜陨踣(指死亡)之日,所怀尽矣(意谓所想到的都说明白了)。"

"刘备寄寓,有似养虎",反映了孙权、周瑜的心理状态。这说明,周瑜看到了孙、刘稳定局面下潜伏着危机;也反映了他对刘备必欲除之的决心。客观地说,周瑜的意见不无道理,但失在对于相对稳定的局面对于自己一方临时有利的一面以及鼎足形势的必然性认识不足。

孙权和鲁肃没有按照周瑜的意见办,鲁肃坚持了将荆州部分地区"借给"刘备的策略。当然,应该看到问题的另一面,即名之为"借",实际是在"借地"的名义下,把自己的势力扩展到刘备的占领区内,从而达到制约对方的目的。《三国志·鲁肃传》说,瑜死,孙权即以鲁肃为奋武校尉,代瑜领兵;令程普领南郡太守,继领江夏太守;将已为刘备占有的长沙郡一分为二另设汉昌郡,试图将今湘阴、岳阳及其以东地区控制在自己手里;同时,加强荆州江南四郡以东的实际军事控制,分扬州部之豫章郡地加设鄱阳郡。可见,孙权、鲁肃也是把刘备作为潜在敌人看待的,只不过是他们看到了可以利用的一面,因而对付的手段不同于周瑜罢了。

就刘备方面来说,他自然明白孙、刘两家在荆州问题上存在着

---

① 《三国志·吴书·鲁肃传》注引《江表传》。

严重的利害冲突,联盟不可久恃。因而积极扩大军事力量。他虽然不与孙权明争,但实际不断加强着对于已有地区的实际控制,并切实制约了孙权在荆州地区的发展。他自驻公安,而以关羽为襄阳太守驻江北,并将南郡的江南地分出来另置宜都郡让张飞统兵驻守。这样,便在实际上形成了对于军事要地南郡首府江陵的包围,从而控制了自江陵西上入蜀的长江水域和周边军事要地。

根据各种迹象分析,在此期间,刘备同时也曾注意到郡县地方政权的调整、建设和巩固。《三国志·庞统传》载,"先主领荆州,(庞)统以从事守耒阳令,在县不治,免官。"这说明,县令如果政绩不佳,是要免官的。这说明,他在加强地方政权和治民安民方面可能切实做过一些事情。

不过,客观地说,刘备对于荆州大部分地区,主要还是军事控制。诸葛亮督三郡的任务是"调其军赋,以充军实",关羽、张飞、赵云则均以将军衔领地方太守。所以,他在为政治民、经济等方面的成绩是不显著的。

二、西图巴蜀

孙权、刘备以及曹操都想西取巴蜀。

就当时的驻军和地理形势看,曹操取蜀,必走北路,计在先灭马超、韩遂和张鲁,取得汉中,掌握益州北门锁钥,然后相机而进。

孙权取蜀,有两条路可以考虑,一是北上今湖北房县、上庸,经安康,西取汉中入蜀。这就是前已述及的建安十五年(公元210年)十二月,周瑜要求孙权允许他与孙权的堂兄弟、奋威将军孙瑜率兵"俱进取蜀,得蜀而并张鲁"的计划所在。但这条路是绝对走不通的,因为在军事形势上如同"螳螂捕蝉,黄雀在后",曹操是不会放过他的。二是走南路,沿江西上。但此路也是难以走通的,因为他不能越过刘备在荆州的地盘而取益州。

周瑜"得蜀而并张鲁"的计划,对曹操震动很大,从而使曹操加快了既定的西取马超、韩遂和张鲁而窥蜀的步伐。建安十六年三月,曹操遣司隶校尉钟繇讨张鲁,使征西护军夏侯渊等率兵出河东,与钟繇会师共进,摆开必将谋蜀的架势。关中诸将疑为袭己,马超、韩遂、侯选、程银、杨秋、李堪、张横、梁兴、成宜、马玩等十部皆反。七月,曹操亲征。不数月,破潼关,两渡河,结营渭南,瓦解马超、韩遂联盟,大破十部军,斩成宜、李堪等,马超、韩遂西逃。曹操控制了关中地带,既扩大了地盘,解除了西北之忧,又使孙权北路取蜀成为不可能。因此,孙权只有考虑南路,沿江而上、联合刘备共同取蜀。

婉拒孙权伐蜀

孙权联合刘备取蜀的首要目的不在蜀,而在将刘备挤出荆州。

从地理形势和实际控兵情况看,孙吴既然不可能越过荆州而有巴蜀,刘备亦不可卒灭,所以便有了试图与刘备共谋伐蜀的问题。

史载,孙权欲与刘备共取蜀,遣使对刘备说:"米贼张鲁居王巴汉,为曹操耳目,规图(谋划取得)益州。刘璋不武(不懂军事。此喻军力薄弱),不能自守。若操得蜀,则荆州危矣。今欲先攻取璋,进讨张鲁,首尾相连,一统吴楚,虽有十操,无所忧也。"[①]又谓:"雅愿以隆(好的愿望得以成功),成为一家。诸葛孔明母兄在吴,

---

① 《三国志·蜀书·先主传》注引《献帝春秋》。

可令相并(相见)。"①

接到报告后,有人提出用缓兵之计对付孙权,"以为宜报听许",因为"吴终不能越荆有蜀,蜀地可为己有"。刘备想以自己的力量取蜀,自然不愿孙权染指。据载,时有荆州主簿殷观分析了同吴联合的危险,对刘备说:"若为吴先驱,进未能克蜀,退为吴所乘,即事去矣。"毫无疑问,这正是孙权的如意算盘。但当时,刘备正与孙权处于表面友好的情势下,力又难敌吴兵,因此殷观进一步献策:"今但可然赞其伐蜀,而自说新据诸郡,未可兴动,吴必不敢越我而独取蜀。如此进退之计,可以收吴、蜀之利。"②

刘备认为殷观的意见是对的,因而对孙权的来报"据答不听",并以三条理由回绝:一是条件不具备,胜负难以预料,说:"益州民富强,土地险阻,刘璋虽弱,足以自守。张鲁虚伪,未必尽忠于操。今暴师于蜀、汉,转运于万里,欲使战克攻取,举不失利,此吴起不能定其规,孙武不能善其事也。"二是恐怕曹操袭于后,指出:"曹操虽有无君之心,而有奉主之名,议者见操失利于赤壁,谓其力屈,无复远志也。今操三分天下已有其二,将欲饮马于沧海,观兵于吴会,何肯守此坐须老乎(意谓怎么会安于现状而无所作为呢)?"三是忧虑攻伐西蜀,给敌以可乘之机,因说:"今同盟无故自相攻伐,借枢(把关乎大局的事交给别人掌控)于操,使敌承其隙,非长计也。"③

孙权不听,遣奋威将军孙瑜率水军进住夏口,蓄势待发。

刘备既然控制了江陵周围的水陆要冲,自然不准孙瑜的军队

①　《华阳国志·刘先主志》。
②　《三国志·蜀书·先主传》。
③　《三国志·蜀书·先主传》注引《献帝春秋》。

通过,因而回报孙权,一是假意为刘璋求情,说:"备与璋托为宗室,冀凭英灵,以匡汉朝。今璋得罪左右,备独竦惧,非所敢闻,愿加宽贷。"二是表明强硬态度,说:"若不获请,备当放发(放发,披头散发。下句被发,意同)归于山林。"同时还对孙瑜说:"汝欲取蜀,吾当被发入山,不失信于天下也。"①自然,这是些威胁话,他怎么会真的归隐山林呢?

刘备坚决阻止孙权取蜀,迅疾调整并加强了阻抗孙权的布防,使关羽屯江陵,张飞屯秭归,诸葛亮居南郡,自己在孱陵(今湖北公安南),构成了数百里防线。孙权知道刘备决意阻止吴军取蜀,只好命令孙瑜撤军。

入蜀前的益州大势

孙权撤军后,刘备立即加紧了自取西蜀的准备。一方面,调整并加强了阻抗孙权的布防,一方面积极考虑入蜀的计策,开始了前期工作。

这里,先讲一下入蜀前的益州背景。

益州,汉代十三州刺史部之一。东汉末年,天下大乱,宗室刘焉欲避时难,请求外放为方镇大员,并建议改各州刺史之称为州牧,以重其威。如史所载:"时灵帝政化衰缺,四方兵寇,(刘)焉以为刺史威轻,既不能禁,且用非其人,辄增暴乱,乃建议改置牧伯,镇安方夏,清选重臣,以居其任。"同时,自己"阴求为交趾(刺史),以避时难。"②刘焉,字君郎,江夏竟陵(今湖北天门西北)人,汉景

---

① 以上参阅《三国志·蜀书·先主传》并注和《吴书·鲁肃传》。《华阳国志·刘先主志》记刘备对孙权说的话稍异:"益州(指刘璋)不明,得罪左右,庶几将军高义,上匡汉朝,下辅宗室。若必寻干戈,备将放发于山林,未敢闻命。"

② 《后汉书·刘焉传》。

帝子鲁恭王刘馀之后,少任州郡,以宗室拜郎中,历任雒阳令、冀州刺史、南阳太守、宗正、太常卿。据说,议未即行,侍中董扶私下对刘焉说:"京师将乱,益州有天子气。"心怀野心的刘焉闻言,便改初衷,请求去做益州牧。两大消息帮助了刘焉,一是"益州刺史郤俭赋敛烦扰,谣言远闻",说明益州刺史不得民心,需要撤换;二是并州刺史张壹和凉州刺史耿鄙等连连被杀,证明了刘焉"刺史威轻"的观点。因而,"焉谋得施",遂被派出为监军使者,领益州牧,封阳城侯。

刘焉至益州,立即开始搞独立王国的活动,"抚纳离叛,务行宽惠,阴图异计(密谋脱离朝廷)"。他特意派遣督义司马张鲁"住汉中,断绝谷阁,杀害汉使",随后又以此为借口"上书言米贼断道,不得复通";继而托以他事,枉杀州中豪强十余人,"以立威刑";袭杀地方官之不服者①。《三国志·刘二牧传》注引《英雄记》称,"刘焉起兵,不与天下讨董卓,保州自守"。其意渐盛,竟然按照天子的规格"造作乘舆车具千余乘",并联合征西将军马腾,率领军队袭击长安,参与了方镇谋夺大业的行列。正因其"僭拟至尊(天子)"的嘴脸已经暴露,所以南朝梁人刘昭注史时将他同袁绍、曹操相提并论,说:灵帝"大建尊州之规(指将刺史改称为牧),竟无一日之治。故刘焉牧益(州)土,造帝服于岷、峨;袁绍取冀,下制书(皇帝给臣民下令,有策书、制书、诏书等称号)于燕、朔;刘表荆南,郊天祀地(郊祀,皇帝祭祀天地的仪式);魏祖(曹操)据兖(州),遂构皇业"。② 但他失败了。兴平元年(公元194年),他在联合马腾对付李傕的战争中战败,儿子刘范和刘诞均在

---

① 《三国志·蜀书·刘二牧传》。
② 《后汉书·百官五》。

长安被李傕杀了。刘焉"既痛二子，又遇天火烧其城府车重，延及民家，馆邑无余"，遂痈疽发背而卒①。

刘焉有四子，刘范为左中郎将，刘诞为治书御史，刘璋为奉车都尉，刘瑁随焉在益为别部司马。刘焉"托疾召璋，璋自表省（省，省亲）焉，焉遂留璋不还"②。范、诞在长安被杀，瑁"狂疾物故"死去，刘璋成了刘焉惟一的继承人，代父为益州牧。

刘璋，字季玉，性"懦弱少断"，兵为民患，不能禁制。据《三国志·刘二牧传》注引《英雄记》说："先是，南阳、三辅人流入益州数万家，收以为兵，名曰东州兵。璋性宽柔，无威略，东州人侵暴旧民，璋不能禁，政令多阙，益州颇怨。"初，征东中郎将赵韪等始"贪璋温仁，立（璋）为刺史"，继而乘民怨沸腾之机"谋叛"，构乱巴中，还击刘璋，蜀郡、广汉、犍为诸郡皆应。史谓"赵韪称兵内向……皆由璋明断少而外言入故也"。幸亏"东州人畏见诛灭，乃同心并力，为璋死战，遂破反者，进攻（赵）韪于江州，斩之。"同时，张鲁也"以璋暗懦，不复承顺"。刘璋"杀（张）鲁母及弟，而遣其将庞羲等攻鲁，数为所败。鲁部曲多在巴土，故以羲为巴郡太守。鲁因袭取之，遂雄于巴汉。"③可见，益州辖区，虽然物殷民富，却集弱有年，社会不稳。

刘璋面临群雄割据之势，曾经试图取悦曹操以求自保。建安十年（公元205年），"璋闻曹公将征荆州，遣中郎将河内阴溥致敬。公表加璋振威将军，兄瑁平寇将军。"十二年，"璋复遣别驾从

---

① 《后汉书·刘焉传》。
② 《三国志·蜀书·刘二牧传》注引《典略》。
③ 参见《三国志·蜀书·刘二牧传》，《后汉书·刘焉传》，《华阳国志·刘二牧志》。

事蜀郡张肃送叟兵①三百人,并杂御物。公辟(征召)肃为掾,拜广汉太守。"十三年,刘璋得知曹操克荆州,又派别驾张松向操致敬,表示愿"受征役,遣兵给军"。②

张松,字子乔,蜀郡人,是首倡将刘备引入益州的关键人物。据载,此人"为人短小,放荡不治节操,然识达精果(见识高远,精明果断),有才干"。他本想乘机投靠曹操,为曹操西取益州献谋。但曹操以貌取人,看不起张松,觉得已经取得荆州、赶走了刘备,这种其貌不扬的人没有什么用处了,所以"不存礼(不以礼相待)松",只拜张松为越嶲苏示(今四川西昌境)令(张松,本来已为州别驾,授予县令,等于降级使用)。据《三国志·先主传》注引《益部耆旧杂记》载,曹操的主簿杨修曾故意测试过张松的才干,"以公(操)所撰兵书示松,松宴饮之间一看便暗诵。修以此益异之。"杨修对张松"深器之,白公(操)辟松,公不纳。"张松志不得酬,受到侮辱,因此痛恨曹操,回到益州后,大讲曹操的坏话,劝刘璋绝操而与刘备相结,为刘备入蜀提供了有利机会③。这也是曹操在用人方面的重大失误。历史学家常将此事提到有关大业成败的高度进行分析。东晋史学家习凿齿说:"昔齐桓一矜其功而叛者九国,曹操暂自骄伐而天下三分。皆勤之于数十年之内而弃之于俯仰之顷,岂不惜乎!"④宋人司马光深然其说。

建安十六年,曹操谋取汉中的军事行动,震动了各方诸侯,客

---

① 《后汉书·刘焉传》李贤注说:"汉世谓蜀为叟。"孔安国注《尚书》说:"蜀,叟也。"《华阳国志·南中志》说:"夷人大种曰'昆',小种曰'叟'。"窃以为,叟兵,即以蜀地少数民族组成的善战队伍。
② 以上据《华阳国志·刘二牧志》。《后汉书·刘焉传》记载时序不同。
③ 《华阳国志·刘二牧志》。
④ 《资治通鉴》卷65,汉献帝建安十三年。

113

观上也为刘备入蜀提供了条件。据载,益州牧刘璋遥闻曹公将遣钟繇等向汉中讨张鲁,内怀恐惧,不知如何自保。张松便乘机给刘璋出了个吃里爬外的主意。张松先是威胁刘璋说:"曹公兵强无敌于天下,若因张鲁之资以取蜀土,谁能御之者乎?"璋曰:"吾固忧之而未有计。"然后张松说:"刘豫州,使君(指刘璋)之宗室而曹公之深仇也,善用兵,若使之讨鲁,鲁必破。鲁破,则益州强,曹公虽来,无能为也。"

张松反复对刘璋说:"刘豫州,使君之肺腑,可与交通。"刘璋然其谋,问谁可为使,张松推荐了法正。①

法正,字孝直,扶风郿(今陕西眉县)人,是另一个想让刘璋倒霉的人,时为军议校尉,没有受到重用,"既不任用,又为其州邑俱(俱,全部)侨客者所谤无行,志意不得"。法正与张松要好,松"忖璋不足与有为,常窃叹息",但有话却愿向法正说。二人关系亲密,政见相同。张松推荐法正去同刘备联系,用心显然可知。史载,刘璋遣法正为使,法正假意推辞,"佯为不得已而往"。法正回来以后,"为松称说先主有雄略,密谋协规(共同规划),愿共戴奉,而未有缘。"这说明,法正第一次奉命同刘备联系之后,便与张松一起开始了谋迎刘备的实际行动。

不久,刘璋派法正与孟达"送兵数千助先主守御"。张松再次对刘璋说:"今州中诸将庞羲、李异等皆恃功骄豪,欲有外意,不得豫州(刘备),则敌攻其外,民攻其内,必败之道也。"至此,刘璋完全被张松说服,决意引刘备入蜀,试图让其收服张鲁,北抗曹操。于是,即遣法正率领四千人迎接刘备②。

①　以上《三国志·蜀书·先主传》、《刘二牧传》。
②　以上《三国志·蜀书·先主传》、《刘二牧传》、《法正传》、《华阳国志·刘二牧志》。

刘璋迎接刘备入蜀的决定,引起益州一些谋臣的忧虑。他们看到了事情的危险性。主簿黄权急谏:"左将军(刘备)有骁名,今请到,欲以部曲遇之,则不满其心,欲以宾客礼待,则一国不容二君。若客(刘备)有泰山之固,则主(刘璋)有累卵之危。可但闭境,以待河清(按:河清,意喻局势安定之时)。"刘璋不仅不听黄权的意见,而且将其调离成都,降职为广汉县长。刚从交阯至蜀的刘巴也进谏说:"备,雄人也,入必为害,不可内(纳)也。"从事王累,态度更坚决,"自倒悬于州门以谏"。《华阳国志》卷十说,"(王)累为从事,以谏不入,乃自刎州门,以明不可。"刘璋一无所纳①。

刘璋遣法正迎刘备,"前后赂遗以巨亿计"。法正趁机向刘备陈说益州可取之策:"以明将军(指刘备)之英才,乘刘牧(指刘璋)之懦弱;张松,州之股肱,以响应于内;然后资(凭借)益州之殷富,冯(凭)天府之险阻,以此成业,犹反掌也。"②

《三国志·先主传》注引韦曜《吴书》说:"备前见张松,后得法正,皆厚以恩意接纳,尽其殷勤之欢。因问蜀中阔狭,兵器府库人马众寡,及诸要害道里远近,松等俱言之,又画地图山川处所,由是尽知益州虚实也。"这条记载,由于张松未曾见过刘备,常被认为是不可靠的。其实,不可拘泥。法正受张松之托,既言取蜀"犹反掌",因而谈及"蜀中阔狭,兵器府库人马众寡,及诸要害道里远近"是很自然的,《吴书》将其记为刘备同张松、法正两人的谈话,是不足为怪的③。

---

① 以上《三国志·蜀书·法正传》、《刘二牧传》、《黄权传》、《刘巴传》注引《零陵先贤传》、《后汉书·刘焉传》、《华阳国志·刘二牧志》、《先贤士女总赞(中)》。

② 《三国志·蜀书·法正传》。

③ 张松没有亲自见过刘备,《三国演义》所渲染的受到刘备、诸葛亮、庞统等的隆重礼遇,以及当即献图,都是不存在的。

法正的说辞,坚定了刘备的决心,从而使刘备加快了入蜀的步伐。

率兵入蜀

刘备既然将"跨有荆益"作为既定目标,自然也早已自做入蜀的准备。诸葛亮、庞统在谋划取蜀的大计上都发挥了重要作用,而在初期的实际行动中庞统的作用尤大。

庞统,字士元,襄阳人,"少时朴钝,未有识者",惟其叔父庞德公"重之"。晋朝历史家习凿齿《襄阳记》载庞德公的评语:"诸葛孔明为卧龙,庞士元为凤雏(按:凤雏意即雏凤,喻少年俊秀),司马德操为水镜(按:谓善于知人)"。18岁的时候,庞德公让他去见颍川司马徽(字德操),"徽采桑于树上,坐统在树下,共语自昼至夜。徽甚异之,称统当为南州士之冠冕,由是渐显"。

庞统"性好人伦,勤于长养",喜欢评论人物,而且喜欢用夸大的美好语言评赞人物:"每所称述,多过其才"。为什么这样呢?时人怪而问之。庞统说:"当今天下大乱,雅道陵迟(意谓正道衰落),善人少而恶人多。方欲兴风俗,长道业,不美其谭即声名不足慕企,不足慕企而为善者少矣。今拔十失五,犹得其半,而可以崇迈(意如崇尚)世教,使有志者自励,不亦可乎?"意在树立榜样,弘扬大道,激励向善。

庞统曾做刘表的南郡功曹。赤壁之战以后,周瑜领南郡太守,他成为周瑜的部属,仍为郡功曹。功曹,《后汉书·五官五》说,郡有功曹史,"主选署功劳",是事务性文官。所以,实际没有得到应有的重用。至于《太平御览》卷64引《荆州先德传》说"周瑜领南郡,以庞士元名重州里所信,乃逼为功曹,任以大事,瑜垂拱而已",治史者大都不信。如果是这样,何不直接委以重职而任以大事。周瑜死后,庞统送丧至吴,吴人多闻其名,争与相结。据载,当其西还之时,名人陆绩、顾劭、全琮等①皆往相送,深与相结。不过从当时他们的一些相互评论看,庞统显得有点自傲。他说:"陆子可谓驽马有逸足之力,顾子可谓驽牛能负重致远也",全琮"好施慕名,有似汝南樊子昭。虽智力不多,亦一时之佳也。"②"驽马"、"驽牛"、"智力不多"都不是好词,但称其"有逸足之力"、"能负重致远"、"一时之佳"则都是褒奖之意。顾劭心有不服,因问庞统:"卿名知人,吾与卿孰愈?"统答:"陶冶世俗,甄综人物,吾不及卿;论帝王之秘策,揽倚伏之要最,吾似有一日之长。"据说,顾劭"安其言而亲之"。③

刘备领荆州牧后,庞统成了刘备的属下。刘备本来早已知道庞统有"凤雏"之誉,但一时失察,没有给予应有的重视,让他"以从事守耒阳令"。一般的"从事"之职,是办事员性质的文官。庞统不得志,因而不认真做事,"在县不治",毫无政绩,结果被免了官。庞统被免官以后,引起了多方面的注意。甚知其能者、吴将鲁肃即给刘备送去一信:"庞士元非百里才也,使处治中、别驾之任,始当展其骥足耳。"据载,"诸葛亮亦言之于先主"。刘备召见了庞统,进行了长时间的谈话,"见与善谭,大器之,以为治中从事,亲待亚于诸葛亮,遂与诸葛亮并为军事中郎将"④。

庞统最大的事功就是为刘备谋划入蜀,并将其付诸施行。他

---

① 陆绩,容貌雄壮,博学多识,星历算数无不该览,曾为郁林太守,加偏将军,32岁卒于官;顾劭,博览书传,好乐人伦,风声流闻,远近称之,曾为豫章太守,亦32岁卒于官;全琮,善谋略,以奋威校尉起步,累迁偏将军、绥南将军、九江太守、卫将军、徐州牧、右大司马、左军师。

② 《三国志·蜀书·庞统传》。

③ 《三国志·蜀书·庞统传》注引《吴录》。

④ 《三国志·蜀书·庞统传》。

曾同刘备有过一次关于率兵入蜀的对话：

庞统说："荆州荒残，人物殚尽，东有孙吴，北有曹氏，鼎足之计，难以得志。今益州国富民强，户口百万，四部兵马，所出必具，宝货无求于外，今可权借以定大事。"

刘备言不由衷地说："今指与吾为水火者，曹操也，操以急，吾以宽；操以暴，吾以仁；操以谲，吾以忠；每与操反，事乃可成耳。今以小故而失信义于天下者，吾所不取也。"

庞统说："权变之时，固非一道所能定也。兼弱攻昧，五伯（指春秋五霸）之事。逆取顺守，报之以义，事定之后，封以大国，何负于信？今日不取，终为人利耳。"①

夺人之地，报之以义，"何负于信"云云，自然纯属强词夺理，但"今日不取，终为人利"，的确也是实情。这些话，刘备自然非常欣赏。正像《华阳国志·刘二牧志》记载的刘备听了法正的话后心中"大悦"一样，庞统的话也使他大为高兴。

正是在一种谋国立业的思想驱使下，刘备便于建安十六年（公元 211 年）十二月开始行动了。他留诸葛亮、关羽、张飞等镇荆州，以赵云领留营司马，据守后方，以待后命，自在军师庞统的辅助下，将步卒数万人溯江西上，向益州进军了。

据载，刘璋"敕（命令）在所（指刘备所到的地方）供奉先主，先主入境如归"②。刘备就像回家一样，不仅没有遇到阻拦，而且一路受到欢迎。没有多少日子，便顺利地自公安、宜都等地驱兵数百公里，到达益州的巴郡（治今重庆）。巴郡太守严颜不禁捶胸长叹："此所谓独坐穷山，放虎自卫也。"随后，刘备又由巴水（今涪

---

① 《三国志·蜀书·庞统传》注引《九州春秋》。
② 《三国志·蜀书·刘二牧传》。

118

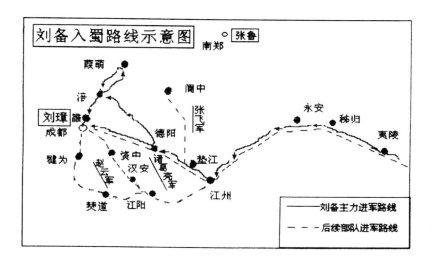

江)溯流而上数百公里到达涪城（今四川绵阳），深入到益州的腹地①。

刘备至涪，刘璋亲自从成都到涪出迎，诚心相待，相见甚欢。《三国志·刘璋传》云："璋率步骑三万余人，车乘帐幔，精光曜日，往就与会，先主所将将士，更相之适，欢饮百余日。"可见，他不仅宴请刘备，而且还同刘备的属下相见欢饮。但是，张松、法正和刘备的人却在暗地里积极筹划除掉刘璋的阴谋。张松令法正告诉刘备，可以乘便在相会的时候干掉刘璋。刘备惟恐有失，因说："此大事也，不可仓卒。"军师庞统则进一步鼓励刘备说："今因此会，便可执之，则将军无用兵之劳而坐定一州也。"刘备觉得操之过急，因说："初入他国，恩信未著，此不可也。"②暂时把大家的情绪

①　《华阳国志·刘二牧志》。《三国志·蜀书·刘二牧传》说："先主至江州（巴郡治江州，即今重庆），北由垫江水（即今涪江）诣涪，去成都三百六十里。"
②　《三国志·蜀书·庞统传》。从战略的意义看，刘备的意见显然更高明些。

稳定下来。

相会期间,刘璋推刘备行大司马,领司隶校尉;刘备推刘璋行镇西大将军,领益州牧如故。刘璋为刘备增兵,厚加资给。据《三国志·刘璋传》注引《吴书》说:"璋以米二十万斛,骑千匹,车千乘,缯絮锦帛,以资送刘备。"刘璋为使刘备往讨汉中张鲁,又让屯守要冲白水关(又称关头,在今四川广元境)的驻军杨怀、高沛部听从刘备的号令。刘巴得知刘璋欲以刘备征张鲁,复谏刘璋说:"若使备讨张鲁,是放虎于山林也。"刘璋不听,刘巴知其必败,"闭门称疾",以待后变①。

刘璋同刘备欢会百余日,自觉一切安排妥当,可以坐待佳音,便回成都去了。至此,"先主(刘备)并军三万余人,车甲器械资货甚盛"②,足可北征张鲁。但他往北走了不长的一段路程后,到达葭萌(治今四川广元南)便停下来准备攻打刘璋、袭取成都的具体行动了。

三、打败刘璋,取得成都

驻兵葭萌期间,刘备主要做了两方面的事情,一是争取巴蜀士民的支持。如史所称:"先主北到葭萌,未即讨鲁,厚树恩德,以收众心。"③二是谋划讨伐刘璋的策略。

庞统三计。战争的第一阶段

庞统向刘备献出了夺取成都的计策。他说:"阴选精兵,昼夜

---

① 《三国志·蜀书·刘巴传》注。
② 《三国志·蜀书·先主传》。
③ 《三国志·蜀书·先主传》。

兼道,径袭成都。璋既不武(不懂武略),又素无预备,大军卒至,一举便定,此上计也。杨怀、高沛,璋之名将,各仗强兵,据守关头(白水关,在今四川广元境),闻数有笺谏璋,使发遣将军(指刘备)还荆州。将军未至,遣与相闻,说荆州有急,欲还救之,并使装束,外作归形。此二子既服将军英名,又喜将军之去,计必乘轻骑来见,将军因此执之,进取其兵,乃向成都,此中计也。退还白帝(今重庆奉节东),连引荆州,徐还图之,此下计也。若沉吟不去,将致大困,不可久矣。"①

庞统激励刘备用其"上计"。就当时的情况看,出其不意,击其无备,昼夜兼程,直捣成都,在军事上是完全能够成功的。但从长远利益考虑,有失民心,不利自我形象的树立,不利益州全境的征服,未必是上策。"下计",是庞统极而言之,自然知道刘备不会接受。因为退回去,等于是前功尽弃,意味着给刘璋以巩固、发展势力之机,而自己陷入两面受敌的危险,再谋取蜀,成为不可能。刘备采纳了"中计",实际这也正是庞统的真正战略意图。

决策确定后,刘备立即制造假象,表示不愿再在益蜀之地呆下去了,虚为急还荆州之势。

建安十七年(公元212年)十月至次年正月,曹操征孙权,进军濡须口(今安徽无为东北),攻破孙权江西营,获孙权都督公孙阳。十七年十二月,孙权向刘备求救。这件事,恰好为刘备制造急返荆州的假象提供了条件。刘备给刘璋写信说:"曹公征吴,吴忧危急。孙氏与孤本为唇齿,又乐进(曹操大将)在青泥(今襄樊西北)与关羽相拒,今不往救(关)羽,(乐)进必大克,转侵州界,其忧有甚于(张)鲁。鲁自守之贼,不足虑也。"并且以此为理由,要求

---

① 《三国志·蜀书·庞统传》。

刘璋支援，"从璋求万兵及资实，欲以东行"①。

刘备"求兵东行"之谋，在成都引起了很大反响。其中最值得注意的：一是刘璋已因刘备滞兵葭萌、未即讨鲁的行为产生了怀疑，及至提出"求兵东行"要求，更加狐疑，但又不便当即把遮羞布揭开，因而没有答应刘备的全部要求，"但许兵四千，其余皆给半"。二是张松着急了。张松未知刘备内情，写信给刘备和法正，问："今大事垂可立，如何释此去乎？"结果，张松不仅暴露了自己，而且泄露了刘备谋夺益州的天机。据载，张松的哥哥、广汉太守张肃，"惧祸逮己（逮己，牵连自己），白璋发其谋（意谓向刘璋告发了张松、刘备的密谋）。于是璋收斩松，嫌隙始构矣。"②

刘备抓住刘璋不肯如数益兵资粮这件事，大做文章，激怒其众说："吾为益州征强敌（按：托词），师徒勤瘁，不遑宁居（按：话是真话，但实为自己，非为刘璋）；今积帑藏（帑藏，国库）之财而惜（惜，少，罕见）于赏功，望士大夫为出死力战，其可得乎！（按：煽动义愤）"③

当其听说张松被杀，更是不禁愤怒，不由叹息，遥责刘璋杀其内应："君矫杀吾内主乎！"④

至此，刘备与刘璋的对立的局势便明朗化了。刘璋完全知道上当了，立即下令，"敕关戍诸将文书勿复关通（不再报告）先主"。刘备则以此为由，公开宣布发难，做出三大行动：

第一，召斩刘璋大将。"先主大怒，召璋白水（关）军督杨怀、

---

① 《三国志·蜀书·先主传》。
② 同上。
③ 《三国志·蜀书·先主传》注引《魏书》。
④ 《华阳国志·刘二牧志》。

高沛,责以无礼,斩之"①。《零陵先贤传》记载了刘备用诡诈手段计斩杨怀的故事,说:"刘璋请刘备,璋将杨怀数谏。备悟,请璋子祎及怀。酒酣,备见怀佩匕首。备出其匕首,谓怀曰:'将军匕首好,孤亦有,可得观。'怀与之。备得匕首,谓怀曰:'女(汝)小子,何敢间我兄弟之好耶!'怀骂言未讫,备斩之。"②

第二,立即发动进攻,"遣黄忠、卓膺、魏延等勒兵前行"③。

第三,即令诸葛亮、张飞、赵云自荆州率众溯江西上,"分定郡县,与先主共围成都"④。

杨怀、高沛被杀后,刘备"自葭萌南还袭刘璋,留中郎将霍峻守葭萌城"⑤,自己率兵径至关头,以"诸将并士卒妻子"为质,有效地控制并收编了关头的守军,随后"引兵与(黄)忠、(卓)膺等进到涪,据其城"⑥。

《三国志·庞统传》说,刘备"还向成都,所过辄克"。"辄克"云云,说明进军顺利。实际上,也遇到了一些抵抗。据载,兵到梓潼,梓潼令王连"固城坚守,刘主义之,不逼攻也"⑦。就是这方面的反映。

刘备初战得手,进据涪城,大会众将,置酒作乐,庆祝胜利。刘备酒后吐真言,彻底揭开了自己的面纱。刘备对庞统说:"今日之

---

① 《三国志·蜀书·先主传》。
② (清)杭世骏:《三国志补注》卷5。
③ 《华阳国志·刘二牧志》。
④ 《三国志·蜀书·诸葛亮传》。
⑤ 《三国志·蜀书·霍峻传》。
⑥ 《三国志·蜀书·先主传》。
⑦ 《华阳国志·刘二牧志》。据《三国志·王连传》说,刘备取得成都后,王连归降,备"以连为什邡令,转在广都(治今成都东南),所居有绩",后来官至蜀郡太守。

会,可谓乐矣。"庞统不愿他过于暴露自己的真实面目,因而说:"伐人之国而以为欢,非仁者之兵也。"刘备已醉,未能理解庞统的用意,怒说:"武王伐纣,前歌后舞,非仁者邪?卿言不当,宜速起出(最好马上出去)!"庞统"逡巡引退"(意为迟疑而无所措地走出去)。不久,刘备后悔,又将庞统请回。"统复故位,初不顾谢,饮食自若。"刘备问庞统:"向者之论,阿谁为失?"庞统回答:"君臣俱失。"二人心照不宣,刘备大笑,"宴乐如初"①。

对于刘备与庞统的这段对话,历代历史家多有评论,一种可以著名的"帝蜀寇曹"论者、晋人习凿齿为代表,他在说明"君臣俱失"的时候,既要倡导"德义",又要树立刘备的"兼明"形象。他说:"夫霸王者,必体仁义以为本,仗信顺以为宗,一物不具,则其道乖矣。今刘备袭夺璋土,权以济业,负信违情,德义俱愆,虽功由是隆,宜大伤其败,譬断手全躯,何乐之有?庞统惧斯言之泄宣(怕泄露真实意图),知其君之必悟,故众中匡其失,而不修常谦之道,矫然太当,尽其謇谔(意为忠直敢言)之风。夫上失而能正,是有臣也,纳胜而无执(意谓接纳好的意见而不固执己见),是从理也;有臣则陛隆堂高(陛隆,大殿的台阶增多;堂高,殿堂高大。比喻皇帝的声望更大。),从理则群策毕举;一言而三善兼明,暂谏而义彰百代,可谓达乎大体矣。若惜其小失而废其大益,矜此过言,自绝远说(说,正直的言论),能成业济务者,未之有也。"显然,这是一种为刘备辩护的观点。另一种可以南朝宋人裴松之为代表,他用正统的儒家的历史观看问题,敢于直言刘备之非和习凿齿之评论不当。他说:"以为谋袭刘璋,计虽出于统,然违义成功,本由诡道,心既内疚,则欢情自戢(自戢,自我收敛),故闻备称乐之言,

① 《三国志·蜀书·庞统传》。

不觉率尔而对也。备酣宴失时，事同乐祸，自比武王，曾无愧色，此备有非而统无失，其云'君臣俱失'，盖分谤之言耳。习氏所论，虽大旨无乖，然推演之辞，近为流宕也"（流宕，在此可以理解为说话片面）①。

其实，历史地看，东汉末年，社会大乱，军阀割据，各路"英雄"无不觊觎别人的地盘，你争我夺，没有休止。什么德义、信顺云云，无从谈起，实也不必谈起。我在《曹操评传》一书中，对于曹操伐袁绍、讨袁术、平吕布、征刘表，不仅不以为非，而且作为功业大加赞扬。我们既然不以曹操的兼并战争为非，自然也不能对刘备夺人土地过于指责。况且汉时州牧辖区，非同列国封疆，并不是一家私产，只要力量具备，任何人都可自领州牧，占有其地。质言之，刘备取益袭璋，从政治大义言，不存在有亏"德义"的问题；他打了胜仗，置酒作乐，一时忘乎所以，口吐真言，也无需多怪。

战争的第二阶段

涪城大会，实际也是一次正式的誓师大会。鼓舞了士气，震撼了益州。成都城内一片恐慌。刘璋暗懦，形同春秋时代的宋襄公，拘泥于义，不善战事。《三国志·法正传》载，州从事郑度向刘璋进言："左将军（刘备）悬军袭我，兵不满万，士众未附，野谷是资，军无辎重。其计莫若尽驱巴西、梓潼民内（迁）涪水以西，其仓廪野谷，一皆烧除，高垒深沟，静以待之。彼至，请战，勿许，久无所资，不过百日，必将自走。走而击之，则必擒耳。"这是一种非常厉害的、历史上行之有效的"坚壁清野"的策略。刘备闻听郑度出此计策，非常害怕，急问法正怎么办，法正甚知刘璋迂腐，肯定地对刘

---

① 《三国志·蜀书·庞统传》并注。

备说:"终不能用,无可忧也。"刘璋果如法正所言,对其群下说:"吾闻拒敌以安民,未闻动民以避敌也。"刘璋不愿贻害于民。结果,不仅不用郑度的计策,而且罢免了郑度的职务。地方上的仓库、田间的野谷,一无所动,全部资敌。

《华阳国志·刘二牧志》说得很对:"(刘璋)绌(通黜)度不用,故刘主所至有资,进攻绵竹。"

建安十八年(公元213年)五月,刘备由涪向成都进发,刘璋先后分遣三路兵马进行抵抗:一遣其将扶禁、向存抄刘备后路,"帅万余人由阆水(今嘉陵江)上,攻围(霍)峻"。据载,相持一年而不能下,"峻城中兵才数百人,伺其怠隙,选精锐出击,大破之,即斩存首"①。二遣其将刘璝、冷苞、张任、邓贤、吴懿等拒刘备于涪,结果"皆破败,退保绵竹"。中郎将吴懿(亦作壹)至刘备军投降,拜为讨逆将军。三遣护军将军李严、参军费观督绵竹军抗拒刘备,结果严、观亦率其众投降刘备,同拜裨将军。

刘备军势大增,遂分遣诸将平定下属各县。刘璝、张任与刘璋的儿子刘循退守雒城(今四川广汉北),刘备将雒城团团围住。张任勒兵出战于雁桥(在雒城南),兵败。刘备闻张任"忠勇",劝其投降,张任厉声回答说:"老臣终不复事二主矣。"刘备怀着惋惜的心情将其杀了②。

建安十九年(公元214年)五月,刘备命关羽总统荆州事,让诸葛亮与张飞、赵云溯流而上,攻克巴东(巴东郡,辖今四川云阳、重庆奉节等地),入巴郡(治今重庆)。进而南北配合,进攻成都。

---

① 《三国志·蜀书·霍峻传》。

② 《三国志·蜀书·先主传》注引《益部耆旧杂记》。《三国演义》以"孔明定计捉张任"作为诸葛亮入川第一大功劳,实际这是不可能的,因为诸葛亮建安十九年入川,而张任已在建安十八年被刘备杀了。

诸葛亮、张飞入川,几乎在没有遇到严重抵抗的情况下,很快便克复白帝(今重庆奉节东)到达江州(今重庆)。巴郡太守赵笮和将军严颜进行了抵抗,失败。张飞生擒严颜,怒斥严颜说:"大军至,何以不降而敢逆战?"颜答:"卿等无状,侵夺我州,我州但有断头将军,无降将军也。"飞大怒,说:"牵去斫头!"颜脸色不变,从容地说:"斫头便斫头,何为怒邪!"俗谓张飞粗中有细。诚然,张飞被严颜的大义凛然打动了,因而"壮而释之,引为宾客"①。

继而,诸葛亮、张飞、赵云分兵略地。

诸葛亮平定德阳(今四川遂宁),"璋帐下司马蜀郡张裔拒亮,败于柏下(当为陌下,在今遂宁东南),裔退还"②。

张飞所过战克,攻巴西(治今四川阆中),"巴西功曹龚谌迎飞"。

赵云平定江阳(治今四川泸州)、犍为(治今四川彭山)。③

这样,北有刘备及其亲自率领的黄忠、魏延各军,东有张飞,南有诸葛亮、赵云,时不一年,便形成了对于成都的军事包围形势。

刘备围攻雒城约有一年。在此期间,刘备让法正给刘璋写了一封很长的信劝降。节录其要:

法正首先假说自己受命不力,不敢复命之意,因说:"受性(生性,天性)无术,盟好违损(指刘备、刘璋的联盟遭到破坏),惧左右不明本末,必并归咎,蒙耻没身,辱及执事(执事,主管其事的人),是以损身于外,不敢反命(反命,复命)";继而言及自己忠心不变,

---

① 据《华阳国志·刘二牧志》。《三国志·蜀书·张飞传》谓严颜为巴郡太守,没有提及赵笮。当以《华阳国志》为是。

② 《华阳国志·刘二牧志》。《三国志·蜀书·张裔传》谓:"张飞自荆州由垫江入,璋授裔兵,拒张飞于德阳陌下,军败,还成都。"陌下,在今遂宁东南,当以《华阳国志》为是。张裔拒诸葛亮,而不是拒张飞。

③ 以上《华阳国志·刘二牧志》、《三国志·张飞传》、《赵云传》。

因说："前后披露腹心，自从始初以至于终，实不藏情，有所不尽"，而今国事已危，"虽捐放于外，言足憎尤（说的话让人很讨厌），犹贪极所怀（还是愿把自己所知道的说出来），以尽余忠"。此类话语，自然属于言不由衷。既为叛国之臣，不得不说。

然后，直陈要害，指出刘璋"左右不达英雄从事之道"，进而为刘璋分析形势，重在四点：一说刘备已经站稳了脚跟，很有针对性地指出刘备不怕持久之战："事变既成，又不量强弱之势，以为左将军（刘备）县远之众，粮谷无储，欲得以多击少，旷日相持。而从关（白水关）至此，所历辄破，离宫别屯，日自零落。雏下虽有万兵，皆坏阵之卒，破军之将，若欲争一旦之战，则兵将势力，实不相当。各欲远期计粮者，今此营守已固，谷米已积，而明将军（刘璋）土地日削，百姓日困，敌对遂多，所供远旷。愚意计之，谓必先竭，将不复以持久也。空尔相守，犹不相堪。"二说刘备军队已经占领了益州大部土地，民思易主："今张益德数万之众，已定巴东，入犍为界，分平资中、德阳，三道并侵，将何以御之？本为明将军计者，必谓此军县远无粮，馈运不及，兵少无继。今荆州道通，众数十倍，加孙车骑（孙权）遣弟（堂弟孙瑜）及李异、甘宁等为其后继。若争客主之势，以土地相胜者，今此全有巴东、广汉、犍为，过半已定，巴西一郡，复非明将军之有也。计益州所仰惟蜀，蜀亦破坏。三分亡二，吏民疲困，思为乱者十户而八。若敌远则百姓不能堪（承当）役，敌近则一旦易主矣。广汉诸县，是明比（明显的例子）也。"三说战略要地已失，成都、雏城必将不保："又鱼复（后改名白帝城，在今重庆奉节东）与关头（即白水关）实为益州福祸之门，今二门悉开，坚城皆下，诸军并破，兵将俱尽，而敌家数道并进，已入心腹，坐守都、雏，存亡之势，昭然可见。"最后切入主旨，只有投降，才是出路："以正下愚，犹知此事不可复成，况明将军左右明智用谋之士,岂当不见此数哉?且夕偷幸,求容取媚,不虑远图,莫肯尽心献良计耳。若事穷势迫,将各索生,求济门户,展转反复,与今计异,不为明将军尽死难也,而尊门(尊指刘璋家族)犹当受其忧。正虽获不忠之谤,然心自谓不负圣德,顾惟分义,实窃痛心。左将军从本举来,旧心依依,实无薄意。愚以为可图变化,以保尊门。"①

法正的信,不仅给刘璋以威胁,而且大大瓦解了刘璋的军心、民心。

刘备围雒期间,不幸的是,军事中郎将庞统率众攻城,为流矢所中,卒于阵前,死时年仅 36 岁。史载,"先主痛惜,言则流涕"。据说,有一位名叫处存的人,以荆州从事随刘备入蜀,至雒,被任命为广汉太守。其人对庞统一向很不服气,"统中矢卒,先主发言嘉叹",而他却说:"统虽尽忠可惜,然违大雅之义。"刘备大怒说:"统杀身成仁,更为非也?"于是罢免了处存的官②。后来,刘备为释怀念之情,特遣诸葛亮亲自去授庞统的父亲为议郎,再升为谏议大夫,追赐统爵关内侯,谥曰靖侯③。

建安十九年夏,刘备攻陷雒城,遂向成都进军。诸葛亮、张飞、赵云也引兵来会,完成了对成都的战略包围。

战争的结束阶段

正当完成了对成都的包围时,马超率众自汉中向刘备"请降"。

马超,字孟起,扶风茂陵(今陕西兴平)人。父马腾,灵帝末与边章、韩遂等俱起事于西州;汉献帝初年,朝廷以韩遂为镇西将军,

① 《三国志·蜀书·法正传》。
② 《三国志·蜀书·杨戏传》附《季汉辅臣赞》。
③ 《三国志·蜀书·庞统传》。

以马腾为征西将军。马腾、韩遂始甚相亲,结为异姓兄弟,继而失和,部曲相侵,相为仇敌,腾攻遂,遂亦攻腾,杀其妻子。后曹操以腾为卫尉,使其离开西北,居邺。马超以偏将军统领父亲马腾部众,与韩遂合纵,并与关中杨秋、李堪、成宜等十部相结,据守潼关,抵抗曹操。建安十六年,马超被曹操打败,"走保诸戎",继率诸戎袭夺陇上诸县,杀凉州刺史韦康,占据冀城(今甘肃甘谷东南),自称征西将军,领并州牧,督凉州军事。不久,马超被韦康的部属杨阜、姜叙、梁宽、赵衢等打败,归依张鲁。马超知张鲁"不足与计事",又加"鲁将杨昂等数害其能",智志难酬,心中抑郁不快,既闻刘备"围刘璋于成都",便"密书请降"。

刘备得知马超来降,非常高兴,即遣新投建宁(当为益州,时益州郡尚未改为建宁)督邮李恢往迎。马超将兵径到城下,刘备闻马超至,"喜曰:'我得益州矣。'乃使人止(安顿住)超,而潜以兵资之。超到,令引军屯城北"。

马超既至,城内一片恐慌,"蜀郡太守许靖将逾城降,事觉(被发觉),不果。璋以危亡在近,故不诛靖。"史称,马超兵至,"城中震怖,璋即稽首(即投降)";又谓"超至未一旬而成都溃"。可见,马超投降刘备这件事,对刘璋产生了很大的震慑作用①。

刘备围城数十日后,派从事中郎简雍入城劝降。据《三国志·刘二牧传》载,时"城中尚有精兵三万人,谷帛支一年(《华阳国志》谓:谷支二年),吏民咸欲死战(按:此语失之夸张。只能说部分人愿欲死战)。璋言:'父子在州二十余年,无恩德以加百姓。百姓攻战三年,饥膏草野者,以璋故也,何心能安!'"遂遣帐下司马张裔奉使去见刘备,刘备答应张裔"礼其君而安其人"。裔还,

———————————

① 以上《三国志·蜀书·马超传》并注,《法正传》,《华阳国志·刘二牧志》。

城门即开,刘璋遂与简雍同乘一辆车子出降,"群下莫不流涕"。[①]

刘璋投降,刘备如何面对刘璋,史无明记。大概是为免尴尬,没有见面,只是对刘璋做了如下安排:"迁璋于南郡公安,尽归其财物及故佩振威将军印绶"[②]。振威将军号是曹操先期加给刘璋的,所以称"故佩"。

对于如何看待刘备夺益驱璋和刘璋蒙辱保民投降的事,向有不同说法。《三国志》作者陈寿说,刘焉"遽造舆服(急造皇帝用的车子和衣服),图窃神器(图谋窃夺皇权),其惑甚矣。璋才非人雄,而据土乱世,负乘致寇(意谓身背财物坐在车子上显摆,会招来强盗抢劫。常常用来比喻小人得志),自然之理,其见夺取,非不幸也"。这是一种"报应"的历史观念和英雄史观。《三国志·刘璋传》注引晋人张璠《汉纪》的话说:"刘璋愚弱而守善言,斯亦宋襄公(春秋时宋国君,讲仁义,不击半渡敌兵,致失败)、徐偃王(西周时人,主张仁义治国,被楚灭掉)之徒,未为无道之主也。"表现了对刘璋的一定程度的同情。《后汉书》作者范晔则说:"刘焉睹时方艰,先求后亡之所,庶乎见几(机)而作,夫地广则骄尊之心生,财衍则僭奢之情用,固亦恒人必至之期也。璋能闭隘(意同闭关)养力,守案先图(意同守成),尚可与岁时推移,而遽输利器(很快失去政权),静受流斥,所谓羊质虎皮,见豺则恐,吁哉!"表现了对刘璋命运的更深的叹息。

窃以为,刘备取蜀,尽管其谋夺别人土地的心情不乏龃龉之思,他的谋略和手段也多有卑鄙之为,但其试图跨有荆益而取天下的目的,不能以为非。我们自然不能说"目的就是一切"的命题是

①　《三国志·蜀书·刘二牧传》、《张裔传》、《简雍传》。
②　《三国志·蜀书·刘二牧传》。

正确的,但对于一个欲乘天下大乱而谋取大业的人物来说,只要心存百姓,一切为实现其目的而采取的谋略和手段,都是不应过分指责的。至于刘璋,固然愚暗不明,才非人雄,但他最终能够审时度势,不愿民人受苦、州城残破,毅然出降,亦不失为明智之举。史家可以责备其愚弱无能,但勿需讥其骨头不硬,反而应该对其既知大势已去而心存百姓的所思所为,从而避免了州城残破、生民涂炭,作为一项对于历史和人民的贡献记上一笔。

刘备取得益州是最终形成三国鼎立局面的关键,因此不能不在这里谈到曹操对于刘备攻取益州这件事的战略失误。刘备取益,用了三年时间。在此期间,虽然不能说曹操完全没有注意到刘备的迅速西扩,但他对于刘璋的软弱无能和刘备迅速发展起来的势力认识不足。历史记载了曹操属下、丞相掾赵戬对于刘备入蜀的分析,可以看做是曹操的思想实际状况,赵戬说:"刘备其不济乎?拙于用兵,每战必败,奔亡不暇,何以图人?蜀虽小区,险固四塞,独守之国,难卒并也。"据说,有一位小人物、征士傅干倒是做出了比较接近事实的分析。他对赵戬的言论进行了批驳,指出:"刘备宽仁有度,能得人死力。诸葛亮达治知变,正而有谋,而为之相,张飞、关羽勇而有义,皆万人之敌,而为之将,此三人者,皆人杰也。以备之略,三杰佐之,何为不济也?"[1]当然,曹操所以没有对刘备西上给予充分注意,当时还有更重要的原因,这就是他正把主要精力放在三个方面:一是巩固权力,先是获得赞拜不名、入朝不趋、剑履上殿的权力,继而封公建国,位居诸侯王之上;二是陈兵西北,把消灭马超、韩遂,进而夺取汉中,掌握益州北门锁钥,作为重要的战略目标;三是偶向孙权耀兵,给孙权以威慑,以保南疆安

---

① 《三国志·蜀书·先主传》注引《傅子》。

定。他忽略了刘备的迅速向西发展,因而不仅没有想到在襄樊一线给刘备以牵制,而且不断向孙权示兵,客观上使刘备解除了来自孙权方面的后顾之忧。

第六章　自领益州牧

建安十九年夏,刘备入成都,立即宣布自领益州牧。史称"复领益州牧"。或谓"复"为衍字,实则不误。这是要表明他此前已领荆州牧,现在再领益州牧,是兼牧二州的意思。

一、入城前后的几项重大错误决策

刘备的军队入居成都后,城中曾经陷入一片混乱。这是由于刘备的决策不当所致。大者有三:

第一,据《三国志·刘巴传》注引《零陵先贤传》说,围攻成都之时,刘备曾与士众约定:"若事定,府库百物,孤无预焉(意谓我不要,大家随便拿)。"因此,"及拔成都,士众皆舍干戈,赴诸藏,竞取宝物。"这是对国库的破坏性洗劫。

第二,入城后,举行了一次规模宏大的庆祝活动,取民财以为赏。据《华阳国志·刘先主志》载,"先主克蜀,蜀中丰富盛乐,置酒大会,飨食三军,取蜀城中民金银颁赐将士,还其谷帛。"[①]据说,对诸葛亮、法正、关羽、张飞各赐黄金五百斤、银千斤、钱五千万、锦

---

① 文中"取蜀城中民金银颁赐将士,还其谷帛"句,《三国志·蜀书·先主传》无"民"字,当以《华阳国志》为是,否则"还其谷帛"便无从谈起。元人胡三省注《资治通鉴》时明确指出,"凡城中公私所有金银,悉取以分赐将士,至于谷帛,则各还所主也。"这是对的。

万匹。其他人等,也都得到了数量不等的赏赐。这是对城中百姓的掠夺。有功者受赏,自然高兴,但大伤百姓期盼之心。一段时间之内,民心不稳,严重地影响了社会的稳定。

第三,不知何人还给刘备出了个主意,"欲以成都中屋舍及城外园地桑田分赐诸将"。这简直是昏了头脑。此举若行,必将酿成大乱。幸赵云出来说话,才没有酿成大错。但已造成了很坏的影响。赵云驳之说:"霍去病以匈奴未灭,无用家为,今国贼非但匈奴,未可求安也。须天下都定,各反桑梓,归耕本土,乃其宜耳。益州人民,初罹兵革,田宅皆可归还,令安居复业,然后可役调,得其欢心。"①刘备听从了赵云的意见。

短暂的混乱期,不久就过去了。以刘备、诸葛亮之明,自然很快便认识到稳定局势、安定民心的重要,从而开始了巩固政权、扩大势力的实质性行动。

二、用旧部,拔归顺,建设军政机构

刘备重视相对独立的地方政权的建设,所以很快建立并巩固了以自己为核心的领导机构。正如《三国志·先主传》所形容的,他以"诸葛亮为股肱,法正为谋主,关羽、张飞、马超为爪牙,许靖、糜竺、简雍为宾友。及董和、黄权、李严等本璋之所授用也,吴壹、费观等又璋之婚亲也,彭羕又璋之所排摈也,刘巴者宿昔之所忌恨也,皆处之显任,尽其器能。有志之士,无不竞劝。"

"有志之士,无不竞劝",说明建国初期刘备的用人方针基本上是好的。但是,我们必须看到,《三国志》作者陈寿忽视了另一

---

① 《三国志·蜀书·赵云传》注引《云别传》。

方面的问题,即刘备不愿重用蜀人,对蜀人存有戒心。

重用旧部

重用旧部和入蜀取蜀有功者,以其亲信建立中枢机构,自然是刘备首先应该考虑的。

军师中郎将诸葛亮为军师将军,署左将军府事,兼益州太守(治成都)。"军师将军",职当今日之参谋总长;"署左将军府事",意为代行左将军(按:刘备在建安初被汉献帝授予左将军称号)府的秘书长;"兼益州太守",是谓兼任首府的最高长官。三职集于一身。史称:"先主外出,亮常镇守成都,足食足兵。"①地位显要,史谓"股肱"。"股肱"者,乃人之大腿和胳膊,用以比喻最重要的辅佐大臣。

军议校尉法正为扬武将军,蜀郡太守(亦治成都)②。他已得到了刘备的完全信任,因而同诸葛亮一样,也被授予了很大权力,史称其"外统都畿,内为谋主"③。"外统都畿",就是说成都城内的事情归诸葛亮,成都周围的事情则全由法正统理;"谋主"云云,意谓是最主要的出谋划策的人物,参谋部的头领,亦可比之于今日之参谋总长。

荡寇将军、襄阳太守关羽被正式命为"董督荆州事",成了独当一面的方镇大员,代行荆州牧大事。

征虏将军张飞领巴西太守,镇兵重地,北拒曹兵,以为成都屏障。

---

① 《三国志·蜀书·诸葛亮传》。
② 胡三省注《资治通鉴》卷67说:"刘璋置益州太守与蜀郡太守并治成都郭下。"刘备因之。
③ 《三国志·蜀书·法正传》。

偏将军马超为平西将军。史称关羽、张飞、马超为"爪牙"。"爪牙"不是贬义词,比喻最得力、最亲近的武臣和保镖。《国语·越语》有云:"谋臣与爪牙之士不可不养而择也。"说明谋臣、爪牙同样重要。

裨将军黄忠为讨虏将军。"自葭萌受任,还攻刘璋,(黄)忠常先登陷阵,勇毅冠三军",因擢显职,位在赵云之上。

牙门将军赵云为翊军将军。定蜀之初,赵云有忤刘备之处,没有得到应有的重用,但仍属重要武臣。所以,陈寿也称其为"爪牙",评谓:"黄忠、赵云强挚壮猛,并作爪牙,其灌(婴)、滕(夏侯婴)之徒欤?"灌婴、夏侯婴都曾是汉高祖刘邦的忠实武将。

从事中郎麋竺为安汉将军,班在军师将军之右(按:古以右为上)。麋竺,字子仲,东海朐(治今江苏连云港西南)人,"祖世货殖,僮客万人,赀产钜亿",曾为徐州牧陶谦别驾从事,奉谦遗命迎刘备为徐州牧。在刘备困难的时候,进妹于刘备为夫人,"奴客二千,金银货币以助军资,于时困匮,赖此复振"。后随刘备转战,参与谋事,为从事中郎,常为谈客,往来使命。可见,既有功劳,又是亲戚(妻舅),不可以一般部属相待。史称,麋竺雍容敦雅,但军事非其所长,"是以待之以上宾之礼,未尝有所统御。然赏赐优宠,无与为比"①。所谓待之如"宾友"之意,盖言关系密切,不完全以部属相待之意。

从事中郎简雍为昭德将军。简雍,字宪和,涿郡人,"少与先主有旧,遂从周旋(按:意为跟随转战)。先主至荆州,雍与麋竺、孙乾同为从事中郎,常为谈客,往来使命";入蜀,单身入成都,为

---

① 《三国志·蜀书·麋竺传》。

劝说刘璋投降立下了功劳①。

从事中郎孙乾为秉忠将军。孙乾,字公佑,北海人,自刘备为徐州牧之时,即"随从周旋",已有20余年。同简雍一样,都是善于"外交"的人物,曾为刘备北结袁绍,南联刘表,"皆如意指"。"见礼次(低于)麋竺,与简雍同等"②。

伊籍,字机伯,山阳(治今山东金乡西北)人,少依刘表,表卒,"遂随先主南渡江,从入益州。益州既定,以籍为左将军从事中郎,见待亚于(低于)简雍、孙乾等。"不久,因使吴得体,迁拜昭文将军③。《华阳国志·刘先主志》将孙乾、伊籍同麋竺、简雍一样,并列为"宾友"。

另,跟从刘备入蜀得到重用的人,还有:

魏延,字文长,义阳(治今河南桐柏东)人,"以部曲随先主入蜀,数有战功,迁牙门将军"。④"部曲",泛指部队编制或次于将军一级的武官。《后汉书·百官一》说:"大将军营五部,部校尉一人,比二千石;军司马一人,比千石。部下有曲,曲有军侯一人,比六百石。曲下有屯,屯长一人,比二百石。"可见,入蜀之前,魏延的军阶大概还处在中下级的水平上。

中郎将霍峻,字仲邈,南郡枝江(治今湖北枝江东)人,曾是刘表的部属,刘表死后,率众投奔刘备,刘备以其为中郎将。随军入蜀,因固守葭萌、抵抗张鲁和刘璋有功,刘备特从广汉郡中分出梓潼郡,让其做梓潼太守、裨将军。

从事马良,字季常,襄阳宜城人。史称"兄弟五人,并有才

---

① 《三国志·蜀书·简雍传》。
② 《三国志·蜀书·孙乾传》。
③ 《三国志·蜀书·伊籍传》。
④ 《三国志·蜀书·魏延传》。

名"。投刘备于荆州,被授从事。刘备入蜀,良留荆州,同诸葛亮的关系很好。当得知刘备已经打下雒城时,曾寄书诸葛亮说:"闻雒城已拔,此天祚也。尊兄应期赞世,配业光国,魄兆见矣。"意思是说诸葛亮大显身手的时候到了。并即向诸葛亮进安定益州之策,一谓选拔人才:"变用雅虑(应对变故要有好的智谋),审贵垂明(审知事物贵在明察),于以简(选)才,宜适其时。"二谓和光悦远,安定局面,建立盛世:"若乃和光悦远(和光,柔和的态度和政策;悦远,让远方高兴),迈德(行德)天壤,使时闲于听(闲时听听音乐),世服于道,齐高妙之音,正郑、卫之声,并利于时,无相夺伦,此乃管弦之至,(伯)牙、(师)旷之调也。虽非钟期(伯牙、师旷、钟期皆春秋时音乐名人),敢不击节!"有智谋。蜀定,被授左将军掾①。

从事马谡,字幼常,马良之弟,"才器过人,好论军计",被授绵竹成都令,继为越嶲太守。

从事陈震,字孝起,南阳人。蜀定,为蜀郡北部都尉,因易郡名,为汶山太守,转为犍为太守。

从事廖立,字公渊,武陵临沅(今湖南常德)人。史载,刘备在荆州时,以立为从事,"年未三十,擢为长沙太守。……建安二十年,(孙)权遣吕蒙奄袭(突袭)南三郡,立脱身走,自归先主。先主素识(素识,老相识,老交情)待之,不深责也,以为巴郡太守"②。

向朗,字巨达,襄阳宜城人,原为刘表之临沮长,刘备定江南,"使朗督秭归、夷道、巫、夷陵四县军民事。蜀既平,以朗为巴西太守,顷之转任牂牁(太守),又徙房陵(太守)"③。

---

① 《三国志·蜀书·马良传》。
② 《三国志·蜀书·廖立传》。
③ 《三国志·蜀书·向朗传》。

养子刘封，"本罗侯（罗，在今湖南湘阴境）寇氏之子，长沙刘氏之甥也。"刘备至荆州，时无"继嗣"（刘禅尚未出世），因养刘封为子。"先主入蜀，自葭萌还攻刘璋，时封年二十余，有武艺，气力过人，将兵俱与诸葛亮、张飞等溯流西上，所在战克。益州既定，以封为副军中郎将"①。

从事刘琰，字威硕，鲁国人。刘备"以其宗姓，有风流，善谈论，厚亲待之，遂随从周旋，常为宾客。先主定益州，以琰为固陵太守"②。

从事邓方，字孔山，南郡人，随刘备入蜀，"蜀既定，为犍为属国都尉，因易郡名，为朱提太守，选为安远将军，庲降都督"③。

辅匡，字元弼，襄阳人，随刘备入蜀，为巴郡太守。

刘邕，字南和，义阳人，随刘备入蜀，为江阳太守。

另，陈到，字叔至，汝南人，自豫州随刘备，以忠勇见称，名位常同赵云差不多，入蜀后授为将军（失名号）；杨颙，字子昭，襄阳人，随刘备入蜀，曾先辅匡而为巴郡太守；张处仁，本名存，南阳人，以荆州从事随刘备入蜀，曾被授予广汉太守；殷观，字孔休，以主簿别驾从事随刘备入蜀，继任要职；习祯，字文祥，襄阳人，有风流，善谈论，名气低于庞统，而在马良之右，随刘备入蜀，由雒令、郫令而为广汉太守。

简言之，凡刘备旧部，以及刘表旧部归依刘备而随从入蜀者，都得到了应有的重用。

---

① 《三国志·蜀书·刘封传》。
② 《三国志·蜀书·刘琰传》。
③ 《三国志·蜀书·杨戏传》附《季汉辅臣赞》。

善遇归降

刘备善遇归降和刘璋的部属,归降者大都甘为其用。但对蜀籍官员、名士存有戒心,缺乏坦诚。其中得到任用的比较重要的人物有:

董和,字幼宰,南郡枝江人。原为刘璋益州太守,以"清约"著称,并且善于处理同少数民族之间的关系,"与蛮夷从事,务推诚心,南土爱而信之"。刘备授予他最为显赫的官职,"征(董)和为掌军中郎将,与军师将军诸葛亮并署左将军大司马府事,献替可否,共为欢交"。董和积极配合诸葛亮处理政务,以至死后常常受到诸葛亮的怀念。诸葛亮曾对属下说:"夫参署者(参署,参预署理),集众思广忠益也。若远小嫌,难相违覆(意为不能相互切磋),旷缺损矣。违覆而得中,犹弃弊跻(破鞋)而获珠玉。然人心苦不能尽,惟徐元直(庶)处兹不惑,又董幼宰参署七年,事有不至,至于十反,来相启告。苟能慕元直之十一,幼宰之殷勤,有忠于国,则亮可少过矣。"又说:"昔初交州平(崔州平),屡闻得失,后交元直,勤见启诲,前参事于幼宰,每言则尽"。可见,董和是一个头脑清楚,善于思考,曾向诸葛亮提供过许多好的建议的人。尤为可贵的是,董和始终保持清廉,居官食禄,"外牧殊域,内干机衡(机衡,指中央重要部门和职位)",死之日"家无担石之财"[1]。

黄权,字公衡,巴西阆中(今四川阆中)人,曾是刘璋的重要幕僚——主簿,因为谏阻刘璋迎刘备入蜀而被降职为广汉长,而且是最后投降刘备的:"及先主袭取益州,将帅分下郡县,郡县望风景附,权闭城坚守,须刘璋稽服(意为待刘璋投降后),乃诣降先主"。

---

[1] 《三国志·蜀书·董和传》。

刘备服其忠义，但恐其对己贰心，仅拜为偏将军。[①] 晋人徐众《三国评》对此作如下评论："（黄）权既忠谏于主，又闭城拒守，得事君之礼。武王下车，封比干之墓，表商容之闾，所以大显忠贤之士，而明示所贵之旨。先主假（给予）权将军，善矣，然犹薄少，未足彰忠义之高节，而大劝为善者之心。"[②]

李严，字正方，南阳人，"少为郡职吏，以才干称"。曹操用兵荆州时，李严西入蜀，刘璋用为成都令，继拜护军，抵抗刘备于绵竹。投降后，刘备拜严为裨将军，"成都既定，为犍为太守，兴业将军"[③]。

许靖，字文休，汝南平舆（河南今县）人，是那位著名的预言曹操为"清平之奸雄，乱世之英雄"的许劭的从兄。汉献帝初年，官居御史中丞，后来避难交州；曹操迎帝都许后，曾欲北上依曹，因为"道路阻绝"而未得。后来刘璋派人招许靖入蜀，先后授以巴郡太守、广汉太守、蜀郡太守。刘备克蜀以后，以靖为左将军长史。长史，《通典》有谓："众史之长，职无不监"。可见是个重要职务。据说，开始时刘备不想重用许靖。因为许靖在刘璋危亡之际准备逾城投降，刘备薄其为人。法正从招徕人才的大局出发，对刘备说："天下有获虚誉而无其实者，许靖是也。然今主公始创大业，天下之人不可户说（意谓不能挨家挨户去宣传），靖之浮称，播流四海，若其不礼，天下之人以是谓主公为贱贤也。宜加敬重，以眩远近，追昔燕王之待郭隗。"诸葛亮也对刘备说："靖人望，不可失也，借其名以竦动宇内。"刘备于是乃厚待许靖。史列"宾友"之首[④]。

刘巴，字子初，零陵烝阳（今湖南衡阳西）人。本来与刘备嫌

---

① 《三国志·蜀书·黄权传》。
② 《三国志·蜀书·黄权传》注。
③ 《三国志·蜀书·李严传》。
④ 《三国志·蜀书·法正传》、《许靖传》、《诸葛亮集》卷二。

隙很深，史载，刘备在江南时，"荆楚群士从之如云"，而刘巴却"北诣曹公"，曹操辟为丞相府掾，受命招纳长沙、零陵、桂阳三郡。刘巴南赴三郡，"会先主(刘备)略有三郡，巴不得反使，遂远适交阯，先主深以为恨"。不久，刘巴又从交阯到蜀投靠刘璋，刘璋每遇大事，"辄以咨访"。他同黄权一样，也谏阻刘璋，试图拒刘备于国门之外，指出："若使备讨张鲁，是放虎于山林也。"刘璋不听，刘巴因此"闭门称疾"。据传，刘备攻成都，下令军中说："其有害巴者，诛及三族。"可见其对于刘巴的重视。刘备定益州，"及得巴，甚喜"，刘巴主动"辞谢罪负"，刘备"不责"，又加诸葛亮数荐其能，遂授为左将军西曹掾。西曹掾，"领百官奏事"(《汉旧仪》)，"主府吏署用"(《汉书·丙吉传》)，官秩四百石，以刘巴的资历和能力论，算不上重用。从《零陵先贤传》的记载看出，这时刘备、刘巴之间的疙瘩还没有解开。一次，张飞拜访刘巴，就宿其家，"巴不与语"，惹得张飞很不高兴。诸葛亮劝刘巴不要摆架子，说："张飞虽实武人，(但)敬慕足下。主公今方收合文武，以定大事。足下虽天素高亮，宜少降意也。"刘巴傲慢地说："大丈夫处世，当交四海英雄，如何与兵子共语乎?"刘备闻此，愤怒地说："孤欲定天下，而子初专乱之。其欲还北，假道于此，岂欲成孤事邪?"诸葛亮再次对刘备说："运筹策于帷幄之中，吾不如子初远矣! 若提枹鼓，会军门，使百姓喜勇，当与人议之耳。"刘备亦知其"才智绝人"。因而，不能不给予相应任用，所以后来得由尚书而代法正为尚书令。然而，刘巴的惶惧之心，始终未曾平静，史谓，刘巴"躬履清俭，不治产业，又自以归附非素(非素，意谓非旧部)，惧见猜嫌，恭默守静，退无私交，非公事不言。"影响了其才能的充分发挥①。

---

① 《三国志·蜀书·刘巴传》并注《零陵先贤传》。

彭羕，字永年，广汉（四川今市）人，"姿性骄傲，多所轻忽"，原仕刘璋不过书佐，后"又为众人所谤毁"，被刘璋"髡钳（剃去头发而以铁箍束颈的刑罚）为奴隶"。刘备入蜀，彭羕往见庞统，共语经日，庞统"大善之"，遂与法正一起向刘备推荐。刘备"亦以为奇，数令羕宣传军事，指授诸将，奉使称意，识遇有加"。成都既定，刘备遂拔羕为治中从事。治中从事是州牧的重要佐官，因而被时人称为"羕起徒步（徒步，意谓平民百姓），一朝处州人之上"[1]。自然，这与庞统、法正的称誉和推荐有很大关系。

费观，字宾伯，江夏鄳（今河南罗山西）人。史载，"刘璋母，观之族姑，璋又以女妻观"。是刘璋的双料亲戚，既是表兄弟，又为女婿，关系不可谓不密。曾为李严参军（官名），"拒先主（刘备）于绵竹，与严俱降"。投降后，刘备以为裨将军，后为巴郡太守、江州都督[2]。

吴壹（一作懿），字子远，陈留（今河南开封东南）人。随刘焉入蜀，刘璋时为中郎将，曾受命带兵拒刘备于涪。投降后，刘备用为护军讨逆将军，并且娶其妹（刘璋兄刘瑁的遗孀）为妻。费观、吴壹都是刘璋的亲戚，刘备坦然用之，因而受到陈寿的好评。

王谋，字元泰，汉嘉（今四川雅安北）人，刘璋时为巴郡太守、治中从事。刘备用为别驾。

何宗，字彦英，蜀郡郫（四川今县）人，"通经纬、天官、推步、图谶"，刘璋时为犍为太守，刘备用为从事祭酒。

张裔，字君嗣，蜀郡成都人，刘璋帐下司马，先是拒张飞于德阳，军败，退还成都，既而作为刘璋的使者向刘备联系投降事。刘

①　《三国志·蜀书·彭羕传》。
②　《三国志·蜀书·杨戏传》附《季汉辅臣赞》。又，《三国志·蜀书·费祎传》载，费祎"依族父伯仁，伯仁姑，益州牧刘璋之母也"。

璋投降后,刘备以裔为巴郡太守,还为司金中郎将,继而又做益州郡太守(治今云南曲靖境)。

费诗,字公举,犍为南安人,刘璋时为绵竹县令,刘备兵临城下,举城投降,刘备授予督军从事,出为牂牁太守,还为前部司马。

秦宓,字子勑,广汉绵竹人,蜀地名士,"少有才学,州郡辟命,辄称疾不往",刘备征为从事祭酒①。

李恢,字德昂,建宁俞元(今云南曲靖境)人,刘璋时为郡督邮,受人牵连,已被免官,"恢知璋之必败,先主必成,乃托名郡使,北诣先主,遇于绵竹"。刘备嘉其来从,特命北迎马超来归,事成,被授功曹书佐主簿②。

杨洪,字季休,犍为武阳(治今四川彭山东)人,刘璋时"历部诸郡",刘备定蜀,用为蜀部从事。不久,蜀郡太守法正随刘备北争汉中,诸葛亮表荐杨洪领蜀郡太守,"众事皆办,遂使即真"。又不久,转为益州治中从事③。

又,刘璋属下,巴西太守庞羲被命为营司马;长史射坚,先后被任命为广汉、蜀郡太守;坚弟射援被任命为议曹从事中郎、军议中郎将,等等。

可见,刘备既定益州,主要使用了两方面的人,一是自己的原有荆州的班底及其心腹。这些人或掌枢要,或统重军而兼治地方重郡。部分文官属吏,如糜竺、简雍等也授以将军之职,过问军事。二是原益州牧刘璋的重要部属。引刘备入蜀者固然得到重用,其他不管是主动出降,或宣布归附的,还是兵临城下被迫投降,甚至是拥兵抵抗、败而后降的,也大都被量才录用或得到适当安排。

---

① 《三国志·蜀书·秦宓传》。
② 《三国志·蜀书·李恢传》。
③ 《三国志·蜀书·杨洪传》。

根据历史资料分析,刘备得益州,原有属郡,经过调整和分置,共设郡二十余个,除了很少几个,如益州、蜀郡、汶山、巴东、巴西等重郡外,大都是拔用或继续以刘璋的旧官为郡守的。

同时,刘备对于新投名士和刘璋的中下级官吏,如书佐、令长等,也给予了应有的重视。

刘备重用旧部、善待归从和遴拔能者,说明他颇知用人之要。但是,同时必须提及,刘备在用人方面存在着很大的局限性,远远不及曹操和孙权,心存疑虑,常有挟嫌抑用之事。尤其对于蜀益人士的重视很不够,征辟甚少,以至后继乏才,贻误军国后事。对此,后面还将专论。

三、安定社会秩序

用刘巴之策,"平诸物贾(价)"

由于决策不当,原来刘璋"殷富"的府库被入城的军队洗劫一空,顿使刘备陷入经济困境。富人的金银虽然被取走了不少,但"还其谷帛",因而能够囤积居奇;穷人则生无所依,食不果腹,惶惶难以终日。

对于此种情形,再加"军用不足",刘备甚感忧虑。为了解决燃眉之急,西曹掾刘巴给刘备出了个主意,说:"易耳,但当铸直百钱,平诸物贾,令吏为官市。"这种由官府专断的大面值货币政策,实是对老百姓的一种掠夺政策。为了尽快将这一政策付诸实施,刘备身体力行,"取帐钩铜铸钱,以充国用"①。史载,"数月之间,

---

① 《南史·崔祖思传》。

府库充实。"①

这里,反映了刘备尚能重视经济问题,反映了刘巴、刘备四个方面的重要思想:

第一,他们甚知钱币之用和钱币政策对于恢复和发展经济的指导意义;

第二,他们认识到平抑物价对于稳定社会秩序的重要作用;

第三,他们已经觉察到官营经济在一定情况下平抑物价的特别作用;

第四,他们稳定经济、增殖财富的出发点和手段,明显脱离了"重本抑末"的桎梏,不在发展生产,而重在通过活跃、稳定经济流通领域的秩序,从而达到剥夺百姓的目的。

关于铸钱的情况,根据清人梁章钜《三国志旁证》引洪遵《泉志》看,确有相当规模。就其形制言,约为三种,一是四铢重量的直百钱,二是八铢重量的直百五铢钱,三是变种五铢钱。从洪遵所说的话推测,三种钱不仅形制重量不同,而且当有时间的先后:"蜀直百钱,建安十九年刘备铸。旧谱云:径七分,重四铢。又直百五铢钱,径一寸一分,重八铢,文曰:五铢直百。又有传形五铢钱。顾烜曰:'传形五铢,今所谓蜀钱,时有勒为直百者,亦有勒为五铢者。大小称量如一,三吴诸县行之。'"三吴非蜀地,可见通行之广,竟然遍及江南。

听诸葛亮之议,"刑法峻急"

《三国志·伊籍传》载,昭文将军伊籍,"与诸葛亮、法正、刘巴、李严共造蜀科。蜀科之制,由此五人焉。"科,即律令。这说

---

① 《三国志·蜀书·刘巴传》注引《零陵先贤传》。

明，刘备定蜀之初，即让诸葛亮、法正等人针对社会现实，研究刑法方面的问题，并且已经制定出成文的法律条文。可惜久已失载，后世不传，难详其具体内容。

近人卢弼《三国志集解》认为，"《诸葛亮集》有《科令篇》(按：现行本无此篇名，内容分见他篇)，当为当时涉于科令之文。"可备一说。但非常明显的是，《诸葛亮集》所载，特别是现存《便宜十六策》和《将苑》中有关内容，大都是伪托之文，很难断定哪些是刘备、诸葛亮曾经说过或实施过的。窃以为，既属伪托之文，其言自然不可据引，但总的精神似亦非伪，不会过于离谱；另，诸葛治军，严律峻法，亦可为之佐证。

现存的一些记载表明，蜀科之制，虽由五人，但起主导作用的是诸葛亮。当时，五人的思想很不统一，其中法正同诸葛亮的分歧尤大。最终，诸葛亮的峻法思想占了上风，成为主导思想。

裴松之在注《三国志·诸葛亮传》时驳晋人郭冲所说五事时提到："亮刑法峻急，刻剥百姓，自君子小人咸怀怨叹"。晋人袁宏《后汉纪》也说："(建安)十九年夏五月，刘备克成都，诸葛亮为股肱，乃峻刑法，自君子小人咸怀怨叹。"法正因而对刘备进谏："昔高祖入关，约法三章，秦民知德，今君假借威力，跨据一州，初有其国，未垂惠抚；且客主之义，宜相降下，愿缓刑弛禁，以慰其望。"诸葛亮不同意法正的意见，反驳说："君知其一，未知其二。秦以无道，政苛民怨，匹夫大呼，天下土崩，高祖因之，可以弘济(广为救济)。刘璋暗弱，自(刘)焉已来有累世之恩，文法(法规)羁縻，互相承奉(意谓大家都遵命而行)，德政不举，威刑不肃。蜀土人士，专权自恣，君臣之道，渐以陵替(陵替，指纲纪零落，上下失序)；宠之以位，位极则贱，顺之以恩，恩竭则慢。所以致弊，实由于此。吾今威之以法，法行则知恩，限之以爵，爵加则知荣；恩荣并济，上下有节,为治之要,于斯而著。"

这里反映了对于当时社会形势的两种不同认识。法正的"缓刑弛禁"思想,确实是只知其一,不知其二,认识片面,自然不足以治乱世。诸葛亮善于度势制法,有针对性地提出了"威之以法,限之以爵"的思路。这是一种"法无定制,因时而异"和"法爵相辅,恩荣并济"的思想,是一种以峻法为主的恩威并施的两面性政策,自然更适合当时的社会现实。

刘备同诸葛亮的思想一致,所以他同意了诸葛亮对于社会的分析及其以峻法为主的两面性政策,并且付诸实施。

有一个生动的故事,很能说明这一点。《三国志·简雍传》载,"时天旱禁酒,酿者有刑"。吏人在老百姓家里搜索到酿酒的工具,不管其在禁令颁布后有没有继续酿酒,"论者欲令与作酒者同罚"。昭德将军简雍陪同刘备外出"游观",见一对男女同行,为了说服刘备轻刑,便对刘备说:"那对男女想通奸,为什么不把他们抓起来?"刘备奇怪地问:"你怎么知道?"简雍说:"因为他们都有生殖器,这与家里有酿酒工具想酿酒是一样的。"刘备听了简雍的话,不禁大笑,知其用意,因而赦免了家有酿酒工具而没有酿酒的人。

还应该指出的是,刘备、诸葛亮虽然执法严峻,但并不受法律条文的约束,常有不按法律办事之事,法外施恩有之,律外妄杀亦有之。这说明,封建时代任何政治家都不可能做到法律面前人人平等。

据载,法正"外统都畿,内为谋主,一餐之德,睚眦之怨,无不报复,擅杀毁伤己者数人。"有人告诉诸葛亮:"法正于蜀郡太纵横,将军宜启主公,抑其威福。"诸葛亮说:"主公之在公安也,北畏曹公之强,东惮孙权之逼,近则惧孙夫人生变于肘腋之下。当斯之

149

时,进退狼跋(形容进退两难之状),法孝直为之辅翼,令翻然翱翔,不可复制,如何禁止法正使不得行其意邪!"史谓,诸葛亮素知刘备雅爱法正,"故言如此"①。这是法外施恩,不按法律办事的生动例子。

但对彭羕却又是另一种态度。彭羕为治中从事,"形色嚣然","诸葛亮虽外接待羕,而内不能善,屡密言先主,羕心大志广,难可保安。先主既敬信亮,加察羕行事,意亦稍疏,左迁羕为江阳太守。"既而,马超告发彭羕有大逆之言,刘备和诸葛亮便以谋反罪将彭羕捉起来。彭羕在狱中给诸葛亮写了一封很长的信,历述自己的功劳,尽白自己的冤枉,甚至把刘备比做"慈父",称诸葛亮为"当世伊、吕",最终还是不免一死②。这是依据自己的好恶,律外妄杀的例子。

另如,后部司马张裕晓占候,曾谏刘备说"不可争汉中"。刘备不用裕言,遣将军吴兰、雷铜等入武都,结果打了败仗,"皆没不还"。据载,"初,先主与刘璋会涪,时裕为从事,侍坐,其人饶须(满脸胡须),先主嘲之曰:'昔吾居涿县,特多毛姓,东西南北皆诸毛也,涿令称曰诸(猪)毛绕涿居乎'!"裕因刘备无须,说了一个"潞(露)涿(豚)君"的故事,加以嘲讽。"先主常衔其不逊,加忿其漏言(泄密),乃显裕谏争汉中不验,下狱,将诛之。诸葛亮表请其罪,先主答曰:'芳兰生门,不得不锄。'裕遂弃市。"③这完全是挟嫌杀人,毫无法制可言了。

① 《三国志·蜀书·法正传》。
② 《三国志·蜀书·彭羕传》。
③ 《三国志·蜀书·周群传》。

较盐铁之利

蜀地产盐，历史悠久。历代统治者都将盐铁之利视做重要的经济来源。秦时已置盐铁官管理盐铁交易。李冰为蜀守，"识齐（察）水脉，穿广都（今成都东南）盐井、诸陂池，蜀于是盛有养生之饶矣。"①西汉临邛（今四川邛崃）人卓王孙以冶铁煮盐致富，家赀数千万，僮仆上千人②。

两汉政府都重视蜀地盐业的管理和开发。汉武帝实行盐铁官营政策，"是以县官（指朝廷）用饶足，民不困乏"、"兵革东西征伐，赋敛不增而用足"③。东汉虽弛盐铁之禁，但加强了盐铁税赋的管理和征收。汉末军阀混战期间，曹操用治书侍御史卫觊的建议，实行盐铁"监卖"政策。

刘备、诸葛亮自然也看到了盐铁对于解决经济问题的重要，所以，入蜀之后，虽然没有迅即制定出一套行之有效的严厉的官营政策，但立即建立和健全了盐铁的管理机制，控制了盐铁之政，从而收到了实际上的盐铁官营效果。

《三国志·王连传》载，"及成都既平，以（王）连为什邡令（治今四川广汉南），转在广都，所居有绩。迁司盐校尉，较盐铁之利，利入甚多，有裨国用，于是简取良才以为官属，若吕乂、杜祺、刘干等，终皆至大官，自连所拔也。"《吕乂传》亦谓："初，先主定益州，置盐府校尉，较盐铁之利，后校尉王连请（吕）乂及南阳杜祺、南乡刘干等并为典曹都尉。"后来王连升官蜀郡太守、兴业将军，仍然"领盐府如故"。

---

① 《华阳国志·蜀志》。
② 《史记·货殖列传》。
③ 《盐铁论·轻重篇》。

可见,刘备初定益州,便把盐铁之利放到了重要地位,而且非常用心去配备和建立起一套比较完整的、稳定的、有效的盐政管理机构。

盐政的最高主管官为司盐校尉,属官有典曹都尉等。校尉、都尉均属武职,说明盐政管理不属地方,而是由中央统一管理,属于军事管制性质。校尉、都尉的官秩分别为二千石和比二千石,位当列卿,说明盐政管理在国家部门中地位的重要。"简取良才以为官属"云云,说明盐政管理系统对于管理人员的严格要求和任用。司盐校尉的属官最终大都做到"大官",更加证明了当政者对于选拔盐政人员的重视。据载,都尉吕乂后来官至尚书令(丞相);杜祺历任郡守、监军、大将军司马;刘干官至巴西太守。

蜀地井盐资源丰富。近人研究认为,四川境内,魏晋时期,东起朐忍(今云阳),西至临邛(今邛崃),北到汶山(今汶川),南至越嶲(治今西昌),都分布井盐产区。①

由于官府的重视,食盐生产技术,特别是"官灶"的煮盐技术,有了很大提高。昔时一灶五锅,蜀汉时期已有一灶十四锅者。例如,《太平寰宇记》卷85"贵平县"条引《益州记》说:"官有两灶二十八镬,一日一夜,收盐四石,(色白)如霜雪也。"而且已知使用"井火"(天然气),因而大大提高了产量。晋人刘逵《蜀都赋》注称:"取井火还煮井水,一斛水得四五斗盐,家火煮之,不过二三斗。"常璩《华阳国志》卷三《蜀志》说,临邛县"有火井,夜时光映上昭。民欲(得)其火,先以家火投之。顷许,如雷声,火焰出,通耀数十里,以竹筒盛其光藏之,可拽行终日不灭也。井有二,[一

---

① 参见《中国盐业史·古代编》,人民出版社1997年版,第59页。

燥一]水。取井火煮之，一斛水得五斗盐；家火煮之，得无几也。"①

对于冶铸方面的政策，大抵实行了如同盐政一样的管理体制，甚或更多官营性质。《三国志·张裔传》载，刘备入成都，"以裔为巴郡太守，还为司金中郎将，典作农战之器"。铁器之用，无非农战。"典作农战之器"云云，实质就是把冶铁业控制在官府手里。中郎将本武官，官秩比二千石，以武官主管冶铸，称司金中郎将，如同以校尉主管盐政一样，表明了它的军事管制性质。

刘备用张裔为司金中郎将如同曹操用韩暨为司金校尉、王修为司金中郎将用意是一样的，最重要的是看重了他们的能力。韩暨发明水排，"因长流为水排，计其利益，三倍于前。在职（监冶谒者）七年，器用充实。"因此，曹操"制书褒叹，就加司金校尉，班亚九卿。"②王修，曾为袁绍别驾，降曹后被授司空掾，行司金中郎将。授职后，王修自谦"力少任重，不堪而惧"；议者则认为大材小用，应当授予更显要的位置。几年后，曹操在给王修的信中说明了用意："察观先贤之论，多以盐铁之利，足赡军国之用。昔孤初立司金之官，念非屈君，余无可者。……自是以来，在朝之士，每得一显选，常举君为首，及闻袁军师（按：袁涣为军祭酒）众贤之议，以为不宜越君。然孤执心将有所厎，以军师之职，间于（按：意为近于）司金，至于建功，重于军师。……但恐旁人浅见，以蠡测海，为蛇画足，将言前后百选，辄不用之，而使此君沉滞冶官。张甲李乙，尚犹先之，此主人意待之不优之效也。孤惧有此空声冒实，淫蛙乱耳。"③曹操的表白，生动地说明了他对冶铁和铁业主管的重视。

---

① 刘琳《华阳国志校注》注"以竹筒盛其光藏之，可拽行终日不灭也"谓：并非接其光，而是取其气，通过小孔放出点燃。当是。
② 《三国志·魏书·韩暨传》。
③ 《三国志·魏书·王修传》注引《魏略》。

无疑,刘备也是出于同种考虑。张裔对于刘备和平入城做出了贡献,能力很强,人们将他同魏国名相钟繇相提并论,称"干理敏捷,是中夏钟元常(繇)之伦也"①。

历史上留下了不少有关刘备入蜀以后冶铸方面的记录,证明了他对于冶铸业的重视,以及蜀汉冶铸业所达到的水平。

陶弘景《刀剑录》载,蜀章武元年辛丑,采金牛山铁,铸八铁剑,各长三尺六寸,一先主自佩,一与太子,一与梁王理,一与鲁王永,一与诸葛孔明,二与关羽、张飞,一与赵云。各剑之上,都铸上了诸葛亮的题词,内容为"书作风角处所"。"风角"为古时占候之术,《后汉书·郎𫖯传》有李贤注说:"风角谓候四方四隅之风,以占吉凶也"。可见,刘备铸长剑和曹操作百辟刀目的都是一样的,尽管质地上乘,可做武器使用,如曹植得到百辟刀后特作《宝刀赋》,其中有谓"故其利:陆断犀革,水断龙角,轻击浮截(轻轻用力就能把浮在水上的东西砍断),刀不纤削(意谓宝刀毫发无损)"。但主要不是用来器用,而是用来趋吉避凶。曹操在《百辟刀令》记载了百辟刀事:"往岁作百辟刀五枚适成,先以一与五官将(按:当时曹丕为五官中郎将)。其余四,吾诸子中有不好武而好文学,将以次与之。"(《艺文类聚》卷60)曹操在《内诫令》中又说道:"百炼利器,以辟不祥,摄服奸宄者也。"(《御览》卷345)"百炼利器"指的就是曹操制做"百辟刀"五把。他把五把经过千锤百炼的宝刀分给儿子们,用以除凶避邪,震慑奸人。刘备把铸好的宝剑,分赐儿子和心腹,自然亦取"百炼利器,以辟不祥"之意。

《古鼎录》说,刘备章武二年,于汉川铸一鼎,名克汉鼎,置丙穴中(丙穴,地名,在今陕西略阳县东南);又铸一鼎,沉于永安(今

---

① 《三国志·蜀书·张裔传》。

154

重庆奉节东)水中;又铸一鼎于成都武担山,名曰受禅鼎;又铸一鼎于剑口山,名曰剑山鼎。

《书苑》说,蜀先主常(尝)作三鼎,皆武侯篆隶八分,极其工妙。

《鼎录》说,"龙见武阳(今四川彭山东)之水九日,因铸一鼎,像龙形,沉水中。"

《鼎录》又说,"章武三年,又作二鼎,一与(儿子)鲁王,文曰:'富贵昌,宜侯王';一与(儿子)梁王,文曰:'大吉祥,宜公王'。并古隶书,高三尺,皆武侯迹。"[①]

刘备实行的盐铁管制政策收到了多大的经济成效,史无明记。仅就王连为司盐校尉,"较盐铁之利,利入甚多,有裨国用"一语,即不难看出,盐铁收入当是刘备入蜀建国初期的重要经济来源,而且确实收到了成效。

后来,诸葛亮继承、发扬了同刘备一起推行的盐铁政策,因而留下了更多的盐铁记录和遗迹。

四、东拒孙权,割让荆州三郡

汉末建安期间,诸侯割据,他们之间的战争态势,总是相互影响,相互制约的。

赤壁战争以后,建安十四年(公元 209 年)三月,曹操在谯重新集结军队;孙权试图向北推进,拿下曹操的重要据点合肥,久围而不下。七月,曹操率领水军自涡河入淮河,出肥水,军驻合肥,开芍陂屯田。十二月,曹操遣荡寇将军张辽和折冲将军乐进、破虏将

---

① 以上转自《诸葛亮集·故事·制作篇》。

军李典率领七千人屯驻合肥。

十五年（公元 210 年），曹操的主要精力放在整顿内部、巩固权力上，未谋向外用兵。

十六年（公元 211 年）以后的几年里，曹操把用兵重点放在西北。三月，曹操遣司隶校尉钟繇讨张鲁，同时使征西护军夏侯渊等将兵出河东，与钟繇会师共进。七月，曹操亲自率军征讨马超、韩遂和关中诸将。十月，战斗结束，歼敌关中诸将十部，马超、韩遂西走，取得辉煌胜利。

十七年（公元 212 年）正月，曹操自长安回邺。他在积极为封公建国忙活了一阵子之后，十月间再次出兵，东征孙权。

建安十八年（公元 213 年）正月，曹操以号称步骑四十万之大军进军濡须口，攻破了孙权江西大营，俘获其都督公孙阳。孙权亲率众七万御操，并以甘宁领三千人为前部督，径至曹操营下，"拔鹿角，逾垒入营，斩得数十级"。双方相持月余，曹操始终没有把军事上的主动权控制到自己手里。不久，便再次遭到袭击，损失相当严重。曹操吃了败仗，"坚守不出"，见孙权"舟船仗军伍整肃，不禁喟然叹曰："生子当如孙仲谋"①。怅然而返。

可见，此一时期，曹操主要致力于内部，在军事上向南取守势，受到孙权的遏制，向西北取攻势，形成了对益州北部的威胁。

无疑，这种形势，在客观上为孙权巩固合肥一线的防御，并乘势向西扩展进而控制荆州全境提供了条件。同时，曹操向汉中进军，使得刘璋很紧张。刘璋"内怀恐惧"，遂受张松、法正蛊惑，让刘备入川。刘备入川，转战巴蜀，又为曹操敢于调动襄樊一线驻军北上而用于关中战场准备了条件；同时也为孙权从刘备手中夺回

①　《三国志·吴书·吴主权传》注引《吴历》。

156

荆州提供了更多希望。

曹操在得知刘备已经取蜀的消息后,加速了攻取汉中的步伐。建安二十年三月,曹操亲征张鲁;四月,自陈仓(今陕西宝鸡东)出散关(陈仓西南)入河池(今陕西凤县西北之凤州);七月,军至阳平关(今陕西勉县西);九月间,巴七姓夷王朴胡、赛(cóng)邑侯杜濩率领巴夷、赛民归附;于是,分巴郡为三,以朴胡为巴东太守,杜濩为巴西太守,袁约(一作任约)为巴郡太守。十一月,张鲁在巴中尽携全家及其余众出降,曹操封鲁及五子皆为列侯。十二月,曹操出自巩固权力和谋划大的政治行动的需要,自南郑还,同时任命夏侯渊为都护将军,督张郃、徐晃等守汉中;命丞相长史杜袭为驸马都尉,留督汉中事。

孙权在刘备取得蜀地以后不久,则即利用曹操用兵西北对益州形成压力之机,向刘备提出了"欲得荆州"的要求。

至于刘备,起初对于益州北部锁钥——汉中的重要性认识不足,并且高估了张鲁的力量,以为有张鲁在,总可以对曹操抵抗一阵子。至此,刘璋既败,张鲁已降,汉中落入曹操之手,刘备只有直面曹军临境的压力了。

北有曹操逼境,东有孙权夺荆之忧。面对此种新的战局,刘备权衡利弊,在战略战术上,不得不做一些调整。

返兵拒吴,保三郡

前述孙权曾经想同刘备一起西取巴蜀,刘备以"放发归于山林"为词加以拒绝。及至刘备西图刘璋,据有巴蜀,孙权甚感受到愚弄,愤谓:"猾虏乃敢挟诈!"[1]

---

[1] 《三国志·吴书·鲁肃传》。

同时,留守荆州的关羽与孙权屯驻陆口的横江将军鲁肃相邻,"数生狐疑,疆场纷错(边界交错)",常常发生摩擦。据说,"(鲁)肃常以欢好抚之"①。但对孙权、吕蒙等一些谋夺荆州的人来说,心理自难平衡。因此,夺取荆州的既定决策,便随着形势的变化,提到了实施的日程上。

建安二十年(公元 215 年)五月,孙权第一次命令中司马诸葛瑾奉使去成都,"通好刘备",试图先用外交手段谋得荆州三郡。

诸葛瑾(174—241),字子瑜,琅邪阳都人,是诸葛亮的兄长,也是吴蜀交际中的重要人物之一。其人生平略谓:汉末,避乱江东,与鲁肃等并受孙权"宾待",为权长史,转中司马。后因从讨关羽有功,封宣城侯,领南郡太守。刘备伐吴期间,瑾数为吴使,往来吴蜀之间。黄武元年(公元 222 年),又因抗蜀和解除魏将曹真、夏侯尚围困江陵的战争之功,升迁为左将军,督公安,假节,封宛陵侯。孙权称帝后,拜瑾为大将军、左都护,领豫州牧。《三国志·吴书·诸葛瑾传》注引《吴书》说:"瑾为大将军,而弟亮为蜀丞相,二子恪、融皆典戎马,督领将帅,族弟诞又显名于魏,一门三方为冠盖,天下荣之。"后,诸葛恪位极大将军领太子太傅,被孙亮、孙峻诬以谋叛,被杀,株及三族。

诸葛瑾以公使之身到蜀,受到军师将军、其弟诸葛亮的官方正式接待,并在诸葛亮的陪同下会见刘备。兄弟二人,各为其主。为避嫌隙,公事公办,除了在公开场合的会晤以外,二人从不单独见面。史家称为"退无私面",暗寓诸葛亮、诸葛瑾皆对其主心存戒虑,也说明诸葛亮与刘备并非坦然相处。

诸葛瑾转达了孙权"欲得"被刘备占领的荆州诸郡的要求。

---

① 《三国志·吴书·鲁肃传》。

刘备自然不许,但又不便硬顶,因说:"吾方图凉州,凉州定,乃尽以荆州与吴耳。"

孙权得到回报,看清了刘备的用意在于搪塞拖延,很愤怒地指出:"此假而不反,而欲以虚辞引岁(意谓借而不还,而想用空话拖延时间)。"①因而不管刘备的态度如何,遂自置已为刘备据有的荆州南三郡长沙、零陵、桂阳长吏,建立自己的地方政权。

时,关羽都督荆州事,自然遵循刘备、诸葛亮的既定战略决策,尽保荆州已有土地,所以对孙权所置三郡长吏"尽逐之"。孙权大怒,于是分遣两路大军,一由"吕蒙督鲜于丹、徐忠、孙规等兵二万取长沙、零陵、桂阳三郡";二由"鲁肃以万人屯巴丘(在今湖南岳阳东)以御关羽"。同时,孙权自住陆口(今湖北嘉鱼西南),"为诸军节度"②。

据载,吕蒙趋袭三郡,兵到,致书长沙、桂阳二郡,皆服。其中,颇得刘备和诸葛亮信任的年未三十的长沙太守廖立弃城而去。历史记谓:"(孙)权遣吕蒙奄袭三郡,(廖)立脱身(逃)走,自归先主。"③桂阳太守,本由赵云兼领,云已入蜀,城守力薄,自然难以抗敌。只有零陵太守郝普据城不降。

刘备得知孙权出兵夺三郡,情知形势严峻,遂以诸葛亮镇守成都,自己率兵五万回到公安(湖北今县),并使关羽率领三万兵至益阳境(湖南今市),列开了誓保三郡架势。一场大的战争即将不可避免。

① 《三国志·吴书·吴主传》《诸葛瑾传》。瑾传说,"权遣瑾使蜀通好,(瑾)与其弟亮俱公会相见,退无私面。"《三国演义》所说孙权预为拘执诸葛瑾家室老小,以及诸葛瑾奔返于荆、益之间,均属渲染,实无其事。
② 《三国志·吴书·吴主传》。
③ 《三国志·蜀书·廖立传》。

孙权闻讯,则即重新部署军队,使鲁肃率领万人由巴丘趋屯益阳(今湖南益阳东),同时急召吕蒙等,"使舍零陵,急还助肃",准备在益阳境内迎战关羽。

吕蒙,字子明,汝南富陂(今河南新蔡东北)人。是孙权麾下力主驱刘灭蜀的主要人物,是一个让刘备、关羽倒过大霉的人。少南渡,以勇力闻,初被孙策用为别部司马,后被孙权命为平北都尉,领广德(安徽今县)长。从征黄祖有功,升横野中郎将。赤壁之战期间,"与周瑜、程普等西破曹公于乌林,围曹仁于南郡"。曹仁退走,孙权遂能据有南郡,抚定荆州,授吕蒙为偏将军,领寻阳(治今湖北武穴市东北)令。后来跟随孙权抗曹于濡须(今安徽无为东北),"数进奇计",劝孙权"夹水口立坞,所以备御甚精",曹操不能下,"(曹)望权军,叹其齐肃,乃退"①。又,从孙权征皖城(今安徽潜山北),虏获曹操所置庐江太守朱光及参军董和、男女数万口,遂被授予庐江太守。既而,遵命回到寻阳,讨平反叛,待机袭取荆州三郡。

吕蒙接到"急还助肃"的信后,秘而不宣,立即将一个谋划好的利用零陵太守郝普旧友邓玄之诱降郝普的计划付诸实施了。吕蒙"夜召诸将,授以方略",故作姿态,假称明天早晨就要攻城,声云郝普不识事务,说:"郝子太(普字)闻世间有忠义事,亦欲为之,而不知时也。"随即煞有介事地对邓玄之等人讲了一些假的军事情报,一说刘备远在汉中,为夏侯渊所围;二说关羽已经吃了败仗:"关羽在南郡,今至尊(指孙权)身自临之。近者破樊本屯,(关羽)救酆,逆为孙规所破。此皆目前之事,君所亲见也。"结论是:"彼方(刘备)首尾倒悬,救死不给,岂有余力复营此哉?今吾士卒精锐,人思致命,至尊(孙权)遣兵,相继于道。今子太以旦夕之命,

① 《三国志·吴书·吕蒙传》、《吴主传》。

待不可望之救,犹牛蹄中鱼,冀赖江汉,其不可恃亦明矣。若子太必能一士卒之心,保孤城之守,尚能稽延旦夕,以待所归者,可也。今吾计力度虑(计力,计算力量;度虑,考量攻城谋略),而以攻此,曾不移日,而城必破,城破之后,身死何益于事,而令百岁老母,戴白受诛,岂不痛哉?度此家(指郝普)不得外问,谓援可恃,故至于此耳。君可见之,为陈祸福。"

邓玄之见到郝普,"具宣蒙意,普惧而听之"。既而郝普出降,"蒙迎执其手,与俱下船"。然后,吕蒙将孙权命他"急还援肃"的信给郝普看。因为计谋得逞,高兴得拍手大笑。郝普见书,始知刘备已在公安而关羽兵屯益阳,形势颇对自己有利,虽然"惭恨入地",但为时已晚。

郝普降,吕蒙尽得三郡将守,"因引军还,与孙皎、潘璋并鲁肃兵并进,拒羽于益阳"。孙权已在实际上控制了三郡①。

关羽"单刀赴会"

史载,"(鲁)肃住益阳,与(关)羽相拒。肃邀羽相见,各驻兵马百步上,但诸将军单刀俱会。"可见,鲁肃虽然是主邀方,但会见地点并不是如小说家所说的在孙吴一边,而是在两军之间,且各在百步之外驻有精兵。所以,对于这次相会,双方都是"诸将军单刀俱会",都有点紧张。相对来说,关羽傲气十足,表现倒也坦然;鲁肃一方反而心中有点打鼓。

《三国志·鲁肃传》注引《吴书》说:"肃欲与羽会语,诸将疑恐有变,议不可往。"鲁肃度其大势,认为尚不至此,因对大家说:"今日之事,宜相开譬(应该互相开导劝说)。刘备负国(谓刘备有负

---

① 以上《三国志·吴书·吕蒙传》、《吴主传》。

161

吴国），是非未决，羽亦何敢重欲干命（干命，违命）！"

会见时，鲁肃首先发话，责备关羽，说："国家（按：指孙权）区区本以土地借卿家者，卿家军败远来，无以为资故也。今已得益州，既无奉还之意，但求三郡，又不从命。"

话音未落，关羽一方，坐有一人说："夫土地者，惟德所在耳，何常之有！"肃厉声呵之，辞色甚切。羽操刀起立，说："此自国家事，是人何知！"目使此人离开会所。此人是谁？肯定不是如《三国演义》所说的周仓，因为周仓的身份只能立后，不能与坐；且话语也不合周仓性格。

关羽对鲁肃回答说："乌林之役，左将军（刘备）身在行间，寝不脱介，戮力破魏，岂得徒劳，无一块壤，而足下来欲收地邪？"

鲁肃说："不然。始与豫州（刘备）观于长阪，豫州之众不当一校（不当一校，意谓很少一部分），计穷虑极（竭），志势摧弱，图欲远窜，望不及此。主上（孙权）矜愍（怜悯，可怜）豫州之身，无有处所，不爱土地士人之力，使有所庇荫以济其患，而豫州私独饰情，愆德隳好（违反道德，破坏友好）。今已借手于西州矣，又欲剪并荆州之土，斯盖凡夫所不忍行，而况整领人物之主乎！肃闻贪而弃义，必为祸阶。吾子（指关羽）属当重任，曾不能明道处分，以义辅时，而负恃弱众以图力争，师曲为老，将何得济？"《左传·僖公二十八年》有谓"师直为壮，曲为老"。"师曲为老，将何得济"云云，就是说，你们没有道理地赖在这里，是必定要失败的。关羽很不善辩，竟被说得"无以答"。

当然，关羽虽督荆州事，但无权决定割让土地这样的大事，所以会见虽然沟通了看法，但不果而终①。自然，也无所谓胜利者。

---

① 《三国志·吴书·鲁肃传》并注。

162

分荆州三郡地予吴

历史的结局是,这场蓄势待发的战争并没有打起来。《三国志·鲁肃传》说,鲁肃与关羽会见后,"(刘)备遂割湘水为界,于是罢军"。显然,这样讲述事物的因果关系是不对的。真正的原因,当如《吴主传》所说,"未战,会曹公入汉中,备惧失益州,使使求和。权令诸葛瑾报,更寻盟好。遂分荆州,长沙、江夏、桂阳以东属权,南郡、零陵、武陵以西属备。"

可见,是曹操的进一步向西北用兵,构成了对刘备的威胁,又促使孙、刘两家再次联合起来①。

历史的时间表亦足以证明这一点。这就是:建安十九年夏,刘备定蜀;二十年五月,孙权便遣诸葛瑾使蜀,欲得荆州三郡,结果被刘备拒绝,怒而自置三郡长吏;同月,关羽尽逐孙权三郡长吏,孙权即遣吕蒙督兵二万,以武力夺三郡,双方进入战争状态;约六月,刘备带兵回到公安,部署部队,为力保荆州准备同孙权决战。此前,刘备对吴的态度是强硬的;此后,形势突变,秋七月,曹操的军队到达阳平(今陕西勉县西),打败张鲁守军,张鲁溃奔巴中,曹操占领南郑,尽得汉中。北抗曹操,阻止魏军入蜀,成为刘备的当务之急。

孙刘的再次联合,同首次联合一样具有重要的战略意义。对刘备来说,虽然失掉了荆州三郡,但能够将主要兵力集中到汉中一线,从而比较好地扼住了益州"北门",确保了益州的安全。很明显,就当时的大局来看,刘备在东线"以土地换和平"的决策是正确的。但是,这也伏下了刘备必然全失荆州的危机。

---

① 以上参阅《三国志》之《先主传》、《关羽传》、《吴主传》、《鲁肃传》、《吕蒙传》;《华阳国志·刘先主志》;《资治通鉴》卷67,等。

汉末，赤壁之战以后，荆州七郡，南阳基本在曹操的手里，江夏、南郡属孙刘交叉共有，其余四郡武陵、长沙、桂阳、零陵本由刘备控制。刘备的东部防线大体在鄱阳湖、赣水一线。分荆州三郡与孙权后，即以洞庭湖、湘水为界，刘备不仅失掉了湘水以东和沿江的土地，而且孙权的势力直接构成了对于南郡、公安、益阳等地关羽驻军的威胁，为孙权谋击关羽和后来夷陵之战打败刘备提供了地理上的优势。所以，严格地说来，曹操出兵汉中，迫使刘备同孙权重新联合，对于孙权来说，倒是有百利而无一害；而对于刘备来说，虽然得以集中兵力于汉中，但在东边却伏下了严重的危机。

五、北抗曹操，夺得益州北门

汉中（治今陕西南郑）地处益州北部，是益州北门锁钥，入蜀要冲，历代兵家必争之地。刘备入蜀之前，张鲁为汉宁太守，雄踞巴、汉已有30余年了。

张鲁，字公祺，沛国丰（今江苏丰县）人，祖父张陵，客居于蜀，学道鹄鸣山中，"造作道书以惑百姓，从受道者出五斗米"，因而人称其教为"五斗米道"。张陵死后，其子张衡（一作张脩）行其道。《三国志·张鲁传》注引《典略》说，东汉熹平、光和年间，"妖贼"大起，三辅有骆曜，东方有张角，汉中有张脩，"脩法略与（张）角同"，以符水咒说疗病。衡（脩）死，衡子张鲁继续行其道。

史载，张鲁母有姿色，兼挟鬼道，常常往来益州牧刘焉家。由于有这层关系，刘焉遂任张鲁为督义司马，与别部司马张修共同率兵掩袭汉中太守苏固，断绝斜谷之路。张鲁既得汉中，遂即杀了张修而并其众，成了汉中的统治者。刘焉死后，子刘璋代立，因鲁不顺服，刘璋把张鲁的母亲及全家统统杀了。张鲁、刘璋遂不两立。

张鲁据汉中，以鬼道教民，自号"师君"。学道者，初来皆名"鬼卒"；受道已信（深）者，号"祭酒"。祭酒各领部众，部众多者为治头大祭酒。这是其大体的组织情况。五斗米道的教义，主要有三点，一是要求做人诚实，"皆教以诚信不欺诈"，如果生病，要求病人自我反省有没有做错事，即"自首其过"；主张买卖公平，"市肆贾（价）平"；二是各祭酒"皆作义舍"，义舍内备有义米、义肉，行路人可以根据自己的饭量"量腹取足"。据说，如果取之过量，鬼道会使其生病的；三是"犯法者，三原，然后乃行刑。""原"是赦免的意思。就是说，对犯法的人可以赦免三次，如果仍不改正，再按律给以相应的刑事处罚。张鲁据汉中全以五斗米道教民、驭众，因此"不置长吏，皆以祭酒为治"。张鲁的统治，得到百姓拥护，所以"民夷便乐之"，使他能够"雄踞巴、汉垂三十年"。史载，汉末，朝廷对张鲁毫无办法，"力不能征，遂就宠鲁为镇民中郎将，领汉宁太守，通贡献而已。"①

对于张鲁之地，孙、刘、曹三家均欲得之。在东吴，周瑜曾献计"取蜀而并张鲁"；孙权曾想把刘备尽早赶出荆州地盘，表示愿与刘备一起取蜀，提出了所谓"先取刘璋，进讨张鲁"的主张，遭到刘备的拒绝。

刘璋居益州而让刘备入蜀的一个重要原因，也是试图击败张鲁，从而据有汉中以求自强。他闻曹操将讨张鲁，内怀恐惧，上了张松、法正的当，迎刘备入蜀。如前所述，刘璋使刘备击张鲁，但刘备的主要目标是取益州，而不是汉中，所以兵扎葭萌，驻军不前，"厚树恩德，以收众心"。

刘备破蜀取刘璋代为益州牧后，没有赶在曹操征服张鲁之前

---

① 《三国志·魏书·张鲁传》。

取得汉中，是其对于汉中的重要性认识不足，也是为了应付孙权谋夺荆州的缘故。

　　曹操亲征张鲁，军至阳平关（今陕西勉县西）。张鲁闻知屏障之险阳平关失陷，准备归降。部下阎圃也积极促其投降，但觉得时机不利，因对张鲁说，现在被迫归降，功必轻，"不如依杜濩，赴朴胡（杜濩、朴胡均巴中少数民族头领）相拒，然后委质，功必多"。张鲁接受了阎圃的意见，"乃奔南山，入巴中"①。走前，部属想烧掉全部宝货仓库，张鲁对大家说："本欲归命国家，而意未达。今之走，避锐锋，非有恶意。宝货仓库，国家之有。"于是"封藏而去"。曹操入驻南郑，见府库封藏完好，甚喜张鲁所为，又知张鲁本有归顺之意，遂派人前去"慰喻"②。十一月，张鲁觉得时机已到，便尽携全家及其余众出降。曹操拜张鲁为镇南将军，待以客礼，封阆中侯，并封其五子及阎圃等皆为列侯。

　　就在张鲁"走入巴中"而准备归降曹操之时，刘备已同孙权达成妥协，分三郡地予吴，从南郡、公安等地引军回到江州（今重庆）。偏将军黄权对刘备讲了汉中的重要性："若失汉中，则三巴不振，此为割蜀之股臂也。"③刘备有点着急了，于是即以黄权为护军，率领诸将迎接张鲁。据《华阳国志·汉中志》说："（建安）二十年，魏武帝西征鲁，鲁走巴中。先主将迎之，而鲁功曹阎圃说鲁北降归魏武：'赞以大事，宜附托；不然，西结刘备以归之。'鲁勃然曰：'宁为曹公作奴，不为刘备上客。'遂委质魏武。"所以，刘备派出的军队尚未到达，张鲁已经回到南郑，投降了曹操。黄权顺路出击少数族领袖朴胡、杜濩等部，取得一些胜利。

---

　　①　《三国志·魏书·张鲁传》。
　　②　《三国志·魏书·张鲁传》。
　　③　《三国志·蜀书·黄权传》。

曹操失计,未能遽取成都

建安二十年七月,曹操陷阳平,入南郑,军势大振。下一步怎么办?既然已经夺关,锁钥在握,是乘势入蜀,抑或见好即收,留军据守而大军引还?我在《曹操评传》中作过长段评论,概述约为:

丞相主簿司马懿和刘晔都主张乘胜入蜀。司马懿对曹操说:"刘备以诈力虏刘璋,蜀人未附而远争江陵,此机不可失也。今若曜威汉中,益州震动,进兵临之,势必瓦解。圣人不能违时,亦不可失时也。"①刘晔也向曹操进言,说:"明公以步卒五千,将诛董卓,北破袁绍,南征刘表,九州百郡,十并其八,威震天下,势慑海外。今举汉中,蜀人望风,破胆失守,推此而前,蜀可传檄而定。刘备,人杰也,有度而迟(有见识但不果断),得蜀日浅,蜀人未恃也。今破汉中,蜀人震恐,其势自倾。以公之神明,因其倾而压之,无不克也。若小缓之,诸葛亮明于治而为相,关羽、张飞勇冠三军而为将,蜀民既定,据险守要,则不可犯矣。今不取,必为后忧。"②司马懿和刘晔的主张很明确:一是刘备得蜀日浅,蜀人未附;二是刘备带兵离蜀,已"远争江陵",去与孙权争荆州三郡,蜀境兵力有限;三是乘屡战屡胜之威和蜀人震恐之机,直捣成都,必可传檄而定。简而言之,一句话:机不可失,乘胜入蜀。曹操没有听司马懿和刘晔的意见,他感慨地说:"人苦无足,既得陇,复望蜀邪!"③七天后,有蜀降者说曹操克汉中以后,"蜀中一日数十惊,守将虽斩之而不能安也"。这时,曹操又有点动心了,问刘晔说:"今尚可击不?"晔

---

① 《晋书·宣帝纪》。
② 《三国志·魏书·刘晔传》。
③ 《资治通鉴》卷67,汉献帝建安二十年。

说:"今已小定,未可击也。"①

曹操该不该乘胜入蜀,向有不同评论。南朝宋人裴松之注《三国志》时,认为曹操失掉一次大好机会。他说:"魏武后克平张鲁,蜀中一日数十惊,刘备虽斩之而不能止,由不用刘晔之计,以失席卷之会。"另一注史者,元人胡三省注《资治通鉴》则为刘晔后来的话辩解,说:"七日之间,何以遽谓之小定?晔盖窥觇备之守蜀有不可犯者,故为此言以对操焉耳。"意思是说,所谓"小定",不过是托辞,实际上刘晔也已看清楚不可入蜀,所以用此来回答曹操的问题。这就是说,胡三省认为,曹操不入蜀的决策是正确的。后人论此,大约亦不外这两种意见。近人多认为后一种意见是对的,归纳其理由主要有三点:一,曹操很清醒地看到前进中的困难,蜀道之难更过散关之险,以疲惫之师越险攻蜀,怎得"席卷";如果曹军深入,蜀军据险守要,会使曹军陷入进退两难之地;二,后顾之忧太重,江东孙权、荆州关羽均在窥伺自己的后路,如果大兵入蜀,必将授孙权、关羽以机,腹背受敌,后果不堪设想;三,陇右初平,羌人未附,汉中初定,根基不稳,遽然推进,后需难继。

其实还应加一条,即"内有忧逼",曹操不愿长期在外。事实是最好的证明,曹操建安二十一年二月回到邺;三月亲耕籍田,行天子之仪;五月进爵为魏王;二十二年四月"设天子旌旗,出入称警跸",成为实际上的"天子"。毫无疑问,这才是曹操急于引军而还的最为重要的原因。因为当此之时,进一步巩固和发展权力,绝除对自己的不利因素,逐步把汉献帝的名义权力也剥夺净尽比什么都重要。

我认为,曹操"既得陇,复望蜀"是完全可能的。

---

① 《三国志·魏书·刘晔传》注引《傅子》。

第一，当时双方的谋臣都看到了这一点。曹方，谋兵不亚于操、后迁大将军大都督而数败诸葛亮的司马懿认为"机不可失"；颇有军事才能、屡被曹操称许、在曹丕称帝后屡献大谋以应吴、蜀的刘晔亦认为，应该"因其倾而压之"，富有远见地指出如果不取，"必有后忧"。刘方，谋臣法正分析说："曹操一举而降张鲁，定汉中，不因此势以图巴、蜀，而留夏侯渊、张郃屯守，身遽北还，此非其智不逮而力不足也，必将内有忧逼故耳。"这就是说，法正也认为，以曹操之智谋和势力，足可以"因此势以图巴、蜀"①。

第二，从军事态势看。曹操克汉中，入南郑，益州震动。蜀臣杨洪说诸葛亮增兵刘备时说过："汉中，益州咽喉，存亡之机会，若无汉中，则无蜀矣。此家门之祸也，发兵何疑。"②可见，曹兵驻扎南郑，实将益州北门控制在手，形势极为有利。不久，张鲁投降，巴郡内的七姓夷王、賨邑侯均降附，曹操因分巴郡为三，以夷帅分别担任巴东、巴西太守。这就是说，益州刺史部的北部，包括汉中、巴东、巴西郡等实已成为曹操的实际控制或间接控制之地。而刘备的主要军事势力，的确如司马懿所说正远争江陵。曹操建安二十年七月入南郑，刘备听到"曹公定汉中，张鲁遁走巴西"③的消息，才急于同孙权分荆州媾和，及至引军还江州，已是当年十一月间的事。可见，至少有四个月的时间，军事优势一直是在曹操一方。如果是大军继胜而进，那么蜀中就绝不会"小定"，而必是惊上加惊，也绝不会是一般的"斩之而不能安"，而必是惟恐逃命不及了。

第三，从地理形势看，凡认为曹操退兵的决策是正确的，大都强调蜀道之难。曹操既履散关之险，必惧蜀道之难。事实上，蜀道

---

① 《三国志·蜀书·法正传》。
② 《资治通鉴》卷68，汉献帝建安二十三年。
③ 《三国志·蜀书·先主传》。

难固难矣,但并不是曹操之根本所虑。当时,汉中郡属益州刺史部,是益州的北部屏障和门户,阳平关既是南郑的关隘,又是益州的关隘。克阳平,取汉中,实际便扼住"益州咽喉",然后即可避过米仓山、大巴山艰难之处,沿嘉陵江谷地南进入蜀。事实上,张郃不是随后便进入了益州腹地吗(详后)!

第四,后顾之忧虽有,但不可怕。曹操征张鲁之时,亦是孙权、刘备矛盾日趋明朗化之时。曹操毅然用兵汉中,也正是由于看准了这一点。同时他也早已料到谋兵汉中以后,孙权会有动作,所以才有"贼至乃发"的密教给张辽等。曹操将攻汉中,本已剑拔弩张的孙、刘两家"更寻盟好,遂分荆州";七月曹操陷阳平、取南郑,八月间孙权即率众十万围合肥,结果惨败于曹操的预谋之下。应该说,孙权、关羽等的确是后顾之忧,不可不预。但就当时的情势看,并不可怕,一是孙权新败,余悸未平,短时间内不可能组织大的进攻;二是孙、刘矛盾依然存在,不可能形成可靠的联盟;三是孙、刘两家当时均无进取中原之谋。事实也证明,从建安二十年七月曹操拔汉中,到二十一年二月曹操还邺,以至二十二年正月曹操主动攻孙权,前后一年半,孙权均无大的行动。因此,不能把后顾之忧看得太重;事实上,曹操也没有把它看得太重。

第五,羌人新败未必尽附,但一时尚不构成后方的威胁。论者或谓羌人新附、关陇不稳亦是曹操不敢贸然入蜀的原因之一。实则从历史记载看,当时的羌、氐诸部虽不内附,并曾助马超、韩遂抗操,但极少主动攻击中原,每有战事,多系被动受兵。夏侯渊受命讨伐马超、韩遂,因势击其辅助势力,于是有了攻击兴国氐、长离羌和围枹罕斩宋建,以及张郃兵入湟中,降服诸羌之举。当时韩遂已死,马超已奔,诸羌虽众,但诸部多附于曹,并未形成什么统一的反抗力量。所以,就当时之大势看,诸羌不会贸然行动,曹操也不该因此而影响对于大局的考虑。

总之,曹操既取汉中而不入蜀是其一生中不亚于赤壁之败的又一次历史性错误。造成这次错误决策的根本原因是曹操急于巩固和发展朝中权力、急于回朝筹划进爵为王(回邺三个月后),进而"设天子旌旗,出入称警跸"(一年后)和戴上"十有二旒"的天子才能戴的冠冕,"乘金根车,驾六马,设五时副车"(一年半后)。

果如司马懿所说,机不可失,时不再来。自此之后,刘备、诸葛亮自始至终都把汉中作为最重要的战略要地,紧紧地扼住了益州的出入门户;曹操则从此陷入被动挨打局面,从外线主动进攻转为内线被动御敌,以至不再有谋夺益州的机会。

张飞有胆,大破张郃入巴军

张鲁投降后,曹操率领大军取道长安而归,留下夏侯渊,行护军将军,假节,督领平狄将军张郃、平寇将军徐晃等守汉川,相机平定巴郡。

张郃按照曹操的意图,约在建安二十年十二月间,率领部分军队进入四川,"下巴西,欲徙其民于汉中",一直打到宕渠、蒙头、荡石①。宕渠为今之四川渠县,蒙头、荡石均在渠县境内,属巴西郡,地处现今川东达县地区西南部。可见,张郃的部队已经到达益州腹地。

根据历史的记载看,曹操留下夏侯渊、张郃屯守汉中,并未授以进攻和御敌之策;北还之前,令"张郃督军徇三巴"的决策,从根本上来说,是完全不恰当的。因为这是孤军深入。

---

① 《三国志·蜀书·张飞传》。《张郃传》谓"郃别督诸军,降巴东、巴西二郡,徙其民于汉中",作完成式表述,不确。

张飞时领巴西太守。张郃到达宕渠时，刘备尚在江州（今重庆），遥令张飞率兵抵抗。两军相拒五十余日，不分胜负。但相对而言，第一，张飞的军队入蜀扩编以来一直是打胜仗的，兵为胜兵，锐气甚盛；第二，张飞军队由于更熟巴西地理环境，而且是以逸待劳，有利条件较多；第三，张郃兵力不会超过五千，张飞的兵力大大超过张郃，势力对比上，张飞具有更多优势。

所以，局势很快急转，张郃的部队由攻势转为守势，不得不据守于个别据点，失去了主动发动进攻的能力。

最后，张飞想出办法将张郃引出据点，战于宕渠之瓦口。史载，"飞率精卒万余人，从他道邀郃军交战，山道迮（zé，狭窄）狭，前后不得相救，飞遂破郃。郃弃马缘山，独与麾下十余人从间道退，引军还南郑，巴土获安。"①

关于张飞与张郃此次战役的地点，记载不同。另，《华阳国志·刘先主志》说，"飞从他道邀郃战于阳石（按：即荡石），遂大破郃军。"《方舆记要》卷68说："八濛山在渠县东北七里，八峰起伏，其下平旷十余里，江水环之不匝者一里（江水环绕而还有一里没有全部围起来），常有烟雾濛其上。……山下有勒石云：'汉将张飞大破贼首张郃于八濛'，飞所自题也。"八濛山疑当蒙头所在之山。因此，窃以为，记载不同，其地实一。瓦口、阳石、蒙头当在宕渠东、八濛山同一地区，抑或同地而异名。

谋定汉中，初战多失利

张郃收兵北还，刘备也从江州回到成都。自此，刘备开始谋划

---

① 《三国志·蜀书·张飞传》。张郃"引军还南郑，巴土获安"云云，讲的是一个历史过程，并不是当即回到了南郑。

主动出击的军事部署；曹操则忙于整顿内部，巩固权威，加快进爵为王的步伐，进而"设天子旌旗，出入称警跸"，并且一度向孙权耀兵，败孙权于濡须口。所以，从建安二十一年（公元 216 年）春到建安二十二年冬十月，刘备同曹操在汉中、以及益州北部的其他地区没有大的军事接触。相安近两年。历史证明，是刘备主动打破了这种暂时相安的局面。

建安二十二年十月，就在天子让曹操"冕十有二旒，乘金根车，驾六马，设五时副车"的时候，刘备决定出兵了。他是在法正的激励下决策的。前面提到，法正曾对曹操收降张鲁、平定汉中，而不因势图巴蜀做过分析，指出，"此非其智不逮而力不足也，必将内有忧逼故耳"。法正认为机会到了，便劝刘备乘机出兵，对刘备说："今策（夏侯）渊、（张）郃才略，不胜（蜀）国之将帅，举众往讨，则必可克。克之之日，广农积谷，观衅伺隙，上可以倾覆寇敌，尊奖王室，中可以蚕食雍、凉，广拓境土，下可以固守要害，为持久之计。此盖天以与我，时不可失也。"①

据说，刘备一时拿不定主意。儒林校尉周群和后部司马张裕等人都出面阻军。周群说："当得其地，不得其民也。若出偏军，必不利，当戒慎之！"张裕更直截了当地说："不可争汉中，军必不利。"②周群、张裕二人以善观天象、晓知"占候"著称，他们的话，都是没有任何事实根据的书生之见。

刘备没有为周群、张裕的言语所惑，听从了法正的计策。

建安二十三年春，刘备安排诸葛亮"居守"成都，主持后勤，"足食足兵"③，以保障前方之需。随即两路出兵，一是自己在法正

---

① 《三国志·蜀书·法正传》。
② 《三国志·蜀书·周群传》。
③ 《华阳国志·刘先主志》。

的辅佐下，亲率赵云、黄忠、魏延等诸将，出东路，向汉中进兵；二是派遣张飞、马超、吴兰等，出西路，攻取曹操西北驻军重地下辩（今甘肃成县西）。

曹操闻刘备来犯，即派心腹战将、厉锋将军曹洪督军前去武都（治下辩），加强防御，迎战张飞、马超、吴兰等。并以骑都尉曹休和议郎辛毗参曹洪军事。建安二十三年三月，曹休建议曹洪乘张飞等未集之机，"促击"吴兰。史称，"备遣张飞屯固山（今甘肃成县北），欲断（曹）军后"，曹军众议狐疑，曹休对曹洪说："贼实断道者，当伏兵潜行。今乃先张声势，此其不能也。宜及其未集，促击兰，兰破则飞自走矣。"曹洪听从了曹休的意见，进兵突袭吴兰，大破之，斩吴兰将任夔等，吴兰逃亡中被氐人杀死，张飞、马超败走汉中方向，试图与刘备主力会合。西路军失败了[1]。

刘备自己直接指挥的军队，屯驻阳平关（今陕西勉县西），曹操诸将夏侯渊、张郃、徐晃等与之相拒。当时，根据曹操的部署，夏侯渊、徐晃屯阳平，张郃屯广石（似在今四川广元市境内[2]），为掎角之势。刘备试图"断绝外内，以取汉中"，因而在张郃部队尚未完全出川之前，遣陈式等十余营兵力去切断马鸣阁栈道（在今四川昭化县境）。徐晃即率别部急趋，大破陈式等部，蜀兵"自投山谷，多死者"。本来处于进攻势头的刘备军队反而为敌反包围，失掉主动权，吃了败仗。曹操听到这个消息非常高兴，授徐晃符节，以示优宠，兴奋地说："此阁道，汉中之险要咽喉也。刘备欲断绝

①　《三国志·魏书·曹休传》、《武帝纪》。

②　胡三省说，广石在巴、汉之间。《三国志集解》注引《方舆纪要》卷56说，广石戍在陕西勉县西（当代著作多取此说）。愚度当时军事态势，张郃部可能尚未回到汉中，刘备想断马鸣阁栈道就是为了断张郃归路，所以胡三省的意见是对的，以广石在今四川广元市境内比较合理。

内外，以取汉中。将军一举，克夺贼计，善之善者也。"①

刘备的主力部队攻张郃于广石，虽然形成了包围形势，但也未能克敌制胜。据说，刘备"以精卒万余，分为十部，夜急攻郃。郃率亲兵搏战，备不能克。"②

刘备出兵失利，应验了周群、张裕的"军必不利"的预言。至此，刘备始知，即使操不在此，亦不可轻视，急忙给诸葛亮写信，令发益州兵。诸葛亮有点迟疑，问从事杨洪，杨洪因而发表了"若无汉中则无蜀矣"的一番议论，进而督促诸葛亮说："方今之事，男子当战，女子当运，发兵何疑？"③

从以后的军事形势看，曹操的军队，包括张郃和徐晃，一因入川未能立住脚跟，二因甚恐被刘备自今甘肃南部东进的部队，截断后路，都陆续撤出了现今四川地界。因此，刘备的主力部队也便大部部署到汉中附近了。

战争转机，定军山破斩夏侯渊

建安二十三年，刘备主动向汉中用兵，没有取得预期的效果，所以《三国志·先主传》说："先主率诸将进兵汉中。分遣将军吴兰、雷铜等入武都，皆为曹公军所没。"但曹操的军队也无主动进攻的能力，并不得不逐步收缩阵地。因此，刘备与夏侯渊、张郃便在阳平关，摆开了对峙的局面。

刘备与夏侯渊等相拒阳平二年有余，操军虽有小胜，但战争的主动权，相对来看，却始终在刘备一方。时既至此，曹操逐渐认识

---

① 《三国志·魏书·徐晃传》。
② 《三国志·魏书·张郃传》。
③ 《三国志·蜀书·杨洪传》。

到,不仅"望蜀"不可能,就是确保汉中,扼住益州咽喉也是极不容易,因此还邺两年半几件大事完成以后,又决定亲自率兵出击刘备。

建安二十三年(公元218年)九月,曹操再至长安。但他进军迟缓,贻误了军机。刘备则积极谋划新的战略战术,并努力争取在曹操到达之前付诸实施。所以,曹操未及到达汉中,刘备已在定军山打败了夏侯渊,取得了关键性的胜利。战况如下:

建安二十四年(公元219年)正月,刘备自阳平南渡沔水(即汉水),"缘山稍前,营于定军山"。定军山北临汉水,位在今陕西勉县南,东望汉中,是汉中的又一屏障和门户。因此,夏侯渊也派兵"来争其地"、并以主要兵力在此布防。法正对刘备说,可乘势而击之。刘备夜命黄忠乘高鼓噪攻之,"忠推锋必进,劝率士卒,金鼓振天,欢声动谷"[1];同时派军烧毁夏侯渊军营外围的鹿角(鹿角,古代战争营地外围埋设削尖的木头或树枝以御敌,称鹿角或鹿柴),"渊使张郃护东围,自将轻兵护南围。备挑郃战,郃军不利,渊分所将兵半助郃,为备所袭,渊遂战死"[2]。曹操任命的益州刺史赵颙也同时被杀。

曹军定军山兵败,张郃将军队撤到阳平。

夏侯渊战死,曹军无帅,"军中扰扰,不知所为",因为"恐为刘备所乘,三军皆失色"[3]。督军杜袭与司马郭淮等毅然共推张郃代为军主。张郃自建安五年由袁绍归操后,屡建功勋,名震遐迩,众望所归。郭淮因对大家说:"张将军,国家名将,刘备所惮;今日事

---

① 《三国志·蜀书·黄忠传》。
② 《三国志·魏书·夏侯渊传》。
③ 《三国志·魏书·张郃传》。

急,非张将军不能安也"①。张郃代理军主,"勒兵按陈,诸将皆受郃节度,众心乃定"②。曹操时在长安,得知消息后,对于杜袭、郭淮、张郃的临时制变很满意,立即"遣使假郃节",赋予张郃以军中最高统帅的权力。

对于夏侯渊之死,曹操表现出极大的悲伤与惋惜,因给夏侯渊谥号为"愍侯"。"愍"就是哀怜的意思。史载,曹操对夏侯渊的勇敢精神很欣赏,但对其缺点也很清楚,所以渊虽然多次取得战功,曹操常告诫他说:"为将当有怯弱时,不可但恃勇也。将当以勇为本,行之以智计;但知任勇,一匹夫敌耳"③。夏侯渊没有把曹操的话记在心上,致有此败。为此,曹操特作《军策令》以诫全军。其令谈到当时的战斗情况:"夏侯渊今月贼烧却鹿角。鹿角去本营十五里,渊将四百兵行鹿角,因使士补之。贼山上望见,从谷中卒出,渊使兵与斗,贼遂绕出其后,兵退而渊未至,甚可伤。渊本非能用兵也,军中呼为'白地将军',为督帅尚不当亲战,况补鹿角乎!"④这里反映出曹操爱将之思,同时也反映出他的制将用兵之意,体现了他"督帅不亲战",以及"将当以勇为本,行之以智计"的军事思想。

从刘备一方说,则反映出刘备、法正用兵也确有超过夏侯渊、张郃之处。刘备听从法正的计策,有效地利用了敌军的轻敌思想,捕捉战机,出奇制胜。据载,曹操曾经为此发出赞叹:"曹公西征,闻(法)正之策,曰:'吾故知玄德不办(辨)有此,必为人所教

①　《三国志·魏书·张郃传》。
②　同上。
③　《三国志·魏书·夏侯渊传》。
④　《太平御览》卷337。

也。'"①又颇有感触地说:"吾收奸雄略尽,独不得(法)正邪。"②

郭淮说得不错,刘备不怕夏侯渊,倒的确有点怕张郃。据《三国志·张郃传》注引《魏略》说,"渊虽为都督,刘备惮郃而易渊。及杀渊,备曰:'当得其魁,用此何为邪!'"惮,怕;易,轻视。可见,刘备早就把张郃看做曹军的实际统领。

张郃很快稳定了军心。刘备本拟次日乘胜渡过汉水,见操军已经安定,恐半济被张郃所击,终不敢渡。

刘备取得了北拒曹操的第一次有限战争胜利。战役虽小,意义重大,不失为一个非常重要的转捩点。第一,它极大地鼓舞了刘备的士气,从心理上扭转了将士们对曹军的恐惧情绪;第二,它是曹操西北用兵、未曾料及的严重挫折,嗣后,他不得不做战略上的调整,由攻势而转为守势,谋蜀的计划开始泡汤了。

得汉中,东西再拓地

刘备屯阳平关,曹操甚感刘备将成为严重威胁。建安二十四年(公元219年)三月,曹操自长安出斜谷(今陕西眉县西南)。斜谷道险,曹操恐被刘备截击,先以先遣部队抢占要害之地,然后大军续进。刘备既已取得定军山的胜利,胆子也大起来了,所以当知曹操驱兵前来,满有把握地对担负狙击任务的将领们说:"曹操虽来,无能为也,我必有汉川矣。"据载,"及曹公至,先主敛众据险,终不与交锋"③。有过一些小的战斗,刘备军队大都取得胜利。

据《三国志·赵云传》注引《云别传》说,"夏侯渊败,曹公争汉

---

① 《三国志·蜀书·法正传》。

② 《华阳国志·刘先主志》。

③ 《三国志·蜀书·先主传》。

中地,运米北山下,数千万囊。黄忠以为可取,云兵随忠取米。忠过期不还,云将数十骑轻行出围……值曹公扬兵大出",赵云"前突其阵,且斗且却"。魏兵追至营下,赵云入营,"更大开门,偃旗息鼓",魏兵怀疑有埋伏,不敢攻营而退。赵云"雷鼓震天,惟以戎弩于后射公(曹操)军,公军惊骇,自相蹂践,堕汉水中死者甚多"[1]。

曹操与刘备相持一个多月,军士死了不少,也逃走了不少。曹操观形势、察地理、度兵力,知道汉中很难保住,一种矛盾的心情顿然而生,欲进不能,欲还可惜,但最后终于作出了正确的决策:"引出汉中诸军还长安"[2]。决策既定,遂出夜间口令为"鸡肋"。据《三国志·武帝纪》注引《九州春秋》说:"时王(曹操)欲还,出令曰'鸡肋',官属不知所谓。主簿杨修便自严装(整理行装),人惊问修:'何以知之?'修曰:'夫鸡肋,弃之如可惜,食之无所得,以比汉中,知王欲还也。'"

曹操三月临汉中,五月还长安,前后不及三个月。自此以后,汉中便成了刘备的地盘而不复魏有了。

曹操既离汉中,不惜大步后退,把防线建在汉中与关中之间的交通要冲、历代兵家必争的陈仓(今陕西宝鸡东)。这一决策虽然是防御性的,但却是正确的。因而,有效地扼住了刘备、诸葛亮前进之势,终三国之季,蜀军的实际控制始终未能超过陈仓一线。

刘备既得汉中,很快便向东西两方推进。西北方面推进到武都,以利掌握氐、羌,北谋凉州,东拒曹操。史载,曹操决定撤军后,知道武都难保,即派曹真至武都迎曹洪等军还屯陈仓,并接受了张

---

① 《三国志·蜀书·赵云传》注。
② 《资治通鉴》卷68,汉献帝建安二十四年。

既的建议,派张既到武都迁徙氐王之五万余落出居扶风、天水界。这是很厉害的一着。徙民实边、屯田戍疆,一切都服从于军事,服务于军事,这是曹操终身不渝的原则。对于刘备来说,自然也比较容易地取得武都地区,但惜在得民甚少。战争的结果,不幸被术相之士而言中。

东面则遣宜都太守(治今湖北枝城)孟达从秭归北攻房陵(今湖北房县)。孟达原为刘璋旧僚,受刘璋派遣,同法正一起,"各将兵二千人,使迎先主"。法正随刘备回蜀,刘备因令孟达兼领法正的部属,以四千之众留屯江陵。刘备平蜀以后,以孟达为宜都太守。孟达趋军北上,杀死曹操所置房陵太守蒯祺,并将率兵进攻上庸(今湖北竹山县西南)。据载,刘备"阴恐(孟)达难独任,乃遣(刘)封自汉中乘沔水下统达军,与达会上庸"。上庸太守申耽知难抵抗,举众投降,"遣妻子及宗族诣成都。先主加耽征北将军,领上庸太守、员乡侯如故;以耽弟(申)仪为建信将军、西城太守;迁(刘)封为副军将军"。惟孟达不见增封①。

曹兵既退,刘备得以拓地,把原属凉州的武都郡和本属曹操所置荆州的新城(治今湖北房县)、上庸、魏兴(即西城,治今陕西安康)三郡纳入自己的统治区以内,蜀势因而大振。

---

① 《三国志·蜀书·刘封传》。

第七章　汉中王

一、沔阳设坛场,自为汉中王

刘备的腰杆子硬起来了,遂于建安二十四年(公元219年)七月自称汉中王,向梦寐以求的"称孤道寡"的目标,迈出了关键性的一步。

应该指出的是,早在三年前曹操已经称王了。所以不难看出,刘备的称王称帝的诸多程式,没有自己的创造,大都是从曹操那里学的。

首先是群下劝进。《三国志·先主传》载,"秋,群下上(上,上荐,向皇帝上表)先主为汉中王"。群下劝进是表面现象,实质是其自谋进爵的前奏。这如同荀攸、钟繇、董昭等数十人劝曹操为魏王和华歆、司马懿、辛毗、陈群等一百二十人反复劝曹丕为皇帝是一样的。

据载,马超、许靖、诸葛亮、关羽、张飞、黄忠、法正、李严等120人,各以刘备所给的官爵名义联名上表,告诉汉献帝,刘备即将称王。表文很长,所述刘备应该称王的理由,概约十点:

一是从历史上找根据,指出历代奸凶"皆冯(凭)世宠,藉履国权(凭借掌握国家权力),穷凶极乱",非贤如大舜、周公等"则不能流放禽讨,安危定倾"。这是寓意将曹操比作元恶大憝,将刘备比做古之能定天下者。

二是对汉献帝的处境深表同情和忧虑,并揭露曹操的酷虐变诈及其谋夺天下的野心,他们深情地说:"伏惟陛下诞姿圣德(诞,大),统理万邦,而遭厄运不造之艰(不造,居无定所)。"进而指出:"董卓首难,荡覆京畿,曹操阶祸,窃执天衡(天衡,指皇权)。皇后太子,鸩杀见害,剥乱天下,残毁民物。久令陛下蒙尘忧厄,幽处虚邑。人神无主,遏绝(阻绝)王命,厌昧皇极(堵塞、掩蔽皇帝的最高权威),欲盗神器(皇权)"。

三是尽述刘备的功德,说什么"左将军领司隶校尉豫、荆、益三州牧宜城亭侯备,受朝爵秩,念在输力,以殉国难。"特别提到衣带诏的事:"睹其机兆,赫然愤发,与车骑将军董承同谋诛操,将安国家,克宁旧都。会(恰逢)承机事不密,令操游魂得遂长恶,残泯海内。"

四是大讲"封建同姓"的重要意义,说"昔在虞书,敦序九族,周监二代,封建同姓,诗著其义,历载长久。汉兴之初,割裂疆土,尊王子弟,是以卒折诸吕之难(按:指平定吕后侄子吕产、吕禄等叛乱),而成太宗(按:汉文帝庙号太宗)之基。"他们这是以此历史经验为前提,进而指出不仅要建藩,而且刘备最有资格封疆立国。因而表称:"臣等以(刘)备肺腑枝叶(肺腑枝叶,喻帝王后代),宗子(皇族子弟)藩翰,心存国家,念在弭乱。"简言之,封刘备为王最符合"封建同姓"之义,其结果也必将最终安定国家、平定内乱。

五是毫不掩饰地直接陈述不给刘备晋爵无以安天下,指出:"自操破于汉中,海内英雄望风蚁附(于刘备),而(刘备)爵号不显,九锡未加,非所以镇卫社稷,光昭万世也。"

六是表示"奉辞在外,礼命断绝",既然无法得到皇帝的批准,大家就这样决定了。其一,例说了陇、蜀之地向有自立元戎的先例,说:"昔河西太守梁统等值汉中兴,限于山河,位同权均,不能相率,咸推窦融以为元帅,卒立效绩,摧破隗嚣。"其二,表达了"时不我待"的心情,事出无奈,不得不先斩后奏,即所谓:"今社稷之难,急于陇、蜀。操外吞天下,内残群寮,朝廷有萧墙之危(喻朝廷内部有潜在危险),而御侮未建,可为寒心。"

七是通过表奏皇帝这种形式,昭告天下(实际也是告诉曹操),刘备已自立为王,直称:"臣等辄依旧典,封(刘)备汉中王,拜大司马,董齐(统率)六军,纠合同盟,扫灭凶逆。"所谓"辄依旧典",就是昭告天下,他们这样做,是根据国家以往封拜王爵的规矩、程式和已有先例行事的。这里需要注意的是,既已为王,为什么还要封拜为大司马?这是因为,根据汉法,王爵虽然显赫,但王国的权力要受到许多限制,其中最主要的是:(1)不得擅离国境,(2)不得擅自对外发兵。这对试图进一步开疆拓土、谋取大业的人是极为不利的。所以,曹操晋爵魏王,仍任汉丞相;孙权策命为吴王,同授大将军,持节督交州、荆州事。刘备自然明白这一点,所以为王的同时自拜为大司马(按:刘备入蜀时,刘璋曾表荐刘备行大司马。行,代行之意)。大司马(太尉),主兵,"掌四方兵事功课",是汉时三公之一,东汉时期虽然没有实权,但在名义上却依然是国家的军事统帅,特别自霍光以大司马大将军辅政以来,地位更显。有了大司马的名义,即有了权力,可向全国发出号令,"董齐六军,纠合同盟",征讨不服。

八是宣布他们自己确定的汉中王的势力范围,即:"以汉中、巴、蜀、广汉、犍为为国"。

九是昭示建国立制原则,这就是:"所署置依汉初诸侯王故典"。

十是再次坦言:"夫权宜之制,苟利社稷,专之可也。然后功成事立,臣等退伏矫罪,虽死无恨。"意谓不管汉献帝同意不同意,刘备都要称王了。这一点，虽然词有不敬，但情有可原。因为汉献帝已经完全控制在曹操手里。既然不可能得到曹操的同意，自然也就得不到皇帝诏准，所以最好的办法就莫过于在程式上玩个把戏，报告一下就算完事了①。

值得注意的是，表文强调了"所署置依汉初诸侯王故典"。这正是曹操封公建国、进爵为王时所特别强调的。我在《曹操评传》一书里讲到，汉尚书令华歆、尚书左丞潘勖遵奉曹操的意旨以皇帝名义起草的"策命"，最后就特别强调了"魏国置丞相已下群卿百寮，皆如汉初诸侯王之制。"为什么要特意强调置官皆如"汉初"二字呢？这是因为王国官制在汉时变化很大。汉初诸侯王地广权大。据《史记·五宗世家》说，"高祖时，诸侯皆赋，得自除内史以下，汉独为置丞相，黄金印。诸侯自除御史、廷尉、宗正、博士，拟于天子。"《汉书·诸侯王表序》说，"藩国大者，跨州兼郡，连城数十，宫室百官，同制京师"；《后汉书·百官志》也说，"汉初立诸王，因项羽所立诸王之制，地既广大，且至千里。又其官职，傅为太傅，相为丞相，又有御史大夫及诸卿，皆秩二千石，百官皆如朝廷。国家惟为置丞相，其御史大夫以下皆自置之。""策命"强调置官如"汉初"之制，就是要其"拟于天子"，"同制京师"，"百官皆如朝廷"，建立一个相对独立的国家。刘备准备称王时也强调了这一点，用意当然也是相同的。

史载，刘备自称汉中王，设坛场于沔阳（今陕西勉县东），陈兵列众，群臣陪位，宣读了准备送达皇帝的表文后，便"拜受玺绶"，戴上了王者冠冕（当然，玺绶和王冠都是自制的）。

----

① 以上《三国志·蜀书·先主传》。《华阳国志·先贤士女总赞（中）》称："群下上先主为汉中王，其文（李）朝所造也。"李朝，字伟南，广汉郪（今四川三台南）人，时为别驾从事。

184

同时,宣布立长子刘禅为王太子;提拔牙门将军魏延为镇远将军,领汉中太守,以镇汉川。

然后,打起王者的旗号回到成都,并即宣布以许靖为太傅,法正为尚书令,赖恭为太常,黄柱为光禄勋,王谋为少府,廖立为侍中,关羽为前将军,张飞为右将军,马超为左将军,黄忠为后将军。另以赵云为翊军将军(次于前后左右将军的将军),其余人等"皆进位有差"①。一个同曹魏相对并立的独立王国的建制建立起来了。

据说,刘备回成都时,巴蜀之地举行了大规模的奉迎仪式。《三国志·先主传》注引《典略》说:"(刘)备于是起馆舍,筑亭障,从成都到白水关,四百余区"②。"四百余区"云云,大概说的是沿路有四百多个集中的奉迎据点。可谓是好好地风光了一番。

刘备称王建国后,立即派人上表汉帝,并派人把曹操所表授的左将军及宜城亭侯印退给朝廷。刘备的表奏说:

臣以具臣之才(具臣,充数之臣。自谦词),荷上将之任,董督三军,奉辞于外,不得扫除寇难,靖匡王室,久使陛下圣教陵迟(衰落),六合之内,否而未泰,惟忧反侧,疢(chèn,热病)如疾首。曩者董卓造为乱阶,自是之后,群凶纵横,残剥海内。赖陛下圣德威灵,人神同应,或忠义奋讨,或上天降罚,暴逆并殪(yì,死),以渐冰消。惟独曹操,久未枭除,侵擅国权,恣心极乱。臣昔与车骑将军董承图谋讨操,机事不密,承见陷害,

---

① 以上《三国志·蜀书·先主传》、《华阳国志·刘先主志》、《资治通鉴》卷66。按:只有《华阳国志》提到刘备自立为王时,封赵云为翊军将军。但据《三国志·赵云传》所谓"成都既定,以云为翊军将军"看,似在此前,所以《先主传》、《资治通鉴》均不载。

② 《三国志·蜀书·先主传》注引《典略》。

臣播越失据（流亡无定所），忠义不果。遂得使操穷凶极逆，主后戮杀，皇子鸩害，虽纠合同盟，念在奋力，懦弱不武，历年未效。常恐殒没，孤负国恩，寤寐永叹，夕惕若厉（常常谨慎恐惧，如同对待危险。语出《易·乾》）。今臣群寮以为在昔虞书敦叙九族，庶明励翼，五帝损益，此道不废。周监二代，并建诸姬，实赖晋、郑夹辅之福。高祖龙兴，尊王子弟，大启九国，卒斩诸吕，以安大宗。今操恶直丑正，实繁有徒，包藏祸心，篡盗已显。既宗室微弱，帝族无位，斟酌古式，依假权宜，上臣大司马汉中王。臣伏自三省，受国厚恩，荷任一方，陈力未效，所获已过，不宜复忝高位以重罪谤。群寮见逼，迫臣以义。臣退惟寇贼不枭，国难未已，宗庙倾危，社稷将坠，成臣忧责碎首之负。若应权通变，以宁靖圣朝，虽赴水火，所不得辞，敢虑常宜，以防后悔。辄顺众议，拜受印玺，以崇国威。仰惟爵号，位高宠厚，俯思报效，忧深责重，惊怖累息（累息，长叹），如临于谷。尽力输诚，奖厉六师，率齐群义，应天顺时，扑讨凶逆，以宁社稷，以报万分。谨拜章因驿上还所假左将军、宜城亭侯印绶。

可见，表文除复述以群下名义所上表文的基本内容外，更加着意突出了忧国效忠和"群寮见逼，迫臣以义"、"应权通变，以宁靖圣朝，虽赴水火，所不得辞，敢虑常宜，以防后悔"以及"辄顺众议，拜受印玺，以崇国威"的意境。这是封建时代诸多政治家，包括曹操、刘备在内的共有的权术特点：既想达到自己的目的，又把手段说得冠冕堂皇，从而隐蔽其龌龊的心态。不过，必须承认，既然曹操架空了皇帝、立国在先，那么刘备抓紧时机称王建国，于时于理，都是无可非议的。

二、授命关羽,出击曹军

历史表明,当曹操放弃汉中,率领军队后撤,返回长安时,刘备、诸葛亮非常有效地利用了这一形势,遂据有汉中,东西拓展地盘,很快进入今湖北境内,占领了房陵(今房县)、上庸(今竹山),营造东进之势,遥与关羽相呼应,给曹操南方重要据点襄阳以重大威胁;继而,刘备自称汉中王,退还了曹操所表授的印绶,表示彻底断绝同曹操所控制的朝廷的联系,进一步表明了他坚决抗操而谋取大业的决心。

大约就在同时,即刘备称王而颐指气使地回成都的时候,关羽遵照刘备、诸葛亮的总战略,向曹操的军队发动了进攻。

水淹于禁七军

史载,建安二十四年(公元 219 年)七月,关羽使南郡太守麋芳守江陵,将军士仁(姓士名仁。一作傅士仁)守公安,自率主力攻曹操的征南将军曹仁于樊城。

曹操遣左将军于禁"督七军三万人救樊"。

以上是《三国志·关羽传》、《华阳国志·刘先主志》和《资治通鉴》的记载,说明战争是刘备、关羽主动发起的。但《三国志·于禁传》和《武帝纪》关于战争的发动,记载不同,分别称:"太祖(曹操)在长安,使曹仁讨关羽于樊,又遣(于)禁助(曹)仁";曹操"遣于禁助曹仁击关羽"。《徐晃传》也说:曹操"复遣晃助曹仁讨关羽,屯宛。"这些记载说明,战争则是由曹操首先发动的。根据当时的情势看,曹操刚从汉中撤兵回到长安,孙权正调动兵马戍驻淮南,谋攻合肥,刘备、关羽的士气正盛,曹操在战略上暂取守势。

因此,战争不可能是曹操主动发动的,当以《三国志·先主传》和《华阳国志·刘先主志》为是。

据载,曹仁使左将军于禁和立义将军庞德,驻屯于樊北,成掎角之势。布兵不谓有误。但应了一句俗话:人算不如天算。

两军相交,已进入大雨季节。八月,大雨连绵十余日,汉水泛滥,平地水五六丈,于禁等"七军皆没"。于禁与诸将"登高望水,无所回避",关羽乘大船因水势而攻于禁,于禁穷迫,为保数万士兵的性命,不得已,投降了关羽①。

庞德则表现了宁死不降的精神。庞德在堤上,披甲持弓,箭不虚发,自平旦战至日过中;矢尽,以短兵相接,"战益怒,气愈壮"。由于水势不断上涨,吏士们穷迫皆降,不得已庞德与麾下三人"弯弓傅矢,乘小船欲还(曹)仁营",不幸小船被洪水打翻了,"水盛船覆,失弓矢",庞德落水,"独抱船覆水中,为关羽所得。"关羽劝其投降,说:"卿兄在汉中(按:庞德从兄庞柔在蜀),我欲以卿为将,不早降何为?"庞德立而不跪,厉声大骂说:"竖子,何谓降也!魏王带甲百万,威震天下;汝刘备庸才耳,岂能敌邪!我宁为国家鬼,不为贼将也!"关羽遂将庞德杀死②。

于禁是曹操的名将,一直与张辽、乐进、张郃、徐晃等齐名,每有征战,曹操都是以他们"行为军锋,还为后拒"。庞德本是马超的部属,马超被曹操打败,庞德随马超奔汉中,投靠张鲁,曹操定汉中,庞德随众降操,操"素闻其骁勇,拜立义将军"。据载,樊下诸将因为庞德从兄庞柔在蜀,又是马超的部将,对其不放心,庞德为了表白自己,因而常说:"我受国恩,义在效死。我欲身自击羽。

---

① 《三国志·魏书·于禁传》。

② 《三国志·魏书·庞德传》。

今年我不杀羽,羽当杀我。"据说,庞德曾亲与关羽交战,"射羽中额",差一点取到了关羽的性命。当时,庞德常乘白马,"羽军谓之白马将军,皆惮之"。曹操得知于禁投降关羽而庞德死节时,哀叹久之,并为庞德流涕,因曰:"吾知禁三十年,何意临危处难,反不如庞德邪!"遂封庞德二子为列侯。后来,曹丕即位,特派使者到庞德墓上赐谥,策文说:"……惟侯(指庞德)式昭果毅,蹈难成名,声溢当时,义高在昔,寡人愍焉,谥曰壮侯。"①

　　水,特别是大水,给关羽水军带来了极大方便。汉水泛溢,平地数丈,大水灌入城内,"羽急攻樊城,樊城得水,往往崩坏,众皆失色"。有的主张弃城而走,对曹仁说:"今日之危,非力所支,可及羽围未合,乘轻船夜走,虽失城,尚可全身。"汝南太守满宠当时受命协助曹仁,住在城内,竭力劝阻大家。满宠说:"山水速疾,冀其不久。闻羽遣别将已在郏下(今河南郏县境),自许(昌)以南,百姓扰扰,羽所以不敢遂进者,恐吾军掎其后耳。今若遁去,洪河(指黄河)以南,非复国家有也,君宜待之。"②曹仁听从了满宠的建议,曹仁、满宠等于是沉杀白马与军人盟誓,同心固守。当时,城中人马才数千,大水不断上涨,"城不没者数板(胡三省注通鉴云:城高二尺为一板)。"关羽"乘船临城,立围数重,外内断绝,粮食欲尽,救兵不至";同时,关羽又遣别将包围曹操将军吕常于襄阳。曹操所授之荆州刺史胡修、南乡太守(治今河南淅川西南)傅方都投降了关羽③。

①　《三国志·魏书·庞德传》。附录:据《三国志·蜀书·关羽传》注引王隐《蜀记》说,庞德的儿子庞会跟随魏将钟会、邓艾伐蜀,蜀破,庞会报仇,"尽灭关氏家"。
②　《三国志·魏书·满宠传》。
③　《资治通鉴》汉献帝建安二十四年。

"群盗"响应，对曹操形成了严重威胁

水淹七军前后，关羽在南阳、颍川、弘农诸郡，招附纳降，大大发展势力，使曹魏在此地区的统治很不稳固，正如满宠所说，"自许以南，百姓扰扰"。

先是南阳民苦于供给曹仁徭役，宛守将侯音、卫开等以宛反，曹操命曹仁讨侯音等，曹仁与庞德一起破宛而屠之，斩侯音、卫开。侯音等反，即使参与镇压的人，如功曹宗子卿也承认造反者"顺民心，举大事，远近莫不望风"①。曹仁屠宛，显然是不得人心的。

继而是陆浑（今河南嵩山境）民孙狼等反，杀县主簿，南附关羽。"羽授狼印，给兵，还为寇贼"②。

是年十月，曹操自长安回到洛阳。时之大势对于曹操很不利，既弃关中，失利于西；又值梁、郏、陆浑"群盗"并起。不管是叛将，还是反民，又大都遥受关羽印号，为羽支党，与羽相呼应。历史记载说，这时自许以南，"群盗"遥应羽，因而关羽"威震华夏"，竟使曹操被迫召集重要的政治军事会议，讨论了要不要"徙许都以避其锐"的问题③。在此关键时刻，丞相军司马司马懿和西曹属蒋济献出了联吴的谋略。他们对曹操说："于禁等为水所没，非战攻之失，于国家大计未足有损。刘备、孙权外亲内疏，关羽得志，权必不愿也。可遣人劝蹑其后，许割江南以封权，则樊围自解。"④曹操接受了司马懿和蒋济的意见，做出了联吴击关羽的正确决策。

在三足鼎立的形势下，如何更有利地发展自己、战胜敌人，实

---

① 《资治通鉴》汉献帝建安二十三年。
② 《资治通鉴》汉献帝建安二十四年。
③ 《三国志·蜀书·关羽传》。
④ 《三国志·魏书·蒋济传》。

是曹、孙、刘各方无时不在思考的战略大计。以一抗二,还是合二对一,利害得失,道理浅显,但表现在认识上和实践上却是各有不同。即使固定的某一方对另一方,联合抑或对抗,前后决策亦不相一。

对比起来,曹操对于这个问题的认识,赤壁战后虽然有所觉悟,也曾试图挑拨孙、刘关系,鼓励孙权把刘备赶出荆州,但远不及诸葛亮、鲁肃的认识深刻。这是因为曹操低估了孙、刘的力量,尤其是低估了孙、刘联合所形成的合力,自以为中原大军数倍于孙、刘,总有一天会把他们通通收拾掉。在这种思想指导下,相当长的时间内,他始终按照两面作战的战略布兵。因此,对吴用兵,不能不顾及西北方面的形势;对西北或刘备用兵,又不能不顾及孙权屡屡犯边的事实。现在形势起了变化,西北军事不利,刘备益张;荆宛关羽构难,吏民为乱;襄樊受困,许都临险。在此形势下,经司马懿、蒋济一点,以曹操之聪明自然顿时彻悟。于是他立即作出了联吴击关羽的正确的军事决策。

三、关羽失荆州,败死麦城

我在《曹操评传》一书中,曾对曹、孙、刘三方关系做过一些分析,其中讲到孙吴对于曹、刘的策略,最富变化。起初鲁肃坚决主张联刘抗曹,认为"以曹操尚存,宜且抚辑关羽,与之同仇,不可失也。"及至吕蒙代鲁肃为督,"以为羽素骁雄,有兼并之心,且居国上流,其势难久",因而向孙权献计说:"今令征虏(孙皎)守南郡,潘璋住白帝,蒋钦将游兵万人,循江上下,应敌所在,蒙为国家前据襄阳,如此,何忧于操,何赖于羽?且羽君臣,矜其诈力,所在反复,不可以腹心待也。今羽所以未便东向者,以至尊(指孙权)圣明,蒙等尚存也。今不于强壮时图之，一旦僵仆（喻体衰力竭），欲复陈力，其可得邪？"孙权很同意吕蒙的意见，但因谋取徐州而一时拿不定主意，吕蒙认为："今操远在河北，新破诸袁，抚集幽、冀，未暇东顾。徐土守兵，闻不足言，往自可克。然地势陆通，骁骑所骋，至尊今日得徐州，操后旬必来争，虽以七八万人守之，犹当怀忧。不如取羽，全据长江，形势益张。"①对此两种主张，论者大都褒鲁肃而非吕蒙，认为天下大势，孙刘非联合不足以抗操，如果孙刘相争，必给曹操以渔利之机。从谋划打败曹操的角度说，此说不无道理，但却明显地表露出一种非历史的观点。这在客观上是把曹操置于非正义一方，立论完全着眼于如何打败曹操。事实上，曹操、孙权、刘备三方是相对独立的三个实体，各自决策的出发点，均在于权衡三方关系，进而考虑自己的利益所在。三角的关系，对任何一方来说，其他两方都是自己的敌人或潜在敌人。联合一方对另一方，有力地抗击或抑制、削弱了另一方，于己是有利的。但如果致使临时联合的一方，实即潜在的敌人乘机大大发展起来，也是于己不利的。由此看来，我们不能不注意到，就东吴的利益说，没有孙刘联合便没有赤壁的胜利。但后来情况不同了。所以，起初鲁肃劝孙权联刘抗曹是正确的；后来孙权、吕蒙一变而为取援曹操、进攻关羽，亦是对的。刘备的势力正趋迅猛发展，自从取得房陵、上庸以后，益州与荆州便在地理上从北到南联在一起，而关羽亦在荆州诸郡坐大。实际上，关羽攻樊城的最终目的也完全是为了解除控江而下的后顾之忧。不难看出，就当时的军事形势言，关羽对吴的威胁远远超过了曹操对吴的威胁。

任何军事上的联盟，都是利益的联盟。当此之时，曹操要解除

---

① 《三国志·吴书·吕蒙传》。

关羽的威胁,孙权又何尝不是如此。他们因为有利益上的共同点,自然就比较容易地暂释前嫌而联合起来了。

战略失当,促进了曹操与孙权的联合

必须指出的是,刘备、诸葛亮在没有其他更好人选的情况下,授关羽以重任,使之镇守荆州,虽然不能过责他们决策失当,但也不能不承认其缺乏知人善任之明。

关羽其人,高傲自负,轻视他人,都督荆州事以后,这种致命的缺点,更有了新的发展。对此,刘备、诸葛亮都是非常清楚的。但他们都没有对其施之以教,更不敢行之以约束,反而采取了放任纵容的态度。下面几件事,可以说明这一点。

《三国志·关羽传》载:"先主西定益州,拜羽董督荆州事。羽闻马超来降,旧非故人,羽书与诸葛亮,问超人才可谁比类。亮知羽护前(护前,祖护以前所作所为),乃答之曰:'孟起(马超字孟起)兼资文武,雄烈过人,一世之杰,黥(布)、彭(越)之徒,当与益德并驱争先,犹未及髯之绝伦逸群也。'羽美须髯,故亮谓之髯。羽省书大悦,以示宾客。"这是特意给关羽戴高帽的一个典型例子。

《三国志·黄忠传》载,刘备为汉中王,欲以黄忠为后将军。当时,刘备、诸葛亮都想到关羽会有意见,诸葛亮对刘备说:"忠之名望,素非关、马之伦也,而今便令同列。马、张在近,亲见其功,可尚喻指;羽遥闻之,恐必不悦,得无不可乎!"刘备说:"吾自当解之。"刘备是怎样做关羽的工作的,《三国志·费诗传》中的记载做出了明确的反映:"先主为汉中王,遣(费)诗拜关羽为前将军。羽闻黄忠为后将军,羽怒曰:'大丈夫终不与老兵同列!'不肯受拜。诗谓羽曰:'夫立王业者,所用非一。昔萧(何)、曹(参)与高祖少小亲旧,而陈(平)、韩(信)亡命后至,论其班列,韩最居上,未闻萧、曹以此为怨。今汉王以一时之功隆崇于汉升(黄忠字汉升),然意之轻重,宁当与君侯(指关羽)齐乎!且王与君侯譬犹一体,同休等戚,祸福共之。愚为君侯,不宜计官号之高下、爵禄之多少为意也。仆(自谦称)一介之使,衔命之人,君侯不受拜,如是便还,但相为惜此举动,恐有后悔耳!'羽大感悟,遽即受拜。"费诗遵循刘备、诸葛亮的意旨,尽量迎合关羽喜欢戴高帽的心理,说得关羽很舒服。

当然,关羽确有刚毅勇敢、颇多凛然之气的一面。刮骨疗毒,令人叹服。据《三国志·关羽传》说:"羽尝为流矢所中,贯其左臂,后创虽愈,每至阴雨,骨常疼痛,医曰:'矢镞有毒,毒入于骨,当破臂作创,刮骨去毒,然后此患乃除耳。'羽便伸臂令医劈之。时羽适请诸将饮食相对,臂血流离,盈于盘器,而羽割炙引酒,言笑自若。"[①]

但是,他更多的时候是刚愎自用,妄自尊大。所以,很不善于处理同敌国、友国的关系。据载,孙权为了暂时稳定孙刘两家关系,曾经派遣使者为儿子向关羽的女儿求婚,"羽骂辱其使,不许婚"[②]。至于是否如《三国演义》所说,孙权的使者是诸葛瑾,关羽闻瑾来意,勃然大怒说:"吾虎子安肯嫁犬子乎!不看汝弟之面,立斩汝首,再休多言!"以及"诸葛瑾抱头鼠窜,回见吴侯"等等,历史皆无可考。就当时的情势看,双方关系尚未完全破裂,出言当不至此。但关羽"不许婚"这件事,极大地激怒了孙权,当是真的。自然也使孙权进一步感到了刘备、关羽的威胁。

---

① 《三国演义》说华佗为关羽刮骨疗毒,没有根据。华佗早在建安十七年以前就已经死了。
② 《三国志·蜀书·关羽传》。

另，鱼豢《典略》载，关羽围樊时，孙权曾一度想站在关羽一边，"遣使求助之"。正式的使节出发前，"又遣主簿先致命于羽"。然而，关羽不但不抓紧机会暂时稳住孙权，或利用吴军牵制曹操的一部分军队，反而毫无道理地"忿其淹迟"。当时，于禁已经投降，关羽已经飘飘然，利令智昏，竟然出口不逊，大骂："貉子（按：蔑称孙权）敢尔，如使樊城拔，吾不能灭汝邪！"短短数语，不仅侮辱了别人，而且完全暴露了自己的野心。据说，"权闻之，知其轻己，伪手书以谢羽，许以自往。"表现出了一个战略家的心计，表面谦逊，实则暗中加紧谋划新的对策①。

当然，更重要的是关羽围曹仁于襄樊，并且水淹于禁七军，"以舟兵尽虏禁等步骑三万送江陵"②，从而形成了北扼汉水、南控长江的形势。如此声威大震，直接构成了对东吴的严重威胁。

诸此等等，迫使孙权在战略上做出了重大调整，并在战术上积极备战。很快，一种新的战略思路便付诸实施了。

孙权明白，第一，单靠自己的力量，尚无绝对取胜的把握；第二，两面作战非常危险。因此，要想同关羽较量，必须取得同曹操的暂时联盟。《三国志·吴主传》载，"权内惮羽，外欲以为己功，笺与曹公，乞以讨羽自效。"《武帝纪》注引《魏略》说："孙权上书称臣，称说天命（即劝曹操做皇帝）"。孙权此举，计在自保，但也恰好适应了曹操准备联吴抵抗关羽的战略调整。

孙权"乞以讨羽自效"的请求得到了曹操"许割江南以封权"的承诺，于是一种各存异心、互相利用的暂时联盟便告成立。关羽必败的大势，从此也便注定了。

① 《三国志·蜀书·关羽传》注引《典略》。
② 《三国志·吴书·吴主传》。

战术错误,不敌曹操巧部兵

建安二十四年十月,曹操派平寇将军徐晃屯宛,助曹仁,并决定亲自率领大军南救曹仁。曹操驻军摩陂(今河南郏县境),遥制诸军抗援事宜。

当时,关羽分别将曹仁和曹将吕常围困于樊城和襄阳。史载,徐晃屯宛,"晃所将多新卒,以羽难与争锋,遂前至阳陵陂(当在今湖北襄阳境内)屯。"曹操另遣将军徐商、吕建等援晃,并明令不要孤军深入,"须兵马集至,乃俱前。"

关羽兵屯偃城(今湖北襄阳境),徐晃率兵到,"诡道作都堑,示欲截其后"(按:指绕到羽军背后构筑工事,表示要截断羽军后路),羽军害怕,"烧屯走"。晃得偃城。据称,徐晃两面连营,稍前,距关羽的围城兵仅有三丈,但不发动进攻①。

曹操为了贯彻自己的军事意图,特意派遣赵俨以议郎的身份参曹仁军事。当时徐晃的部队力量有限,"不足解围",但部下不能体会曹操的用意,"呵责晃促救"。赵俨对诸将说:"今贼围素固,水潦犹盛,我徒卒单少,而仁隔绝不得同力,此举适所以敝内外耳。当今不若前军逼围,遣谍通仁,使知外救,以励将士。计北军(指曹仁军)不过十日,尚足坚守,然后表里俱发,破贼必矣。如有缓救之戮,余为诸君当之。"赵俨既然承担了"缓救"的责任,诸将自然高兴。于是,徐晃一方面使其前军在离关羽围困樊城的军队不远的地方,"作地道",另一方面"箭飞书与仁",不断把外面的消息通知曹仁②。

---

① 《三国志·魏书·徐晃传》。
② 《三国志·魏书·赵俨传》。

赵俨为什么敢于承担"缓救"的责任？徐晃军营能迫羽围如此之近而不突袭之，又是为何？道理很简单，因为他们都已理解了曹操的用兵意图，即：借助吴手而破关羽。胡三省对此曾做如下评论："晃营迫羽围如此而不能制，使（假使）吕蒙不袭取江陵，羽亦必为操所破，而操假手于蒙者，欲使两寇自敝而坐收渔人、田父（老农）之功也。"①

曹操命令徐晃把孙权"请以讨羽自效"的信息分别射进曹仁营中和关羽的营屯中。据载，孙权派人告诉曹操，说要遣兵西上，偷袭关羽的江陵、公安二城，"江陵、公安累重，羽失二城，必自奔走，樊军之围，不救自解"，希望不要泄漏，以免关羽有备。曹操向群臣征求意见，大家都认为应该保密。老谋深算的董昭甚知曹操心意，却说："军事尚权（变），期于合宜。宜应（孙）权以密，而内露之。羽闻权上，若还自护，围则速解，便获其利。可使两贼相对衔持，坐待其弊。秘而不露，使权得志，非计之上。又，围中将吏不知有救，计粮怖惧，倘有他意，为难不小。露之为便。且羽为人强梁，自恃二城守固，必不速退。"②曹操按照董昭所说，表面上答应孙权保密，实则故意暴露给关羽。

事态发展果如曹操、董昭所料，围里曹仁军闻之，"志气百倍"；关羽闻之，顿起犹豫。为什么犹豫呢？胡三省认为，"羽虽见权书，自恃江陵、公安守固，非权旦夕可拔；又因水势结围以临樊城，有必破之势，释之而去，必丧前功，此其所以犹豫也"③。做此分析，确有道理。到了口边的肉不取而去，的确是于心不甘。关羽犹豫了，拔樊的决心动摇了，两面抗敌的信心自然也就不足了。信

① 《资治通鉴》卷68，汉献帝建安二十四年。
② 《三国志·魏书·董昭传》。
③ 《资治通鉴》卷68，献帝建安二十四年注。

心既然不足，斗志亦自然受到影响。

　　曹操前后又给徐晃派去了殷署、朱盖等十二营军队。徐晃兵力既增，遂趁关羽狐疑之机向关羽发起了攻击。关羽因水而临樊城，所以军营大都屯驻于高阜之上。史载，关羽"围头有屯，又别屯四冢（当指屯住四个土丘之上）。晃扬声当攻围头屯，而密攻四冢。羽见四冢欲坏，自将步骑五千出战，晃击之，（羽）退走，（晃）遂追陷与俱入围，破之，（羽军）或自投沔水死。"①投降关羽的荆州刺史胡修和南乡太守傅方，亦皆被徐晃军杀死。瞬息之间，军事态势发生了根本变化，本具强劲势力的关羽军队，由优势转为劣势，如无回天之谋，只有等待失败了。

　　关羽在曹操那里做偏将军的时候，曾同张辽、徐晃等人相友善。《三国志·关羽传》注引《蜀记》记载了关羽、徐晃二人对峙战场时的一段故事："羽与晃宿（宿，宿旧）相爱，遥共语，但说平生，不及军事。须臾，晃下马宣令：'得关云长头，赏金千斤。'羽惊怖，谓晃曰：'大兄，是何言邪！'晃曰：'此国之事耳。'"故事非常有趣，也很生动。这说明关羽确实重视情义。但同徐晃的处事原则，即国事大于私义相比，似也不可多褒。

　　曹操对于徐晃迅即取得胜利很高兴，对徐晃大加表扬说："贼围堑鹿角十重，将军致战全胜，遂陷贼围，多斩首虏。吾用兵三十余年，及所闻古之善用兵者，未有长驱径入敌围者也。且樊、襄阳之在围，过于莒、即墨（此指战国时燕将乐毅，攻占七十余城，只有莒、即墨没有攻下，说明二城难攻），将军之功，逾孙武、穰苴。"因此，当徐晃"振旅还摩陂，太祖（曹操）迎晃七里，置酒大会。太祖

　　────────────

　　① 《三国志·魏书·徐晃传》。

举卮酒劝晃,且劳之曰:'全樊、襄阳,将军之功也。'"①

弱点毕露,关羽兵败死麦城

关羽撤樊城围而退,但其舟船仍据沔水。曹操并没有进一步追击关羽。这是为什么呢? 战争的过程告诉我们,这是曹操欲使孙权、关羽两存、两战、两伤,最后相机而取之的计策。

孙权视关羽为严重威胁,必欲除之而后安,既然与曹操达成谅解,便立即开始谋划攻取江陵的行动。孙权及其将吕蒙、陆逊等甚知关羽的弱点,而且成功地利用了关羽"意骄志逸"的弱点和"但务北进"、少备孙权的战略错误。

先是吕蒙诈病,麻痹关羽。吕蒙自始至终都把关羽视做重要敌人。如前所述,早在鲁肃为督时,"鲁肃等以为曹公尚存,祸难始构,宜相辅协,与之同仇,不可失也"。而吕蒙却秘密向孙权献策,让自己前据襄阳,令征虏(孙皎)守南郡,潘璋住白帝,蒋钦率领游兵万人,循江上下,应敌所在。他特别指出,"且羽君臣,矜其诈力,所在反复,不可以腹心待也。今羽所以未便东向者,以至尊圣明,蒙等尚存也。今不于强壮时图之,一旦僵仆,欲复陈力,其可得邪?"权深纳其策。鲁肃死后,吕蒙西屯陆口(今湖北嘉鱼之路溪口),鲁肃的人马万余尽属之,又拜汉昌太守(治今湖南平江东),与关羽分土接境。吕蒙"知羽骁雄,有并兼心,且居国上流,其势难久",所以代肃后,制造假象,"初至陆口,外倍修恩厚,与羽结好";内则积极谋战,待机而动。因此想出了装病一招。据载,关羽围曹仁、攻襄樊时,曾经留下部分兵力驻守公安、南郡,以备孙权。吕蒙即上疏孙权说:"羽讨樊而多留备兵,必恐蒙图其后故

---

① 《三国志·魏书·徐晃传》。

也。蒙常有病,乞分士众还建业,以治疾为名。羽闻之,必撤备兵,尽赴襄阳。大军浮江,昼夜驰上,袭其空虚,则南郡可下,而羽可擒也。"于是吕蒙"遂称病笃,权乃露檄(檄文不加密封,故意泄密)召蒙还,阴与图计"。关羽果然上了当,"信之,稍撤兵以赴樊。"①

既尔,陆逊为右部督,代吕蒙,进一步对关羽施以麻痹之术。陆逊由定威校尉遽拔为督,是吕蒙向孙权推荐的。史载,吕蒙称病回建业,路经芜湖,陆逊甚知吕蒙用意,因对吕蒙说,"关羽接境,如何远下,后不当可忧也?"吕蒙说:"诚如来言,然我病笃。"陆逊进计说:"羽矜其骁气,陵轹于人。始有大功,意骄志逸,但务北进,未嫌于我,有相闻病,必益无备。今出其不意,自可禽制。下见至尊(按:指孙权),宜好为计。"吕蒙怕过早泄露机密,故作不然状,说:"羽素勇猛,既难为敌,且已据荆州,恩信大行,兼始有功,胆势益盛,未易图也。"话虽这样说,但吕蒙由此得知陆逊之能,所以吕蒙至都,孙权问:"谁可代卿者?"便对孙权说:"陆逊意思深长,才堪负重,观其规虑(规虑,谋略),终可大任。而未有远名,非羽所忌,无复是过(意谓没有比陆逊更好的了)。若用之,当令外自韬隐(意同韬光养晦),内察形便,然后可克。"于是,孙权即召陆逊,"拜偏将军,右部督,代蒙"。

陆逊至陆口,针对关羽喜欢"戴高帽"的弱点,立即给了关羽一封信,将其大大吹捧了一通,说:"前承观衅而动(指关羽水淹七军),以律行师,小举大克,一何巍巍!敌国败绩,利在同盟,闻庆拊节(拊节,击节。节,一种乐器),想遂席卷,共奖王纲。近以不敏(自谦词),受任来西,延慕光尘(仰慕风采),思禀良规(想禀承您的好谋略)。"又说什么"于禁等见获,遐迩欣叹,以为将军之勋

①　《三国志·吴书·吕蒙传》。

200

足以长世,虽昔晋文城濮之师,淮阴拔赵之略,蔑(小视)以尚兹"。同时,假意向关羽献策,"闻徐晃等少骑驻旌,窥望麾葆(麾,大旗;葆,羽盖)。操猾虏也,忿不思难,恐潜增众,以逞其心。虽云师老,犹有骁悍。且战捷之后,常苦轻敌,古人杖术,军胜弥警,愿将军广为方计,以全独克。"又致谦下自托之意,自称"书生疏迟,忝所不堪,喜邻威德,乐自倾尽,虽未合策,犹可怀也。倘明注仰,有以察之。"

关羽读了陆逊的信,觉得陆逊"有谦下自托之意,意大安,无复所嫌"。陆逊察觉到时机已经成熟,遂向孙权"具启形状,陈其可禽之要"[1]。

关羽俘获于禁等人马数万后,粮食乏绝,擅取孙权湘关米,为孙权发兵提供了借口,"权闻之,遂行,先遣(吕)蒙在前"。

此时,曹操在打了一场有限的战争后,便拥兵不前而坐山观虎斗了。但曹操没有想到孙权、吕蒙竟会那样容易地取得南郡。

史载,"蒙至寻阳,尽伏其精兵舳舻中,使白衣摇橹,作商贾人服,昼夜兼行,至羽所置江边屯候(屯候,哨兵),尽收缚之,是故羽不闻知。遂到南郡,士仁、麋芳皆降。蒙入据城,尽得羽及将士家属"[2]。

麋芳、士仁本是关羽让其留守江陵、公安的,因为供给军资不及时,关羽扬言要治他们的罪,麋芳、士仁怕治罪,便即投降了吕蒙。《三国志·吕蒙传》注引《吴录》说:"初,南郡城中失火,颇焚烧军器。羽以责芳,芳内畏惧,权闻而诱之,芳潜相和。及蒙攻之,乃以牛酒出降。"同书注引《吴书》载,士仁在公安据守,吕蒙令虞

---

① 以上《三国志·吴书·陆逊传》。
② 《三国志·吴书·吕蒙传》。

翻说以利害,指出:"吕虎威(蒙)欲径到南郡,断绝陆道,生路一塞,案其地形,将军为在箕舌上耳,奔走不得免,降则失义,窃为将军不安,幸熟思焉。"士仁得书,"流涕而降"。吕蒙带上士仁,兵至南郡,"南郡太守麋芳城守,蒙以仁示之,遂降。"

关羽闻南郡失守,不得不立即向南撤退。这就是说,孙权几乎是兵不血刃地夺取了南郡。

据说,曹操的将领们,深恐功劳被孙吴独占,大都认为应该乘关羽危惧之机,追而擒之。但赵俨甚得曹操之意,对大家说:"权邀羽连兵之难,欲掩制其后,顾羽还救,恐我承其两疲,故顺辞求效,乘衅因变以观利钝耳。今羽已孤进,更宜存之以为权害。若深入追北,权则改虑于彼(意谓孙权就会改变对关羽的戒备),将生患于我矣。王(操)必以此为深虑。"①正如赵俨所策,曹操听到关羽南走的消息,深恐诸将追击,果然急令曹仁勿追。曹操的用意很清楚,就是让孙权去消灭关羽,从而使孙、刘势不两立。

吕蒙入据南郡之后,积极稳定局势,利用怀柔策略,大大瓦解了关羽的军心。其一,"蒙入据城,尽得羽及将士家属,皆抚慰,约令军中不得干历人家,有所求取。"据说,有"蒙麾下士,是汝南人(吕蒙亦汝南人),取民家一笠,以覆官铠,官铠虽公,蒙犹以为犯军令,不可以乡里故而废法,遂垂涕斩之。于是军中震栗,道不拾遗。"其二,"蒙旦暮使亲近存恤耆老,问所不足,疾病者给医药,饥寒者赐衣粮。"其三,"羽府藏财宝,皆封闭以待权至。"其四,厚待关羽的人,"羽还,在道路,数使人与蒙相闻,蒙辄厚遇其使,周游城中,家家致问,或手书示信。羽人还,私相参讯,咸知家门无恙,

---

① 《三国志·魏书·赵俨传》。

见待过于平时，故羽吏士无斗心。"①

不久，孙权带兵至江陵（南郡），刘备所置荆州将吏"悉皆归附"。据说，只有治中从事潘浚"称疾不见"，于是孙权"遣人以床就家舆致之（意谓派人到家里用床抬到车子上拉回来。床，坐具），浚伏面著床席不起，涕泣交横，哀哽不能自胜。权呼其字与语（称字，表示尊敬），慰谕恳恻，使亲近以手巾拭其面。浚起，下地拜谢，即以为治中，荆州军事，一以谘之。"随后，潘浚为孙权带兵五千，平定了"武陵部从事樊伷"。当时樊伷正"诱导诸夷，图以武陵附汉中王（刘）备"。

十一月，刘备所置宜都太守樊友弃郡而逃，"诸城长吏及蛮夷君长皆降于（陆）逊"。陆逊即遣将军李异、谢旌等率领三千人，断绝险要，先攻蜀将詹安、陈凤，又攻蜀置房陵太守邓辅、南乡太守郭睦，均大破之。据载，秭归大姓文布、邓凯等合夷兵数千人，声援蜀军，也被打败了："（陆逊）复部（谢）旌讨破布、凯。布、凯脱走，蜀以为将。逊令人诱之，布帅众还降"。真可谓兵败如山倒。短短的时间之内，陆逊"前后斩获招纳，凡数万计"②。孙权因而加封陆逊为右护军、镇西将军，进封娄侯。

至此，刘备、关羽在荆州，既失地盘，又失将吏，更失民心，一种难挽狂澜于即倒的危势形成了。

关羽"自知孤穷，乃走麦城（今湖北当阳东南），西至漳乡，众皆委（弃）羽而降。"③或谓："关羽还当阳，西保麦城，权使诱之，羽伪降，立幡旗、为象人（假人）于城上，因遁走，兵皆解散，尚十余

---

① 《三国志·吴书·吕蒙传》。
② 《三国志·吴书·陆逊传》；《资治通鉴》卷68。
③ 《三国志·吴书·吕蒙传》。

骑。"①这就是说，关羽已经众叛亲离了。

孙权料关羽必将逃走，先使朱然、潘璋在麦城周围设伏，"断其径路"。关羽士卒解散，孤城难保，不得已率领仅有的十余骑逃出麦城，结果在漳乡（一说走到临沮。漳乡、临沮均在当阳境内），被孙权的伏兵、潘璋的司马马忠等截获。关羽及其养子关平、都督赵累等均被斩首。

《三国志·关羽传》注引《蜀记》说："权遣将军击羽，获羽及子平。权欲活羽以敌刘、曹，左右曰：'狼子不可养，后必为害。曹公不即除之，自取大患，乃议徙都。今岂可生！'乃斩之。"南朝宋人裴松之认为这条记载不可靠，他说："按《吴书》：孙权遣将潘璋逆断羽走路，羽至即斩，且临沮去江陵二三百里，岂容不杀羽，方议其生死乎？又云'权欲活羽以敌刘、曹'，此之不然，可以绝智者之口。"揣度之，吴将"截获"关羽，没有权利擅杀，况且马忠只不过是一位低级将领，所以需经孙权批准而杀之的情节是合理的；就两地距离来说，孙权既临前线，就在南郡（按：当阳属南郡），沮漳水到孙权本营（江陵）不会超过50公里，所以先请示而后杀之是不困难的。况且，《三国志·吴书》诸传实际都没有裴松之所谓关羽被捉后即为马忠或潘璋斩首的记载，如《吴主传》说，建安二十四年十二月，"璋司马马忠获羽及其子平、都督赵累等于章乡，遂定荆州。"《潘璋传》也仅说："权征关羽，璋与朱然断羽走道，到临沮，住夹石。璋部下司马马忠禽羽，并羽子平、都督赵累等。"前者用"获"字，后者用"禽"字，均无"即斩"一说。而《吴范传》更是反映了孙权离前线不远而焦急等待消息的心情："权使潘璋邀其径路，觇候者（探子）还，白羽已去。范曰：'虽去不免。'问其期，曰：'明

① 《三国志·吴书·孙权传》。

204

日日中。'权立表下漏以待之。及中不至,权问其故,范曰:'时尚未正中也。'顷之,有风动帷,范拊手曰:'羽至矣。'须臾,外称万岁,传言得羽。"所以,"羽至",而最终由孙权决定斩杀的记载是正确的。

关羽被杀是建安二十四年十二月的事。孙权为了表示对刘备的不承认,即以被刘备废逐的原益州牧刘璋再为益州牧①。

关羽死后,孙权既感除掉大患,又感问题严重。从战略上考虑,他不能不把曹操拉上。他要制造假象表明自己是奉曹操的命令而袭杀关羽的,据《三国志·关羽传》注引《吴历》说:孙权把关羽的首级送给了曹操,而以"诸侯礼葬其尸骸"。

关羽既已授首,曹操加紧了对孙权的笼络,即表孙权为骠骑将军,假节,领荆州牧,封南昌侯。孙权因知孙、刘之战势不可免,则亦主动上书向曹操称臣。

关羽失荆州,刘备应当承担责任

关羽失败被杀,失掉荆州,既有客观的原因,也有主观的原因。

客观上,第一,吴魏暂时联合所形成的合力,很快使荆州局域内力量的对比发生了根本性变化;第二,曹操的包围与反包围策略的运用,使关羽很快由外线作战变为内线作战;第三,孙权及其重将陆逊、吕蒙久所筹谋的计策突然付诸实施,陡然使关羽面临两面作战的局面。

主观上,固然有关羽本身的原因,这就是:第一,不善谋略,心无全局,遣兵部将不留后路,行动跟着感觉走;第二,不谙兵法,使

---

① 《三国志·蜀书·刘璋传》:"先主迁璋于南郡公安,尽归其财物及故佩振威将军印绶。孙权杀关羽,取荆州,以璋为益州牧,驻秭归。"不久,璋卒,孙权"复以璋子阐为益州刺史,处交、益界首"。

自己陷入两面作战之中;第三,缺乏自知之明,刚愎自用;第四,缺乏应变之智,身为军帅,而不知"知己知彼"之要,数万之众竟猝然败于"诈谋"和"奇袭";第五,不恤部众,威以待下,常使部属处于畏惧之中,一旦有变,士心自解。

但是,必须看到,关羽是按照刘备、诸葛亮的总的战略部署行事的。因此,我们让关羽承担主要的历史责任是不公平的。

跨有荆、益,是刘备、诸葛亮的既定目标。"天下有变,则命一上将将荆州之军以向宛、洛"是在《隆中对》中说明白了的。刘备取得汉中后,又取得了上庸、房陵,控制了沔水上游,而关羽北上取襄阳,正是刘备试图有效控制荆州北部的战略组成部分。事实上,在没有处理好同孙权的关系时,贸然大举振兵襄樊,自然就引起了孙权的紧张,促成了曹操与孙权的联合,进而使孙权觉得不打败关羽不足以自安。此其一。其二,如此大的军事行动,为了确保其成,应该预为北自沔(汉)水、西由长江顺流而下大举声援之谋,至少应该授予关羽调动汉沔住兵的权力,以应急需。而刘备、诸葛亮同关羽一样,已经陶醉于"自许以南,望风景附"和关羽"威震华夏"的神话中,根本没有虑及失败、甚至残败的问题,便放手让关羽独自去做了。其三,刘备、诸葛亮均知关羽勇猛有余而智谋不足及其刚愎自用的性格缺点,在行动之前竟然不为置佐。所以,失荆州,刘备、诸葛亮不能辞其咎。从国之大计和战略上说,他们应该承担主要责任。

卢弼《三国志集解》注引黄恩彤的话说得很对:"……自许以南,望风景附,史称其(关羽)威震华夏,此破竹之势,千载一时也。乃蜀之君臣但喜其胜,不虞其败。权以陆逊屯漳口、吕蒙用奇兵而蜀不防;操以徐晃为将军将殷署等十二营之兵以救樊城,而蜀不闻遣一将增一旅以援羽,致使徐晃掎之于前,吕(蒙)、陆(逊)蹑之于后,首尾狼狈,势遂不支,岂非失事机也哉。"

失掉荆州深深地制约了蜀汉以后的发展。从而,基本注定了蜀汉只能偏安一隅的历史局面。对此,前引同书中黄恩彤的分析也是对的:"厥后武侯(诸葛亮)北征,屡出祁山,功卒不就,则以荆州既失,宛洛路梗,不克别遣一军,两道并进以分敌之势而张我之气也。以武侯之才,措置荆州乃不能如其隆中之初计……"

四、用人欠思虑,再失三郡地

关羽败死以后不久,刘备又把刚刚取得的可由汉中东击曹魏、南趋江陵的战略要地房陵、上庸、西城三郡丢失了。这件事,追其根源,刘备、诸葛亮也要承担责任。

前文述及,建安二十四年,刘备命宜都太守孟达从秭归北攻房陵,并取上庸、西城地。这在战略上,不失为一项重大的正确决策。

但是,正当孟达自我感觉甚好、谋取上庸的时候,刘备却表现出了对孟达的不信任,"阴恐(孟)达难独任",又遣养子、副军中郎将刘封自汉中顺沔(汉)水而下,"统(孟)达军,与达会上庸",从而夺了孟达的军事统制权。这样做的结果是,最终导致了孟达、刘封不和,伏下了孟达叛归曹魏的危机。

刘封受命统领孟达所部,与孟达会攻上庸,曹魏所置上庸太守申耽率众投降。申耽"遣妻子及宗族诣成都",刘备加封耽为征北将军,"领上庸太守、员乡侯如故",同时以耽弟申仪"为建信将军、西城太守"。刘封由副军中郎将升迁为副军将军。孟达虽然在攻取房陵、上庸、西城三郡地时不无战功,但无所进阶。

房陵诸郡,地近襄阳,计程不过一二百公里,最便出兵东向,因此关羽围攻樊城、襄阳时,情势紧急,"连呼封、达,令发兵自助"。

但刘封、孟达正处在统制与反统制的斗争中,而且也没有得到刘备的直接号令,所以不愿东出,自然也有理由不听关羽的调遣,因而"辞以山郡初附,未可动摇,不承羽命"。

关羽失败被杀后,刘备极恨刘封、孟达不救关羽。不久,后台很硬的刘封完全剥夺了孟达的兵权。孟达既惧罪,又忿刘封夺其"鼓吹"(兵权象征),遂表辞刘备,率其所部投降了曹魏。①

孟达在其给刘备的长长的辞表中谈到自己的心情:"……臣委质以来,愆戾山积,臣犹自知,况于君乎!今王朝以兴,英俊鳞集,臣内无辅佐之器,外无将领之才,列次功臣,诚自愧也。臣闻范蠡识微,浮于五湖,咎犯谢罪,逡巡于河上。夫际会之间,请命乞身。何则?欲絜去就之分也。况臣卑鄙,无元功巨勋,自系于时,窃慕前贤,早思远耻。昔申生至孝见疑于亲,子胥至忠见诛于君,蒙恬拓境而被大刑,乐毅破齐而遭谗佞,臣每读其书,未尝不慷慨流涕,而亲当其事,益以伤绝。何者?荆州覆败,大臣失节,百无一还。惟臣寻事,自致房陵、上庸,而复乞身,自放于外。伏想殿下圣恩感悟,愍臣之心,悼臣之举。臣诚小人,不能始终,知而为之,敢谓非罪!臣每闻交绝无恶声,去臣无怨辞,臣过奉教于君子,愿君王勉之也。"②

可见,孟达是在满腹疑虑、自知难容的情况下,与其如申生(春秋时晋献公长子,被骊姬陷害,自杀)、伍子胥(春秋时吴国大夫,有战功,因谏阻夫差接受越王勾践投降,见疏,最后被赐死)、蒙恬(秦始皇大将,率三十万兵戍长城,被赵高、秦二世矫诏赐死)、乐毅(春秋时燕国大将,统五国军,攻下齐国七十余城,被疑,

---

① 以上《三国志·蜀书·刘封传》。
② 《三国志·蜀书·刘封传》注引《魏略》。

惧诛,逃亡赵国)那样等待悲惨的下场,还不如学习范蠡(春秋时越国大夫)、咎犯(春秋时晋国大夫)及早离开,另谋出路。就当时的情势言,为了生存计,他不得不选择投降他邦的道路。

由孟达降魏事可以见到,刘备、诸葛亮没能很好地处理危机关头将帅自疑的问题。

曹丕对于孟达来降非常高兴。《三国志·明帝纪》注引《魏略》说:"达以延康元年(公元202年)率部曲四千余家归魏。文帝时初即王位,既宿知有达,闻其来,甚悦,令贵臣有识察者往观之,还曰'将帅之才也',或曰'卿相之器也',王益钦达。"曹丕数与孟达书,言其欲见之情。孟达至谯见丕,史谓"进见闲雅,才辩过人,众莫不属目"。《三国志·刘封传》说,曹丕"善(孟)达之姿才容观,以为散骑常侍、建武将军,封平阳亭侯。合房陵、上庸、西城三郡为新城郡,以达领新城太守。"并亲自笔书令文说:"吾前遣使宣国威灵,而达即来。吾惟《春秋》褒仪父(按:仪父,春秋期间邾娄之君,归盟于鲁),即封拜达,使还领新城太守。近复有扶老携幼首向王化者。吾闻夙沙之民自缚其君以归神农(按:夙沙,古部落名。《吕氏春秋·用民》记谓:"夙沙之民,自攻其君而归神农。"),豳国之众襁负其子而入丰、镐(按:《史记·周本纪》说,周先祖古公亶父为避戎狄进攻,离开原住地豳[今陕西彬县]南下,止于岐下,"豳人举国扶老携弱,尽复归古公于岐下"),斯岂驱略迫胁之所致哉?乃风化动其情而仁义感其衷,欢心内发使之然也。以此而推,西、南将万里无外,(孙)权、(刘)备将与谁守死乎?"①

随后,曹丕遣征南将军夏侯尚、右将军徐晃,与孟达联兵共袭刘封。孟达给刘封送去了一封劝降信,出于离间的目的,讲述了刘

---

① 《三国志·魏书·文帝纪》注引《魏略》。

封的危险处境，指出"势利所加，改亲为仇，况非亲亲乎（指刘封非刘备亲生子）！"并说："智贵免祸，明尚夙达（夙达，早做到），仆揆汉中王（指刘备）虑定于内，疑生于外矣。虑定则心固，疑生则心惧，乱祸之兴作，未曾不由废立之间（挑拨）也。私怨人情，不能不见，恐左右必有以间于汉中王矣。然则疑成怨闻，其发若践机耳（意谓身临危急之境）。今足下在远，尚可假息一时。若大军遂进，足下失据而还，窃相为危之。"进而从思想感情上刺激刘封，指出："今足下弃父母而为人后，非礼也；知祸将至而留之，非智也；见正不从而疑之，非义也。自号为丈夫，为此三者，何所贵乎？以足下之才，弃身来东，继嗣罗侯（按：刘封本罗侯寇氏子），不为背亲也；北面事君，以正纲纪，不为弃旧也；怒不致乱，以免危亡，不为徒行也。"然后说以前途：一是降魏拜将封侯，语谓："加陛下（曹丕）新受禅命，虚心侧席，以德怀远，若足下翻然内向，非但与仆为伦，受三百户封，继统罗国而已，当更剖符大邦，为始封之君"；二是顽固抵抗而被消灭，语谓："陛下（曹丕）大军，金鼓以震，当转都宛（今河南南阳）、邓（治今湖北襄阳北），若二敌不平，军无还期。"

刘封既为刘备养子，自然抱有不会受到刘备重处的幻想，因而没有接受孟达的劝降①。

但是，此前归附的魏将申耽、申仪兄弟，在魏国大兵压境的情况下，又先后叛蜀降魏了。魏以申耽为怀集将军，徙居南阳；申仪袭兄封号，为员乡侯，魏兴（即蜀西城）太守。

刘封在申仪的攻击下，"破走还成都"。既至，刘备即数刘封之罪责，一为"侵陵（孟）达"，致使孟达降魏；二为"不救（关）羽"，致使关羽败亡。但是不是将其处死，尚在犹豫。诸葛亮考虑得更

---

① 《三国志·蜀书·刘封传》。

远,"虑封刚猛,易世之后(指刘备死后)终难制御,劝先主因此除之"。意思很明白,就是深恐有朝一日刘封起兵谋位。刘备何尝不如此想,于是"赐封死,使自裁"。

刘封自杀时,不禁叹息说:"恨不用孟子度(达)之言!"①

据说,刘封既死,刘备为之流涕。此亦情理中事,当非假意。

孟达降魏,刘备尽失房陵等三郡地,在战略上失掉了由汉中东出、沿沔水而下东击曹魏、威胁孙吴的地理优势。历史影响仅次于失荆州。后来,诸葛亮对于孟达意欲叛魏归蜀的事亦乏战略的考虑,处理不当,致使自己谋伐曹魏的道路只存北出汉中一途。

孟达的下场也很不好。史载,孟达归魏,宠至曹丕与之"小辇同载",委以西南重任。魏国众臣,对此不满,"或以为待之太猥(猥,亲近),又不宜委以方任";曹丕则说:"吾保其无他。"及至曹丕,以及与孟达相善的桓阶、夏侯尚先后死去,孟达在魏立即失去了被信任的基础。再加,申耽、申仪兄弟暗中作梗,经常诬陷孟达,如史所载,"太和中,仪与孟达不和,数上言达有贰心与蜀"。在此情况下,孟达开始自疑了,"达自以羁旅久在疆场,心不自安"。

诸葛亮得知消息后,"阴欲诱之,数书招之",书中有谓:"……呜呼孟子(达),斯实刘封侵陵足下,以伤先主待士之义……寻表明之言,追平生之好,依依东望,故遣有书。"都护李严亦与书说:"吾与孔明并受遗诏,思得良伴。"据说,吴主孙权亦招孟达。

孟达上了诸葛亮的当,得书以后即回书"相与报答",书中有"辞欲叛魏"意。诸葛亮恨孟达之反复,且忧其为患,暗地遣郭模诈降于魏,故意把孟达意欲归蜀的消息泄露给魏兴太守申仪。申仪"与达有隙,密表达与蜀潜通",魏明帝让司马懿派人视察,并让

---

① 《三国志·蜀书·刘封传》。

孟达入朝,"达惊惧,遂反"。

司马懿写信给孟达挑明了他已被诸葛亮出卖的事,说:"将军昔弃刘备,托身国家。委将军以疆场直任,任将军图蜀之事,可谓心贯白日。蜀人愚智莫不切齿于将军。诸葛亮欲相破,惟苦无路耳。(郭)模之所言非小事也,亮岂轻之而令宣露,此殆(殆,危险)易知耳。"

孟达不悟,初则写信给诸葛亮说自己归蜀必能成功:"宛(时司马懿屯宛)去洛八百里,去此千二百里。吾闻举事,当表上天子,比相反覆,一月间也,则吾城已固,诸军足办。吾所在深险,司马公必不自来;诸将来,吾无患矣。"继则诧异司马懿进兵何其速,"及兵到,达又告亮曰:'吾起事八日而兵至城下,何其神速也!'"

无疑,司马懿在获得诸葛亮故意泄露的消息后,不仅给孟达写了信,同时亦即秘密发兵了。

太和二年(公元 228 年)春,司马懿攻新城,"诱达将李辅及达甥邓贤,贤等开门纳军。达被围旬有六日而败。"司马懿将孟达的首级送到洛阳示众,"焚其首于洛阳四达之衢"。

司马懿攻孟达时,诸葛亮坐视其败,史称:"亦以达无款诚之心,故不救助也"。[①]

呜呼!降国之将,不善自处,死亦宜矣。但是,意气用事,诸葛亮置唾手可得三郡重地于不顾,贻误国家大事,不亦过哉。

① 以上参见《三国志·魏书·明帝纪》并注引《魏略》;《三国志·蜀书·刘封传》、《费诗传》;《华阳国志·刘后主志》、《汉中志》。

第八章　蜀汉皇帝

一、武担祭天地，自为蜀汉皇帝

建安二十五年(黄初元年,公元 220 年)一月,曹操死了,曹丕继为魏王、汉丞相,领冀州牧;改元为(汉)延康元年。十月,曹丕迫汉献帝禅位,筑坛于繁阳(在今河南临颍境),"升坛受玺绶,即皇帝位",改汉延康元年为魏黄初元年。十一月,曹丕将被赶下台的汉献帝安置到远离洛阳的河内郡的山阳县(治今河南修武西北),食邑万户,称为山阳公,并给了点特殊"优待"条件:准其行汉正朔(使用汉纪年),以天子之礼郊祭,上书不称臣,同时封其四个儿子为列侯。

就在曹丕逼禅称帝前后的一段时间里,刘备与其僚属也开始了谋划称帝的活动。他们先是为尚未死去的汉献帝举行了一次丧仪,"或传闻汉帝见害,先主乃发丧制服,追谥曰孝愍皇帝"[1]。然后便仿照曹魏的做法,大造称帝的舆论。

中国历代皇帝喜欢自称为天子,所以上台前后,总是捏造或捕风捉影地制造一些假象,造一番"受天有命"(《尚书·咸有一德》)的舆论准备。商周如此,秦汉如此,曹丕如此,刘备亦如此。

于是,适应刘备称帝的需要,统治区以内"在所并言众瑞,日

---

[1]　《三国志·蜀书·先主传》。

213

月相属"。臣僚们纷纷从谶纬书籍和天象中撷取根据，上疏劝进。据载，在一个不长的时间里，竟有八百余人上书言说异象嘉瑞。其著者：

其一，议郎阳泉侯刘豹，青衣侯向举，偏将军张裔、黄权，大司马属殷纯，益州别驾从事赵莋，治中从事杨洪，从事祭酒何宗，议曹从事杜琼，劝学从事张爽、尹默、谯周等上言："臣闻《河图》、《洛书》，《五经》谶纬，孔子所甄，验应自远。谨案《洛书·甄曜度》曰：'赤三日德昌，九世会备，合为帝际。'《洛书·宝号命》曰：'天度帝道备称皇，以统握契，百成不败。'《洛书·录运期》曰：'九侯七杰争命民炊骸，道路籍籍履人头，谁使主者玄且来。'（刘备字玄德）《孝经·钩命决录》曰：'帝三建九会备。'"东扯西拉，谶纬书中的"备"字、"玄"字都被附会成刘备应该做皇帝的根据。①

其二，儒林校尉周群进言，大讲异瑞。一言气象，告示西南必有天子出，谓："臣父未亡时，言西南数有黄气，直立数丈，见来积年，时时有景云祥风，从璇玑（按指北斗星）下来应之，此为异瑞。又（建安）二十二年中，数有气如旗，从西竟东，中天而行，《（河）图》、《（洛）书》曰：'必有天子出其方'。"二言星象，认为五星追从岁星，当有圣主起此，说："加是年（指建安二十二年）太白（指金星，即启明星）、荧惑（火星）、填星（土星），常从岁星（木星）相追。近汉初兴，五星从岁星谋；岁星主义，汉位在西，义之上方，故汉法常以岁星候人主。当有圣主起于此州，以致中兴。时许帝（指汉献帝）尚存，故群下不敢漏言。顷者荧惑复追岁星，见在胃昴毕（胃、昴、毕，皆二十八宿之一）。昴毕为天网，《经》曰'帝星处之，众邪消亡'。圣讳豫睹，推揆期验，符合数至，若此非一。"三言圣

---

① 《三国志·蜀书·先主传》。

214

者顺天而行,落脚到刘备应该做皇帝上,说:"臣闻圣王先天而天不违,后天而奉天时,故应际而生,与神合契。愿大王应天顺民,速即洪业,以宁海内。"①显而易见,如此种种,统统是牵强附会。

其三,太傅许靖、安汉将军糜竺、军师将军诸葛亮、太常赖恭、光禄勋黄柱、少府王谋等写了总结性的劝进书,一称顺民心:"曹丕篡弑,湮灭汉室,窃据神器,劫迫忠良,酷烈无道。人鬼忿毒,咸思刘氏。今上无天子,海内惶惶,靡所式仰(意谓没有所仰仗的人)。"二言承天命:"群下前后上书者八百余人,咸称述符瑞,《图》、《谶》明征。间黄龙见武阳(今四川彭山东)赤水,九日乃去。《孝经·援神契》曰'德至渊泉则黄龙见',龙者,君之象也。《易·乾·九五》'飞龙在天',大王当龙升,登帝位也。又前关羽围樊、襄阳,襄阳男子张嘉、王休献玉玺,玺潜汉水,伏于渊泉,晖景烛耀,灵光彻天。夫汉者,高祖本所起定天下之国号也,大王袭先帝轨迹,亦兴于汉中也。今天子玉玺神光先见,玺出襄阳、汉水之末。明大王承其下流,授与大王以天子之位,瑞命符应,非人力所致。昔周有乌鱼之瑞(相传周武王伐纣时有乌鱼跃入舟),咸曰休哉②。二祖(指刘邦、刘秀)受命,《图》、《书》先著,以为征验。今上天告祥,群儒英俊,并起《河》、《洛》,孔子谶、记,咸悉具至。"三谓当今天子非刘备莫属:理由之一是刘备身世"出自孝景皇帝中山靖王之胄,本支百世,乾祇降祚";理由之二是刘备本身的条件,足可继承刘邦、刘秀的事业,"圣姿硕茂,神武在躬,仁覆积德,爱人好士,是以四方归心焉。考省灵图,启发谶、纬,神明之表,名讳昭著。宜即帝位,以纂(继承)二祖。绍嗣昭穆(意谓继承汉统。

---

① 《三国志·蜀书·先主传》。

② 《史记·周本纪》记述武王伐殷,"渡河,中流,白鱼跃入王舟中";"既渡,有火自上复于下,至于王屋,流为乌"。

古代宗法制度,宗庙或坟墓按辈分排列,左称昭,右称穆),天下幸甚。"最后,他们向刘备报告,已经做好了即位大典的一切准备:"臣等谨与博士许慈、议郎孟光,建立礼仪,择令辰,上尊号。"①

当然,也有不识时务者,一是益州前部司马费诗上疏说:"殿下以曹操父子逼主篡位,故乃羁旅万里,纠合士众,将以讨贼。今大敌未克,而先自立,恐人心疑惑。昔高祖与楚约,先破秦者王。及屠咸阳,获子婴,犹怀推让,况今殿下未出门庭,便欲自立邪!愚臣诚不为殿下取也。"②二是尚书令刘巴和主簿雍茂,史称:"是时中夏人情未一,闻备在蜀,四方延颈。而备锐意欲即真(意即急于做皇帝),(刘)巴以为如此示天下不广,且欲缓之,与主簿雍茂谏备,备以他事杀茂,由是远人不复至矣。"费诗、雍茂、刘巴如同荀彧阻止曹操封公建国一样,自取其咎。费诗"由是忤指",被降了职,"左迁部永昌(今云南保山)从事";雍茂掉了脑袋;刘巴虽未见黜,但自此以后,惶恐万状,非常小心,"自以归附非素(意谓不是旧交密友),惧见猜嫌,恭默守静,退无私交,非公事不言。"③

刘备没有像曹操、曹丕那样为了把舆论声势造得更大而采取"三让而后就"的程序,但也假意表示"不许"。史载,"群下劝先主称尊号,先主未许"。因此,诸葛亮又从汉室皇族应该"绍世而起"和臣僚欲得"尺寸之功"的角度对刘备说了一番话:"昔吴汉、耿弇(二人东汉开国功臣)等初劝世祖(刘秀)即帝位,世祖辞让,前后数四,耿纯(东汉开国功臣)进言曰:'天下英雄喁喁(音yóng,喁喁,向慕),冀有所望。如不从议者,士大夫各归求主,无为从公(刘秀)也。'世祖感纯言深至,遂然诺之。今曹氏篡汉,天下无主,

———————————

① 《三国志·蜀书·先主传》。
② 《三国志·蜀书·费诗传》。
③ 《三国志·蜀书·刘巴传》并注引《零陵先贤传》。

大王刘氏苗族,绍世而起,今即帝位,乃其宜也。士大夫随大王久勤苦者,亦欲望尺寸之功如纯言耳。"①

魏黄初二年四月丙午(公元221年5月15日),刘备即皇帝位于成都武担之南②,大赦,建元章武③。由尚书令刘巴根据刘备意旨起草的祭天文诰特意突出了继统的合法性:

> 惟建安二十六年(时,建安年号已为曹丕所废)四月丙午,皇帝备敢用玄牡(黑色公牛),昭告皇天上帝后土神祇:汉有天下,历数无疆。曩者王莽篡盗,光武皇帝震怒致诛,社稷复存。今曹操阻兵安忍(依仗军队残忍成性),戮杀主后,滔天泯夏,罔顾天显。操子丕,载其凶逆,窃居神器。群臣将士以为社稷堕废,备宜修之,嗣武二祖(继承刘邦、刘秀),龚行(奉行)天罚。备惟否德(自谦品德不好),惧忝帝位。询于庶民,外及蛮夷君长,佥曰'天命不可以不答,祖业不可以久替(久替,废弃),四海不可以无主'。率土式望(全国仰望),在备一人。备畏天明命,又惧汉阼将湮于地,谨择元日,与百寮登坛,受皇帝玺绶。修燔瘗(烧柴祭天埋物祀地),告类(祭天的祭祀名)于天神,惟神飨祚于汉家,永绥四海!④

曹丕称帝,汉统不存,以刘备之出身,祖承二祖(刘邦、刘秀),理直气壮地继承大统而为皇帝,正是刘备的优势所在。他不仅因

---

① 《三国志·蜀书·诸葛亮传》。吴汉、耿弇、耿纯皆东汉初期名将,力劝刘秀做皇帝,《后汉书》有传。

② 《三国志·蜀书·先主传》注引《蜀本纪》说:"武都有丈夫(男子)化为女子,颜色美好,盖山精也。蜀王娶以为妻,不习水土疾病欲归国,蜀王留之,无几物故。蜀王发卒之武都担土,于成都郭中葬,盖地数亩,高十丈,号曰武担也。"裴松之说:"武担,山名,在成都西北,盖以乾位在西北,故就之以即阼。

③ 此前,刘备沿用汉献帝建安年号。

④ 《三国志·蜀书·先主传》。

此赢得当时一些拥汉念汉的人的同情和拥护，而且也因此被封建时代的一些历史家奉为正统。

论者常说，古代历史著作，包括《资治通鉴》在内都是以曹魏为正统的，只是南宋以后人们受朱熹《通鉴纲目》以及南宋偏安江南的事实的影响，才将曹操斥为篡逆，"帝蜀"而"寇曹"。实则不然。开其先者当为晋人习凿齿。习凿齿，襄阳人，博学洽闻，以文笔著称，著《汉晋春秋》。他有两个重要观点，第一，三国时以蜀为正。他说："于三国之时，蜀以宗室为正，魏武虽受汉禅晋，尚为篡逆"；又说，"自汉末鼎沸五六十年，吴魏犯顺而强，蜀人杖正而弱"。可见他是以蜀为正统的；第二，在继统关系上，他主张"皇晋宜越魏继汉"，试图把魏抹去，由晋直接承汉。他的理由是，"汉氏失御，九州残隔，三国乘间，鼎峙数世，干戈日寻，流血百载，虽各有偏平，而其实乱也。……除三国之大害，静汉末之交争，开九域之蒙晦，定千载之功者，皆司马氏也。而推魏继汉，以晋承魏，比义唐虞，自托纯臣，岂不惜哉！"他认为，曹魏没有资格继汉为正统。他说："今若以魏有代王之德，则其道不足；有静乱之功，则孙刘鼎立。道不足则不可谓制当年，当年不制于魏，则魏未曾为天下之主；王道不足于曹，则曹未始为一日之王矣。"习凿齿甚至不承认司马氏立功于魏，而认为"宣皇祖考（司马懿）立功于汉。"[①]可见，习凿齿的封建正统观念是非常强的。为争正统，不惜曲解历史。

司马光《资治通鉴》形式上奉魏纪年而没有采用蜀汉纪年，但实际上也没有奉曹魏为正统。我曾在《曹操传》一书中指出：司马光在刘备即位改元的记载后，写上了一篇很长的议论，其中有云："及汉室颠覆，三国鼎峙。晋氏失驭，五胡云扰。宋、魏（指南北朝

---

① 《晋书·习凿齿传》。

218

时之宋、魏）以降，南北分治，各有国史，互相排黜，南谓北为索虏，北谓南为岛夷，朱氏（指朱温，建后梁）代唐，四方幅裂，朱邪（指李克用，建后唐）入汴，比之穷、新（指将朱梁比之于有穷篡夏、王莽篡汉），运历年纪，皆弃而不数，此皆私己之偏辞，非大公之通论也。臣愚诚不足以识前代之正闰，窃以为苟不能使九州合为一统，皆有天子之名而无其实者也。虽华夏仁暴，大小强弱，或时不同，要皆与古之列国无异，岂得独尊奖一国谓之正统，而其余皆为僭伪哉！"司马光的意见很明确，"不能使九州合为一统"，都是徒有天子之名而无其实，因而不能"独尊奖一国谓之正统"。既然如此，那为什么以曹魏纪年继汉呢？司马光认为："然天下离析之际，不可无岁、时、月、日以识事之先后。据汉传于魏而晋受之，晋传于宋以至于陈而隋取之，唐传于梁以至于周而大宋承之，故不得不取魏、宋、齐、梁、陈、后梁、后唐、后晋、后汉、后周年号，以纪诸国之事，非尊此而卑彼，有正闰之辨也。"司马光指出，"昭烈（刘备）之于汉，虽云中山靖王之后，而族属疏远，不能记其世数名位……是非难辨，故不敢以光武及晋元帝为比，使得绍汉氏之遗统也。"这说明，司马光采用曹魏纪年，只是为了记事的便利。但是，从他的大段表白中又能看出，虽然不以蜀汉继承两汉遗统，却又隐含了一些"帝蜀"的因素。及至南宋，朱熹作《通鉴纲目》，便径改《资治通鉴》以曹丕黄初承汉建安的纪年关系而为刘备章武承汉建安纪年。显然，这是不科学、不严肃的。历史的事实是，曹操死于建安二十五年正月，曹丕办完了丧事，继为丞相、袭爵魏王，当月改元为（汉）延康元年；十月受汉禅，废汉纪元而为魏纪元，即黄初元年。一年之内，三个年号，两次改元：（汉）建安——（汉）延康——（魏）黄初。三个年号，前后紧相衔接。而章武是刘备于黄初二年四月称帝后的年号，若以章武承建安，中间要断时数月，出现了时间上的空档。

二、浮躁情绪下的政权建设

刘备称帝前后,君臣上下都被一种复仇的情绪激励着,急于谋兵东伐,因而在他做皇帝的两年时间里,不仅军事上惨遭失败,而且在政治、经济、文化等诸多领域,都没有重大建树。

建立丞相政制

刘备即位,宣布"以诸葛亮为丞相,许靖为司徒"。就当时的实际情况看,他虽然以许靖为司徒,但并没有意思建立完整的三公制,基本上采用的是丞相政制。所以他让诸葛亮为丞相,录尚书事,假节,赋予了很大权力。

刘备在策命诸葛亮为丞相的命文中说:"朕遭家不造,奉承大统,兢兢业业,不敢康宁,思靖百姓,惧未能绥(绥,安抚)。於戏(感叹词。於,音wù)!丞相亮其悉朕意,无怠辅朕之阙,助宣重光,以照明天下,君其勖(勉)哉!"①可见,丞相被放在助理万机的地位。

诸葛亮既为丞相,为什么还要"录尚书事,假节"呢?这是因为刘备在世时,诸葛亮虽为丞相,但还没有让他"开府"(诸葛亮以丞相开府治事是在刘备死后)。不开府,就不能设置僚属,也不便总统百官。所以刘备采取了一种变通的行之有效的"录尚书事"的制度。

汉时尚书本是少府属官,尚书令的官秩也不过六百石,后因接

---

① 《三国志·蜀书·诸葛亮传》。

近皇帝的关系,权力日大,官秩日加,地位日隆,以至"总典纲纪,无所不统"(《汉官仪》),成了实际上的丞相。因此,两汉期间,不论是三公九卿,还是其他文官武将,要掌握实际权力,往往要加"领尚书事"、"平尚书事"、"视尚书事"或"录尚书事"的头衔。有了这样的头衔就可以以皇帝的最高代理人主持尚书台的一切政事。假节就是持节,节指符节,是君主授予的权力象征,假节就等于是手里握着尚方宝剑。

但是,我们不能不注意到刘备封诸葛亮为丞相而不让其"开府"这件事的玄机。它隐含着刘备的无奈和担心大权旁落以及对诸葛亮的不完全信任。所谓无奈,第一,就当时情势言,国家初立,没有条件建立三公制的政制,建立丞相制度是他的惟一选择;第二,就丞相人选言,除了军师将军诸葛亮以外,无人堪当此任。

许靖为司徒,刘备的命文说:"朕获奉洪业,君临万国,凤宵惶惶,惧不能绥。百姓不亲,五品(即五常,五伦)不逊,汝作司徒,其敬敷五教,在宽。君其勖哉!秉德无怠,称朕意焉。"①这篇基本内容抄自《尚书·舜典》的命文,就是要许靖像契受命于虞舜一样,主管民政方面的一些事。并且指明了治民的方针是"敬敷五教,在宽"。五教,即儒家所倡导的封建伦理"五常"之教:父义、母慈、兄友、弟恭、子孝。在宽,就是取《论语》中所说"宽则得民"之义。实际上,如同后汉时代的三公一样,没有多少实际的权力。当时,许靖年龄已逾七十,"爱乐人物,诱纳后进,清谈不倦",虽然无意于权力,但名气很大,刘备授以司徒,纯属摆个样子给大家看的。

《三国志·先主传》又言其"置百官,立宗庙,祫(音 xiá,祭祀名。将祖先牌位集合在一起祭祀)祭高皇帝(刘邦)以下"。《华阳

---

① 《三国志·蜀书·许靖传》。

国志·刘先主志》说"立宗庙,袷祭高皇帝、世祖光武皇帝",没有提到"置百官"三字。后者是对的。"置百官"通常是指一个新的封建政权建立时对于机构和官员的全面规划和配置。刘备称帝后,匆匆间除宣布以马良为侍中,何宗为鸿胪,杨仪为尚书,其他各官大都依汉中王时所封,没有来得及更多地考虑百官建设,便东征了,所以谈不上全面的"置百官"的问题(按:在特定情况下,"置百官"一词也可以是虚的,主要用来表明一个自主的独立政权的产生)。

当然,这并不影响蜀汉政权的运转,因为刘备为汉中王时设官已经"同制京师","百官皆如朝廷"。汉中王属官,自然也就是蜀汉皇帝"百官"了。依此观之,可以查知的刘备称帝后的蜀汉中央机构及其人员配置概略如下:

丞相诸葛亮——尚书令刘巴——尚书杨仪

司徒许靖

大鸿胪何宗

太常赖恭

光禄勋黄柱

少府王谋

侍中廖立、马良

治中从事杨洪、黄权

议郎许慈、孟光、刘豹、向举

议曹从事杜琼

劝学从事张爽、尹默

从事祭酒秦宓、程畿

祭酒射援

从事王甫、李朝

太中大夫宗玮

这是个很不全面的名单。有些人由于失其行事,书不为传,难得知其所为。但也足可使人体会到刘备即位后忙于备战,政权建设是很不健全的。若与曹操建国和曹丕称帝时的政权建设之较为完备相比,可谓是天壤之别。

加强军事系统和地方政权的建设

刘备急谋东征,自然重视军事系统的建设和人员配备。前已述及,刘备为汉中王时,许多亲信和重要职官都被授予军职。即皇帝位后,又作了诸多调整。其中:

右将军张飞升为车骑将军,领司隶校尉,并由新亭侯进爵为西乡侯。刘备给张飞的策文说:"朕承天序(天序,指帝王世系。此指称自己是汉帝后代),嗣奉洪业,除残靖乱,未烛厥理(未明其理)。今寇虏作害,民被荼毒,思汉之士,延颈鹤望。朕用怛然,坐不安席,食不甘味,整军诰誓,将行天罚。以君忠毅,侔踪召虎(按:召虎,周代宣王时期名臣,曾带兵出征江汉地区),名宣遐迩,故特显命,高墉进爵(意谓在高位上再加封),兼司于京(指其兼任司隶校尉)。其诞将天威,柔服以德,伐叛以刑,称朕意焉。诗不云乎,'匪疚匪棘(不扰民不急躁),王国来极(按照王朝的政教办事)。肇敏戎功(勉力战功),用锡尔祉(用以赐你福祉)'。可不勉欤!"[1]

可见,刘备给了张飞以非常大的军事权力。不言而喻,车骑将军是在不设大将军情况下的最高军事将领[2]。那么,司隶校尉又

---

① 《三国志·蜀书·张飞传》。
② 汉制,最尊者为大将军,次为骠骑将军、车骑将军。

是个什么官呢？据《后汉书·百官四》称，司隶校尉比二千石，掌察举百官以下，及京师近郡犯法者。《后汉书》注引《汉仪》说，"职在典京师，外部诸郡，无所不纠"。《汉官仪》说，"司隶校尉纠皇太子、三公以下，及旁州郡国，无所统。"《通典·职官十四》也说，后汉"司隶校尉，所部河南尹、河内、右扶风、左冯翊、京兆尹、弘农，凡七郡，治河南洛阳。无所不纠，惟不察三公。"实际上，三公也在纠察之内。可见，司隶校尉是个握有实际权力的军政长官。所以，袁绍主盟讨伐董卓时，自为车骑将军，领司隶校尉；曹操为了达到"百官总己以听"的目的，也是自为车骑将军，录尚书事，领司隶校尉；后来，诸葛亮在张飞死后也领司隶校尉。这说明，刘备给了张飞以很大权力，是把诸葛亮、张飞作为文武两大臂膀使用的，是左右两手。而其宠信程度则远在诸葛亮之上。当然，蜀汉的司隶校尉，只能管益州界内事。

左将军马超升为骠骑将军，领凉州牧，由前都亭侯进封斄乡侯。刘备颁发的策文说："朕以不德，获继至尊，奉承宗庙。曹操父子，世载其罪，朕用惨怛（我因此悲伤），疢如疾首。海内怨愤，归正反本，暨于氐、羌率服，獯鬻慕义，以君信著北土，威武并昭，是以委任授君，抗飏虓虎（弘扬虎威。虓虎，怒吼的虎），兼董万里，求民之瘼（关心老百姓的疾苦）。其明宣朝化，怀保远迩，肃慎赏罚，以笃汉祜（祜，福），以对于天下。"[①]骠骑将军是与车骑将军同样重要的高级将领；凉州时属曹魏所有，所谓领凉州牧，只能是遥领。这说明，刘备是试图利用马超早年经营西北，"信著北土，威武并昭"的优势，授予一方之任，准备开拓西北疆域。

镇远将军魏延进拜为镇北将军，继督汉中，领汉中太守。

---

① 《三国志·蜀书·马超传》。

护军讨逆将军、国舅吴壹为关中都督。时关中并不在自己手里，预置都督遥领其地。这反映了刘备、诸葛亮对于汉中、关中地区的战略考虑。他们的目标是：东出战孙权，夺取荆州；北出战曹魏，据汉中，捣关中，谋取长安。

另，犍为太守、兴业将军李严加封辅汉将军，领郡如故。这说明了刘备对于成都周围地区的重视；也说明了他注意到对降将的重视。

其他已经获得杂号将军称号或荣誉称号者，如翊军将军赵云，安汉将军糜竺，昭德将军简雍，秉忠将军孙乾，军中郎将董和，安远将军邓方等皆如故。

刘备定蜀以后，赵云没有得到应有的信任、重视和升迁，甚至刘备生前竟然没有给他封侯，这大概是因为赵云常对刘备的政策和部署提出不同意见所致。

历史证明，一个新的统治政权建立或藩镇拥地自强，为了适应治民和军事的需要，往往要调整行政区辖。其重要措施之一，便是通过缩小、分置的办法，增置一些地方政权。西汉初期，益州仅有汉中、巴、蜀、广汉四郡；汉武帝时，又置犍为、牂牁、越嶲、益州四郡，共八郡。东汉末年，至刘璋被刘备赶下台止，益州则有十六郡国，计为：巴郡、巴东、巴西、蜀郡、汉中、广汉、犍为、牂牁、越嶲、益州、永昌、汶山、涪陵和广汉属国、蜀郡属国、犍为属国。蜀汉时期将其分置为二十二郡。据《晋书·地理（上）》载，刘备曾先后分巴郡，立固陵郡，又改固陵为巴东郡，巴西郡为巴郡，又分广汉立梓潼郡，分犍为立江阳郡，以蜀郡属国为汉嘉郡，以犍为属国为朱提郡。诸葛亮继续贯彻刘备的政策，改益州郡为建宁郡，广汉属国为阴平郡，分建宁、永昌立云南郡，分建宁、牂牁立兴古郡，分广汉立东广汉郡。另，《寰宇记》、《元和志》、《舆地纪盛》等还记载，刘备"又以巴西郡所管宣汉、宕渠二县置宕渠郡，寻省。后主延熙中又置，寻又省。"

可以查知的刘备生前所置郡守，略为（不完全）：汉中郡太守魏延（兼领），益州郡太守张裔（先曾一度为巴郡太守），蜀郡太守先法正，后杨洪、王连，犍为太守李严，江阳太守刘邕，汉嘉太守黄元，巴郡太守辅匡，巴西太守先后由向朗、吕乂、阎芝担任，江州都督费观（先为巴郡太守），广汉太守邓芝，梓潼太守霍峻（张翼继任），越嶲太守马谡，汶山太守陈震（转犍为太守），固陵（巴东）太守刘琰，牂牁太守向朗（先为巴西太守，转任牂牁，又徙房陵），朱提太守邓方，庲降都督先授邓方，后任李恢。

另，以廖化为宜都太守，以李恢领交州刺史，杨仪遥署弘农太守。……

备后宫，立太子

适时立皇后、立太子是封建时代涉及社稷安危的重大事情。历代建国和继承大统的君主无不重视。因此，刘备即位一个月后，即于章武元年五月辛巳（6 月 19 日），宣布立夫人吴氏为皇后，子刘禅为皇太子。同时为刘禅娶车骑将军张飞长女为太子妃。

皇后吴氏，陈留人。《三国志·蜀书》本传说，吴氏"兄吴壹，少孤，壹父素与刘焉有旧，是以举家随焉入蜀。"刘焉"闻善相者相后（指吴壹妹）当大贵"，于是为小儿子刘瑁纳为妻。刘瑁"狂疾物故"（意谓暴病而亡），吴壹妹寡居。刘备取得益州后，孙权遣人将孙夫人接回，群下知其不返，于是劝刘备聘吴壹妹为夫人。据载，刘备因为自己与刘瑁是同一族姓，有点犹豫，法正对刘备说："论其亲疏,何与晋文之于子圉乎?"①刘备顿觉心中坦然,于是纳为夫人。建安二十四年,吴氏被立为汉中王后,章武元年五月立为皇后,刘备发的策文说:"朕承天命,奉至尊,临万国。今以后为皇后。遣使持节丞相(诸葛)亮授玺绶,承宗庙,母天下,皇后其敬之哉!"以丞相持节授玺绶,可见礼仪之隆重。

群下为什么要劝刘备娶同姓刘瑁的遗孀吴氏为夫人,刘备又为什么要一定以吴夫人为后,史无明记。揣度之,第一,甘夫人早故,孙夫人还吴后,刘备虽有嬖妾若干,但正室虚位,亟需填补;第二,原有妻妾,大都出身卑微,吴氏虽非名门,但从其父"素与刘焉有旧"这一点看,亦绝非寒族,况且其兄吴壹已被刘备封为护军讨逆将军,纳为正室,就门第而言可以说得过去(按:这一点,刘备远远不及曹操。曹操"婚姻不计门第",所以能以倡人卞氏为后);第三,吴氏既为夫人,便是刘备妻妾中地位最高的人,先为王后,继为皇后,都是顺理成章的事。至于刘备是否也有信相者之言的因素,或者是吴夫人姿质淑丽、聪慧出众而为刘备所爱,历史没有记载,难作重要依据,仅可视为一种微妙因素。

吴皇后没有亲生儿子。刘禅即位,尊她为皇太后,后兄吴壹官至车骑将军,封县侯,延熙八年,吴氏死,谥为穆皇后。

这里顺便谈一下刘备的其他妻妾。

史为立传者有甘氏,谥为昭烈皇后。据其本传载,"甘皇后,沛人也。先主临豫州,住小沛,纳以为妾。先主数丧嫡室,常摄内事。随先主于荆州,产后主。值曹公军至,追及先主于当阳长阪,于时困逼,弃后及后主,赖赵云保护,得免于难。"这条记载说明,

---

① 春秋时晋国惠公太子圉为质于秦,秦妻之以女,后来圉逃归。惠公卒,圉立,是为怀公,其伯公子重耳(即晋文公)浪游入秦,秦又以圉妻妻之。

刘备先后曾有数位嫡妻,但都不寿终,历史失其姓氏。甘氏"常摄内事",地位重要,但还算不上嫡室。建安十四年,甘夫人卒,葬于南郡。刘备称帝后的第二年,即章武二年,想起了这位太子的母亲,因而追谥为皇思夫人,决定迁葬于蜀。不幸,"未至而先主殂陨"。刘备死后,丞相诸葛亮给后主刘禅上奏说:"皇思夫人履行修仁,淑慎其身。大行皇帝(刘备)昔在上将,嫔妃作合,载育圣躬,大命不融。大行皇帝存时,笃义垂恩,念皇思夫人神柩在远飘飘,特遣使者奉迎。会大行皇帝崩,今皇思夫人神柩以到,又梓宫(棺材)在道,园陵将成,安厝(安葬)有期。臣辄与太常臣赖恭等议:《礼记》曰:'立爱自亲始,教民孝也;立敬自长始,教民顺也。'不忘其亲,所由生也。《春秋》之义,母以子贵。……今皇思夫人宜有尊号,以慰寒泉之思,辄与恭等案谥法,宜曰昭烈皇后。《诗》曰:'谷(榖,活着的时候)则异室,死则同穴。'故昭烈皇后宜与大行皇帝合葬,臣请太尉告宗庙,布露天下,具礼仪别奏。"自然,后主刘禅批准了诸葛亮的奏议。

史见其姓者还有麋氏。《三国志·麋竺传》载,"建安元年,吕布乘先主之出拒袁术,袭下邳,虏先主妻子。先主转军广陵海西,竺于是进妹于先主为夫人,奴客二千,金银货币以助军资。于时困匮,赖此复振。"可见,麋氏进身虽较甘氏为晚,但地位高于甘氏,是妻与妾的关系。

刘备四失妻子,建安元年是第一次,麋氏不在其内,随后"先主求和于吕布,布还其妻子";建安三年是第二次,吕布遣高顺击刘备,备败,高顺"复虏先主妻子送布"。后来,"曹公自出东征,助先主围布于下邳,生禽布。先主复得妻子,从曹公还许";建安五年是第三次,曹操东征刘备,刘备望见曹操旌旗,吓得慌不择路,"弃众而走",曹操"尽收其众,虏先主妻子,并禽关羽以归"。后来关羽归往刘备,是否带上了刘备的妻子,不见史籍记载。但刘备居荆州南阳期间,妻子们的确已同他生活在一起。就曹操之处事看,极大可能是曹操主动放归的;建安十三年是第四次,刘备败于当阳长阪,"弃妻子,与诸葛亮、张飞、赵云等数十骑走,曹公大获其人众辎重"[1]。甘氏得到赵云的保护,幸免于难;史籍没有提到麋夫人的下落,可能于此时罹难。刘备其人,为了"留得青山在",危难之际常常弃妻室于不顾,是耶,非耶,读者自可从不同的角度做出不同的分析。

另外,还有二位"母以子贵"者,但均失其姓氏,一生鲁王刘永,一生梁王刘理。度于情理,刘备既封其子,亦当爵赏其母。

※　　　　　※　　　　　※

根据立嫡立长的封建传统,刘备于建安二十四年立长子刘禅,即阿斗,为王太子;及即帝位,即发策命立为皇太子:"惟章武元年五月辛巳,皇帝若曰:太子禅,朕遭汉运艰难,贼臣篡盗,社稷无主,格人(有道之人)群正(众官),以天明命,朕继大统。今以禅为皇太子,以承宗庙,祗肃社稷。使使持节丞相亮授印绶,敬听师傅,行一物而三善皆得焉,可不勉与!"[2]"行一物而三善皆得",典出《礼记》。《礼记·文王世子》说:"君之于世子也,亲则父也,尊则君也,有父之亲,有君之尊,然后兼天下而有之。是故养世子,不可不慎也。行一物而三善皆得者,唯世子而已,其齿于学之谓也。"郑玄注谓"物犹事也";"三善"指父子之道、君臣之义、长幼之节。可见,策命的重点是要求刘禅"敬听师傅",好好学习,每做一事都要考虑有益于父子、君臣、长幼之道。意取"父子君臣长幼之道得而

---

① 以上《三国志·蜀书·先主传》并注。
② 《三国志·蜀书·后主传》。

国治"(《礼记》)之义。

刘备即位后，忙于备战，许多政府机构和官员不能尽备，但对辅佐太子诸官的人选倒是给予了特别的重视。可惜他对儿子的早期教育抓得太晚、太少了。未及儿子有成，溘然死去。刘禅性本愚钝，在没有得到应有的教育和锻炼的情况下，便登大宝，自然必是庸君一个。这是后话。

被选辅佐太子的人，大都学有根底、能有所长，而且显官于后，诸如：

董允为太子舍人，徙太子洗马。后来，历任黄门侍郎，侍中、领虎贲中郎将，加辅国将军，侍中守尚书令。

费祎，为太子舍人，迁庶子。后来，历官黄门侍郎、侍中、中护军、后军师、尚书令、大将军录尚书事。

霍弋"先主末年为太子舍人"。后主践阼，历官谒者、中庶子、护军、领永昌太守、建宁太守、安南将军。[①]

舍人、洗马、庶子皆为太子亲近侍从之官。刘备为什么选中董允、费祎等出任此职？这从诸葛亮给后主的上疏中可见一斑，疏说："侍中郭攸之、费祎，侍郎董允等，先帝简拔以遗陛下，至于斟酌规益，进尽忠言，则其任也。愚以为宫中之事，事无大小，悉以咨之，必能裨补阙漏，有所广益。若无兴德之言，则戮允等以彰其慢。"[②]"简拔"云云，说明是经过刘备认真挑选的。

同时，还把一些有学问的人安置在太子身边，诸如：

来敏，"先主定益州，署敏典学校尉，及立太子，以为家令"。敏，以耆宿学士见礼于世，"涉猎书籍，善《左氏春秋》，尤精于

---

① 《三国志·蜀书·霍弋传》。
② 《三国志·蜀书·董允传》。

《仓》、《雅》训诂,好是正文字"。家令虽秩千石,但地位重要,近侍左右,主掌仓谷饮食,实为太子宫事务总管。后历官虎贲中郎将、丞相军祭酒、辅军将军、光禄大夫等①。

尹默,刘备定益州,"以为劝学从事。及立太子,以默为仆,以《左氏传》授后主。"仆,秩千石,太子近臣,并主车马,职如太仆。尹默其人,"皆通诸经史,又专精于《左氏春秋》,自刘歆条例,郑众、贾逵父子、陈元、服虔注说,咸略诵述,不复按本。"后来,官至谏议大夫、丞相军祭酒、大中大夫②。

※　　　　　※　　　　　※

刘备几多儿子,史无记载。初有养子刘封,延康元年(建安二十五年,公元220年)已被"赐死"了。刘禅是其长子。另外见于《三国志·蜀书·二主妃子传》者,只有刘永、刘理。刘永,字公寿,"先主子,后主庶弟也";刘理,字奉孝,"亦后主庶弟也,与永异母"。既称"庶弟",绝非有的著作所说是吴皇后的儿子。

章武元年(公元221年)五月,刘备立太子之后不久,即于六月使司徒许靖立子永为鲁王,理为梁王。鲁、梁皆非蜀土,而且距益甚远,为之立王,均属遥领。正如《晋书·地理志》所说,刘备"以郡国封建诸王,或遥采嘉名,不由检土地所出"。刘备策刘永为鲁王的策文说:"小子永,受兹青土(青土,泛指东方日出之地。亦指古青州)。朕承天序,继统大业,遵修稽古,建尔国家,封于东土,奄有龟蒙(龟山、蒙山均在今山东境内),世为藩辅。呜呼!恭朕之诏!惟彼鲁邦,一变适道,风化存焉。人之好德,世兹懿美。王其秉心率礼,绥尔土民,是飨是宜(飨,吃饭;宜,做事),其戒之

---

① 《三国志·蜀书·来敏传》。
② 《三国志·蜀书·尹默传》。

哉！"同时,还发给刘理封土虽异但内容大体相同的策文。

这种空头的爵赏和策文,看来滑稽,但却有其一定的实际意义。最重要的一点是,它提高或承认了受爵者的地位。这是封建时代常有的爵赏形式。刘备首开其端,所以胡三省指出,"刘备以郡国封建诸王,孙权亦取中州嘉号封建诸王,自此迄于南北朝,大率如此。"

三、夷陵—猇亭之战

夷陵(亦作彝陵)—猇亭之战(简称夷陵之战或猇亭之战)是同官渡、赤壁两大战役齐名的重大战役。战争的结局都是以主动发起战争者的失败而告终。

战前各方的战略调整

关羽败死麦城后,蜀、吴都在为一场不可避免的复仇与反复仇的战争积极准备,魏国也因此而调整着自己的战略。

曹操亟望通过战争削弱蜀、吴的力量,因而鼓励战争的爆发,特表孙权为骠骑将军,假节,领荆州牧。曹丕继位后,利用两敌相持的时机,加速并实现了称帝的活动,拓展、巩固了西北边防,遏制刘备北向凉州地区的发展,同时不在魏、吴边境示兵,封孙权为吴王,鼓励孙权备战抗蜀。

孙权则更为主动地加紧同魏的联系,诸如:

(1)建安二十四年(公元 219 年)十二月,上书称臣,"称说天命",劝曹操做皇帝;

(2)遣校尉梁寓入贡;并派人入魏"市马";

(3)遣返前时(建安十九年闰四月)所获魏庐江太守朱光;

（4）延康元年（公元220年）七月，"遣使奉献"；

（5）同年十月，对于曹丕废汉献帝自立为魏帝的这样大事，西蜀反应强烈，大骂曹丕"载其凶逆，窃据神器"，不久刘备便自称帝，而孙吴却不做片言的公开反应；

（6）黄初二年（公元221年）八月，"卑辞奉章"，遣使向曹丕称臣，礼送前被关羽所获而后归吴的于禁回魏。

魏国侍中刘晔非常清楚地指出了孙吴"请降"的实质。《三国志·刘晔传》注引《傅子》载，"孙权遣使求降，帝（曹丕）问晔。晔（时为侍中）对曰：'权无故求降，必内有急。权前袭杀关羽，取荆州四郡，备怒，必大兴师伐之。外有强寇，众心不安，又恐中国（指魏）乘其衅而伐之，故委地求降，一以却中国之兵，二则假中国之援，以强其众而疑敌人。权善用兵，见策知变，其计必出于此。今天下三分，中国十有其八。吴蜀各保一州，阻山依水，有急相救，此小国之利也。今还自相攻，天亡之也。宜大兴师，径渡江袭其内。蜀攻其外，我袭其内，吴之亡不出旬月矣。吴亡则蜀孤。若割吴半，蜀固不能久存，况蜀得其外，我得其内乎！'"曹丕不听，遂受吴降。

（7）坦然地接受了曹丕所给的吴王封号。《三国志·吴主传》载，曹丕使太常邢贞持节封孙权为吴王，授予玺绶策书、金虎符、竹使符，以大将军持节督交州，领荆州牧事，加九锡。

对于加封孙权为吴王，魏、吴两方均有不同意见。魏国刘晔认为，"不得已受其降，可进其将军号，封十万户侯，不可即以为王也。夫王位，去天子一阶耳，其礼秩服御相乱也……我信其伪降，就封殖之，崇其位号，定其君臣，是为虎傅翼也。"[1]孙权群臣议，则

① 《三国志·刘晔传》注引《傅子》。

"以为宜称上将军九州伯,不应受魏封"。相对来说,孙权看得远些,他说:"九州伯,于古未闻也。昔沛公亦受项羽拜为汉王,此盖时益耳,复何损邪?"孙权此举,甚至受到后人的批评。历史评论家、晋人孙盛发过一通议论:"昔伯夷、叔齐不屈有周,鲁仲连不为秦民。夫以匹夫之志,犹义不辱,况列国之君,而可二三其节,或臣或否乎?余观吴蜀,咸称奉汉,至于汉代,莫能固秉臣节,君子是以知其不能克昌厥后,卒见吞于大国也。向使权从群臣之议,终身称汉将,岂不义悲六合,仁感百世哉!"①纯属书生之言,不足为训。

(8)受封之后,不仅立即派人"入谢",而且进献方物。《三国志·吴主传》注引《江表传》载,"是岁,魏文帝遣使求雀头香、大贝、明珠、象牙、犀角、玳瑁、孔雀、翡翠、斗鸭、长鸣鸡。"吴国群臣都不同意:"荆、扬二州,贡有常典,魏所求珍玩之物非礼也,宜勿与。"孙权力排众议,指出:"方有事于西北,江表元元,恃主为命,非我爱子邪?彼所求者,于我瓦石耳,孤何惜焉?彼在谅阇之中(指曹丕在居丧期间),而所求若此,宁可与言礼哉!"统统照单与之。

只有一点,孙权没有照办。孙权为王以后,即立其子登为太子,曹丕欲封登为万户侯,并试图引以为质,"权以登年幼,上书辞封"。

实践证明,孙权的决策是非常正确的,即以卑下之态,在一段不长的时间里有效地稳住了曹丕,从而得以专力对付刘备。

蜀是战争的发动者,但相对来说,刘备忙于称帝,却很少战略的考虑。对魏,他固然难谋进取,但也不思暂时缓和的策略,反使其得机平定了西北地方叛乱,从而构成了北面的后顾之忧;孟达降

---

① 《三国志·吴书·孙权传》注。

234

魏,丢失了东出的战略要地房陵、上庸、西城三郡;借称帝之机,大骂曹魏,将其置于"篡盗"的位置上,进一步构恶双方的关系。因此,刘备面临着两面备兵的军事局面。从战略上说,刘备即已先输一着。

战前吴蜀的军事备战

吴国君臣在战争问题上的认识比较一致,因而能够上下同心,协力备战。

(1)移都武昌,以利督战。孙吴本都建业(今南京),征战关羽期间,孙权亲临前阵至公安;此时又自公安徙都鄂(今湖北鄂城),改名武昌。都武昌而不返建业,不仅便于督战和临事决议,而且必给三军全力抗蜀以重大鼓舞。

(2)遣使请和,示弱于敌。史载,诸葛亮的兄长诸葛瑾"从讨关羽"有功,被孙权封为宣城侯,领南郡太守,住公安,直接与蜀军相拒。孙权向刘备求和,诸葛瑾受意给刘备写信说:"奄(忽然)闻旗鼓来至白帝,或恐议臣以吴王侵取此州,危害关羽,怨深祸大,不宜答和,此用心于小,未留意于大者也。试为陛下论其轻重,及其大小。陛下若抑威损忿,暂省瑾言者,计可立决,不复咨之于群后也(群后,指列国诸侯。此喻众大臣)。陛下以关羽之亲何如先帝?荆州大小孰与海内?俱应仇疾,谁当先后?若审此数,易于反掌。"刘备不听。

(3)重地部兵,严阵以待。《三国志·陆逊传》载,"刘备率大众来向西界,权命逊为大都督,假节,督朱然、潘璋、宋谦、韩当、徐盛、鲜于丹、孙桓等五万人拒之。"

具体部署是:大都督、右护军镇西将军陆逊驻守夷陵(今湖北宜昌东南),以为本营;第一道防线,振威将军、固陵太守潘璋守秭归,将军李异、郎将刘阿等守巫山(今重庆巫山)、巴山(今四川巴东东北)、兴山(今湖北兴山南)等地;第二道防线,安东中郎将孙桓守夷道(今湖北枝城西北),将军宋谦屯枝江(今湖北枝江东北),建武将军、庐江太守徐盛屯当阳;第三道防线,昭武将军朱然与偏将军领永昌太守韩当共守江陵,绥德将军领南郡太守诸葛瑾则屯守南岸公安,兴业都尉周胤(周瑜次子)率兵千人助守,建忠中郎将骆统屯孱陵(今湖北公安西南);另以平戎将军步骘率交州义士万人出长沙守益阳,武陵郡都尉鲜于丹守武陵,遥相策应。其余诸将大都随孙权驻守武昌,枕戈待命。

相对来说,主攻一方刘备却没有做出充分的准备。

其一,对于这场复仇战争的认识上下很不统一。

谋臣诸葛亮态度暧昧,明知难以取胜,却怀有冒险之思,所以不予切谏,客观上支持了刘备的错误行动。对此,就连甚慕诸葛亮之能的清代皇帝乾隆在《御批通鉴辑览》卷28中看到"群臣谏者甚众,帝(刘备)皆不听,乃留诸葛亮辅太子而自率诸军东下"时,也不由发出了疑问,说:"(诸葛)亮隆中之对已云吴可与为援而不可图,何此日东伐,竟不能止帝,至事后乃追思法正乎!"

宿将赵云持反对态度。《三国志·赵云传》注引《云别传》说赵云力谏,"国贼是曹操,非孙权也,且先灭魏,则吴自服。操身虽毙,子丕篡盗,当因众心,早图关中,居河、渭上流以讨凶逆,关东义士必裹粮策马以迎王师。不应置魏(置,搁置),先与吴战。兵势一交,不得卒解也。"刘备不听,不让赵云随征,而将其留督江州。

从事祭酒秦宓试图阻兵,陈说天时不利,被抓进了监狱。《华阳国志·刘先主志》载:"广汉秦宓上陈天时必无其利,先主怒,絷之于理(理,指狱官)。"

其二,过高地估计了自己的力量。此前刘备不仅获得了据有巴蜀的全面胜利,而且在对魏战争中也取得了许多成功,如前所述,先是张飞大破魏将张郃于宕渠;继而进屯阳平关,"南渡沔水,缘山稍前,营于定军山",破斩魏将夏侯渊;不久赵云又设伏击魏兵,"魏兵惊骇,自相蹂践,堕汉水中死者甚多"。一时间,刘备的心气甚足,甚至对于一向很怕的曹操也不放在眼里了,竟说"曹操虽来,无能为也",结果如愿以偿,"操与备相守积月,魏军士多亡(逃走)",曹操被迫率领诸军返回长安,刘备遂有关中①。如此诸多胜利,不仅使他敢于称王称帝,而且敢于指使或听任关羽攻取襄樊,对魏吴同时用兵。关羽虽然失败被杀了,但他仍认为自己的兵力远超于吴,无须做更多的准备,也无须进行必要的整军练兵活动,从而也不严肃地考虑周密的布兵、进军规划。

战争过程

刘备的称帝活动草草结束后,便于章武元年(魏黄初二年,公元221年)六月调动军队,七月正式率兵"东伐"。

(1)兵未动,张飞被部下杀死。

史载,刘备将东征以复关羽之耻,命张飞率巴西兵万人,自阆中(今四川阆中)会江州(今重庆),"临发,其帐下将张达、范强杀飞,顺流而奔孙权"。张飞、关羽都是刘备的心腹猛将,但他们各有一个突出的优点和缺点,即"羽善待卒伍而骄于士大夫,飞爱敬君子而不恤小人"。刘备常常告诫张飞说:"卿刑杀既过差,又日鞭挝健儿,而令在左右,此取祸之道也。"但张飞始终不知觉悟。据说,刘备忽闻有人报告,"(张)飞营军都督有表",即知张飞出了

---

① 《资治通鉴》卷69。

事,惊叹说:"噫!飞死矣。"①当时,张飞为车骑将军领司隶校尉,镇守巴西,是刘备的最高军事将领,亦当是伐吴的主将。无疑,张飞之死,不仅失去了一位人称"万人之敌"的将领、削弱了军事力量,而且也会极大地影响三军士气。

张飞死了,赵云又不重用,战将魏延、马超防魏于北,可用之兵和善战之将便可想而知了。

(2)初战胜利。

章武元年七月,刘备率诸军伐吴,孙权请和,刘备盛怒不许,遂自率兵四万余人,以将军吴班、冯习为左右领军,张南为前部,赵融、廖淳、傅肜(róng)各为别督,杜路、刘宁等各以所部随领军吴班及将军陈式等东征。尚书令刘巴,偏将军黄权,侍中马良,太常赖恭,光禄勋黄柱,少府王谋,大鸿胪何宗,太中大夫宗玮,从事祭酒程畿(继秦宓为从事祭酒),从事王甫、李朝等亦均随军出征②。首战,刘备自江州至白帝(今重庆奉节东),指挥所设在白帝,督令将军吴班、冯习攻吴将李异、刘阿所守巫与秭归。《三国志·先主传》说:"将军吴班、冯习自巫攻破异等,军次(军队驻扎)秭归。"取得了初战胜利。同时,"武陵五溪蛮夷遣使请兵"③,表示归顺效力。形势大好。

(3)长驱而进,欲战不能。

章武二年(公元 222 年)正月,刘备进驻秭归,继而大进。偏

---

① 参见《三国志·蜀书·张飞传》、《华阳国志·刘先主传》。

② 参阅《三国志·蜀书·先主传》、《华阳国志·刘先主传》;《中国历代战争史》(四),军事译文出版社 1983 年版,第 192 页。

③ 《三国志·蜀书·先主传》。五溪,《水经·沅水注》说,武陵有五溪,谓雄溪、樠溪、无溪、酉溪、辰溪,"蛮夷"(今苗、瑶族祖先)居此者,"故谓此蛮五溪蛮也"。

将军黄权深恐长驱有失,试图劝刘备稳扎稳打,因谏刘备说:"吴人悍战,又水军顺流,进易退难,臣请为先驱以尝(试探)寇,陛下宜为后镇。"刘备不仅不听黄权的意见,而且以为黄权阻军,即"以权为镇北将军,督江北军以防魏师",而"自在江南"①。刘备命令吴班、陈式水军攻夷陵。"将军吴班、陈式水军屯夷陵,夹江东西岸",控制了长江两岸和水道。并且"自佷山(今湖北长阳西。佷,音恒)通武陵,遣侍中马良安慰五溪"蛮夷",赐以金锦,授以官爵,因而五溪蛮夷"咸相率响应",从而增强了力量。

同年二月,刘备自秭归渡江东进,"率诸将进军,缘山截岭,于夷道猇亭驻营",而以"镇北将军黄权督江北诸军,相拒于夷陵道"②。双方展开了战略与战术的角逐。据载,夏五月,刘备从巫峡、建平(吴分宜都郡置建平郡,治今重庆巫山)连营至夷陵界,立数十屯,绵延七百里。陆逊大步后撤,坚守不战。刘备"先遣吴班将数千人于平地立营,欲以挑战";陆逊的将领们见吴班兵少,"皆欲击之",陆逊以为不可,对大家说:"备举军东下,锐气始盛,且乘高守险,难可卒攻,攻之纵下,犹难尽克,若有不利,损我大势,非小故也。今但且奖厉将士,广施方略,以观其变。若此间是平原旷野,当恐有颠沛交驰之忧,今缘山行军,势不得展,自当罢(罢,通疲)于木石之间,徐制其弊耳。"大家还是不理解,以为陆逊怯懦畏敌,"各怀愤恨"。刘备见计不得逞,遂将埋伏在山谷中的八千伏兵调出。陆逊借此因对诸将说:"所以不听诸君击班者,揣之必有巧故也。"③诸将始服。

刘备在攻夺猇亭的同时,另以将军张南为先锋,自秭归南岸长

---

① 《三国志·蜀书·黄权传》。
② 《三国志·蜀书·先主传》。
③ 《三国志·吴书·陆逊传》注引《吴书》。

驱东南,将孙权的侄子、安东中郎将孙桓所部万余人包围在夷道。孙桓求救于陆逊。陆逊说:"未可。"诸将说:"孙安东公族,见围已困,奈何不救?"陆逊回答说:"安东得士众心,城牢粮足,无可忧也。待吾计展,欲不救安东,安东自解。"据说,后来陆逊得计,刘备大溃,孙桓见到陆逊说:"前实怨不见救,定至今日,乃知调度自有方耳。"①

刘备以冯习为大督、张南为前部督的主力部队,自正月与吴相拒,至六月不决。

(4)猇亭兵败,仓皇遁归。

《三国志·吴主传》载:"蜀军分据险地,前后五十余营,逊随轻重以兵应拒"。陆逊先以轻兵试敌,派部将宋谦等攻刘备五屯,"皆破之,斩其将"。陆逊逐步认清了刘备的弱点,一个完整的破敌计划渐趋完成。因而给孙权上疏,剖析敌我形势说:"夷陵要害,国之关限,虽为易得,亦复易失。失之非徒损一郡之地,荆州可忧。今日争之,当令必谐。备干天常,不守窟穴而敢自送。臣虽不材,凭奉威灵,以顺讨逆,破坏在近。寻备前后行军,多败少成。推此论之,不足为戚。臣初嫌之水陆俱进,今反舍船就步,处处结营,察其布置,必无他变。伏愿至尊高枕,不以为念也。"陆逊所言,要在三不:一为夷陵不可失,失之荆州难保;二为刘备不可怕,因为他既违天时地利之宜,又乏用兵之能。的确是这样,刘备一生置身军旅,名气也不小,但打胜仗的时候少,临战败走的时候多。现在又舍船就步,处处结营,而且所置营寨,缺乏应战之变,破之不难。三为安定孙权,让他高枕无忧,"不以为念"。

---

① 《三国志·吴书·陆逊传》。

闰六月,陆逊决定反攻。诸将感到困惑,表示疑义,齐声说:"攻备当在初,今乃令入五六百里,相衔持经七八月,其诸要害皆以固守,击之必无利矣。"陆逊对大家说:"备是猾虏,更尝事多(尝事,经历),其军始集,思虑精专,未可干也(干,干犯)。今住已久,不得我便,兵疲意沮,计不复生,掎角此寇,正在今日。"陆逊先令部队攻刘备一营,试其兵力虚实,观其营寨设施,结果"不利"。诸将皆表示不满说:"空杀兵耳。"(意谓白白让士兵送死)但陆逊却从战斗中得到了有益的启发,因而高兴地对大家说:"吾已晓破之之术。"于是命令士兵"各持一把茅,以火攻拔之。一尔势成,通率诸军同时俱攻"。结果获得大胜。

据载,吴振威将军潘璋"斩备护军冯习等,所杀伤甚众";昭武将军朱然,"攻破备前锋,断其后道,备遂破走",并与偏将军韩当等"共攻蜀军于涿乡(今湖北枝城西北),大破之";安东中郎将孙桓"投刀奋命,与逊戮力,备遂得免";绥南将军诸葛瑾、建忠郎将骆统、兴业都尉周胤亦皆率其所部自公安、孱陵(今湖北公安西)进击猇亭。吴军主力在陆逊的号令下,齐集猇亭,大战刘备,连破蜀军四十余营。刘备主将张南、冯习等及胡王沙摩柯战死,将军杜路、刘宁等穷途末路投降了东吴①。

刘备猇亭大败,退守马鞍山(今湖北枝城西、长阳南),"陈兵自绕"(意为周围布兵设防,以为自卫)。陆逊紧逼山下,将其团团围住。《三国志·陆逊传》载,"逊督促诸军四面蹙之,(刘备)土崩瓦解,死者万数"。刘备自知难于在马鞍山立足,即趁夜黑率轻骑突围,向西北方向遁逃。士兵溃散,幸得"驿人自担烧铙铠断后",

---

① 以上参见《三国志·吴书·陆逊传》、《潘璋传》、《朱然传》、《孙桓传》、《诸葛瑾传》等。

有效地阻滞了吴军前进的步伐,刘备才得脱身,回到白帝城①。看样子,刘备当时大概只有部分近卫跟随,"其舟船器械,水步军资,一时略尽,尸骸漂流,塞江而下"。

刘备败得如此惨重,大为惭恚,不禁长吁:"吾乃为逊所折辱,岂非天邪!"另,《三国志·孙桓传》载,孙桓率部,奋力直追,竟绕过刘备,断其归路,"斩(断)上夔道(指秭归、巴东、奉节一线),截其径要"。要塞被吴占有,近路为吴所截,刘备只有带着很少的人"逾山越险",狼狈之状可见。因此他又不禁忿恚而说:"吾昔初至京城(今江苏镇江),桓尚小儿(孙桓战刘备时年龄仅 25 岁),而今追孤乃至此也!"

据载,在败退过程中,将军傅肜、从事祭酒程畿都表现了英勇的精神。傅肜殿后,"兵众尽死,肜气益烈。吴人谕之使降,肜骂曰:'吴狗,安有汉将军而降者!'遂死之。"程畿溯江而退,吴兵即将追及,"众曰:'后追将至,宜解舫轻行。'畿曰:'吾在军,未习为敌之走也。'亦死之。"②

《三国志·先主传》说,刘备"自猇亭还秭归,收合离散兵,遂弃船舫,由步道还鱼复,改鱼复县曰永安"。永安,治所在白帝城。吴遣将军李异、刘阿等紧追其后,进屯白帝南面的南山。刘备急召留督江州的赵云。

赵云勒兵到达永安,遏住颓势,使永安周围的军事态势发生了变化。刘备由绝对的军事劣势变为可以重新组织新的进攻;孙权

---

① 胡三省注《资治通鉴》卷 69 说:"汉主初连兵入夷陵界,沿路置驿,以达于白帝。及兵败,诸军溃散,惟'驿人自担所弃铙铠,烧之于隘以断后,仅得脱也。"《水经注》说:"烧铠断道处,地名石门,在秭归县西。"杜佑《通典》说:"归州巴东县有石门山,刘备断道处。"

② 《资治通鉴》卷 69。傅肜,《华阳国志·刘先主志》作傅彤。

则因深入过急,而后需难继。一种新的局部地区的军事平衡,又在特定条件下形成了。

正是在上述情况下,并且面临曹魏伐己的危险,吴国又做出了富有重大意义的战略调整。《陆逊传》载,"备既住白帝,徐盛、潘璋、宋谦等各竞表言备必可禽,乞复攻之。权以问逊,逊与朱然、骆统以为曹丕大合士众,外托助国讨备,内实有奸心,谨决计辄还。"孙权、陆逊决策既定,即命刘阿等自南山撤兵,驻守巫县(今重庆巫山)。

刘备败退永安,黄权军在江北,道路隔绝,不得西还,不得已率其所部投降于魏。据《黄权传》说,执法部门向刘备报告,应该依法收斩黄权的妻子,"先主曰:'孤负黄权,权不负孤也。'待之如初。"这说明刘备倒也敢于承担责任。魏文帝曹丕对于黄权来归很重视,因对黄权说:"君舍逆效顺,欲追踪陈(平)、韩(信)邪?"黄权回答说:"臣过受刘主殊遇,降吴不可,还蜀无路,是以归命。且败军之将,免死为幸,何古人之可慕也!"曹丕佩服黄权所言,"拜为镇南将军,封育阳侯,加侍中,使之陪乘"。蜀降人传言刘备已经诛杀了黄权的妻子,"权知其虚言,未便发丧"。曹丕诏权发丧,权说:"臣与刘(备)、葛(诸葛亮)推诚相信,明臣本志。窃疑未实,请须。"后得审问,得知实情,果如黄权所料。

同时,侍中马良所督五溪蛮众亦为吴将军步骘所败,马良战死。

蜀吴复通

孙权决计撤兵,没有多久,"魏军果出,(吴)三方受敌"。《三国志·吴主传》载,"初,权外托事魏,而诚心不款(不款,不真挚)。魏欲遣侍中辛毗、尚书桓阶往与盟誓,并征任子,权辞让不受。秋

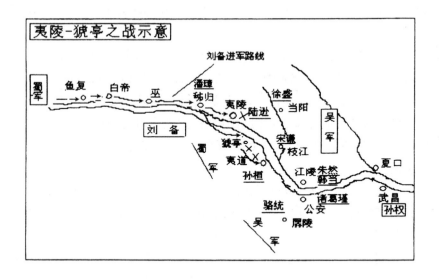

夷陵-猇亭之战示意

九月,魏乃命曹休、张辽、臧霸出洞口(今安徽和县西南),曹仁出濡须(今安徽无为东北),曹真、夏侯尚、张郃、徐晃围南郡。权遣吕范等督五军,以舟军拒休等,诸葛瑾、潘璋、杨粲救南郡,朱桓以濡须督拒仁。"这就是所谓"三方受敌"的形势。同时,辖境以内也极不平静,即有所谓"时扬、越蛮夷多未平集,内难未弭"。在此情况下,孙权展开了两方面的外交活动,一是卑辞向曹丕上书,"求自改厉",二是谋求复与蜀通。

十月,孙权上书给曹丕,自谓:"若罪在难除,必不见置,当奉还土地民人。乞寄命交州,以终余年。"又通书说,欲为子孙登"求婚宗室"。

曹丕对于孙吴战和本无定策,当时的要求是胁迫孙权遣子孙登为质于魏,既见孙权如此卑辞求和,便即回报说:"君生于扰攘之际,本有纵横之志,降身奉国,以享兹祚。自君策名已来,贡献盈路。讨备之功,国朝仰成……朕之与君,大义已定,岂乐劳师远临江汉?廊庙之议,王者所不得专;三公上君过失,皆有本末。朕以不明,虽有曾母投杼之疑,犹冀言者不信,以为国福。故先遣使者犒劳,又遣尚书、侍中践修前言,以定任子。君遂设辞,不欲使进,议者怪之。……今省上事,款诚深至,心用慨然,凄怆动容。即日下诏,敕诸军但深沟高垒,不得妄进。若君必效忠节,以解疑议,(孙)登身朝到,夕召兵还。此言之诚,有如大江!"孙权没有答应送子为质的要求,临江拒守。一时间,双方小战,互有所伤。

十一月,曹丕亲自至宛(今河南南阳)督兵。据载,会遇大风,吴将吕范等兵船,"绠缆悉断,直诣休等营下,(魏)斩首获生以千数,吴兵逃散。帝(曹丕)闻之,敕诸军促渡。军未时进,吴救船遂至,收军还江南。曹休使臧霸追之,不利,将军尹卢战死"[1]。或谓:"大风,范等兵溺死者数千,余军还江南。曹休使臧霸以轻船五百、敢死万人袭攻徐陵(今江苏镇江西),烧攻城车,杀略数千人。(吴)将军全琮、徐盛追斩魏将尹卢,杀获数百。"[2]

刘备闻魏军出,便与陆逊信说:"贼今已在江陵(指曹魏军队进入南郡界),吾将复东,将军谓其能然不?"实际上,这是虚张声势。他根本没有重新振兵再战的能力。陆逊看得很清楚,所以回信说:"但恐军新破(指刘备军),创痍未复,始求通亲,且当自补,未暇穷兵耳。若不惟算,欲复以倾覆之余,远送以来者,无所逃命。"把刘备的毫无势力依托的恐吓顶了回去[3]。

魏兵压境,刘备驻跸白帝,形势对吴极为不利。孙权甚惧,为了避免两面作战,即于十二月间,主动派遣大中大夫郑泉到白帝见

---

① 《资治通鉴》卷69。
② 《三国志·吴书·吴主传》。
③ 《三国志·吴书·陆逊传》注引《吴录》。

刘备，谋求"复通"。据《三国志·吴主传》注引《吴书》载，战争之前，刘备曾致书孙权，要孙权支持、承认他的称帝行动，孙权没有理睬。刘备因而问郑泉说："吴王何以不答吾书，得无以吾正名不宜乎？"（意为：是不是认为我称皇帝是不应该的？）郑泉回答说："曹操父子陵轹汉室，终夺其位。殿下既为宗室，有维城之责，不荷戈执殳为海内率先，而于是自名，未合天下之议，是以寡君未复书耳。"据说，刘备听了郑泉的话后"甚惭恧"。显然，这是站在吴国的立场上说话。刘备自认称帝是理所当然的，怎么会感到惭愧呢？

刘备在白帝，心情颓唐，渐悟用兵之误。十一月，染疾在身，不能自振。十二月，境内出现不稳，"汉嘉太守黄元，素（诸葛）亮所不善，闻先主有疾，虑有后患，举郡拒守。"①同时，曹魏军队远临江汉，不仅严重威胁东吴，而且如果势成，对蜀亦将形成压力。诸此，都迫使刘备不能不重新考虑对吴策略。因此，他响应了孙权的请和行动，即遣太中大夫宗玮"报命"。从此，蜀吴边场又获得了相对平静。

大败的原因

刘备失败的原因，他自谓："吾之败，天也"②。这是不愿从自我检讨的角度去总结战争。很清楚，他的失败既有客观的因素，也有主观的因素，而其主观方面又当是最为主要的。

（1）从战略上说。

第一，他早此支持关羽，构恶双方关系，即已违背了"西和诸戎，南抚夷越，外结好孙权，内修政理"的总的战略方针，在自己力

---

① 《华阳国志·刘先主志》。
② 同上。

量尚未丰实的情况下,促使孙吴在一段时间内改变策略,向魏称臣,提前了谋取荆州全境的行动;

第二,关羽失败,他没有预为防范和及时支援,遂使自巫以下沿江战略要地尽失,吴方控制了夔道及沿江地区,蜀军如果深入,自然便有被夹于狭窄地带和被切断后路之虞,因而他不得不连营向前;

第三,由于自己失误,孟达降魏,失掉荆州北三郡,从而失去了可派另部自汉江而下、进而威胁武昌的军事态势;

第四,两面作战,兵力分散。这一点,他远不及孙权聪明。孙权为了对付刘备,不惜上书曹操"称说天命",进而向魏称臣。而刘备却始终处在两面作战的态势中。此时,曹操虽从汉中撤兵了,但魏军仍控陈仓一线,具有再出汉中的威慑力量。因此,他不能更多地集中兵力,不敢把据守益州北部、汉中地区的骠骑将军马超、镇北将军魏延、偏将军吴壹所部调往荆州前线。

刘备发动讨吴战争犯有战略性错误,诸多蜀臣都清楚地认识到这一点,所以便有了"先主东伐,群臣多谏,不纳"①和"先主既即尊位,将东征孙权以复关羽之耻,群臣多谏,一不从"②一类的记载。诸如,前引秦宓进谏被执、赵云力谏被安置江州督军等都是实证。

值得注意的是诸葛亮对于这场战争态度模糊,并没有强烈反对。战争失败后,诸葛亮不禁叹息:"法孝直(法正,字孝直)若在,则能制主上,令不东行;就复东行,必不倾危矣。"诸葛亮所以这样说,自然是因为自己没有做到这一点,同时也透露了他对战争的态度。

---

① 《华阳国志·刘先主志》。
② 《三国志·蜀书·法正传》。

法正为人，敢于死谏。据载，刘备与曹操争战汉中，"势有不便，宜退，而先主大怒不肯退，无敢谏者。矢下如雨，正乃往当（挡）先主前，先主云：'孝直避箭。'正曰：'明公（指备）亲当矢石，况小人（自谓）乎？'先主乃曰：'孝直，吾与汝俱去。'遂退。"①

那诸葛亮为什么不能力谏呢？揣度之，第一，他对战争形势估计不足，未曾料到战争结局会如此之惨；第二，一时间他对战争首鼠两端。从根本上说，他一直主张"外结孙权"。况且，"群臣多谏"和老兄诸葛瑾时领吴国南郡太守直接与蜀军相持及其代表孙权向刘备求和的行动与意见，对他自然产生影响。因此，他不会积极主张东征，或有少谏，亦属可能。但早期史著，没有这方面的记载，可见影响不大。直到明清时代，为了树立诸葛亮的形象，开脱诸葛亮的责任，演义作品和官方史作才有了诸葛亮谏阻东征的内容。如：《三国演义》第81回记诸葛亮自言"苦谏数次不听"及上表救秦宓，其中有谓："……窃谓魏贼若除，则吴自宾服。愿陛下纳秦宓金石之言，以养士卒之力，别作良图，则社稷幸甚！天下幸甚！"细品其文，托作之义甚明。这样说来，诸葛亮岂不是支持了刘备东征吗？窃以为，客观上的确是这样的。因为诸葛亮战略总目标的重要内容之一是跨有荆、益以制曹魏。荆州既失，吴扼夔门，魏据三郡，蜀汉用兵只有北出秦川一途，诸葛亮的战略目标落空了。他深知，仅靠北出汉中，不可能制魏，更不可能灭魏。他试图能得荆州数郡之地，与魏接壤，以利待机东出击魏。所以，他虽知东击孙吴有危险，但却觉得稍有拓地以取吴数郡是可能的，更未想到惨败。所以，他既不赞成出兵，也不坚决阻谏，客观上默认、支持了刘备的错误决策和行动。因此，作为蜀汉丞相、军师将军，诸

---

① 《三国志·蜀书·法正传》并注。

248

葛亮对于夷陵—猇亭战争的失败不能不负有一定责任。论者或谓刘备缺乏远略,不明诸葛亮隆中决策之远大,致有此败。这样分析,固然不错,但尚需看到诸葛亮在其"跨有荆益"的目标落空之后的思想感受和变化。所以,如果换个角度看问题,也可以说,刘备东征,正是谋求对于诸葛亮隆中决策目标的实现。

(2)从战术上说,关键在于刘备不善指挥战争。陆逊给他"前后行军,多败少成"的评价是非常切确的。

第一,军未熟练。历史的时间表说明,建安二十四年(公元219年)十一月,关羽失败被杀,刘备"忿孙权之袭关羽",即要起兵东征,但当闻知曹丕称帝后,便紧锣密鼓地开始筹划并实施自己的称帝活动;章武元年(魏黄初二年,公元221年)四月,刘备登极为汉皇帝,并按汉代礼制设官立制,备后宫,立太子,改元,大赦,两三月间草草地完成了必要的诸多程式之后,便即移跸江州了;在江州,刘备迅速地调动军队,粗粗地按照一相情愿的原则做了初步的战争规划,任命了左右大督、先锋及各部将领,七月便出兵了。可见,他集中起来的以步兵为主的军队并没有经过认真的训练,特别是没有经过乘船水上作战的训练,从素质上说,虽非乌合,但乏机动作战的能力。

第二,将无英才。帅(指刘备)本不明,又加军谋乏人,将无良才,后果自然可知。法正已死,孔明留蜀,军中几乎无人能够对刘备的战略战术指导思想和战争部署提出不同意见,更不用说建设性的良计。只有黄权通达军谋,但得不到信任,难展其能。黄忠先此而亡①,张飞死难,赵云留守江州,马超、魏延北拒魏军,竟然没

---

① 黄忠死于建安二十五年。《三国演义》说黄忠于章武元年被任命为先锋,战死疆场。这是完全不可能的。

有一位名宿大将随征,所用督锋诸将大都是一些名气不大或无名之辈。这些人是否能够服众,是否具有指挥作战的能力,姑且不论,但其自然为敌方所轻、反长敌人的志气。所以,负面作用是非常明显的。至于小说家言关兴、张苞大展乃父雄风,兴斩仇人潘璋,苞刃仇人范强、张达,二人护驾救主,均属无稽。因为张苞早夭,未及战争;关兴年少,未预战事;潘璋死于吴嘉禾三年(公元234 年),那已经是战争十年以后的事了。

第三,自恃其力。刘备兵本不众,汉中必须布以重兵防魏,又失荆州北三郡,牵涉了一些兵力;本要张飞率巴西兵万人,自阆中会江州,张飞被杀,这万余人是否调到了夷陵前线,不得而知。权算其数,可用兵力,罄其所有,大约也只能调集四万余人,最多不超过五万人①。所以,仅就兵力而言,同陆逊都督五万人相比,并不占优势。况且陆逊守势待敌,兵力容易集中;刘备长驱而进,沿途设防,兵力自然分散。但刘备却自恃其力,少有自知之明,认为以此足以败敌复仇;既得武陵"蛮夷"愿为己用,遥为策应,更觉得胜利指日可待了。实际上,刘备可用于阵前的兵力是非常有限的。相反,陆逊在猇亭决战前,则已把所督诸将各部大都集中到作战前阵,相对兵力超过了刘备,具备了集中兵力打击敌人的能力。

第四,不善知彼。刘备出兵,只是激于义愤,没有对魏蜀吴三方基本形势作出应有的分析。他对魏吴能够达成谅解,暂时媾和,

---

① 刘备出兵多少,记载不一。《三国志·魏书·文帝纪》注引《魏书》载孙权上魏文帝书说"刘备支党四万人,马二三千匹,出秭归,请往扫扑,以克捷为效"。《中国历代战争史》(四)和《中国军事史·兵略(上)》均取此说,谓刘备率兵四万人。《三国志·魏书·刘晔传》注引《傅子》说"权将陆议(逊)大败刘备,杀其兵八万余人,备仅以身免",亦可备一说。《三国演义》第81 回说刘备有"川将数百员,并五溪番将等,共兵七十五万",显然是个被非常夸大了的数字。

从而使孙权可以将主要精力和兵力用于对付蜀军的形势估计不足,此其一。其二,他没有认识到魏国曹丕仍在忙于巩固地位,特别是着力对付自己的弟弟曹植、曹彰等,暂时不可能在秦川举兵,从而使自己不敢把备战于汉中的具有战争经验的将领和富有战斗力的主力部队调动一部到荆州前线。其三,最为重要的是,他没有把年轻的陆逊、孙桓等人放在眼里。他低估了孙吴的军事势力和军事指挥者的能力。时,吴名将鲁肃、吕蒙、甘宁先后死去,陆逊虽在打败关羽时起了重要作用,但在刘备眼里,年已 38 岁的陆逊仍被看做是不谙军旅的年轻人。这从前引"吾之败,天也"、"吾乃为逊所折辱,岂非天邪"以及"吾昔初至京城,(孙)桓尚小儿,而今迫孤乃至此也"的话语中,清楚地看到了这种最初的情绪。其四,他不善因时因地具体分析敌我双方的力量对比,错把劣势当优势,缺乏应有的应敌之变。

第五,舍船就步。蜀军居水上游,乘船作战,顺水而下,易于成势,是其有利条件。战争开始时,最使陆逊担心的也是蜀军"水陆俱进"。但刘备没有有效地利用这一条件,而是"舍船就步",跋涉并屯兵于"苞原隰险(草木丛生低湿险恶)"之地,其结果便是士卒疲敝,立营难固,最终给敌人以可乘之机。当然,有一点是我们应该注意到的,即刘备并非完全不知"水陆俱进"的好处,但客观条件使他不得不如此。因为他急急调集起来的军队绝大部分是步兵,陆战犹未熟练,水战自然不行。况且,他已没有耐性去考虑筹建、训练水师的问题了。

第六,连营向前。刘备长驱深入数百里,连营数十座,声势虽然很大,但却伏下了严重的危机。善治兵者皆知其误。陆逊既知刘备舍船就步、处处结营,便得出了正确的结论:"察其布置,必无他变"。的确,这样布兵是没有办法变化应敌的。所以,他便觉得胜券在握了,满有把握地给孙权上书:"伏愿至尊高枕,不以为念也"。《三国志·文帝纪》载,曹丕"闻(刘)备兵东下,与(孙)权交战,树栅连营七百余里,谓群臣曰:'备不晓兵,岂有七百里营可以拒敌者乎!"苞原隰险阻而为军者为敌所禽",此兵忌也。孙权上事今至矣(意谓孙权的捷报就要到了)。'后七日破备书到。"连曹丕这种略通兵法但并不深知治军用兵之要的人都看到了这一点,而刘备却如此布兵,一是七百里连营大大分散了兵力,二是"苞原隰险阻而为军",将军队驻扎在不利作战的地方,三是树栅成营易被火攻。由此可见,刘备之失,失在制军之误。但是,客观地说,还应该看到刘备如此布兵亦属大势使然。他长驱深入,只控长江沿线,两厢大都为敌方领地,不能不担心敌人断其后路。连营向前,正是为此。

第七,师老不振。蜀军东出,利在速决。但陆逊大步后撤,避免接触,以待敌疲而战的方针,使刘备无法得到这种条件。刘备曾试图诱致吴军出战,但所用之法,形同儿戏,善用兵者一看便知,所以始终不能成功。因此,"自正月与吴相拒,至六月不决"。正如前引陆逊所分析的那样"其军始集,思虑精专,未可干也。今住已久,不得其便,兵疲意沮,计不复生"。师老兵疲,刘备熟视无睹,抑或虽知而乏复振之策,客观效果都一样。因此一败涂地,不堪收拾。

第八,不虞后路。说刘备完全没有考虑后路,自然不是这样。他沿江设营四五十座,目的不外:一保军需可继;二御两厢敌人,防断后路;三利大兵进退。但他没有考虑战争或有大失的可能,因此也就没有虑及战略退却和撤兵安全的问题。所以,其一,他立营虽多,但却没有选择有利地势建立几个可资战守的据点;其二,由于自上而下没有兵败退却的思想准备,设营不固,人员分散,不能形成有战斗力的独立作战单位。俗谓"兵败如山倒"。预为战败之谋尚且如此，况无如此准备者。

战争是双方的，胜败自有主体和客体两方面的因素。因此，讨论刘备的失败原因，不能不谈及孙权的用兵之得。

第一，战备充分。孙权击杀关羽以后，深知刘备必然发兵复仇，虽然试图谋和，但不抱幻想，因此在战备上做了充分的准备，已如前述，不赘。

第二，战略正确。窃以为孙权最为得计的战略决策莫过于同魏修暂时之好，避免两面作战，得以集中兵力对付刘备。非如此，他不能，也不敢将其主力部队和诸多重要将领置于夷陵前线。也正为此，刘备兵有后顾，既要置兵汉中，又要防魏侧击，兵力本来不多，竟然又需遣黄权率八千兵防魏，大大分散了兵力，削弱了战斗力。其次便是先取战略防御，不惜大步后撤，迫使刘备拉长战线、分散兵力，从而使战斗力量的对比不断向有利于自己的方面发展，时机成熟，一举歼敌。正如毛泽东在《中国革命战争的战略问题》所指出的："楚汉成皋之战、新汉昆阳之战、袁曹官渡之战、吴魏赤壁之战、吴蜀彝陵之战、秦晋淝水之战等等有名的大战，都是双方强弱不同，弱者先让一步，后发制人，因而战胜的。"[1]

第三，选帅得人。孙权重用陆逊，足见其很有知人善任之明。当时，历有战功，且职爵高于陆逊的宿将如朱然、吕范、韩当、凌统、徐盛等俱在，但是不三年，却将相对年轻的陆逊由校尉遽拔为偏将军，抚边将军，右护军，镇西将军，封侯，进而临变受命为大都督，假节，督兵抗敌。升迁之快，世所少有。因而诸将多有不服者。实践证明，陆逊是当之无愧的帅才。一是打败关羽以后，他在不长的时

---

[1] 《毛泽东选集》第一卷，人民出版社 1991 年版，第 204 页。

间里有效地控制了新得荆州之地:他领宜都太守,迫使刘备的宜都太守樊友"委(弃)郡走",并致"诸城长吏及蛮夷君长皆降";他从孙权那里请得权力,可以代表孙权以金银铜印"假授初附(代表孙权对新投来的人授官)",从而很快地变敌为友,稳定了地方秩序;他遣将军李异、谢旌等率三千人继破蜀将詹晏、陈凤,"又攻房陵太守邓辅、南乡太守郭睦,大破之",又破降已经归蜀为将的秭归大姓文布、邓凯等,"前后斩获招纳,凡数万计"。他连打胜仗,拓展了土地,获得了地方势力和"蛮夷"君长的支持,同时也得到了下级将吏的信任和爱戴。二是他熟悉兵法,甚通谋略,能屈能伸,善知制敌而不制于敌的策略。屈能卑辞而下之,麻痹敌人,蓄势待发,被人视为畏进怯敌;伸能统兵长驱,"一尔势成,通率诸军同时俱攻",前后不及两月,即全收失地,把刘备赶回到了东征的出发点上。三是他尤知御将之要,刚柔相济,最终能够把资深老将团结在自己周围,全力对敌。陆逊大步后退、坚守不出的方针,被部下诸将视为怯敌,纷纷表示不满。据载,"当御备时,诸将军或是孙策时旧将,或公室贵戚,各自矜恃,不相听从。逊案剑曰:'刘备天下知名,曹操所惮,今在境界,此强对也。诸君并荷国恩,当相辑睦,共剪此虏,上报所受,而不相顺,非所谓也。仆虽书生,受命主上。国家所以屈诸君使相承望者,以仆有尺寸可称,能忍辱负重故也。各任其事,岂复得辞!军令有常,不可犯矣。'及至破备,计多出逊,诸将乃服。"后来,孙权听说这件事,因问陆逊:"君何以初不启诸将违节度者邪?"陆逊回答:"受恩深重,任过其才。又此诸将或任腹心,或堪爪牙,或是功臣,皆国家所当与共克定大事者。臣虽驽懦,窃慕(蔺)相如、寇恂相下之义,以济国事。"表现出了一位智勇兼备的统帅的风范:容众、果断、知己知彼、刚柔相济、善谋大局。孙权对于陆逊的回答非常高兴,"大笑称善,加拜逊辅国将军,领荆州牧,即改封江陵侯"①。

第四,地势之利。历史表明,自刘备谋蜀起兵之日起,孙权也同时加紧了谋得荆州的行动。及至关羽败死,孙权已完全控制了长江水域及其临江诸郡、沿岸战略要地,迫使刘备只能沿江布兵,连营向前。七百里布兵,自然兵力严重分散,后方既远,又乏两厢策应,蜿蜒如同长蛇,一旦头部遭到致命打击,全身立即瘫痪。

另外,还要讲一点的是,三国时代,任何一方的军事行动,都受鼎足之势的制约。因此,曹魏的政策不能不对吴蜀战争及其最终结果产生间接或直接的影响。无疑,曹操接受孙权"讨关羽自效"是正确的,已如前述。但曹丕不乘蜀吴争战之机用兵,反而接受孙权称臣,封权为王,这对曹魏来说,是失掉了一次极好的"蹙吴"机会;而对吴、蜀来说,客观上等于支持了孙权,制约了刘备;同时,也为自己后来对吴用兵伏下了危机。

曹丕所以确定这样的策略,与他对于三国战争形势始终缺乏清醒的认识有关。据载,黄初元年,曹丕诏问群臣,"令料刘备当为关羽出报吴不?"大家都说:"蜀,小国耳,名将唯羽。羽死军破,国内忧惧,无缘复出。"侍中刘晔则认为:"蜀虽狭弱,而备之谋欲以威武自强,势必用众以示其有余。且关羽与备,义为君臣,恩犹父子。羽死不能为兴军报敌,于终始之分不足。"刘备果然出兵击吴,吴需倾全国兵力对付刘备,无力北御曹魏,因而遣使向魏"称藩"。朝臣皆因蜀吴交战必致两伤而向曹丕道贺,只有刘晔认为"权无故求降,必内有急",主张"可因其穷,袭而取之"。并指出,"夫一日纵敌,数世之患,不可不察也。"但是,曹丕谋收两败之利,不听刘晔的意见,因说:"人称臣降而伐之,疑天下欲来者心,必以

① 以上《三国志·吴书·陆逊传》。

为惧,其殆不可!孤何不且受吴降而袭蜀之后乎?"刘晔进一步指出:"蜀远吴近,又闻中国伐之,便还军,不能止也。今备已怒,故兴兵击吴,闻我伐吴,知吴必亡,必喜而进与我争割吴地,必不改计抑怒救吴,必然之势也。"曹丕始终听不进去。

曹丕谋作"壁上观"的策略,使吴得以暂释后顾之忧,而蜀则不得不从四万兵力中分出八千重兵,以备不虞,从而削弱了战斗力。

曹丕的失误,还在:既至后来,刘备败退,形势变了,吴对曹魏"礼敬转废",曹丕觉得受了孙权的愚弄,又要兴师伐吴了。刘晔阻止说:"彼新得志,上下齐心,而阻带江湖,必难仓卒。"①曹丕不听,遂发三路大军讨吴,一由征东大将军曹休、前将军张辽、镇东将军臧霸出洞口(今江苏泰州市境),一由大将军曹仁出濡须,一由上军大将军曹真、征南大将军夏侯尚、左将军张郃、右将军徐晃围南郡,结果又促使吴蜀再次联合了起来。

---

① 《三国志·魏书·刘晔传》并注。

第九章 病死白帝城

章武二年(魏黄初四年,公元 223 年)八月,刘备兵败回巫,驻跸白帝,心力交瘁,不久便染疾在身,卧床不起了。据载,他初始痢疾,随后转杂他病,以至不治。刘备知将不测,抓紧时间安排后事。

十月,"诏丞相亮营南北郊于成都"①。郊,指郊祭,是一种祭祀天地的仪式。据《礼记》所载,天子于冬至之日祭天于南郊谓之"郊",夏至之日祭地于北郊谓之"社"。刘备在外,不能亲祭,因命丞相诸葛亮代祭天地。可见,他受传统儒家思想的影响很深。"国之大事,在祀与戎"(《左传》成公十三年)。打仗重要,祭祀也重要。虽然"社祭"时间已过,仍令诸葛亮在"郊祭"之时补祭。

同时,征调犍为太守、辅汉将军李严至永安宫,拜尚书令,为托孤做准备。

是月,还做出了具有重要意义的历史性决定,答应了孙权的请和要求,蜀吴重新联盟。如前所述,吴得新盟之利,并乘猇亭之气,将军朱桓、朱然等分别把魏国名将曹仁、曹真等打败。曹丕悉召军还,三国边埸获得相对安定数年。

章武三年二月,刘备召丞相诸葛亮自成都到永安(即白帝),商议后事。儿子、鲁王刘永亦随亮到永安探望父病。

此时,国内形势益加不稳。三月,黄元进兵,攻烧临邛。史载,

①　《三国志·蜀书·先主传》。

"时亮东行省疾,成都单虚,是以元益无所惮",益州治中从事杨洪"即启太子(刘禅),遣其亲兵,使将军陈曶(hū)、郑绰讨元"①。黄元军败,"顺流下江,为其亲兵所缚,生致成都,斩之"②。

刘备病情日重,重臣惟诸葛亮、李严在侧。弥留之际,他完成了几件具有重大历史影响的事之后,便撒手人寰了,"夏四月癸巳(当为丙子,农历四月二十四日,公元224年5月29日),先主殂于永安宫,时年六十三"③。

一、"托孤"

《三国志·先主传》载,"先主病笃,托孤于丞相亮,尚书令李严为副。"《李严传》说:"先主疾病,严与诸葛亮并受遗诏辅少主,以严为中都护,统内外军事,留镇永安。"《诸葛亮传》载,刘备对诸葛亮说:"君才十倍曹丕,必能安国,终定大事。若嗣子可辅,辅之。如其不才,君可自取。"又诏敕刘禅:"汝与丞相从事,事之如父。"

对于刘备的托孤作为,历史上向有不同评论。世人多赞其美。

《三国志》作者陈寿说:"先主之宏毅宽厚,知人待士,盖有高祖之风,英雄之器焉。及其举国托孤于诸葛亮,而心神无贰,诚君臣之至公,古今之盛轨也。"

最先提出批评的是晋人孙盛,他说:"……备之命亮,乱孰甚

---

① 《三国志·蜀书·杨洪传》。
② 《三国志·蜀书·先主传》。
③ 《三国志·蜀书·先主传》。据查,是年四月干支记日无癸巳。《三国志集解》注引潘眉说,"四月朔戊午,二十四日辛巳非癸巳也。"亦非是。按,陈垣《二十史朔闰表》四月朔癸丑;既然诸葛亮明确说刘备死于二十四日,那么当在丙子。

焉(意谓太没有道理了)！世或有谓备欲以固(坚定)委付之诚,且以一蜀人之志(一,动词。统一,固结)。君子曰,不然。苟(假若)所寄忠贤,则不须若斯之诲,如非其人,不宜启篡逆之涂。是以古之顾命,必贻话言;诡伪之辞,非托孤之谓。幸值刘禅暗弱,无猜险之性,诸葛威略,足以检卫异端,故使异同之心无由自起耳。不然,殆生疑隙不逞之衅。谓之为权,不亦惑哉！"①此论甚是。后来则少有非议者。

元人胡三省注《资治通鉴》时大加肯定:"自古托孤之主,无如昭烈(刘备)之明白洞达者。"清人赵翼在《廿二史札记·三国之主用人各不同》中说:"千载下犹见其肝膈本怀,岂非真性情之流露。"

近人卢弼《三国志集解》对孙盛的批评提出了意见,他说:"或曰以其不肖者败之,不若能者成之。昭烈睹嗣子不肖,虑成业之倾败,发愤授贤,亦情之所出,何疑为伪乎！先主于孔明投分何如临终反欲以诈牢笼之乎？且岂不度孔明之为人,与以诈牢笼何若诚感而顾、舍此就彼乎！盖实有所感于中,不觉言之如是,启衅之说容暇计乎！尧舜之公道以天下与人并不沾恋。'嗣子可辅'一言,余尚以凝滞大器,无不与之心,顾乃疑于其子大恝邪(恝音 jia,不知忧愁的意思)。孙盛特未之思耳。"

清代皇帝弘历倒是颇有见地,他在《御批通鉴辑览》中发出了疑惑之论,其中说:"昭烈于亮平日以鱼水自喻,亮之忠贞岂不深知,受遗时何至作此猜疑语,三国人以谲诈相尚,鄙哉！"弘历站在皇帝的角度看问题,自然深能体会刘备的心态,可谓是一针见血。

窃以为,刘备的托国之辞,阴怀诡诈,其意甚明。他为了儿子

① 《三国志·蜀书·诸葛亮传》注。

保有天子之位，直陈要害，把诸葛亮逼到没有回旋的余地。这说明，他对诸葛亮怀有很大疑虑。诸葛亮不能不惶恐发誓，表白自己决无二心，正如王夫之所说："斯言而入愚昧之心，公（诸葛亮）非剖心出血以示之，其能无疑哉？"[①]这就是诸葛亮涕泣而言"臣敢竭股肱之力，效忠贞之节，继之以死"[②]的原因所在。

由此看来，刘备对待诸葛亮，远远不及孙权对待亮兄诸葛瑾之诚。史载，刘备东征之前，孙权曾以诸葛亮之兄诸葛瑾为使求和。当时有人诬称，诸葛瑾可能暗地别遣亲人与刘备、诸葛亮有勾结。孙权断然表示绝不相疑，说："孤与子瑜有死生不易之誓，子瑜之不负孤，犹孤之不负子瑜也。"[③]所谓"死生不易之誓"，大概是指的下面一件事。《三国志·诸葛瑾传》注引《江表传》说，诸葛瑾从讨关羽以后，以绥南将军领南郡太守，驻守公安，当时"人有密谗瑾者"。孙权说："子瑜与孤从事积年，恩如骨肉，深相明究，其为人非道不行，非义不言。玄德（刘备）昔遣孔明至吴，孤尝语子瑜曰：'卿与孔明同产，且弟从兄，于义为顺，何以不留孔明？孔明若留从卿者，孤当以书解玄德，意自随人耳。'子瑜答孤言：'弟亮以失身于人，委质定分（指诸葛亮已是刘备属下），义无二心。弟之不留，犹瑾之不往也。'其言足贯神明。今岂当有此乎？孤前得妄语文疏，即封示子瑜，并手笔与子瑜，即得其报，论天下君臣大节一定之分。孤与子瑜，可谓神交，非外言所间也。"一片赤诚，令人感佩。

刘备"托孤"有两方面的作用。积极的作用是：第一，加强了诸葛亮的权力，从而也有效地稳定了蜀汉秩序。封建时代，帝王物

---

① 王夫之：《读通鉴论》卷十。
② 《三国志·蜀书·诸葛亮传》。
③ 《三国志·吴书·诸葛瑾传》。

故的时候,最易发生权力之争。尤当新主幼弱,权臣数人当政,更易酿成社会动荡,甚或流血。自然,也非常容易引发敌国觊觎之心。刘备明白这些,又知自己的儿子刘禅实在是软弱无能,所以便考虑力保在刘氏江山不易的情况下,把最高权力交给诸葛亮。事实证明诸葛亮没有辜负刘备的期望。第二,增强了诸葛亮尽忠国事之思,使他始终处在惶恐、感恩、责不容贷的焦虑之中,从而发出了誓报刘备殊遇之吟,鞠躬尽瘁,死而后已。我们略读诸葛亮所留遗文便可看到,他至死都没有忘记刘备的殊遇之恩。第三,更宏观地看,确保了蜀汉享祚四十年。

"托孤"的负面影响也是明显的。第一,诸葛亮功高盖主,刘禅根据刘备的遗诏事诸葛亮"如父",继位之后即"封亮武乡侯,开府治事(指丞相府开府)。顷之,又领益州牧。政事无巨细,咸决于亮"。既然政事不论大小都有诸葛亮一人决定,刘禅便没有条件亲理政事,从而更加强化了刘禅的暗弱无能。第二,权力过于集中一人,又加诸葛亮不善培养人才,客观上必然造成了蜀汉文无能臣、武无谋将的可悲局面。

二、遗诏后主

据《三国志·先主传》注引《诸葛亮集》载先主遗诏敕子有二,其一为"敕后主",文曰:

> 朕初疾但下痢耳,后转杂他病,殆不自济。人五十不称夭,年已六十有余,何所复恨,不复自伤,但以卿兄弟为念。射君(按指射援,时为祭酒)到,说丞相叹卿智量,甚大增修,过于所望,审(确实)能如此,吾复何忧!勉之,勉之!勿以恶小而为之,勿以善小而不为。惟贤惟德,能服于人。汝父德薄,

勿效之。可读《汉书》、《礼记》,闲暇历观诸子及《六韬》、《商君书》,益人意智。闻丞相为写《申》、《韩》、《管子》、《六韬》一通已毕,未送,道亡,可自更求闻达。

这是刘备留于后世的重要文献之一,记录了他的死因,体现着他的为人及其重要思想。其要为:

第一,坦然视死。刘备没有曹操那样的思想深度,也没有曹操那样的绚丽文采,说不出"神龟虽寿,犹有竟时;腾蛇乘雾,终为土灰"那样富有哲理的话,但他对待生死的态度,却比曹操坦然得多。曹操晚年诗歌中表现着强烈的"期寿"情绪,说明他虽然知道人生必死,但怕死。刘备则说"人五十不称夭,年已六十有余,何所复恨,不复自伤",态度泰然,实在令人叹服。

第二,对子女,重视做人的教育。从根本上说,刘备对于子女的教育和培养是失败的。他没有像曹操那样责令儿子们文武兼修,不仅使其在经史子集和文化艺术等方面得到严格的培养,而且很小就被带到前线,观摩战事,熟悉战阵,从而为其以后的为学、谋政、用兵奠定了很好的基础。刘备没有这样做。事实证明,性本愚弱的刘禅在其立为太子之前,文无明傅,武无严师,所以既即帝位,文武均无所长。又加"政事无巨细,咸决于亮",诸事不躬,得不到实际的锻炼,从而只有耽娱后宫,愚笨暗弱之性就更加突出了。当然,必须看到的是,刘备为王称帝以后,开始觉察到培养储君的紧迫性,因而及时配备起了以董允、费祎、霍弋等为太子舍人的辅佐太子的班子,并以精通《左氏春秋》的来敏和尹默分别担任太子家令和太子仆。但他没有想到自己的死期来得这样早,所以死期届临,更感到了问题的严重,不得不特意关注儿子帝王之术的学习和教育。他对儿子学有进步感到高兴。尤当得知诸葛亮慨叹刘禅的智量和"甚大增修,过于所望"时感到特别的欣慰。他对儿子提出了学习要求,一是修身"惟贤惟德"。为此,他复述前贤之意,留下了常为历史所称的警句"勿以恶小而为之,勿以善小而不为"①。二是学兼众术。他希望儿子不仅读经、读史,而且"历观诸子",以期"益人意智"。

其二为临终时把鲁王刘永叫到跟前,嘱咐说:

吾亡之后,汝兄弟父事丞相,令卿与丞相共事而已。

另据《三国志·诸葛亮传》载,刘备在托孤的同时又为诏敕告后主说:

汝与丞相从事,事之如父。

两处记载,其义相同,或属同诏而记载不同。嘱其子事丞相如父,说明了他对诸葛亮的重视和托孤之诚,也说明了他对蜀汉以及天下大势的清醒认识,同时更说明了他对儿子能力的深刻了解。敕子遗诏和临终托孤一样,从稳定大局和发展蜀汉功业来说,作用显著。但如历史的分析,又见其消极作用的一面。其中最大的是,诸葛亮揽权,刘禅少谋乏断,事不能豫,一旦事变,难挽国祚于坠。

三、还葬成都

刘备晏驾以后,诸葛亮即上言于刘禅说:

伏惟大行皇帝迈仁树德(迈仁,行仁),覆焘无疆(覆焘,覆盖,指广施仁德),昊天不吊(谓上天不怜悯),寝疾弥留。今月二十四日奄忽升遐(奄忽,忽然;升遐,升天,指死亡),臣妾号咷,若丧考妣。乃顾遗诏,事惟大宗(此尊称刘禅),动容

---

① 《易·系辞·传》载孔子说:"善不积不足以成名,恶不积不足以灭身。小人以小善为无益而弗为也,以小恶为无伤而弗去也,故恶积而不可掩,罪大而不可解。"刘备的话,源出于此。

损益。百寮发哀,满三日除服,到葬期复如礼。其郡国太守、相、都尉、县令长,三日便除服。臣亮亲受敕戒,震畏神灵(指刘备在天之灵),不敢有违。臣请宣下奉行。①

根据诸葛亮这里所说"乃顾遗诏"和"臣亮亲受敕戒,震畏神灵,不敢有违。臣请宣下奉行"等语不难看出,丧事是按照刘备的生前遗愿安排的。因此,诸葛亮所言,体现着刘备的简丧节葬思想。

第一,他告诫刘禅(诸葛亮宣诏时称其为大宗②)国事为重,治丧适度,"动容损益",即一举一动,影响大局,理应慎重。

第二,他遗令中央百官和地方郡守、县令等"三日除服"。"除服"是脱去孝服的意思。《礼记·丧服》说:"期而除丧(服),道也。"就是说,服丧期满即可脱掉孝服。广义而言,就是到此丧事结束,一切秩序恢复正常。刘备只要臣僚守三日之丧,不仅是适应了当时形势的需要,而且有着重要的移风易俗的历史意义。

"三日之丧"非自刘备始。我在《曹操评传》一书中讲到,汉文帝死前曾下令说:"无发民哭临宫殿中(临,吊丧)。殿中当临者,皆以旦夕各十五举音,礼毕罢。非旦夕临时,禁无得擅哭。"还规定,"其令天下吏民,令到出临三日,皆释服"③。无疑,这是对古制"服丧三年"的重大改革。但后来汉平帝死时,"王莽欲眩惑天下,

---

① 《三国志·蜀书·先主传》。
② 大宗,一作太宗。据卢弼《三国志集解》等书载,向有三种解释,一谓"当作大宗,谓后主也";一谓"汉昭烈皇帝(刘备)庙号";一谓当指汉文帝庙号。三种解释均可通。以大宗谓后主,是谓诸葛亮转述先主遗诏时对刘禅的敬称;以太宗谓刘备,是说一切都应按照先主的遗诏办(但历史上没有刘备庙号"太宗"的记载,且汉文帝既为"太宗",刘备不当再以"太宗"称);以太宗谓汉文帝,是说刘备诏示丧事按照汉文帝遗诏的精神办。窃以为,就文意看,似以第一种解释更近事实和情理。
③ 《汉书·文帝纪》。

示忠孝,使吏六百石以上皆服丧三年"①,又恢复了服丧三年的制度。历史地看,曹操"葬毕除服",无疑又是一次对"服丧三年"制的否定。刘备继之于后,更加明确地宣布"三日除服",当然亦应给予相应的肯定。

章武三年五月,刘禅继位于成都。禅,时年17岁。同月,刘备的灵枢从永安运回成都,"谥曰昭烈皇帝。秋,八月,葬惠陵"。一位"机权干略,不逮魏武(曹操)",然而"折而不挠,终不为下者"的人物,到此便寿终正寝了②。

---

① 《通典·礼·总论丧期》。
② 《三国志·蜀书·先主传》。惠陵,在今成都南郊公园武侯祠旁(或谓此非真冢。刘琳《华阳国志校注》注引南宋绍兴中任渊《重修先主庙记》说:"成都之南三里所,丘阜岿然曰惠陵者,实昭烈弓箭所藏之地")。

第十章　折而不挠的一代人物

对于刘备,历史家常常崇其为人,但以"等而下之"的评语同曹操相比论其事功。《三国志》作者陈寿说:

> 先主之弘毅宽厚,知人待士,盖有高祖之风,英雄之器焉。及其举国托孤于诸葛亮,而心神无贰,诚君臣之至公,古今之盛轨也。机权干略,不逮魏武(曹操),是以基宇亦狭。然折而不挠,终不为下者,抑揆(揣度)彼(曹操)之量必不容己,非唯竞利,且以避害云尔!

《华阳国志》作者常璩说:

> 汉末大乱,雄杰并起。若董卓、吕布、二袁(袁绍、袁术)、韩(遂)、马(超)、张杨、刘表之徒,兼州连郡,众逾万计,叱咤之间,皆自谓汉祖可踵,桓、文易迈。而魏武神武干略,戡屠荡尽。于时先主名微人鲜,而能龙兴凤举,伯豫君徐,假翼荆楚,翻飞梁、益之地,克胤汉祚,而吴、魏与之鼎峙。非英才名世,孰克如之!

陈寿、常璩的评论突出了以下三点:第一,刘备不愧为一代英才;第二,刘备的才能和功业不及曹操;第三,刘备名微,然能折而不挠,终得一方天下。无疑,这样的评论是有一定道理的。但是,随着"帝蜀寇魏"之论起、"颂刘非曹"之风盛,曹操的形象江河日下,成为"奸雄"的典型代表,而刘备则颂声日闻,成为"忠义"的化身,博得后人的广泛同情和爱戴。曹操谲虐变诈和刘备弘毅宽厚的一面都被突出了,形象化了。宋人司马光、苏轼等人都极赞许刘备的为人。就连老百姓也认为刘备是"好人",曹操是"坏人"。据苏东坡《志林》说:"涂巷中小儿薄劣,其家所厌苦,辄与钱令聚坐听说古话。至说三国事,闻刘玄德败辄蹙眉,有出涕者,闻曹操败,即喜唱快。"这说明,北宋期间,曹操的"奸诈"和刘备的"仁义"形象已为广大的老百姓所接受。元、明、清时期,三国评话、演义作品的出现和三国戏曲的广泛流传,曹操、刘备的形象更加艺术化了。一般人等不再认为刘备的智勇和事功不如曹操,从而进一步使他成为正义的化身,忠义的楷模。

终究如何评价刘备呢? 笔者试做如下几方面的概括:

一、折而不挠终有一方天下

"折而不挠"四字,非常生动地概括了刘备的性格和奋斗历程。前述可见,刘备 24 岁从军,参加镇压黄巾军,因"讨黄巾有功,除(授官)安喜尉",但不久便因鞭杖督邮而"弃官亡命"了;继而,再从军,力战有功,当上了下密丞,迁为高唐尉、高唐令,但不久又被黄巾攻破城池,再次亡命,奔投了公孙瓒;然后,他做了公孙瓒别部司马,因抗拒袁绍数有战功,"试守平原令,后领平原相"。十余年间,他虽能"外御寇难,内丰财施",众多归附,但遭人嫉妒。有人派刺客杀他,"客不忍刺",幸免于死。34 岁,是刘备人生道路上的重要转折点,他成了方镇之主。曹操征陶谦,刘备同青州刺史田楷一起赴救,陶谦表荐刘备为豫州刺史,继领徐州牧,骤然名列最高地方长官之列。但他不久即遭到袁术、吕布的袭击,老婆孩子都成了吕布的俘虏,不得已而依附于曹操。曹操厚待刘备,以为豫州牧,益其兵使东击吕布,结果又被吕布的部将高顺打败,妻子再次被吕布虏去。直至曹操擒杀吕布以后，刘备才复得妻子。嗣后，刘备失去地盘，跟随曹操回到许都，被授以左将军。他不甘心依附于曹操，参与了车骑将军董承受诏欲诛曹操的阴谋，继而心怀忐忑，借机离开了许都，遂叛曹而与袁绍联合。这是建安四年（公元199年）的事，刘备39岁。自此以后便终生与曹操为敌了。建安五年，曹操东征刘备，"尽收其众"，虏其妻子，并擒关羽以归，刘备投奔了袁绍，充当了袁绍的马前卒，白马阪再败于曹操的奇计之下。官渡战后，刘备南投刘表，"表疑其心，阴御之"，数年间郁郁不得伸其志，"见髀里肉生，慨然流涕"，因叹"日月若驰，老将至矣，而功业不建，是以悲耳"。建安十三年（公元208年），刘备48岁。是年曹操南征刘表，刘琮投降，大败刘备于当阳长坂，刘备弃妻子，仅以数十骑逃走。嗣后，复收余众，联合孙权，大破曹军于乌林赤壁。建安十四年，刘备自为荆州牧，真正开始并加快了谋创大业的实际行动。十六年入蜀，十九年破益，刘璋出降，继则东拒孙权，北抗曹操，遂有汉中。建安二十四年秋自称汉王于汉中。章武元年（魏黄初二年，公元221年），刘备61岁，在成都进号为帝，一切程式虽然是在凄怆的气氛中进行的，但总算完却了谋取大业的心愿。继而，东战孙权，惨败夷陵，抑郁病结，物故白帝。

可见，刘备的人生道路，自始至终都坎坷不平、充满危机。起步——挫折——爬起来——再挫折——发展，直至立足一方。这是一个战斗的历程。撇开刘备的政治动机不讲，它的确深刻地反映了一个人的精神：折而不挠，败不气馁，为了憧憬的目标而始终不懈地奋斗着。

陈寿将刘备"折而不挠"的精神，归结为"抑揆彼（指曹操）之量必不容己，非唯竟利，且以避害云尔！"就一定时期而论，当然是有道理的。自从建安四年刘备参与董承受衣带密诏谋诛曹操的阴谋以后,自然不再见容于操。既如此,惟有抗争,才能保全自己,发展自己。但是,就其整体而论,不宜视为最重要的原因,而应当是一种谋立大业的深层意念所使然。

二、重义,爱民,甚知得人之要

刘备重义、爱民甚得历史好评。特别是在诸多文艺作品中,由于突出了曹操的酷虐变诈、嗜杀、疑诛行为,更使他们形成了鲜明的对照。从而也使刘备获得了更多的同情和谅解。但是,细审则不难发现,刘备固然有更多可以称道的仁义之行,但也同样突现着两面性。曹操的两面性人格,我在《曹操传》一书中已经做了分析,这里重在分析刘备。

义以待人

刘、关、张结义的佳话,长期在中国历史文化发展和社会道德培养中发挥重大作用。其中,虽然不无负面影响,但积极的一面始终是主要的。他们一经结义,终生不易。人存两地,心在一起。曹操厚待关羽,关羽深念刘备厚恩,信守“誓以共死,不可背之”的信条,不为所动。关羽的忠义精神,深深地打动了曹操。史谓,“曹公义之”,因而慨叹说:“事君不忘其本,天下义士也。”为此,裴松之在注《三国志》时还把曹操大大赞扬了一番:“曹公知羽不留而心嘉其志,去不遣追以成其义,自非有王霸之度,孰能至于此乎?斯实曹公之休美。”关羽被孙权杀害后,张飞为义所激,失去理智,暴戾有加,死于部下;刘备错误地判断战争形势,不听众臣劝谏,仓促出兵伐吴,以致惨败而归,为义误国,为义把自己的性命也搭上了。对于刘备为义所累这一点,连旁观人也看得清楚。如前所述

《三国志·刘晔传》载，魏文帝曹丕曾"诏问群臣令料刘备当为关羽出报吴不"，有人说："蜀，小国耳，名将唯羽。羽死军破，国内忧惧，无缘复出。"侍中刘晔则清楚地认识到："蜀虽狭弱，而备之谋欲以威武自强，势必用众以示其有余。且关羽与备，义为君臣，恩犹父子。羽死不能为兴军报敌，于终始之分不足。"

礼贤下士，厚待宾客。他在做平原相的时候，"士之下者，必与同席而坐，同簋而食，无所简择"，因而得到了广泛的拥护和支持，"众多归焉"，由此引起了方镇大员的重视，遂有陶谦荐代徐州牧、袁绍备赞"刘玄德弘雅有信义"的事情发生①。

善遇部属，士兵甘为驱使。刘备拙于用兵，战则常败，但每每不久便又重新把自己的队伍集中起来。建安元年，吕布将他打败，虏其妻子，及至请和，求屯小沛，很快便"复合兵得万余人"。建安二年，又被吕布打败，三年曹操擒杀吕布以后，他跟随曹操还许，时过年余，离开曹操，及还小沛，"郡县多叛曹公为先主"，很快得众数万人。建安五年，被曹操打败，几乎只身逃依袁绍，"驻月余日，所失亡士卒稍稍来集"。诸此说明，刘备很知善待卒伍之要。士卒感恩，愿为驱使②。正因他懂得这一点，所以他对关羽"善待卒伍而骄于士大夫"和张飞"爱敬君子而不恤小人"都给予了关注，常常告戒张飞必须善待士兵，指出"鞭挝健儿，而令在左右，此取祸之道也"③。

爱民得民

刘备很懂"得人心者得天下"的道理。所以，为政在宽，史无

---

① 《三国志·蜀书·先主传》，并注引《魏书》、《献帝春秋》。
② 《三国志·蜀书·先主传》。
③ 《三国志·蜀书·张飞传》。

苟敛记载。初为官,人民饥馑,他外御寇难,内丰财施,以求稳定社会秩序。自为荆州牧,极少征敛。既得益蜀,尤重社会安定。他非常赞同赵云关于"益州人民,初罢兵革,田地皆可归还,令安居复业,然后可役调,得其欢心"的意见,避免了试图"以成都中屋舍及城外园地桑田分赐诸将"的一次重大的伤及民利的决策失误①。

最受人们赞扬的是他宁知不利而不弃民的举动。建安十三年,曹操取荆州,刘琮投降,荆州人多归刘备。前面谈到,当他到达当阳时,从众已有十余万,辎重数千辆,严重地拖累了行动速度,日行只有十余里。后有追兵,情势危机,有人劝他弃众而速走江陵,他毅然说:"夫济大事必以人为本,今人归吾,吾何忍弃去!"短短一句话,深刻地表达了他对待民众的态度,而且深刻地反映了他的民本思想是同他谋图大事紧紧相连的。历史表明,刘备虽然惨败当阳长坂,仅与诸葛亮、张飞、赵云等数十骑得免,从政治上说更非明人之举,但却博得了广泛的同情,对其以后的发展产生了非常积极的影响。晋人习凿齿的话,反映了这种事实。他说:"刘玄德虽颠沛险难而信义愈明,势逼事危而言不失道。追景升(刘表)之顾,则情感三军;恋赴义之士,则甘与同败。观其所以结物情者,岂徒投醪抚寒含蓼问疾而已哉! 其终济大业,不亦宜乎!"②

明示诚敬,但不以信义束缚自己

谋立大业的历史人物,很少将信义作为目的而信守不移者。对他们来说,倡信崇义自始至终都是争取人心,进而达到政治目的的手段。刘备自然也不例外。他崇尚信义,但决不为此自囿。所

① 《三国志·蜀书·赵云传》注引《云别传》。
② 《三国志·蜀书·先主传》注引习凿齿语。

以，从另一角度看，刘备又是一个不讲信义的人。就他与曹操的关系言，始则他被吕布打败，归依曹操，曹操"厚遇之，以为豫州牧"，继而表为左将军，"礼之愈重，出则同舆，坐则同席"，而刘备却不念其遇，首启衅端，阴谋诛操，得机离许以后又立即北联袁绍对抗曹操，二人遂不相容。再就他与吕布的关系言，吕布固然是反复无义小人，侵其地，掠其妻，死有余辜，但在解除袁术的危机时亦曾有恩于刘备，及至吕布投降曹操，生死悬于刘备一言之间，他一句话便提醒了曹操，把吕布送上了断头台。再如他同公孙瓒、袁绍的关系。刘备本是公孙瓒的同窗好友，瓒年长，备"以兄事之"。在刘备走投无路的时候，公孙瓒委以重任，让他为别部司马领兵抗袁绍，继领平原相，刘备却趁援救陶谦的机会，离开公孙瓒而归依陶谦；当他被曹操打垮，几乎是只身投靠袁绍时，袁绍"遣将道路奉迎，身去邺二百里"，与刘备相见，史谓："备归绍，绍父子倾心敬重。"刘备既已得兵，很快便"阴欲离绍"，诡说袁绍南连刘表，趁机南下，以谋自己发展的机会。

特别要着重说的是他对待刘表父子和刘璋的明示诚敬，阴怀诡诈的态度。

刘备对待刘表父子的态度，使他获得了很大的政治资本。前述事实表明，刘备南投刘表完全是为了自己的发展，刘表"益其兵"，并以上宾礼待之，使他在荆州界内站住了脚跟。及至刘备部众日多，荆州豪杰多依之，刘表惮其为人，自然会产生疑虑，所以"阴御之"、"不甚信用"，甚至发生刘表的僚属想除掉刘备的事都是有可能的。但不管怎么说，刘表对于刘备是有恩的。刘备心里自然也很明白。可是，刘备自始至终都是自以豫州牧、左将军的身份客居荆州的。他羁旅在别人的地盘里，却等待机会建立自己的功业，所以"见髀里肉生，慨然流涕"。他深纳诸葛亮"跨有荆益"

的隆中对策,自然要觊觎荆州。历史表明,刘表弥留之际,已经深深感到了刘备对其子孙的威胁,不得不以退为进,希望刘备善待其子。后人为了突出表现刘备的"信义"之心,遂有所谓刘表"托国"和刘备言说"此人待我厚,今从其言,人必以我为薄,所不忍也"之说。实际上,在刘琮、刘琦的争嗣斗争中,刘备完全背弃了刘表的意愿,支持了刘琦,从而加剧了荆州内部危机。及至刘琮已经遣使请降曹操,诸葛亮劝其攻琮取荆州,而言"吾不忍也",又有人劝其劫持刘琮及荆州吏士南走江陵,刘备说什么"刘荆州临亡托我以孤遗,背信自济,吾所不为,死何面目以见刘荆州乎!"等语,完全是主客观条件都不具备,特别是曹操大军压境的形势使然,而并非是不愿①。

刘备对待刘璋的态度是最为明显的以怨报德。刘璋上了张松的当,遣法正迎刘备,而且"前后赂遗以巨亿计"。法正趁机向刘备陈说益州可取之策。刘备、诸葛亮既然将"跨有荆益"作为既定目标,自然非常高兴。但他却试图将其真实的思想掩饰起来,而以虚假的面目面对现实。所以,当治中从事庞统说其取益州"权借以定大事"时,他假惺惺地以宽、仁、忠、义相对,说什么"今以小故而失信义于天下者,吾所不取也。"庞统以"义取顺守,报之以义,事定之后,封以大国,何负于信"的说词,给了他一个下台阶,他便心安理得地出兵了。刘璋"敕在所供奉先主,先主入境如归"②。因此,没有多少日子,刘备便顺利地自公安、宜都等地驱兵数百公里,到达益州的巴郡(治今重庆)。随后,又由巴水(今涪江)溯流而上数百公里到达涪城(今四川绵阳),深入到益州的腹地。刘备

---

① 参阅《三国志·蜀书·先主传》、《三国志·魏书·刘表传》,并注引《九州春秋》、《魏书》等。

② 《三国志·蜀书·刘二牧传》。

至涪,刘璋亲自从成都到涪出迎,诚心相待,相见甚欢。刘璋推刘备行大司马,领司隶校尉;刘备推刘璋行镇西大将军,领益州牧如故。刘璋为刘备增兵,厚加资给。刘璋对待刘备真可谓是仁至义尽了。但不久便自知上当了,杀了内奸张松,敕令"关成诸将文书勿复关通先主"。俗话说,请神容易送神难。刘璋搬起石头砸了自己的脚,刘备则即无须再顾信义之言,便即"分定郡县",向成都进兵了。刘璋投降后,刘备无颜面对刘璋,遂按庞统所说"事定之后,封以大国,何负于信"的意思,"迁璋于南郡公安"。他为刘璋留了一条活路,也算"报之以义"了。

上述可见,刘备确有阴怀诡诈的一面。但在分析历史人物的时候,自然还应注意从另一角度看问题,即:成大事者往往不以小义而废大谋。刘邦、李世民、朱元璋是这样,曹操、刘备也是这样。当然,从道义上说,是不足为鉴的。

三、用人尚贤而不明于察

历史证明,大凡开国者,一般都注意尚贤任能。刘备屡战屡败,频遭挫折,自然亦知任用贤能的重要。

清人赵翼在《廿二史札记》中就三国之主的用人特点做了概括。他说:"人才莫盛于三国,亦惟三国之主,各能用人,故得众力相扶,以成鼎足之势。而其用人,亦各有不同者,大概曹操以权术相驭,刘备以性情相契,孙氏兄弟以意气相投,后世尚可推见其心迹也。"这样概括自然很有道理,但亦失之于偏。

我在《曹操评传》一书中曾对曹操的用人思想作过分析,认为曹操出于功利的目的,惟才是举,虚怀待人,不惜爵赏,使许多人,不管是归投名贤,还是征召入朝的地方官员或乡隐俊士,都甘为其用。一大批知识分子集中邺下，形成了事实上的文人集团；众多的智能人士，被破例授官，出则牧守，入则列卿或中枢要津。这是曹操谋取大业的人才资本，是他"任天下之智力，以道御之"取得的实际效果。这里面固然有其"以权术相驭"的问题，待人处事亦难免谲诈，有时已经把不合己意的人杀了，还表示痛惜，为之歊歔流涕；有时表面和气而内实恨之，伺机而除之。但更当注意的是，确实不乏他以诚待人的事例。赵翼认为，曹操"以嫌忌杀人"、"亦以疑似之言杀人"，由此可以推知"从前之度外用人，特出于矫伪以济一时之用，所谓以权术相驭也"。这是一种以点概全的分析方法，不足为训。

孙权的用人之道，远在刘备之上。他的兄长孙策就曾因为"善于用人"而著称于时，史谓："策为人，美姿颜，好笑语，性阔达听受，善于用人，是以士民见者，莫不尽心，乐为致死。"有一个有趣的故事，常常为人所道。史载，东莱人太史慈为北海相孔融向刘备求救后南投扬州刺史刘繇，没有得到重用，有人劝刘繇以慈为大将军，而刘繇仅仅给了他一个相当"侦察排长"的职务。一次，太史慈"独与一骑"出去侦察，突然同孙策遭遇，"策从骑十三，皆韩当、宋谦、黄盖辈也。慈便前斗，正与策对。策刺慈马，而揽得慈项上手戟，慈亦得策兜鍪（dōu móu，头盔）。会两家兵骑并各来赴，于是解散。"后来，太史慈"遁于芜湖，亡入山中，称丹杨太守……进住泾县（安徽今县），立屯府，大为山越所附"，孙策亲自"攻讨"，太史慈寡不敌众，"遂见囚执"。孙策见到这位曾把自己头盔摘走的冤家对头，立即为其解缚，并"即署门下督，还吴授兵，拜折冲中郎将"。①

---

① 《三国志·吴书·太史慈传》。

正因孙策善于罗致人才，所以乐为其用的人很多，不几年，便为孙权留下了文如张昭、张纮，武如周瑜、程普等一批颇有谋略的领导人物。

　　用人待之以诚，孙权又远在其兄之上。孙策生前即已觉察到自己罗致人才的本事远远不及弟弟孙权。所以，他弥留之际嘱以后事时特意讲到了年仅19岁的弟弟的这一突出优点，说："举江东之众，决机于两陈之间，与天下争衡，卿不如我；举贤任能，各尽其心，以保江东，我不如卿。"①事实确实如此。孙权继领吴地之后，敬待孙策旧部，如张昭、周瑜、程普、吕范等，"委心而服事焉"；"招延俊秀，聘求名士"，如鲁肃、诸葛瑾等一大批文官武将，先后甘为所用；拔将于"行阵"，如吕蒙，成为一代名将；不疑归从，如甘宁投吴，待之"同于旧臣"；更可贵的是，他不拘年资，重用新人，如以陆逊为督，大败关羽和刘备，等等。据载，魏文帝曹丕曾问吴国使臣"吴王何等主"？使者突出讲了孙权的知人善任的品质，回答说："纳鲁肃于凡品，是其聪也；拔吕蒙于行陈，是其明也；获于禁而不害，是其仁也；取荆州而兵不血刃，是其智也；据三州虎视于天下，是其雄也；屈身于陛下，是其略也。"②《三国志·吴主传》注引晋人傅玄的话说，孙权继承父兄的事业以后，"有张子布（昭字子布）以为腹心，有陆议（逊）、诸葛瑾、步骘以为股肱，有吕范、朱然以为爪牙，分任授职，乘间伺隙，兵不妄动，故战少败而江南安。"这也是从用人的角度，评论孙权的事功。可见，时人和后人，都很欣赏孙权重视人才、善于用人的一面。

　　不可否认，刘备用人重义，常能以诚待人，所以也的确收到了

---

　　①　《三国志·吴书·孙破虏讨逆传》。
　　②　《三国志·吴书·吴主传》。

某些"以性情相契"的效果。少结豪杰,人多归附;代领徐州,诸贤拥戴。但在当时他对于举贤任能的重要性尚乏理性的认识。及至南依刘表、屯驻新野时,才真正彻悟招贤用贤之要,从而开始了自觉地访贤用贤活动。徐庶来投,他器而用之。司马徽隐居,他主动拜访。司马徽、徐庶不约而同地向他推荐诸葛亮、庞统,他即枉驾三顾诸葛亮于草庐之中①。三顾茅庐,咨以大计,深深打动了诸葛亮的心,使诸葛亮"由是感激,遂许先帝以驱使",而终身不易。隆中对策,亦使刘备顿开茅塞,信心倍增,喜谓"孤之有孔明,犹鱼之有水也"。诸此,都揭示了他求贤若渴的心情。他同关羽、张飞、赵云等人的关系,更如赵翼所分析的那样:"自少结契,终身奉以周旋,即羁旅奔逃,寄人篱下,无寸土可以立业,而数人者,患难相随,别无贰志,此固数人者之忠义,而备亦必有深结其隐微而不可解者矣。"所谓"深结其隐微而不可解者",就是待之以情,交之以义,"以性情相契"。

历史证明,刘备在创业过程中,特别是入蜀前后,尤其注意广开贤路。不管文官,还是武将,凡有来归,总是以诚相待,量能授职。马超来投,即以为平西将军,迁左将军、骠骑将军,与关、张同列。黄忠"委质",常先登陷阵,勇毅冠三军,拜为讨虏将军,迁征西将军、后将军,亦与关、张同列。庞统归属,初为耒阳令,及见与谈,大器之,以为治中从事,与诸葛亮并为军师中郎将。法正助刘备入蜀有功,以为蜀郡太守,扬武将军,"外统都畿,内为谋主",继为尚书令、护军将军。入蜀以后,刘璋旧部归附者,贤能皆用。前已述及,此不一一。

---

① 窃以为,不必排除诸葛亮先自主动求见的记载。先是诸葛亮主动求见,进献"益众"之策,"备由此知亮有英略,乃以上客礼之";后有刘备问大计于茅庐,亮遂投身于备,这是不矛盾的。参见本书第四章第一节。

但是,毋庸讳言,刘备不具备大政治家的资质,军事才能更属平平。可是,他却获得了比曹操更多的声誉。这其中,除了曹魏最终逼汉禅位的重要政治原因之外,最主要的是刘备表现了能够以诚敬待人,从而与曹操不加掩饰地表现出的谲诈、诛杀功臣的一面形成了鲜明的对照。但是,如就知人善任而言,他则远远不如曹操。曹操对于自己部属的能力及其为人了如指掌,更加不疑归从,敢于拔将于卒伍之间,所以收到了人尽其用的效果。

刘备固然也有看人看得准的时候,例如,史载马谡"才器过人,好论军计,丞相诸葛亮深加器异。先主临薨谓亮曰:'马谡言过其实,不可大用,君其察之!'亮犹谓不然,以谡为参军,每引见谈论,自昼达夜。"①及至街亭兵败,诸葛亮自愧知人不及刘备。另如,重用魏延。刘备自为汉中王后,将还成都,需要一个得力的重要将领镇守汉川,当时,"众论以为必在张飞,飞亦以心自许。先主乃拔(牙门将)魏延为督汉中镇远将军,领汉中太守,一军尽惊"。为此,历史上还记下了一个生动的故事:刘备大会群臣,问魏延,"今委卿以重任,卿居之,欲云何(你想说点什么)?"魏延昂然回答说:"若曹操举天下而来,请为大王拒之;偏将十万之众至,请为大王吞之。"刘备连称其说得好,大家也"咸壮其言"②。再如,他对张飞的弱点也能看得清楚,因而常常告戒张飞不要"刑杀过差"、"鞭挝健儿"。他甚至有时能够洞察冤屈,为下臣辩诬:功曹书佐主簿李恢,"为亡虏所诬,引恢谋反",职能部门将李恢捉起来,刘备"明其不然",不仅不予治罪,反而"更迁恢为别驾从事"③。

---

① 《三国志·蜀书·马良传》。
② 《三国志·蜀书·魏延传》。
③ 《三国志·蜀书·李恢传》。

但是,事实证明,刘备不少的时候是不明于察,不能深知部属的心术及其长处和短处。因而,就连关羽、赵云等一些心腹宿将也得不到正确地发挥作用。关羽刚愎自用,本非方镇之材,刘备不仅授以重任,而且尽护其短,不断助长其骄傲情绪,最终酿成大错。正如王夫之所说:"关羽,可用之材也,失其可用而卒至于败亡,昭烈(刘备)之骄之也,私之也,非将将之道也。"①赵云屡有战功,入蜀以后,谋略常与刘备相左,刘备便不再信用,授官竟然不能与关、张、黄、马同列。关、张、黄、马均为名号将军,都封了侯,而赵云始终是杂号将军,而且在刘备生前竟然得不到封侯②。孟达对于刘备入蜀有功,并取得了攻夺房陵、上庸、西城等地的胜利。刘备却对其不信任,又遣养子、副军中郎将刘封自汉中乘沔水而下,夺了孟达的军权,导致了孟达、刘封不和,最终酿成孟达叛归曹魏、失掉三郡的后果。

刘备为人有少恩、多忌的一面。所以,在用人方面,有时表现得不容异己。明明自己急于做皇帝,却假装出很不愿意的样子,但当别人真的劝他缓一步称帝的时候,便暗藏愤怒于心,找个机会把提建议的人杀了或贬了。

最为可悲的是,他对诸葛亮很不放心。王夫之曾用三个方面的事实证明这点:第一,留关羽守江陵,而不以诸葛亮率赵云、张飞守江陵,"疑武侯(诸葛亮)之交固于吴,而不足以快己之志也",

---

① 王夫之:《读通鉴论》卷九。

② 赵云封侯是在刘备死了以后。《三国志·蜀书·赵云传》说:"(后主)建兴元年,(赵云)为中护军、征南将军,封永昌亭侯,迁镇东将军。……七年卒,追谥顺平侯。"而关羽早在建安五年,已由曹操表封为汉寿亭侯,死后追谥壮缪侯;张飞在刘备住荆州时已封新亭侯,章武元年又进封西乡侯,死后追谥桓侯;马超来投,即封前都亭侯,章武元年进封斄乡侯,死后追谥威侯;黄忠在刘备为汉中王时,已"与关羽等齐位,赐爵关内侯",死后追谥刚侯。

"先主之信武侯也，其不如其信羽，明矣"；第二，诸葛瑾奉使入蜀，兄弟二人不能私见，"不敢尽兄弟之私"（按：此当两面论，因为诸葛瑾在吴也有避嫌问题）；第三，刘备临崩托孤而有"君自取之"之言。其实，还有两点可以证明，一是刘备封诸葛亮为丞相，但生前未准其开府，军政权力仍牢牢地掌握在自己手里；二是刘备东征，诸葛亮明知条件尚不成熟，出于私心而不敢谏，因叹"法孝直（法正，字孝直）若在，则能制主上，令不东行"。这生动地表明了二人各怀疑虑的心情。

刘备对于巴蜀名士和蜀籍官员存在戒心，从而影响了对他们的使用，影响了蜀国后继人员的培养。王夫之指出，"先主所用，类皆东州之产，耆老丧亡，而固不能继。蜀非乏人，无有为主效尺寸者，于是知先主君臣之图此也，疏矣。"[①]的确是这样，表现在：

第一，中央枢纽机关少用蜀人。据查，刘备称帝以后，所任职官，诸卿、尚书、侍中、治中以上，只有杨洪（犍为武阳人）、黄权（巴西阆中人）、何宗（蜀郡郫人）、王谋（汉嘉人）等少数几人。

第二，带着偏见看人，言有不逊，谏有不称，即黜其职，甚至收付刑狱。比如，秦宓，广汉绵竹人，"少有才学"，刘备为益州牧时授宓为从事祭酒。刘备称帝后，将东征吴，"宓陈天时必无其利"，便被抓进了监狱。彭羕，广汉人，起初，仕州不过书佐，刘备领牧后，经庞统、法正推荐，拔为治中从事。彭羕为治中从事，"形色嚣然"，降职江阳太守，言不逊，便收狱处死。张裔，蜀郡成都人，治公羊春秋，博涉史汉，颇有学问。善论人物臧否的许靖，谓"裔干事敏捷，是中夏钟元常之伦也"（钟繇，字元常，官至曹魏相国）。

---

① 王夫之：《读通鉴论》卷十。

张裔对于刘备和平入城作出了贡献,刘备入成都,"以裔为巴郡太守,还为司金中郎将,典作农战之器"。"典作农战之器"云云,实质就是把冶铁业控制在官府手里。可见,司金中郎将是个比较重要的官职。但不久,便又左迁为益州郡(今云南境内)太守,结果被少数族耆率雍闿缚送于吴。费诗,犍为南安(今四川夹江)人,开始曾经受到重视。后来,刘备准备做皇帝,他不识时务,上疏阻止,便被降了职,"左迁部永昌(今云南保山)从事"。黄权,曾是刘璋的重要幕僚主簿,刘备拜他为偏将军。刘备为汉中王,以权为治中从事,是一位难得的军事人才,归属刘备以后屡献奇谋,及至伐吴,二人意见不同,便将其调离前阵,使"督江北军以防魏师",孤军悬处,道路隔绝,不能还蜀,被迫降魏。

另外,需要提及的还有:周群,巴西阆中(今县)人,晓占候(观天象以测吉凶),刘璋辟为师友从事,先主定蜀,署儒林校尉。刘备与操争汉中,问群,群对曰:"当得其地,不得其民也,若出偏军,必不利,当戒慎之!"由此,周群终生不得提升。后部司马张裕,蜀郡人,亦晓占候,谏刘备说"不可争汉中"。刘备不用裕言,遣将军吴兰、雷铜等入武都,结果打了败仗,"皆没不还"。刘备便借故将其杀了。杜琼,蜀郡成都人,学业精深,刘璋时辟为从事,刘备亦仅以为议曹从事。

第三,用而不信,不予实权。汉制,自武帝以后,军政权力往往主要掌握在中朝官手里[①]。蜀汉自然也是这样。据查,刘备所置中朝官,尚书、侍中以上无蜀籍一人;九卿之列,仅少府王谋、大鸿

---

① 中朝也称内朝,中朝官也称内朝官。《汉书·刘辅传》说:"中朝,内朝也。大司马、左右前后将军、侍中、常侍、散骑、诸吏为中朝;丞相以下至六百石为外朝也。"外朝又称外廷。

胪何宗二人①；所置将军，卫将军、左右前后将军以上自然不可能②，即使其他各种名号将军、杂号将军也不得与，仅有黄权被封为偏将军，王平（巴西宕渠人）被封为裨将军。偏、裨，皆为将军之副。地方郡守一级的要员，二十余人中，除张裔、杨洪、费诗等曾做过一段外③，亦大都是客籍人氏。

受到刘备重视并给予一定重用的人有几个，但官秩达到二千石者很少，大都不过千石。尹默，梓潼涪人，"皆通诸经史，又专精于《左氏春秋》"，被刘备拔为劝学从事。及立太子，以默为仆。李恢，建宁俞元人。刘备领益，以恢为功曹书佐主簿，后迁为别驾从事。章武元年，以为庲降都督，使持节领交州刺史。官秩算是高的了。马忠，巴西阆中人，建安末举孝廉，授汉昌长。"先主东征，败绩猇亭，巴西太守阎芝发诸县兵五千人以补遗缺，遣忠送往。先主已还永安，见忠与语，谓尚书令刘巴曰：'虽亡黄权，复得狐笃（马忠，原名狐笃），此为世不乏贤也。'"建兴元年，诸葛亮以忠为门下督。至于谯周（巴西西充人）、张翼（犍为武阳，今四川彭山东人）等人受到一定重视，那都是刘备死后的事。

---

① 王谋、何宗，除了具名上奏为刘备"上尊号"外，不见有所作为。《三国志·蜀书·杨戏传》说，刘备用王谋为少府、何宗为大鸿胪，失其行事，故不为传。《华阳国志·先贤士女总赞》说，何宗"赞立先主，为大鸿胪，方授公辅，会卒"。足见其没有实际权力，也没有做出像样的事情来。
② 《后汉书·百官一》说，"将军……比公者四：第一大将军，次骠骑将军，次车骑将军，次卫将军。又有前、后、左、右将军。"前、后、左、右将军，皆金印紫绶，"位次上卿"（"位次"是相当的意思）。
③ 后来造反的汉嘉太守黄元，未能考知为何方人氏。

282

四、尚儒而喜法术

刘备少年时期不太喜欢读书,但从"年十五,母使行学,与同宗刘德然、辽西公孙瓒俱事故九江太守同郡卢植"①的记载看,他又是在儒学思想的影响下成长的,而且确曾投到当代硕儒门下,受过短期的正规儒学的熏陶。所以,他自处、办事、建制、用人等方面都表现出了明显的儒教特征。但是,残酷的历史现实和坎坷的人生阅历,又使他其知诸子百家之可观以及术法之可用。因此,刘备虽然不能具有曹操那样丰富的思想,但也同样具有霸王道杂之的思想特征。

儒为学先

第一,如前所述,刘备特别重视以儒家的思想教育子女。刘禅为太子,刘备所发策文仅仅突出地对刘禅提出了一条要求,即:"行一物而三善皆得"。"行一物"是说每做一件事,"三善"系指父子之道、君臣之义、长幼之节。言简意赅,一句话便把儒学的最基本的思想内涵包容其中,明令刘禅以儒家的父子、君臣、长幼之道修养自己。所置仆傅,特别强调了"以耆宿学士见礼于世"和"通诸经史"的人。及至弥留,再次遗诏刘禅将《汉书》、《礼记》作为最重要的学习科目。《汉书》为汉朝掌故,意在让刘禅熟悉祖宗之法,学习治国为政之道。《礼记》为修身要籍,"行一物而三善皆得"就出于此。并且特别强调了"勿以恶小而为之,勿以善小而不为。惟贤惟德,能服于人"的内容。这是简要地复述孔子在《易·系辞下》中所说的话。

---

① 《三国志·蜀书·先主传》。

第二，重用儒人，倡办儒学。刘备很知儒学之用，自定蜀之日起便注意重用儒人。儒者周群，少笃儒学，刘璋时为师友从事，刘备署为儒林校尉；杜琼，少学于广汉名儒任安，"精究安术"，刘璋时辟为从事，刘备以为议曹从事；许慈，"善郑氏学，治《易》、《尚书》、《三礼》、《毛诗》、《论语》"，胡潜，"卓荦强识，祖宗制度之仪，丧纪五服之数，皆指掌画地，举手可采"，刘备定蜀，"承丧乱历纪，学业衰废，乃鸠合典籍，沙汰众学。慈、潜并为博士，与孟光、来敏等典掌旧文"。据载，刘备为了调解许慈和胡潜的关系，还颇费过一番心思。《三国志·许慈传》说："值庶事草创，动多疑议，慈、潜更相克伐，谤讟忿争，形于声色；书籍有无，不相通借，时寻楚挞（时常找机会拷打），以相震撼（互相扭打。撼，音 xiǎn）。其矜己妒彼，乃至于此。先主愍其若斯，群僚大会，使倡家假为二子之容（让戏子假扮二人容貌），效其讼阋之状（仿效二人争辩时的样子），酒酣乐作，以为嬉戏。初以辞义相难，终以刀杖相屈，用感切之。"孟光，"博物识古，无书不览，尤锐意三史，长于汉家旧典。好《公羊春秋》而讥呵左氏"，刘备定益州，拜孟光为议郎，与许慈等并掌制度。来敏，"涉猎书籍，善《左氏春秋》，尤精于《仓》、《雅》训诂，好是正文字"，刘备定益州，署敏典学校尉。尹默，"通诸经史，又专精于《左氏春秋》，自刘歆条例，郑众、贾逵父子、陈元、服虔注说，咸略诵述，不复按本"，刘备以为劝学从事。李谡（zhuàn），"父仁，字德贤，与同县尹默俱游荆州，从司马徽、宁忠等学。谡具传其业，又从默讲论义理，五经、诸子，无不该览，加博好技艺，算术、卜数，医药、弓弩、机械之巧，皆致思焉"，刘备用为州书佐[①]。

---

① 参见《三国志》卷42。

284

后来,诸葛亮领益州牧,为蜀汉丞相,继承了刘备的重儒倡学政策。诸如以耽古笃学、研精六经、尤善书札的谯周为劝学从事,以大将军蒋琬为典学从事,总州之学者,等等。

重视法术

一个重要的表现是,刘备在留给刘禅的诏书中,非常清楚地表明了诸子、兵书、法术等著作在他心目中的地位。他指令刘禅除了读好经书、《汉书》外,"闲暇历观诸子及《六韬》、《商君书》,益人意智。"又说:"闻丞相为写《申》、《韩》、《管子》、《六韬》一通已毕,未送,道亡,可自更求闻达。"这说明,第一,刘备并没有将儒学和其他诸子百家对立起来;第二,他也没有把法术著作同儒学并列,而是放在次于儒学的位置。"闲暇历观"四字,生动地表明了这一点。可见,一切试图以此具论刘备、诸葛亮为法家者都是不能成立的;第三,刘备和诸葛亮都知刘禅弱点所在,因而特别重视针对性的施教。《三国志集解》注引姜宸英说的话很对:"后主庸弱,故先主与(诸葛)亮皆欲其读此书,可见古人读书皆以致用。"

另一个重要表现是,如前所述,他指示诸葛亮等五人制定的法律制度(蜀科)非常严酷。

还有一个重要表现是,亦如前述,执法中时有枉法和宽贷。

五、历经沙场而不善用兵

刘备一生,大部分时间是在战争环境下度过的。所以,他同曹操一样,可谓是鞍马劳顿,倥偬军旅数十年。他重视兵书的学习,并在战争实践中得知兵书之用,因而临终能够要求刘禅"闲暇"时读《六韬》;他更知战争实践的重要,因而当其脱离战争时间长了的时候,便觉不安。甚至自见"髀里肉生"而"慨然流涕"。但是,历史证明,他虽然以武力夺取一方天下,表现出的军事才能远超袁绍、袁术、吕布等,但同曹操、诸葛亮、孙权相比,他并不是一个善于用兵的人。如果说年轻时候在别人的统率下尚能"数有战功",那么自从代领徐州牧、身为封疆大吏以后,由他自己指挥的战争便是败多胜少了。仅据《三国志·先主传》、《武帝纪》和《华阳国志》等书记载列表如下。

时　间	战　争	结果
建安元年	刘备拒袁术,吕布乘虚袭下邳,虏备妻子。	失败
同年	杨奉、韩暹寇徐、扬,刘备邀击。	胜利
建安二年	吕布攻刘备,刘备败归曹操。	失败
建安三年	曹操益其兵使击吕布,再败,吕布复虏其妻子。	失败
建安四年	刘备叛操,操派兵击之,不克。	小胜
建安五年	曹操征刘备,尽收其众,虏其妻子,生擒关羽。	失败
同年	官渡战争期间,曹操诱败刘备、文丑于白马坂。	失败
同年	袁绍派刘备助汝南黄巾刘辟,曹仁击之,备还归袁绍。	失败
建安六年	刘备与汝南黄巾龚都等合兵,迎击蔡阳。	胜利
同年	曹操南击刘备,备闻操自行,奔归刘表。	失败
建安七年	刘备屯新野,北至叶,设伏击夏侯惇等。	胜利
建安十三年	丢妻弃子,兵败当阳。	失败
建安十三年	配合周瑜破曹操军于赤壁、乌林。	胜利
建安十四年	南征荆州四郡。	胜利
建安十六至十九年	刘璋遣法正迎刘备入蜀,继而相战,刘璋降。	胜利
建安二十年	吴争荆州三郡,备求和,与孙权分荆州地。	失败
同年	曹将张郃进军宕渠,刘备使张飞与战,破郃。	胜利

时 间	战 争	结果
建安二十二至二十三年	刘备遣张飞、马超等屯下辩,被曹洪打败。	失败
建安二十三年	刘备遣陈式断马鸣阁道,被徐晃打败。	失败
建安二十四年	黄忠破夏侯渊于定军山。	胜利
同年	关羽败死,失荆州。	失败
章武元年至二年	率兵伐吴,夷陵惨败。	失败

上述不完全统计,战争 22 次,失败 13 次,胜利 9 次。其中,刘备亲自督阵或指挥的战争 17 次,失败 9 次。可见,虽然不能说他是一位长败将军,但败多胜少确是事实。对此,时人都很清楚,国人固然不便多言,但敌国之谋臣战将则常言及。吴国陆逊说他"前后行军,多败少成"①。魏国丞相掾赵戬说他"拙于用兵,每战必败"②。曹丕也说"备不晓兵"③。他的主要战绩是在法正、庞统、诸葛亮、赵云、张飞的谋划和支持下,谲诈与武功并用,一举夺得益州,成就大业。但综合考察,不能不承认,刘备虽然是通过军事手段谋取天下,但有欠军事才略。

王夫之认为,刘备所以屡出屡败是由于两方面的原因,一是"未能受命"的缘故。他说:"刘先主之刺豫州,因陶谦也;其兼领徐州,亦因陶谦也。二袁、曹操,皆受命于灵帝之末,吕布、刘表,亦拜爵王廷而出者,惟先主未受命也,而不得不因人而兴。始因公孙瓒,继因陶谦,周旋于两不足有为者之左右,而名不登于天府(意

---

① 《三国志·吴书·陆逊传》。
② 《三国志·蜀书·先主传》注引《傅子》。
③ 《三国志·魏书·文帝纪》。

谓不是朝廷正式任命的），是以屡出而屡败。"二是"托非其人"。他说："及其为左将军，受诏诛操而出奔，乃北奔于袁绍，托非其人矣，而非过也。"①从战略和战争号召力上以及自身的发展来说，此等条件，固然有所影响。但从战术，以及诸次战争的胜败来说，全委于此，自然是有意规避客观力量的对比和回护其无能了。

---

① 王夫之：《读通鉴论》卷九。

第十一章　后继乏人

刘备称帝,倏忽之间,仅仅两年(公元221年4月—223年5月)便郁结成疾抱憾而终了。如果从建安十九年(公元214年)克益取蜀自领益州牧算起,也只有八九年的时间。在此期间,他的主要精力,完全放在军事上。北拒曹操,取得汉中,扼住北门锁钥,从而稳定了益州社会秩序,有着积极意义。但是,东战孙权,频遭挫折,失掉荆州,缩小了统治地盘,却产生了重大的负面作用。他未曾注意,也没有来得及考虑并实施社会经济领域的措施,因而甚少建树。所以,我用一句比较客气的话,称他是一个未及有所作为的皇帝。

那么,他的后继者又是个什么样子呢?

一、诸葛治蜀是与非

诸葛亮,东汉末年和三国时代除曹操以外的最著名的政治家、思想家、军事家。他的聪明才智受到后人的尊崇,他的事功得到历史的承认。我在一个大的国家图书馆里查阅有关三国人物的著作发现,写刘备的书甚少,而研究诸葛亮的事功、演义诸葛亮的故事的书甚多。这说明,诸葛亮在人们心目中的地位远在刘备之上。也说明,诸葛亮这个历史名人已得到了相对比较充分的研究。所以,我放弃了为诸葛亮作传的念头。但是,诸葛亮是刘备蜀汉事业的实际继承者,是刘备死后、刘禅亲政以前的蜀汉的真正统治者。作为本书,虽然勿须全面论述诸葛亮的事功和思想,但不能不言及后继者对于传主事业的守成、发扬或衰败,因而也就不能不略及诸葛亮治蜀的功过是非。

前述诸葛亮隆中对策,奠定了刘备"跨有荆、益,保其岩阻,西和诸戎,南抚夷越,外结好孙权,内修政理"的战略指导思想。刘备因得诸葛亮而高兴,自谓:"孤之有孔明,犹鱼之有水也。"不久,诸葛亮即为刘备东联孙权,打败曹操,取得赤壁战争的胜利,做出了重要贡献。继而以军师中郎将,督荆州之零陵、桂阳、长沙三郡,"调其赋税,以充军实"。在平蜀的战争中,先期功劳不及庞统,后与张飞、赵云等"率众泝江,分定郡县,与先主共围成都"。取得益州,驱逐刘璋,诸葛亮功不可没。

刘备取得益州后,自领益州牧,以诸葛亮为军师将军,署左将军府事,建起了以"诸葛亮为股肱,法正为谋主,关羽、张飞、马超为爪牙,许靖、糜竺、简雍为宾友"为基础的最初的领导核心。诸葛亮主内政,"先主外出,亮常镇守成都,足食足兵"。可惜的是,诸葛亮和刘备没有很好地贯彻隆中对策之"结好孙权"的战略方针,导致失掉荆州,关羽死难。

章武元年(公元221年),诸葛亮在帮助刘备做皇帝中起了别人无可取代的作用。刘备即帝位,以亮为丞相,并录尚书事,假节,共理大政。张飞死后,又兼领司隶校尉,内察中央百官,外督诸郡。权力日隆。但刘备生前,没有让诸葛亮以丞相开府治事,大政仍决于己。所以,此前的历史责任,不管是成功,还是失败,自然都应算在刘备的头上。刘备伐吴失败,章武三年春,病笃永安,"托孤",属亮以后事,并诏敕刘禅及其弟弟们事诸葛亮"如父"。

同年(亦即建兴元年),刘禅继位后,诸葛亮为武乡侯,以丞相开府治事。建兴二年,又领益州牧,"政事无巨细,咸决于亮"。自此,诸葛亮开始自主治蜀,直至病故五丈原,前后历时十有二年。这是蜀汉的一个承前启后的重要历史阶段,治史者不能不将其作为刘备事业的后继者给予特别重视。

续结吴好

诸葛亮头脑清楚,既知刘备伐吴之失,自然更加坚定其联吴拒魏的战略决策。所以,刘备死后,诸葛亮首先想到的是对外与吴通好。

史载,正当诸葛亮"深虑(孙)权闻先主殂陨,恐有异计,未知所如"的时候,尚书邓芝建议"宜遣大使重申吴好",并主动请缨为使。诸葛亮即遣邓芝固好于吴。

邓芝充分转达了诸葛亮的意愿,向孙权晓之以利害,说:"吴蜀二国四州之地,大王(指孙权)命世之英,诸葛亮亦一时之杰也。蜀有重险之固,吴有三江之阻,合此二长,共为唇齿,进可并兼天下,退可鼎足而立,此理之自然也。大王若委质于魏,魏必上望大王之入朝,下求太子之内侍(内侍,此指做人质),若不从命,则奉辞伐叛,蜀必顺流见可而进,如此,江南之地非复大王之有也。"经过一段艰苦的谈判,吴王孙权终于决定"绝魏,与蜀连合",并遣使"报聘(回访)于蜀"①。

当然,谈判所以取得成功,一个更重要的原因当如前面曾经说过的,即:魏国皇帝曹丕犯了战略性错误。他倾全国主力,以三路大军向吴国发起了新的进攻,吴国边境吃紧,孙权再次感到了曹魏的威胁。

① 《三国志·蜀书·邓芝传》。

再一次联吴的成功，蜀汉又获得了相对稳定的外部环境，解除了东顾之忧，而且尤利于北拒曹魏，和集中力量稳定内部，平定内乱。

自此，联吴方针再没有动摇过。建兴七年（吴黄龙元年，魏太和三年，公元229年），孙权称帝号。吴国在承认刘备帝位的前提下，"其群臣以并尊二帝来告"。蜀国大臣们讨论这件事，大家都以为"交之无益，而名体弗顺"，一致主张，应该"显明正义，绝其盟好"。诸葛亮力排众议，剖析形势，讲明利害，指出：

> 权有僭逆之心久矣，国家所以略其衅情者（略，不计较；衅情，险恶用心），求掎角之援也。今若加显绝（显绝，断然拒绝），仇我必深，便当移兵东伐，与之角力，须并其土，乃议中原。彼贤才尚多，将相缉穆，未可一朝定也。顿兵相持，坐而须老，使北贼（魏）得计，非算之上者。昔孝文（指汉文帝）卑辞匈奴，先帝（指刘备）优与吴盟，皆应权通变，弘思远益，非匹夫之为忿也。今议者或以（孙）权利在鼎足，不能并力，且志望以满，无上岸之情（意谓不能再向魏蜀用兵）。推此，皆似是而非也。何者？其智力不侔（不侔，不相称），故限江自保；权之不能越江，犹魏贼之不能渡汉，非力有余而利不取也。若大军致讨，彼高当分裂其地以为后规，下当略民广境，示武于内，非端坐者也。若就其不动而睦于我，我之北伐，无东顾之忧，河南之众不得尽西（按：指魏兵因要备吴而不能全力抗蜀），此之为利，亦已深矣。权僭之罪，未宜明也。①

不难看出，这是夷陵之战以后，诸葛亮处理蜀吴关系的一次纲领性的谈话，完全是一种战略的考虑：一是明确了联吴的目的在

---

① 《三国志·蜀书·诸葛亮传》注引《汉晋春秋》。

"求掎角之援"，深刻地指出，如果与吴绝盟，吴蜀立即又成敌国，对方"仇我必深"，我方则当"移兵东伐，与之角力"，但条件很不成熟，一旦出兵，必"顿兵相持，坐而须老"，给曹魏以可乘之机，反之，吴蜀盟好则可给曹魏以压力；二是讲清了"应权通变"之宜，要学习先人，遇事想得远一点，不能感情用事；三则进一步分析形势，指出当前均势状态下，吴国孙权不能越江，就像曹魏之不能渡汉（水）一样，"非力有余而利不取"，而是"智力不侔，故限江自保"，但是，如果对其用兵，他们必将动员起来，全力对我；四则透露了"和吴"对于即将北伐曹魏的重大意义，指出"若就其不动而睦于我，我之北伐，无东顾之忧"。

诸葛亮说服了大家，对孙权称帝不仅没有明确表示反对，而且特派卫尉陈震代表蜀国去向孙权庆贺。

平定内乱，安抚夷越

刘备生前死后的一段时间里，蜀汉境内曾经出现混乱。刘备、诸葛亮，可谓得计，短期内便把动乱基本平定下来。

建安十九年（公元214年），刘备定蜀，即以安远将军邓方为朱提（今云南昭通）太守、庲降都督，治南昌县（今云南镇雄境）。邓方，"轻财果毅，夷汉敬其威信"。

建安二十三年，马秦、高胜等人"起事于郪（今四川三台南），合聚部伍数万人"，很快打到资中县（今县）。这帮迅速集聚的乌合之众，没有什么战斗力。资中属犍为郡，犍为太守李严仅"率将郡士五千人讨之"，便将马秦、高胜等斩首，"枝党星散，悉复民籍"。[1]

---

① 《三国志·蜀书·李严传》。

章武元年(公元 221 年),邓方死后,刘备以别驾从事李恢代为庲降都督,治平夷县(今贵州毕节)①。

章武三年,汉嘉(治今四川雅安北)太守黄元因与诸葛亮不睦而反。如前所述,益州治中从事杨洪奏明刘禅,"遣其亲兵,使将军陈曶、郑绰讨元"。黄元军败,"顺流下江,为其亲兵所缚,生致成都,斩之"②。

同年,越嶲(今四川西昌境)郡,夷叟(按:夷人大种曰"昆",小种曰"叟")大帅高定反,杀郡将军焦璜,举郡称王以叛③,并遣军围攻新道县(按:汉无新道县,或僰道之误,或蜀新设,约在今四川宜宾境)。犍为太守李严"驰往赴救",将高定的军队击败④。高定军队的残部又回到越嶲集结。

约同时,益州郡(今云南曲靖境)大姓雍闿反,"杀太守正昂,耆率雍闿恩信著于南土,使命周旋,远通孙权"。刘备以张裔为益州郡太守,径往至郡,雍闿"据郡不宾(不宾,不归顺)",流张裔于吴。史载,雍闿假借鬼教,说:"张府君如瓠壶(瓠壶,酒葫芦),外虽泽而内实粗,不足杀,令缚于吴"。直到刘备死后,诸葛亮让尚书邓芝到吴国约和时,"令芝言次可从权请裔",张裔才又回到了蜀国⑤。

刘备死后,南中益州、永昌(今云南保山)、牂牁(治今贵州凯里西北)和越嶲等郡并叛,从而使诸葛亮面临更加严峻的形势。

南中四郡,包括今四川西南部、云南和贵州广大地区,居住着

---

① 《华阳国志·南中志》、《三国志·蜀书·先主传》。

② 《三国志·蜀书·杨洪传》、《先主传》。

③ 详见《华阳国志·蜀志·越嶲》。

④ 《三国志·蜀书·李严传》。

⑤ 《三国志·蜀书·张裔传》、《后主传》。

今称苗、傣、彝等的许多少数民族，史称"西南夷"①。如何对待这些少数民族是中国历代王朝所必须解决的问题。诸葛亮早在"隆中对"中就提出了"西和诸戎，南抚夷越"的既定政策。

诸葛亮先是以龚禄为越嶲太守，住安上县（今四川屏山西），遥领太守。不久，龚禄被杀。史载，自丞相诸葛亮讨伐高定以后，叟夷数反，杀太守龚禄，"是后太守不敢之郡，只住安上县，去郡八百里，其郡徒有名而已"。

雍闿等得知刘备已死，"骄黠滋甚"。都护李严给雍闿一连发去六封信，"解喻利害"。雍闿仅回一信，拒绝内附，说："盖闻天无二日，土无二王，今天下鼎立，正朔有三（指蜀、魏、吴），是以远人惶惑，不知所归也。"但他越过蜀汉而约降于吴，吴则遥以雍闿为永昌太守。据载，雍闿欲往赴任，永昌郡功曹吕凯与府丞王伉"帅厉吏民，闭境拒闿"，并且针对雍闿来文回答说："……先帝（刘备）龙兴，海内望风，宰臣（诸葛亮）聪睿，自天降康。而将军不睹盛衰之纪，成败之符，譬如野火在原，蹈履河冰，火灭冰泮（冰泮，冰融化，比如分崩离析），将何所依附？曩者将军先君雍侯，造怨而封，窦融知兴，归志世祖（按：窦融，据河西，刘秀称帝后，内附，被授凉州牧，累官至大司空），皆流名后叶，世歌其美。今诸葛丞相英才挺出，深睹未萌，受遗托孤，翊赞季兴，与众无忌，录功忘瑕（忘瑕，意谓不计较做的错事）。将军若能翻然改图，易迹更步，古人不难追，鄙土何足宰哉（意寓统治的地盘还可以扩大呢）！……"②雍闿未敢贸然进驻永昌，而是即地壮大力量，"使郡人孟获诱扇诸夷"。

---

① 《华阳国志·南中志》载："南中在昔盖夷越之地，滇濮、句町、夜郎、叶榆、桐师、嶲唐侯王国以十数。编发左衽，随畜迁徙，莫能相雄长。"

② 《三国志·蜀书·吕凯传》。

雍闿、孟获"诱扇诸夷"的措施和行动，获得相当成功，"诸夷皆从之"①，势力得到不少发展。

建兴元年（公元223年），牂柯太守朱褒"拥郡反"，与雍闿相呼应②。越巂夷王高定亦同呼应。

最初几年，"诸葛亮以新遭大丧，皆抚而不讨"③。

建兴三年三月，诸葛亮南征四郡，"五月渡泸（金沙江），深入不毛"。临行，曾一度做过越巂太守的马谡"送之数十里"，诸葛亮向马谡征求意见，说："虽共谋之历年，今可更惠良规。""共谋历年"之谓，说明南征之事，已经谋划了很久。马谡贡献了一条很好的意见，说："南中恃其险远，不服久矣，虽今日破之，明日复反耳。今公方倾国北伐以事强贼。彼知官势内虚，其叛亦速。若殄尽遗类以除后患，既非仁者之情，且又不可仓卒也。夫用兵之道，攻心为上，攻城为下，心战为上，兵战为下，愿公服其心而已。"史称："亮纳其策"④。

诸葛亮至南中，"所在战捷"。兵分三路，一路由诸葛亮亲率主力自成都南下至金沙江北岸，"由越巂入"，取得了"斩雍闿及高定"的胜利⑤。一路由驻扎在今贵州毕节的庲降督李恢"由益州（今云南曲靖境）入"，作牵制性战斗。一路由新拜牂柯太守、门下督马忠"由牂柯入"，李恢、马良"击破诸县，复与亮合。"⑥经过几个月的战斗，至秋，四郡皆平。

---

① 《资治通鉴》卷70。
② 《三国志·蜀书·后主传》。
③ 《资治通鉴》卷70。
④ 《三国志·蜀书·马良传附马谡》。
⑤ 《三国志·吕凯传》记载不同，称："及丞相亮南征讨闿，既发在道，而闿已为高定部曲所杀。"
⑥ 参阅《资治通鉴》卷70。

对于主力一路,有的军事著作根据历史记载描述说:"诸葛亮所属的蜀军主力到达金沙江北岸后,即经安上(今四川屏山),沿江西上,向集结在旄牛(今四川汉源)、卑水(今四川昭觉附近)、定筰(今四川盐源)等地筑垒防守的高定的军队突然发起进攻。结果高定被杀,蜀军顺利地占领了越嶲郡。"①

南征中,李恢、马忠等均很好地贯彻了诸葛亮的意图。

《三国志·李恢传》说,刘备死后,"高定恣睢于越嶲,雍闿跋扈于建宁(按:益州郡,蜀汉改称建宁郡),朱褒反叛于牂牁。丞相亮南征,而恢案道向建宁。诸县大相纠合,围恢军于昆明。"这说明李恢一路曾经陷入困境。"时恢众少敌倍,又未得亮声息",为摆脱困境,先施以缓兵之计,欺诳南人,假意欲与共谋大事,说:"官军粮尽,欲规退还,吾中间久斥乡里(按:李恢,建宁人,故言乡里),乃今得旋,不能复北,欲还与汝等同计谋,故以诚相告。"然后,出其不意,奇袭破敌。史称,"南人信之,故围守怠缓。于是恢出击,大破之,追奔逐北,南至槃江,东接牂牁,与亮声势相连。"因此,南土平定,恢军功居多,被封汉兴亭侯,加安汉将军②。

马忠打下牂牁,平定了朱褒叛乱,然后继续向益州郡进发,同诸葛亮、李恢会师于昆明。马忠平叛、进军、治理地方,甚知得民之要,恩威并施,两手同用,"抚育恤理,甚有威惠",得到了南人的拥护③。

诸葛亮出征南中诸郡,最有戏剧性的是"七擒七纵"孟获的故事。

孟获,建宁郡(治今云南曲靖)人,是一位得到西南少数民族

---

① 《中国军事史》第二卷,第471页,解放军出版社1986年版。
② 《三国志·蜀书·李恢传》。
③ 《三国志·蜀书·马忠传》。

拥护的人物。他收拢雍闿余众对诸葛亮进行抵抗。据《三国志·诸葛亮传》注引《汉晋春秋》说:"亮在南中所在战捷,闻孟获者为夷汉并所服,募生致之。既得,使观于营阵之间,问曰:'此军何如?'对曰:'向者不知虚实故败,今蒙赐观看营阵,若只如此,即定易胜耳。'亮笑,纵使更战,七纵七擒,而亮犹遣获。获止不去,曰:'公天威也,南人不复反矣。'遂至滇池,南中皆平,即其渠率而用之。"

诸葛亮平定南中诸郡,为了安定南中秩序,采取了一系列改善民族关系和发展生产的措施。《中国军事史》第二卷根据史传和《华阳国志·南中志》、诸葛史迹等概括为十项,颇得其要,谨做节录如下:

(1)把南中四郡增改为越嶲、建宁、永昌、牂牁、云南、兴古六郡,缩小郡区便于管辖;

(2)选用本地人或熟悉当地情况的人做各郡太守;

(3)尊重少数民族的风俗习惯,不变更他们的部落组织,保留原来渠帅的首领地位和特权,通过他们进行地区统治;

(4)吸收少数部族上层中有威望的一些人到蜀汉中央政府去,给以较高的政治待遇(如孟获被授御史中丞);

(5)把一些态度恶劣的大姓豪绅强制迁到成都和内地,使他们离开本土,不再干涉地方行政;

(6)把一些强壮的男子编入军队,号称飞军,连同其家属一万多户迁到蜀中。这支军队成为蜀军中的一支劲旅;

(7)把一些民户配给焦、雍、娄、爨、孟、量、毛、李等大姓为部曲。客观上,对南中地区社会的进一步封建化起了一定促进作用;

(8)把汉族比较先进的生产技术传授给当地的少数部族,使他们会使用牛耕,改变原来的刀耕火种的落后耕作方法,使生产得到发展；

（9）设置盐铁官，管理冶铁煮盐；派人传授织锦技术，促进手工业的生产；

（10）在永昌太守张嶷的主持下，修复了旄牛道（从今四川雅安到西昌的古道）和沿途亭驿，便利商旅往来①。

诸葛亮南征四郡的战争相当成功，尤其是"即其渠率而用之"（按：即以少数民族原来的头领仍然担任地方官）的政策，不仅有保土安民，平抚少数民族，和解民族关系，从而取得了南中四郡相对安定的作用，而且还由于得到少数民族头领和人民的支持，从而取得了重大的经济效益。当时，蜀国经济甚为困难，平定四郡后，出其金、银、丹、漆、耕牛、战马以给军国之用，史云"军资所出，国以富饶"②。

据说，有人不同意诸葛亮"即其渠率而用之"的办法，诸葛亮分析利害说："若留外人，则当留兵，兵留则无所食，一不易也；加夷新伤破，父兄死丧，留外人而无兵者，必成祸患，二不易也；又夷累有废杀之罪，自嫌衅重，若留外人，终不相信，三不易也。今吾欲使不留兵，不运粮，而纲纪粗定，夷、汉粗安故耳。"③所论非常透彻。这种以抚为主，从而加强民族和睦的政策，在中国民族关系史上留下了光辉的一页。

诸葛亮建兴三年三月出兵，十二月回到成都，历时9个月，史称"南中四郡皆平"④。"四郡皆平"之云，自然是相对而论。史实证明，尽管诸葛亮采取了许多好的措施，稳定、改善了民族关系，发

①　《中国军事史》第二卷，第472—473页，解放军出版社1986年版。
②　《三国志·蜀书·诸葛亮传》并注，《华阳国志·南中志》。
③　《三国志·蜀书·诸葛亮传》注引《汉晋春秋》。
④　《三国志·蜀书·后主传》、《诸葛亮传》。

生了影响久远的历史作用,但并不是一次征伐性的战争就能使其完全宾服,而是常有反复。所以,司马光《资治通鉴》第七十卷所说"自是终亮之世,夷不复反"的评论是不确切的。后世把平抚西南地区的功劳全都记在诸葛亮的头上,自然也有失于绝对化。

应该说,承诸葛亮之后,遵循诸葛亮的既定方略,最终取得比较安定局面的任务,是由李恢、马忠、张嶷,以及霍弋等逐步完成的。

《三国志·李恢传》说,诸葛亮大军撤回以后,南夷又曾复叛,杀害守将。李恢"身往扑讨"。李恢做建宁太守六年之久,"锄其恶类,徙其豪帅于成都,赋出叟、濮,耕牛战马金银犀革,充继军资,于时费用不乏。"

《三国志·张翼传》说,建兴九年(公元231年),翼为庲降都督、绥南中郎将,"翼性持法严,不得殊俗之欢心。耆率刘胄背叛作乱,翼举兵讨胄。"张翼"修攻战方略资储",未及平定,而被调回。

《三国志·马忠传》说,建兴十一年(公元233年),"南夷豪帅刘胄反,扰乱诸郡。征庲降都督张翼还,以忠代翼。忠遂斩胄,平南土。"马忠将庲降都督治所由平夷(今贵州毕节)移至味县(今云南曲靖),"处民夷之间",以便接触、控制和融洽相互关系。《华阳国志·南中志》说,忠至,承张翼之方略、资储,灭掉刘胄。忠在南,"柔远能尔,甚垂惠爱,官至镇南大将军。"另,《三国志·马忠传》还说,越嶲郡长时间不稳,"亦久失土地,忠率将太守张嶷开复旧郡,由此就加安南将军"。马忠任庲降都督达12年之久,"卒后,南人为之立祠,水旱祷之"。

诸葛亮死后,延熙三年(公元240年),刘禅以张嶷为越嶲太守,"嶷将所领往之郡,诱以恩信,蛮夷皆服,颇来降附"。①

---

① 《三国志·蜀书·张嶷传》。

张嶷曾是马忠的属下,北讨叛羌,南平蛮夷,"辄有筹划战克之功"。计其著者:(1)往讨"捉马"部,生缚其帅魏狼,然后,"又解纵告喻,使招怀余类。表拜狼为邑侯,种落三千余户皆安土供职。"史称,"诸种闻之,多渐降服"。(2)平定了苏祁(一作苏示,今四川西昌北)邑君冬逢及其弟弟隗渠等的反复降反,杀冬逢,隗渠西逃。据载,"渠刚猛捷悍,为诸种深所畏惮,(渠)遣所亲二人诈降嶷,实取消息。嶷觉之,许以重赏,使为反间,二人遂合谋杀渠。渠死,诸种皆安。"(3)杀死了加害原太守龚禄的斯都耆帅李承求。(4)收服了去郡三百余里的定莋、台登、卑水三县夷率,"种类咸面缚谢过",张嶷则"杀牛飨宴,重申恩信",因此收到了"遂获盐铁,器用周赡"的成效。(5)收服旄牛夷种类四千余户,开通经旄牛至成都旧道,"千里肃清,复古亭驿"。至此,越嶲郡才平定下来,"诸种皆安"①。

据载,马忠死后,接任庲降都督者有张表、阎宇等。霍弋为阎宇参军,继而代为监军,"时永昌郡夷獠恃险不宾,数为寇害,乃以弋领永昌太守,率偏军讨之,遂斩其豪帅,破坏邑落,郡界宁静"。随后,霍弋因功升迁为翊军将军,兼领建宁太守②。

应该强调的是,蜀汉四十余年,对待西南少数民族基本上是延用诸葛亮的镇、抚两手并用政策,而且确实收到成效。所以,当魏军兵临城下时,刘禅和他的一些臣僚竟然想到是不是南走少数民族地区的问题。

务农殖谷,闭关息民

诸葛亮对于恢复和发展蜀汉的经济,给予了必要的重视。建

---

①　《三国志・蜀书・张嶷传》。
②　《华阳国志・南中志》、《三国志・霍峻传》。

兴二年春,开始实行"务农殖谷,闭关息民"①的经济措施。可惜史无详细记载。

"务农殖谷,闭关息民"是诸葛亮试图恢复和发展蜀汉经济的总的政策的有机整体,是一个问题的两个方面。从当时的情势言,只有"闭关息民",才能获得一个暂时的相对稳定的生产环境,达到"务农殖谷"的目的;反之,只有提倡农业,增加生产,也才能够使疲敝于战争的广大农民得到相应生息。就其本质来说,"务农殖谷"是其长期的立国之本,"闭关息民"是根据形势而确定的临时措施。

这里主要应该注意三个方面的内容:

一是体现了诸葛亮具有传统的"重农"思想,即其所谓"惟劝农业,无夺其时,惟薄赋敛,无尽民财"②。

二是实行休养生息。不过,从历史的时间表来看,所谓"闭关息民",时间并不很长。第一段,从开始到第二年春天,仅1年。建兴三年春天,诸葛亮开始南征,"闭越巂之灵关",自然是不可能了。南征历时9个月,诸葛亮当年十二月回到成都。此后,即从建兴四年春开始,可以算是"闭关息民"的第二段,大约又有1年多的时间,至建兴五年春,诸葛亮率军北驻汉中,战争用兵、劳民又开始了。

三是休士、屯田,增加粮食储备,以待军事需要。我在《曹操评传》中讲过,曹操曾设立了带有军事性质的管理屯田的专门机构和职官,"置典农中郎将,秩二千石;典农都尉,秩六百石或四百

---

① 《三国志·蜀书·后主传》。闭关,胡三省说"闭越巂之灵关也"。实际上,不妨广其义而视之。

② 参见《诸葛亮集·便宜十六策·治人》。《便宜十六策》和《将苑》,皆为依托之作。不足信,但有些语言符合诸葛亮的思想,故偶取而用之。

石;典农校尉,秩比二千石,所主如中郎。部分别而少,为校尉丞"①。典农系统的官吏一般不受郡国行政系统的管辖,而是一个独立系统,大的郡国设典农中郎将,小郡设典农校尉,典农都尉的地位相当于县令长。典农都尉直接管理生产单位——屯。屯置司马,每屯五十人。军屯,大体是按照原军事单位进行的,它的基层单位为"屯营",每营六十人,中央和地方另设掌管军屯之官。根据诸多资料分析,蜀汉没有建起如此系统的督农组织,但它也没有破坏东汉原有的督农系统,即如《后汉书·百官五》所说:"凡郡国皆掌治民,进贤劝功,决讼检奸。常以春行所主县,劝民农桑,振救乏绝。"各县皆置诸曹,其中五官掾"监乡五部,春夏为劝农掾,秋冬为制度掾"。诸葛亮正是在此基础上,约在此时,调整、恢复、相应建立起来一套虽非完整但却相当有效的督农系统,在一些重要郡县保留、设置了专职或兼职农官。无疑,这是同曹操所置完全不同的另一套督农系统。它的主要特点是,一些地方官,特别是边埸郡县地方官,既治兵,又治民,并且大都兼领农事。如吕乂为汉中太守,"兼领督农,供继军粮"②。"督农"是个名词,指督导农事的官职。

随后,诸葛亮数次出兵不能取得成功,一个很重要原因就是粮食供应困难。因此,数年之间更是常常在解决粮食问题上动脑筋,如:建兴十年"休士劝农于黄沙(今陕西勉县东)";十二年"分兵屯田,为久驻之基"。事实证明,这些措施都收到了不少好的效果,一是支援了粮食供应,二是改善了军民关系,"耕者杂于渭滨居民之

---

① 《后汉书·百官三》注引《魏志》。
② 《三国志·蜀书·吕乂传》。

间,而百姓安堵,军无私焉"①。

为了务农殖谷,诸葛亮对于水利建设给予了重视。例如,为了发挥都江堰的作用,设置"堰官",并征发丁壮常驻,以维护和保证堤坝的安全。此即《水经注》所说,灌县都安大堰,亦曰前堰,又谓之金堤,"诸葛亮北征,以此堰农本,国之所资,以征丁千二百人主护之"。还在成都外围修筑了防水工程。《成都志》说,九里堤在县西北,堤长九里,故老相传,诸葛亮所筑,以捍水势。另,《夔州府志》说,夔州有义泉,诸葛武侯所凿,"侯虑城中无水,乃接筒引泉入城"。《一统志》说,有大诸葛堰、小诸葛堰"在金齿指挥使司城南一十五里,皆有灌溉之利"②。

又,诸葛亮从当地实际出发,还特别重视盐铁的生产事业。不仅设置、健全盐铁之官,而且亲自督察、指导生产。这从流传的一些故事可见其一斑。

张华《博物志》说:"临邛火井一所,从(纵)广五尺,深二三丈。井在县南百里,昔时人以竹木投以取火,诸葛丞相往视之,后火转盛热,以盆盖井上,煮盐得盐。"《山川纪异》说,"诸葛盐井有十四"。《初学记·异苑》说:"临邛县有火井,汉室之盛则赫炽,桓、灵之际火势渐微,诸葛孔明一窥而更盛。"

《元和郡县志》说,"陵州始建县东南有铁山,出铁,诸葛亮取为兵器,其铁刚利,堪充贡焉。"《周地图》说,"蒲亭县有铁山,诸葛武侯取为刀剑"。《嘉定府志》说,"铁山从仁寿来,横亘井、犍、荣、威间数百里,产铁,诸葛武侯取铸兵器。"《方舆纪要》说,"铁钻山在崇宁县西六里,武侯铸铁钻于此,以造军器。"又说,"铁溪河自

---

① 《三国志·蜀书·诸葛亮传》。
② 转自《诸葛亮集·故事·遗迹篇》。

邛州流入新津,注入皂江,相传诸葛武侯曾烹铁于此。"①

文献中还留下了一些诸葛亮善铸铜鼓的故事。例如《益部谈资》载,诸葛鼓乃铜铸,面广一尺七寸,高一尺八寸,边有四兽,腰束下空,旁有四耳,花文甚细,色泽如瓜皮,重二十余斤,悬于水上,用楛木槌击之,声极圆润。②《一统志》还记载,在柳州府融县二十里有铜鼓山,"旧传诸葛武侯散埋铜鼓,以厌僚人,后有得于是山者,故名"③。可见,蜀汉冶铜铸铜的技术已经达到相当水平和规模。

诸葛亮注意发展生产,重视与民休息,收到了效果。表现之一是蜀汉人民户口有了增加。

史载,"魏武据中原,刘备割巴蜀,孙权尽有江东之地,三国鼎立,战争不息,魏氏(景元四年,公元 263 年)户 663423,口 4432881;汉昭烈章武元年(公元 221 年),有户 20 万,男女 90 万;蜀亡时(公元 263 年),户 28 万,口 94 万,带甲将士 102000,吏 4 万;吴赤乌三年(公元 240 年),户 52 万,男女口 230 万,吴亡时(公元 280 年),户 53 万,吏 32000,兵 23 万,男女口 230 万。"④

《文献通考·户口一》记谓:"兴平、建安之际,海内荒废,天子奔流,白骨盈野,故陕津之难,以箕撮指(形容死人很多),安邑之东,后裳不全(意谓地方高官也穿着破旧衣裳。后,诸侯),遂有戎寇,雌雄未定,割剥庶民,三十余年,及魏武克平天下,文帝受禅,人众之损,万有一存。"曹魏统治区,人口锐减,长期不能恢复元气,《三国志·张绣传》说,"天下户口耗减,十裁一在"。魏明帝太和

---

① 以上参见《诸葛亮集·故事·遗迹篇》。
② 《诸葛亮集·故事·制作篇》。
③ 《诸葛亮集·故事·遗迹篇》。
④ 《文献通考》卷10。

年间(公元 227—232 年)杜恕上疏说:"今大魏奄有十州之地,而承丧乱之弊,计其户口不如往昔一州之民"①。青龙年间(公元233—236 年)陈群上疏也说:"今丧乱之后,人民至少,比汉文景之时,不过一大郡"②。这些记载,话虽说得有所夸张,但确真实地反映了社会的残破情况。

相比较:东汉桓帝永寿二年(公元 156 年),全国有户约 1607万,口约 5648 万;至西晋太康元年(公元 280 年),平吴,全国户约246 万,口约 1616 万。百余年间,户存 25.3%,减少 84.7%;口为28.6%,减少 71.4%。这些数字,虽然不一定准确(主要是在社会动荡情势下,一些隐户、依附户,往往不能计入。下同),但足以从一个特定角度,透视出魏国户口锐减的严重性。

吴国,公元 240—280 年,40 年间,仅增户 1 万,略为 2%,口增(含兵、吏)26.2 万,略为 11%。

历史证明,在魏国户口锐减和吴国户口增长甚微的时期,蜀汉户口却有相应增加。公元 221—263 年,43 年间,蜀汉户增 8 万,约增长 40%,口增 18 万余(包括兵、吏),约增长 20%。

应该说,这些都与诸葛亮治蜀的有关措施分不开。不过,他也远远没有将蜀汉人口恢复到东汉桓帝时期的水平,甚至不及一郡之多。据《后汉书·郡国五》载,益州之巴郡曾有户 31 万余,口近109 万;蜀郡户 30 万,口 135 万。如果加上汉中、广汉、犍为、牂牁、越嶲、益州、永昌各郡和诸属国,整个益州刺史部所辖,汉桓帝时期,约有户 156.5 万,口近 600 万。这些数字,由于可知和不可知的原因,没有科学的可比性,但其折射出的大的趋势,是可作为

---

①　《三国志·魏书·杜恕传》。
②　《三国志·魏书·陈群传》。

研究问题的参考的。当然,汉末社会大势和天灾、人祸所造成的人口凋零,并不是某一个政治人物所决定了的。所以,也不当过责于诸葛亮。

"刑法峻急"

诸葛亮特别重视以法治国。前述刘备在时,即命诸葛亮同法正、伊籍、刘巴、李严"共造蜀科",以及裴松之在注《三国志·诸葛亮传》时驳晋人郭冲所说五事时提到"亮刑法峻急,刻剥百姓"等,都说明了这一点。

他的法治思想特点,突出地表现为从实际出发。他认为,益州的社会风气已被刘璋父子搞坏了:"刘璋暗弱,自(刘)焉已来有累世之恩,文法羁縻,互相承奉,德政不举,威刑不肃。蜀土人士,专权自恣,君臣之道,渐以陵替;宠之以位,位极则贱,顺之以恩,恩竭则慢(慢,傲慢,不敬)。所以致弊,实由于此。"因而,他很有针对性地提出了"威之以法"、"限之以爵"的政策:"吾今威之以法,法行则知恩,限之以爵,爵加则知荣;恩荣并济,上下有节,为治之要,于斯而著。"①

诸葛亮认为,"治国之政,其犹治家。治家者务立其本,本立则末正矣。"什么叫"本"呢? 他说:"本者,经常之法,规矩之要。圆凿不可以方枘,铅刀不可以砍伐,此非常用之事不能成其功,非常用之器不可成其巧。"②一句话,欲要治国,必须用法。因而,主张"峻法"。

对于吏治,他指出,内外上下,宫中(朝廷)府中(丞相属下)

---

① 《三国志·蜀书·诸葛亮传》注引郭冲语。
② 《诸葛亮集·便宜十六策·治国》。

"俱为一体,陟罚臧否,不宜异同。若有作奸犯科及为忠善者,宜付有司论其刑赏……不宜偏私,使内外异法"。

在治军中,诸葛亮尤重法治,因而能够收到"戎陈整齐,赏罚肃而号令明"的效果①。现行清人张澍编《诸葛忠武侯文集》中收集的诸葛亮军事著作,仅"军令"、"兵要"和有关军事教令就有三十余则。这些论兵著作,明显地表现着两个特点,一是具体,二是严酷。例如,"闻雷鼓音,举白幢绛旗,大小船进战,不进者斩";"凡战临陈,皆无讙哗,明听鼓音,谨视幡麾,麾前则前,麾后则后,麾左则左,麾右则右,不闻令而擅前后左右者斩"。

据说,诸葛亮严肃执法,竟致有点"惜赦"。《华阳国志》载:"丞相亮时,有言公惜赦者,亮答曰:'治世以大德,不以小惠……若刘景升(表)、季玉(璋)父子,岁岁赦宥,何益于治!'"

至于"峻法"的程度如何,晋人郭冲说,"自君子小人咸怀怨叹";同是晋人陈寿则说,"刑政虽峻而无怨者"②。自然,两人所说都有道理,但都失之于绝对化。

遍观事实,不难发现,诸葛亮确实执法严峻,甚或加其罪而除之。例如,前述对刘备养子刘封,"虑封刚猛,易世之后终难制御",便劝刘备以"封之侵凌(孟)达,又不救(关)羽"之罪将其杀掉③;对治中从事彭羕,因其"形色嚣然",便让刘备降了彭羕的官,既而以谋反罪捉起来杀掉④。侍中廖立,被诸葛亮降职为长水校尉,"立本意,自谓才名宜为诸葛亮之贰,而更游散在李严等下(游散,闲散),常怀怏怏",并且公然批评先帝刘备用兵"徒劳吏士"、

① 以上《三国志·蜀书·诸葛亮传》。
② 《三国志·蜀书·诸葛亮传》并注。
③ 《三国志·蜀书·刘封传》。
④ 《三国志·蜀书·彭羕传》。

用人多为"凡俗之人",关羽"怙恃勇名,作军无法"。于是,诸葛亮便上表弹劾:"长水校尉廖立,坐自贵大,臧否群士,公言国家不任贤达而任俗吏,又言万人率者皆小子也;诽谤先帝,疵毁众臣。人有言国家兵众简练,部伍分明者,立举头视屋,愤咤作色曰:'何足言?'凡如是者不可胜数。羊之乱群,犹能为害,况立托在大位,中人以下识真伪邪?"表中所说廖立对"有言国家兵众简练,部伍分明者"不以为然,显然是针对诸葛亮的。于是诸葛亮即以刘禅名义下诏,"废立为民,徙汶山郡"。据说,廖立躬率妻子耕殖自守,闻诸葛亮卒,垂泣叹曰:"吾终为左衽矣!"自知再也没有翻案的机会了①。

当然,刑政虽峻也有"无怨"者。李严(后改名李平),章武二年,拜尚书令。三年"与诸葛亮并受遗诏辅少主",为中都护,统内外军事。九年,诸葛亮军出祁山,李严主管督运粮草,"秋夏之际,值天霖雨,运粮不继"。李严怕承担责任,一方面派人假说刘禅"军粮难继"之意,"呼亮来还"。既而,诸葛亮退军,李严又装作不知而阳惊,说"军粮饶足,何以便归",目的是"欲以解己不办之责,显亮不进之愆"。另一方面,又表后主,说"军伪退,欲以诱贼与战",试图解脱自己指喻诸葛亮退军之过。据载,"亮具出其前后手笔书疏本末,平违错章灼。平辞穷情竭,首谢罪负。"李严虽然"谢罪",但诸葛亮还是没有放过他,即上表弹劾,历数李严之过,将其废为庶民,逐出成都,徙居梓潼郡。李严被废后,诸葛亮厚待其子李丰,丰官至朱提太守;并且写了一封很感人的信给李丰,其中有言:"吾与君父子戮力以奖汉室,此神明所闻,非但人知也。……今虽解任(指李严被废),形业失故,奴婢宾客百数十人,

---

① 《三国志·蜀书·廖立传》。

君以中郎参军居府,方之气类(意谓同差不多的人相比),犹为上家。若都护(指李严)思负一意,君与公琰(蒋琬,字公琰)推心从事者,否可复通,逝可复还也。详思斯戒,明吾用心,临书长叹,涕泣而已。"无疑,诸葛亮在这里为李严留下"复还"的希望。所以,李严得知诸葛亮死的消息后,便着急发病死了(大概是心脑血管病)。陈寿说得很对,李严"常冀亮当自补复,策后人不能,故以激愤也。"这是一个典型的"刑政虽峻而无怨"案例,大受后人赞扬。晋人习凿齿曾评论说:"诸葛亮之使廖立垂泣,李平致死,岂徒无怨言而已哉! ⋯⋯水镜无私,犹以免谤,况大人君子怀乐生之心,流矜恕之德,法行于不可不用,刑加乎自犯之罪,爵之而非私,诛之而不怨,天下有不服者乎! 诸葛亮于是可谓能用刑矣,自秦汉以来未之有也。"①

峻刑重法,有效地稳定了社会秩序,保证了经济政策的实施,加强了军队的战斗力。

北伐曹魏

诸葛亮务农殖谷、闭关息民和南抚夷越,以及严厉法治、重视吏治和社会稳定的政策都取得了预期的效果,东联孙吴也获得了相当成功。国家相对富强了,出兵抗魏的后顾之忧也消除了,强兵之事自然就提到日程上了,于是"治戎讲武,以俟大举"②。

建兴四年(魏黄初七年,公元 226 年),魏国发生了重大变故,魏文帝曹丕死了,明帝曹叡初登帝位,忙于内务。吴王孙权闻曹丕死,先是亲自率兵攻江夏郡,继则以左将军诸葛瑾攻襄阳。诸葛亮

---

① 以上参见《三国志·蜀书·李严传》并注。
② 《三国志·蜀书·诸葛亮传》。

310

认为这是北伐曹魏的好机会。于是五年(公元 227 年)三月,便率军出发,"北驻汉中"了。临发,他给刘禅上了一个长疏,这就是闻名的《出师表》。《出师表》所言内容很多,大都是对刘禅的嘱咐性言语和誓报刘备"殊遇"之恩的表示,并且反映了诸葛亮的一些重要思想:

> 先帝创业未半而中道崩殂,今天下三分,益州疲敝,此诚危急存亡之秋也。然侍卫之臣不懈于内,忠志之士忘身于外者,盖追先帝之殊遇,欲报之于陛下也。诚宜开张圣听,以光先帝遗德,恢弘志士之气,不宜妄自菲薄,引喻失义(引用比喻说明问题导致远离事物本义),以塞忠谏之路也。宫中府中(宫,指皇宫;府,指丞相府),俱为一体,陟罚臧否,不宜异同。若有作奸犯科及为忠善者,宜付有司论其刑赏,以昭陛下平明之理,不宜偏私,使内外异法也。侍中、侍郎郭攸之、费祎、董允等,此皆良实,志虑忠纯,是以先帝简拔以遗陛下。愚以为宫中之事,事无大小,悉以咨之,然后施行,必能裨补阙漏,有所广益。将军向宠,性行淑均,晓畅军事,试用于昔日,先帝称之曰能,是以众议举宠为督。愚以为营中之事,悉以咨之,必能使行阵和睦,优劣得所。亲贤臣,远小人,此先汉所以兴隆也。亲小人,远贤臣,此后汉所以倾颓也。先帝在时,每与臣论此事,未尝不叹息痛恨于桓、灵也。侍中、尚书、长史、参军,此悉贞良死节之臣,愿陛下亲之信之,则汉室之隆,可计日而待也。

> 臣本布衣,躬耕于南阳,苟全性命于乱世,不求闻达于诸侯。先帝不以臣卑鄙,猥自枉屈,三顾臣于草庐之中,咨臣以当世之事,由是感激,遂许先帝以驱驰。后值倾覆,受任于败军之际,奉命于危难之间,尔来二十有一年矣。先帝知臣谨

慎,故临崩寄臣以大事也。受命以来,夙夜忧叹,恐托付不效,以伤先帝之明,故五月渡泸,深入不毛。今南方已定,兵甲已足,当奖率三军,北定中原,庶竭驽钝,攘除奸凶,兴复汉室,还于旧都。此臣所以报先帝,而忠陛下之职分也。

至于斟酌损益,进尽忠言,则攸之、祎、允之任也。愿陛下托臣以讨贼兴复之效。不效,则治臣之罪,以告先帝之灵。〔若无兴德之言,则〕责攸之、祎、允等之慢,以彰其咎。陛下亦宜自谋,以咨诹(zōu,咨询)善道,察纳雅言,深追先帝遗诏。臣不胜受恩感激。今当远离,临表涕零,不知所言。

《表》中内容,大多前面已有涉及。就军事而言,诸葛亮甚知蜀汉势力远不及魏,对魏用兵并没有什么取胜的把握。但为什么又要主动发动对魏的战争呢?一是自认取得南方胜利以后,内外形势比较有利,二是欲报刘备信用、托孤之恩,即所谓"盖追先帝之殊遇,欲报之于陛下也"。就政治而言,一是力倡亲贤臣,远小人,广听不同意见,不塞忠谏之路,重用贤能;二是主张刑赏平明,内外执行统一的法律标准,即所谓"不宜偏私,使内外异法也"。

诸葛亮振兵与魏战争共有五次。

第一次,出祁山(今甘肃西和西北),先胜后败。史载,"建兴六年(魏太和二年,公元228年)春,(诸葛亮)扬声由斜谷道(今陕西眉县西南)取郿(治今眉县北),使赵云、邓芝为疑军,据箕谷(今陕西汉中北)。魏大将军曹真举众拒之。亮身率诸军攻祁山,戎阵整齐,赏罚肃而号令明,南安(今甘肃陇西东)、天水(今甘肃通渭西北)、安定(今甘肃定西)三郡叛魏应亮,关中响震。"这是一种声东击西的战术,赵云、邓芝自东路佯攻,可以牵制魏军的重要主力;实则自率主力西出祁山,攻其不备。从历史的记载来看,曹魏对于蜀汉的第一次北伐几乎没有什么军事和思想的准备。正如

《资治通鉴》所转书的那样,"始,魏以汉昭烈(刘备)既死,数岁寂然无闻,是以略无备豫;而卒闻亮出,朝野恐惧,于是天水、南安、安定皆叛应亮。"可见,开局的势头不谓不好,竟然使得魏明帝曹叡不得不仓促派出兵马步骑五万,西镇长安,一命大将军曹真都督关右诸军驻郿,一命右将军张郃拒亮。结果是,两军刚一接触,蜀军便败:"亮使马谡督诸军在前,与郃战于街亭。谡违亮节度,举动失宜,大为郃所破。亮拔西县(今甘肃天水西南)千余家,还于汉中,戮谡以谢众。"①东路,赵云、邓芝部虽然拥众多于曹真,但也因诸葛亮的战略指导思想有误,导致诸将麻痹轻敌,失于戒备,均被曹真军队击败而退出战场②。

第一次出兵失败了。兵败后,诸葛亮总结教训,勇于承担责任。他认为:"大军在祁山、箕谷,皆多于贼,而不能破贼为贼所破者,则此病不在兵少也,在一人耳(意谓责任在自己)。"于是,"考微劳,甄壮烈,引咎责躬,布所失于天下,厉兵讲武,以为后图,戎士简练,民忘其败矣。"诸葛亮上疏自贬:"臣以弱才,叨窃非据(意谓才能不足以任其职)。亲秉旄钺以厉三军,不能训章明法,临事而惧,至有街亭违命之阙,箕谷不戒之失,咎皆在臣授任无方。臣明不知人,恤事多暗,《春秋》责帅,臣职是当。请自贬三等,以督厥咎。"③为了安抚臣下,刘禅不得不按照诸葛亮的意见、实则有限度地接受了诸葛亮的自贬,下诏:以亮为右将军,行丞相事,所总统如

---

① 《三国志·蜀书·诸葛亮传》、《资治通鉴》卷71。按:《诸葛亮传》说诸葛亮"戮谡以谢众",《马谡传》说"谡下狱物故,亮为之流涕"。"下狱物故"是说死在监狱里,并非斩首。所记不同。

② 按:《三国志·蜀书·赵云传》说赵云、邓芝"兵弱敌强,失利于箕谷,然敛众固守,不至大败",乃史家回护之笔。当以《汉晋春秋》所载诸葛亮语"大军在祁山、箕谷,皆多于贼"为是,并非"兵弱敌强"。

③ 《三国志·蜀书·诸葛亮传》,并注引《汉晋春秋》。

前。第一次出兵的重要收获是,收降了天水参军姜维。

第二次,同年冬,出散关(今陕西宝鸡西南),围陈仓(今陕西宝鸡东)。据说,出征前诸葛亮又写了第二份出师表。现存的这份《后出师表》,虽有伪托之嫌,但也的确写出了诸葛亮的复杂心情。《三国志·诸葛亮传》注引习凿齿《汉晋春秋》说,诸葛亮"闻孙权破曹休,魏兵东下,关中虚弱",以为又有了出击的机会,于是十一月再次上表,其中说到,"先帝虑汉(蜀)贼(魏)不两立,王业不偏安,故托臣以讨贼也。以先帝之明,量臣之才,故知臣伐贼才弱敌强也;然不伐贼,王业亦亡,惟坐待亡,孰与伐之?是故托臣而弗疑也。臣受命之日,寝不安席,食不甘味,思惟北征,宜先入南,故五月渡泸,深入不毛,并日而食。臣非不自惜也,顾王业不得偏全于蜀都,故冒危难以奉先帝之遗意也,而议者谓为非计。今贼适疲于西,又务于东,兵法乘劳,此进趋之时也"①。这说明诸葛亮的心情是惶惑的,矛盾的,期于侥幸的。事实证明,诸葛亮的形势分析又是错误的。史载,蜀军第一次失败后,魏大将军曹真料定,"以亮惩于祁山,后出必从陈仓",于是"使将军郝昭、王生守陈仓,治其城"②。结果,第二年春天,诸葛亮果然围陈仓,曹真属下郝昭以千余人守陈仓,诸葛亮有众数万,"昼夜相攻拒二十余日",伤亡惨重,终不能拔。据载,诸葛亮先是试图说服郝昭投降,遭到严词拒绝;继而,诸葛亮"自以有众数万,而昭兵才千余人,又东救(指魏兵)未能便到,乃进兵攻昭,起云梯冲车以临城,昭于是以火箭逆射其梯,梯然(燃),梯上人皆烧死;昭又以绳连石磨压其冲车,

---

① 《三国志·蜀书·诸葛亮传》注引《汉晋春秋》。裴松之指出:"此表,亮集所无,出张俨《默记》。"后代史学家虽然有的认为可信,但大都认为是伪托之作,故不全录。

② 《三国志·魏书·曹真传》。

冲车折。亮乃更为井阑百尺以射城中(胡三省注:以木交构若井阑状),以土丸填堑,欲直攀城,昭又于内筑重墙。亮又为地突(地道),欲踊出于城里,昭又于城内穿地横截之"①。诸葛亮陈兵城下,对于魏国的一个弹丸小城(按:指陈仓新城)和一位杂号将军,竟然无计可施。不久粮尽,又闻曹真派出的救兵和魏明帝派出的名将张郃将到,只好引军而还。还军中,取得小胜。魏将王双轻敌,率领骑兵追赶诸葛亮,亮与战,破斩王双。

第三次,建兴七年(魏太和三年,公元 229 年),诸葛亮遣将军陈式(按:一作陈戒)攻打魏军没有正规部队驻扎而力量薄弱的武都(今甘肃成县西北)、阴平(今甘肃文县西北)。魏雍州刺史郭淮率众往救,迎击陈式,诸葛亮率兵自出,至建威(今甘肃成县西),郭淮自动退还。诸葛亮遂平武都、阳平二郡,并筑汉、乐二城(汉城筑在今陕西勉县境,乐城筑在今陕西城固境,当时地域均在汉中郡内)。战争胜利,刘禅因而下诏恢复了诸葛亮的丞相职务。

建兴八年(魏太和四年,公元 230 年),魏使司马懿、张郃、曹真分别由西城(今陕西安康西北)、子午谷(在今陕西长安县南秦岭山中)、斜谷出兵,欲攻汉中,诸葛亮布兵城固(今陕西城固西北)、赤阪(今陕西洋县龙亭山东)以待之。"大雨道绝,真等皆还",未战而罢。

第四次,建兴九年(魏太和五年,公元 231 年)二月,复出祁山,以木牛运,粮尽退军。《汉晋春秋》载,司马懿留精兵四千守上邽(今甘肃天水西),"余众悉出,西救祁山",诸葛亮"分兵留攻,自逆宣王(司马懿)于上邽。郭淮、费曜等徼亮,亮破之,因大芟刈其麦,与宣王遇于上邽之东,敛兵依险,军不得交,亮引而还。"司马

① 《资治通鉴》卷 71。

懿追赶至卤城(今甘肃天水西),诸葛亮使魏延、高翔、吴班迎战,"大破之,获甲首三千级,玄铠五千领,角弩三千一百张,宣王还保营"。退军中,"豫令军士夹道而伏,弓弩乱发",射杀了魏国名将张郃。战争取得可喜的胜利。但因都护李严运粮不继而且假传圣旨,诸葛亮撤军了。

诸葛亮认识到,数次出兵不能取得成功的一个重要原因是粮食供应困难。所以,"每患粮不继,使己志不申"。因此,数年之间便重点在解决粮食问题上下功夫:(1)建兴十年,"休士劝农于黄沙(今陕西勉县东),作流马木牛毕,教兵讲武";(2)十一年冬,"使诸军运米,集于斜谷口,治斜谷邸阁(邸阁,指仓库)"。

建兴十二年(魏青龙二年,公元234年)春,诸葛亮第五次出兵,"悉大众由斜谷出,以流马运,据武功五丈原(今陕西岐山南),与司马宣王对于渭南。"在此,他没有发动攻势,"是以分兵屯田,为久驻之基"。据说,"耕者杂于渭滨居民之间,而百姓安堵,军无私焉。"不幸,相持百余日,其年八月,诸葛亮染病,死于军,时年54。

根据诸葛亮遗命,"葬汉中定军山(今陕西勉县南),因山为坟,冢足容棺,敛以时服,不须器物。"遗命反映了东汉末年以来,包括曹操在内的诸多政治家的节葬思想。他虽然不及曹操有关丧葬思想那样系统和具体,但亦足为后人所尚。

诸葛亮死后,刘禅下诏,大赞其事功,说:"惟君体资文武,明睿笃诚,受遗托孤,匡辅朕躬,继绝兴微,志存靖乱。爰整六师,无岁不征,神武赫然,威震八荒(八方荒远之地),将建殊功于季汉(即蜀汉),参伊、周之巨勋。如何不吊,事临垂克,遘疾陨丧。朕用伤悼,肝心若裂。夫崇德序功,纪行命谥,所以光昭将来,刊载不朽。今使使持节左中郎将杜琼,赠君丞相武乡侯印绶,谥君为忠武侯。魂而有灵,嘉兹宠荣。呜呼哀哉!呜呼哀哉!"①这是一篇悼词性的诏书,颂其为人,扬其事功,将其比做伊尹、周公,自然不无不可,但谓"事临垂克",显然是一种很不现实的夸张。

局限和失误

"下国卧龙空悟主,中原逐鹿不由人"(温庭筠:《过五丈原》)。

"出师未捷身先死,长使英雄泪满襟"(杜甫:《蜀相》)。

诸葛亮死后,蜀汉不复再振。因而诸葛亮之智能,便更加备受历史的好评。

晋人,《三国志》作者陈寿说:"诸葛亮之为相国也,抚百姓,示仪轨,约官职,从权制,开诚心,布公道;尽忠益时者虽仇必赏,犯法怠慢者虽亲必罚,服罪输情者虽重必释,游辞巧饰者虽轻必戮。善无微而不赏,恶无纤而不贬。庶事精练,物理其本,循名责实,虚伪不齿。终于邦域之内,咸畏而爱之,刑政虽峻而无怨者,以其用心平而劝戒明也。可谓识治之良才,管(仲)、萧(何)之亚匹矣"。不过,陈寿认为,诸葛亮的军事才能不及行政,指出"连年动众,未能成功,盖应变将略,非其所长欤!"又说,诸葛亮"治戎为长,奇谋为短,理民之干,优于将略"②。

《华阳国志》作者常璩在《刘后主志》中描述诸葛亮开府治事后的重大作为和成就时,承袭并引录了陈寿的观点。并说,诸葛亮"政修民理,威武外振"。同时,他非常不客气地将其比作"宋襄公求霸",说:"诸葛亮虽资英霸之能,而主非中兴之器,欲以区区之

---

① 以上《三国志·蜀书·诸葛亮传》、《后主传》。习谓诸葛亮"六出祁山",实际五次主动出兵、一次被动应敌,其中只有两次出祁山。

② 《三国志·蜀书·诸葛亮传》。

蜀，假已废之命，北吞强魏，抗衡上国，不亦难乎！似宋襄公求霸者乎？"

傅玄说，诸葛亮"达治知变，正而有谋"①。

袁宏说，诸葛亮"治国以礼，民无怨声，刑罚不滥，没有余泣，虽古之遗爱，何以加兹。及其临终顾托，受遗作相，刘后（备）授之无疑心，武侯（亮）处之无惧色，继体纳之无二情，百姓信之无异辞，军臣之际，良可咏矣。"②

袁准如陈寿一样，也从多方面评价赞扬诸葛亮，第一，称其相才，说："张飞、关羽与刘备俱起，爪牙腹心之臣，而武人也。晚得诸葛亮，因以为佐相，而群臣悦服，刘备足信，亮足重故也。及其受六尺之孤，摄一国之政，事凡庸之君，专权而不失礼，行君事而国人不疑，如此即以为君臣百姓之心欣戴之矣。"第二，称其治国有方，说："行法严而国人悦服，用民尽其力而下不怨。"第三，称其用兵之能，说：诸葛亮"兵出如宾，行不寇，刍荛者不猎，如在国中。其用兵也，止如山，进退如风，兵出之日，天下震动，而人心不忧"。又说："亮之行军，安静而坚重。安静则易动，坚重则可以进退。亮法令明，赏罚信，士卒用命，赴险而不顾。"第四，赞其成就，说："亮之治蜀，田畴辟，仓廪实，器械利，蓄积饶，朝会不华，路无醉人。"又说："本立故末治，有余力而后及小事，此所以劝其功也。"第五，言其局限。当有人提出疑问，"以亮之才而少其功，何也？"袁宏明确指出："亮持本者也，其于应变，则非所长也，故不敢用其短。"③

吴国大鸿胪张俨作《默记》，在其《述佐篇》中对比诸葛亮与司

---

① 《太平御览》卷444。傅玄，晋代名臣，官至司隶校尉，著《傅子》，《晋书》有传。

② 《文选》卷47。袁宏，晋人，文才快捷，以"倚马可待"，留名后世，《晋书》有传。

③ 《三国志·蜀书·诸葛亮传》注引《袁子》。袁准，晋人，儒者，著《袁子》，《晋书》有传。

马懿而讲到诸葛亮时说:"孔明起巴、蜀之地,蹈一州之土,方之大国,其战士人民,盖有九分之一也,而以贡赁大吴,抗对北敌(魏),至使耕战有伍,刑法整齐,提步卒数万,长驱祁山,慨然有饮马河洛之志。"他说:"余观彼(诸葛亮)治国之体,当时既肃整,遗教在后,及其辞意恳切,陈进取之图,忠谋謇謇,义形于主,虽古之管、晏,何以加之乎?"①

应该说,上列各家评价,显多过誉,但基本上是作为人看待的,所以虽过而不离大谱。可是后人常嫌不够,以至将其神化。

至唐,便有尚驰《诸葛武侯庙碑铭序》所说:"至令官书庙食,成不刊之典,一山之内,每有风行草动,状带威神,若岁大旱,邦人祷之,能为云为雨,是谓存与没人皆福利,生死古今一也。死而不朽,反贵于生。"②

吕温《诸葛武侯庙记》说,诸葛亮"大勋未集,天夺其魄。至诚无忘,炳在日月,烈气不散,长为雷雨"③。

裴度、房玄龄等则对陈寿有关诸葛亮的评价,屡加挞伐。裴度《蜀丞相诸葛武侯祠堂碑铭》说:"陈寿之评,未极其能事,崔浩(按:崔浩,北魏人,善文,累官至司徒)之说,又诘其成功,此皆以变诈之略,论节制之师,以进取之方,语化成之道,不其谬与!"因说,刘备"爰得武侯,先定蜀土,道德城池,礼义干橹。煦物如春,化人如神……"④

房玄龄等撰《晋书》时对陈寿提出批评,认为"寿为亮立传,谓亮将略非长,无应敌之才,言(诸葛)瞻惟工书,名过其实。议者以

---

① 《三国志·蜀书·诸葛亮传》注引《默记》。
② 《唐文粹》卷55上。
③ 同上。
④ 《唐文粹》卷55上。

此少之(少之,意谓低看陈寿)"①。

宋、明时期,更复神化,竟然出现了一些更加离奇的典故。据清人张澍辑《诸葛忠武侯文集》录《蜀古迹记》记载说,宋建隆二年(公元961年),曹彬为都监,伐蜀,谒武侯祠,见宇第雄观,颇有不平之色,对左右说:"孔明虽忠于汉,然疲竭蜀之军民,不能复中原之万一,何得为武?当因其倾败者拆去之,止留其中,以祀香火。"左右都认为不可,并且立即有人报告说,中殿摧塌,有石碑出,惊视之,出土尺许,石有刻字,宛若新书,乃孔明亲题也。题曰:"测吾心腹事,惟有宋曹彬。"曹彬读罢,当即下拜,叩头说:"公,神人也,小人安能测哉!"遂令蜀守新其祠宇,为文祭之而去。又录《游梁杂钞》说,明嘉靖年间,建乾清宫,遣少司马冯清求大材于蜀地,至孔明庙,见柏,谓"无出其右",定为首选,用斧削去其皮,朱书"第一号"字。遂聚千百人斫伐,"忽群鸦无数,飞绕鸣噪,啄人面目。藩臬诸君皆力谏,遂止,命削去朱书,深入肤理,字画粲然"。

窃认为,诸葛亮确实是一个伟大的历史人物:定益治蜀,治民有道,使蜀汉地区得到一段相对稳定的时期;治军严明,刑政峻急而不酷,给后人留下了许多可以借鉴的东西;东联孙吴,南抚夷越,在外事交往和民族关系史上给人以诸多启示;尽心事业,鞠躬尽瘁,一种高尚的做人精神垂范后世;为官清廉,倡俭节丧,聪明睿智,长于巧思,皆令后人佩服。

出师前,他在给刘禅的奏表中说:"成都有桑八百株,薄田十五顷,子弟衣食,自有余饶。至于臣在外任,无别调度,随身衣食,悉仰于官,不别治生,以长尺寸。若臣死之日,不使内有余帛,外有

① 《晋书·陈寿传》。

赢财,以负陛下。"①及卒,检其所有,如其所言。一国丞相,在死之前,"不使内有余帛,外有赢财",这是一种多么伟大的全心为国、不谋私利的精神啊!

但是,诸葛亮是人,不是神,所以也有人的局限和弱点。数其大者:

第一,司马懿曾说"亮志大而不见机,多谋而少决,好兵而无权(变)",当有一定道理。就其为刘禅所作《伐魏诏》和他的《出师表》,不难看出,他先是错误估计形势,自认为是正义之师,"天命既集,人事又至,师贞势并,必无敌矣"。既而,他率步骑二十万众(实际不会超过十万),以优于魏国驻守关中的兵力伐魏,但始终不能伸其志。魏延提出出敌不意,派其率领精兵五千,循秦岭而东,出子午谷,直捣长安的策略,虽非必胜,但足可给敌以重大打击,迫使大部分魏军自陇右东撤保长安。但诸葛亮"以为此县(悬)危,不如安从坦道,可以平取陇右,十全必克而无虞,故不用延计"②。结果,贻误战机。第一次出兵失败,嗣后敌方增加了兵力,己方挫伤了士气,虽然偶有小胜,但再也不能发动有规模的战争了。不仅灭魏的梦想破灭,就是犯边略地亦属困难。以后用兵,都是在尽忠王事、报答刘备"殊遇"之恩的心情驱使下进行的,明知不可为而为之,耗兵损国,遂使蜀汉开始走向下坡。换言之,这场由诸葛亮主动发动的战争,伤亡甚大,得地甚少,是非常得不偿失的。当代伟大军事家毛泽东指出,诸葛亮军事方面的严重过失和失败,怨不得天时,根源在于其军事战略与实践的屡屡失误。

第二,陈寿说诸葛亮"科教严明,赏罚必信,无恶不惩,无善不

---

① 《三国志·蜀书·诸葛亮传》。
② 《三国志·蜀书·魏延传》注引《魏略》。

显",自然有其道理。但他也有执法不公之时。据《三国志·后主传》注引《魏氏春秋》说:"初,益州从事常房行部(行部,巡视郡县),闻(朱)褒将有异志,收其主簿案问,杀之。褒怒,攻杀房,诬以谋反。诸葛亮诛房诸子,徙其四弟于越巂,欲以安之。褒犹不悛改,遂以郡叛应雍闿。"可见,诸葛亮处理朱褒谋反事,竟妄杀常房诸子是非常错误的。此事让人难以相信,正如裴松之所疑,常房为朱褒所诬,"执政所宜澄察,安有妄杀不辜以悦奸慝?"①另如前述,"宽法"对待法正,"重法"对待彭羕、刘封、廖立等,都是执法随意的表现。至于对待同受遗诏辅政、中都护、有权力统内外军事、地位仅次于自己的李严,是否心存乘机剪除,不敢妄断。历史证明,历代受诏共同辅政者,最终权力总是集中于一人,其他能如李严全其身者,已经算是幸运的了。看到一篇文章,其中说到朱德在读完了《蜀书》中的《刘封传》、《廖立传》、《彭羕传》、《李严传》后,批语:"所以败也,不容将何能克敌?亮、备之不成事在此","亮忌才"。

第三,魏延被杀,是一件历史冤案。这件事与诸葛亮有很大关系。史载,"延每随亮出,辄欲请兵万人,与亮异道会于潼关……亮制而不许。延常谓亮为怯,叹恨己才用之不尽。"诸葛亮与魏延在军事战术上有分歧,因而不信任魏延。死前,他不用处于最高军事地位的前军师征西大将军、假节、南郑侯魏延,而安排自己的亲信、丞相府长史(秘书长)杨仪主持退军事宜,令魏延断后。诸葛亮死后,杨仪秘不发丧,魏延认为:"丞相虽亡,吾自见在。府亲官属便可将丧还葬,吾自当率诸军击贼,云何以一人死废天下之事邪?且魏延何人,当为杨仪所部勒,作断后将乎!"魏延满腹牢骚,

---

① 《三国志·蜀书·后主传》并注。

固不可取,但"何以一人死废天下之事"云云颇有道理。杨仪根本不听魏延的意见,"遂使欲案亮成规,诸营相次引军还"。魏延大怒,阻军后撤。丞相府的原来班底留府长史蒋琬、司马费祎以及侍中董允都站在杨仪一边,"保仪疑延"。于是魏延便成了反贼,结果被马岱斩杀,并夷三族。陈寿作《魏延传》时,明确指出:"原延意不北降魏而南还者,但欲除杀仪等。平日诸将素不同,冀时论必当以代亮。本指如此,不便背叛。"另,《魏略》记载有所不同,但魏延不反,观点也是明白的:诸葛亮病,令延摄行己事,"亮长史杨仪宿与延不和,见延摄行军事,惧为所害,乃张言延欲举众北附(指降魏),遂率其众攻延。延本无此心,不战军走,追而杀之"。

诸葛亮重视用人,主张尚贤,因而史有所称。《文献通考·选举九》说:"汉昭烈(刘备)既崩,诸葛孔明秉政,惩恶举善,量能授任,不计资叙。时犍为郡守李严以杨洪为功曹,严未去郡而洪以才能已为蜀郡守;洪门下书佐何祗有才策,洪未去郡而祗已为广汉守。"但这只是事实的一方面。他也有用人不明之事。这不仅表现在重用"狷狭"成性的杨仪,而且表现在错用"言过其实"的马谡。史载,诸葛亮出祁山,"时有宿将魏延、吴壹等,论者皆言以为宜令为先锋,而亮违众拔谡"①,致有街亭失败,士卒离散。还表现在怀疑魏延,拒用其谋略②,掣肘其行动,不给其应有的地位和权力,导致军事分裂,冤杀骁将,自毁"长城"。

还有,对人对事有时为了大局而不讲原则,比如前述明知关羽缺点很大,而有意给其戴高帽子,从而进一步助长了关羽高傲自负的发展,贻误军机;等等。据李银桥回忆录,毛泽东说过:当初诸葛

---

① 《三国志·蜀书·马谡传》。

② 按:诸葛亮第一次伐魏失败后的自贬疏中有"不能训章明法,临时而惧"之语,实际含有不用魏延计谋之检讨。

亮留守荆州,刘备调诸葛亮入川,诸葛亮不该留关羽守荆州。让关羽守荆州是一着错棋呢！关羽骄傲呢！不能认真贯彻执行诸葛亮联吴抗曹的战略意图,结果失掉了根据地、丢了荆州,关羽也被杀了。

第四,没有认真在提高刘禅的素质上下工夫。刘禅固然愚钝,是扶不起的阿斗,但诸葛亮仅止于不篡其位,而没有让他得到为政的实际锻炼。所以,一旦诸葛亮死去,蜀汉便无法再振了。

章武三年(建兴元年,公元223年)四月,刘备死于白帝永安宫。五月,刘禅继位于成都,时年17岁。刘备为政短暂,根基不深,没有来得及培养和建立起坚强的领导核心。懦子无教,暗弱少能。诸葛虽智,政无巨细,咸断一人,百事待决,力不从心。据载,刘备在时,诸葛亮尚能为刘禅写《申子》、《韩非子》、《管子》、《六韬》等,试图提高他的素质,但后来不仅不见此类事再现,而且面陈策谋、劝谏事,除《出师表》中的一些原则性的话外,便很少见到了。

刘禅继位前后,诸葛亮以丞相录尚书事,领司隶校尉,领益州牧。这样的安排,自然就"政事无巨细,咸决于亮"、内外百官全统于一人了。诸葛亮的主要精力是放在了丞相府的"开府"上,而没有放在朝廷中枢机构的建设和人员的配备上。面此,刘禅也只好宣布"政由葛氏,祭则寡人"了,仅仅保有了名义上的地位而不预政事。

刘禅性本愚钝,幼又失教,长不自厉,壮不自奋,老乏志气,当为历史所非。但是,就其后天教育来说,刘备、诸葛亮都应承担重要责任。刘备对于刘禅,少不施教,既立为太子,才感到问题的严重和迫切,急置仆傅,但为时已晚。两年后,刘备死了,文未深修、武未得练的刘禅便登极为君了。刘备深知儿子无能,难以支撑并发展蜀汉局面,不得不"托孤"于诸葛亮。诸葛亮受托后,寝不安席,食不甘味,鞠躬尽瘁,死而后已,"盖追先帝(刘备)之殊遇,欲报之于陛下(刘禅)也"。诸葛亮还说过,"受命以来,夙夜忧叹,恐付托不效,以伤先帝之明",因而"五月渡泸,深入不毛",并把目标定为"奖率三军,北定中原,庶竭驽钝,攘除奸凶,兴复汉室,还于旧都"①。依此,我们不能不赞叹其忠于所托的品质和作为。但是,诸葛亮并没有致力于提高刘禅的素质,亦没有把刘禅放在主导地位而辅佐。揣度之,这绝不会是刘备"托孤"的全部意义。

诸葛亮对于刘禅的毛病看得很清楚。仅据诸葛亮《出师表》寓意即见:他(刘禅)"妄自菲薄",不思作为,缺乏志气;他本愚钝,但又不善于听取意见,而且常闹笑话,"引喻失义,以塞忠谏之路",因此诸葛亮告诫他"亦宜自谋,以谘诹善道,察纳雅言";他包庇亲近,宫闱之中常有违禁乱法者,因而引发了诸葛亮关于执法"不宜偏私,使内外异法也"的议论;他有亲小人、远贤臣之嫌,因而使诸葛亮放心不下,临别慨叹:"亲贤臣,远小人,此先汉所以兴隆也。亲小人,远贤臣,此后汉所以倾颓也。"诸葛亮指出刘禅的缺点,并希望他改正,自然是好的,但为什么不早谋匡正而任其存在和发展到如此地步呢?

第五,诸葛亮执政以后,事无巨细,咸决于己,忽视并妨碍了后继者的使用和培养。因此,及至诸葛亮死后,执政者只能是原丞相府的班底。蒋琬、费祎、董允等,均为守成之臣,自知才能不及诸葛亮,不敢做更张之想。董允之后,相继为尚书令或"平尚书事"的有吕乂、陈祇、董厥、诸葛瞻、樊建等。吕乂"治身俭约,谦靖少言,为政简而不烦",但缺乏开拓精神。陈祇"上承主指,下接阉竖",

---

① 见诸葛亮《前出师表》、《后出师表》。

是一位同宦官勾结用事的尚书令。至于董厥、诸葛瞻、樊建,史载:"自瞻、厥、建统事,姜维常征伐在外,宦人黄皓窃弄机柄,咸共将护,无能匡矫"[①]。

诸葛亮不信魏延,而用杨仪,遽拔姜维,自然都是重大的失误。

至于其他后继人物,历史证明,或世之硕儒,文藻壮美,或修身谨严,不谋家产,或忠勇坚贞,临官忘家,甚或得到配享武侯之荣。但以定国安邦大器言,无一足称。

有关此一问题,本章最后一节,将作简略评述。

行文至此,不由想起成都武侯祠中清人赵藩撰写的对联:"能攻心则反侧自消,从古知兵非好战;不审势即宽严皆误,后来治蜀要深思。"此说反映了诸葛亮用兵治蜀的一些情况,出言不虚,发人深思,堪让后人广而思之。

二、刘禅暗弱难为国

章武三年(建兴元年,公元 223 年)四月,刘备死于白帝永安宫。五月,刘禅继位于成都,时年 17 岁。据此计算,刘禅应该出生于建安十二年(公元 207 年)刘备依附于荆州刘表之时。母甘氏。他死于晋泰始七年(公元 271 年),终年当为 65 岁。

关于刘禅的生年和出身,还有另外一些说法。同时代,魏人鱼豢所作《魏略》说:"初(按指建安五年),备在小沛,不意曹公卒至,遑遽弃家属,后奔荆州。禅时年数岁,窜匿,随人西入汉中,为人所卖。及建安十六年,关中破乱,扶风人刘括避乱入汉中,买得禅,问知其良家子,遂养为子,与娶妇,生一子。初禅与备相失时,识其父

---

① 《三国志·蜀书·吕乂传》、《陈祗传》、《董厥传》、《诸葛瞻传》。

字玄德。比舍人有姓简者,及备得益州而简为将军,备遣简到汉中,舍都邸。禅乃诣简,简相检讯,事皆符验。简喜,以语张鲁,鲁为洗沐送诣益州,备乃立以为太子。初备以诸葛亮为太子太傅,及禅立,以亮为丞相,委以诸事,谓亮曰:'政由葛氏,祭则寡人。'亮亦以禅未闲于政,遂总内外。"这段记载,从出身的角度为刘禅懦弱无能、不谙政事,找到了历史的"根据";亦为诸葛亮总揽内外大政而君臣相安,提供了生动的说明。但却是不可靠的。南朝宋人裴松之根据《三国志·二主妃子传》"后主生于荆州"和《后主传》"初即帝位,年十七"以及《赵云传》"云身抱弱子以免"等记载指出,"以事相验,理不得然,此乃《魏略》之妄说";并指出,诸葛亮亦不曾为太子太傅。裴论很有道理。不过,令人疑惑的是,《魏略》之作早于陈寿《三国志》,更早于常璩《华阳国志》等书。鱼豢,魏人,官居郎中,属于内(中)朝官,撰写《魏略》期间,刘禅尚在人世,甚至已经被房到了洛阳,其作何以谬误至此。

除了刘禅本身的素质条件外,历史的客观形势使他必然成为一代暗弱无能的君主。

天下靠人打,国赖谋者治。可叹的是,"天不祚汉",在重要的历史转折时期,谋臣宿将相继离世。据《三国志》、《华阳国志》诸书载,刘备为帝前后,亦即刘禅即位前,许多有威望、有能力的人都死了,其中著者有:

军师中郎将庞统,建安十九年,率众攻雒城,中流矢死,年仅 36 岁;

前将军关羽,建安二十四年,失荆州,被孙权部将所杀;

后将军黄忠,建安二十五年,病死;

尚书令法正,建安二十五年,病死,年 45 岁;

安汉将军糜竺,建安二十五年,病死;

秉忠将军孙乾、昭德将军简雍、昭文将军伊籍，均死于建安末；

右将军，迁车骑将军张飞，章武元年，被帐下将杀死；

左将军，迁骠骑将军马超，章武二年，病死，年47岁；

司徒许靖，章武二年，病死；

尚书令刘巴，章武二年，病死；

侍中马良，章武二年，死于夷陵之战。

可见，刘禅继位后面临的是中央机构不健全、人才极为短缺的局面。

更为无可奈何的是，建兴十二年（公元234年），诸葛亮病死五丈原（今陕西武功境），事出突然，朝无能臣，自然还是丞相府的班底执掌大权。丞相的两位长史，亦即现代意义的两位"总管"或"秘书长"，分别统制军权与政权。丞相长史杨仪掌军事；丞相留府长史蒋琬为尚书令，"总统国事"。这就是诸葛亮为刘禅安排的生存环境。据《三国志·杨仪传》载："（杨）仪既领军还，又诛讨（魏）延，自以为功勋至大，宜当代亮秉政，呼都尉赵正以《周易》筮之，卦得《家人》①，默然不悦。而亮平生密指，以仪性狷狭（狷狭，狭隘，偏激），意在蒋琬，琬遂为尚书令、益州刺史。仪至，拜为中军师，无所统领，从容而已（悠闲不干事）。"可见，杨仪想做接班人，但诸葛亮"意在蒋琬"。《三国志·蒋琬传》载，诸葛亮常说："公琰（琬字）托志忠雅，当与吾共赞王业者也。"并且密表刘禅说："臣若不幸，后事宜以付琬。"既有密表，又是留守成都，蒋琬自然捷足先登，遂总国政。继而又迁大将军，录尚书事。不久，又进位

---

① 家人，卦名。《周易正义》说："家人之义，各自修一家之道，不能知家外他人之事也。统而论之，非元亨利君子之贞。"

大司马。因此，刘禅又在新的当政的卵翼下，深居宫中，女乐为娱，打发其无所作为的日子了。据《三国志·后主传》注引鱼豢《魏略》说，直到延熙九年（公元 246 年），蒋琬病死，"禅乃自摄国事"。时，刘禅已经 40 岁，且已做了 24 年的不问政事的蜀汉皇帝，饱食终日，无所用心，冥顽成性，已是很难改变了。

刘禅在位四十一年，是个享祚不短的皇帝。在此期间，益州地区有过一段相对稳定和发展。但是，由于大部时间政出于下，他既非决策，又不身躬，所有成绩，似乎都不能记在他的头上。相反，所有失误，最终国破家亡，他作为一国之君，自然是难辞其咎。因此，历史的公平秤，只能将他放在庸君的位置上进行贬斥，以戒来者。

自甘无能，不务进取

如前所述，刘禅性本愚钝，幼又失教，长不自厉，壮不自奋，老乏志气，当为历史所非。但是，就其后天教育来说，刘备当负重要责任。历史证明，对于子女的教育，刘备远远不及曹操。

曹丕在其《典论·自叙》中说过，曹操考虑到时代的需要，在曹丕 5 岁的时候，便教其学射，6 岁的时候，便教其学骑。因而，曹丕 8 岁的时候，便能骑马射箭。嗣后便常常被带到前沿阵地，熟悉战阵，观摩战事。曹丕少习弓马，从而养成了爱好武功的习惯，既长，不仅箭法精妙，而且剑术也很高明。更为重要的是，曹操要求儿子们既要习武，更要习文。曹丕按照这个要求，文武兼修。因而在经史子集和文化艺术等方面都得到严格的修养，从而为其以后的为政和乐府的创作奠定了很好的基础。

刘备对于刘禅则不然。当他感到问题的严重和迫切时，为时已晚。刘备深知儿子无能，难以支撑并发展蜀汉局面，临终不得不"托孤"于诸葛亮。诸葛亮对刘禅，从一定意义上说，不能不说有负刘备之托。他没有给予刘禅以实际锻炼的机会,任其淫欲颓唐,逸乐后宫,不谋进取。

国之大事,全由诸葛亮决断。刘禅文不能谋,武不能战,自甘无能,难务进取,自然只好安于"政由葛氏,祭则寡人"的局面。他亲政之前无所事事二十几年,沉湎于宫中生活,愚劣之质和自卑之感日甚一日。诸葛亮在《出师表》中提醒他不要"妄自菲薄"。其实,刘禅的这种"妄自菲薄"的感觉,主要是自惭于诸葛亮。这是客观环境所使然。质言之,从某种意义上说,这正是由诸葛亮造成的。

刘禅亲政之后,恶习难改。学不长进,谋难己出,在处理国政和兵戎大事方面,自然就难免依旧受制于人。

他生活腐败,骄奢淫逸。嫔妃之数已逾古制,但仍不餍足,"常欲采择(按:指选妃、选宫女)以充后宫",因此受到董允的抵制。史称:"(董)允以为古者天子后妃之数不过十二,今嫔嫱已具,不宜增益,终执不听。"①另外,还有一段逸事,也反映了大臣们对刘禅骄奢淫逸生活的反感。《三国志·刘琰传》说,车骑将军刘琰的妻子胡氏入贺太后,"太后令特留胡氏,经月乃出。胡氏有美色,琰疑其与后主有私,呼卒五百挝胡,至于以履搏面,而后弃遣。"胡氏将刘琰的行为上告,刘禅即将刘琰抓进监狱,让刑事部门议罪。因此,"有司议曰:'卒非挝妻之人,面非受履之地。'琰竟弃市。自是,大臣妻母朝庆遂绝。"

他荒于政事,喜欢游山玩水,"颇出游观,增广声乐",沉于声色犬马之中。因此,引出了太子家令谯周一篇长谏。谯周在历述王莽以来的成败典故之后,讲到刘禅"至于四时之祀,或有不临,

---

① 《三国志·蜀书·董允传》。

池苑之观,或有仍出(按:意为频繁出游)",因此表示了自己的深感不安,进而劝谏说:"夫忧责在身者,不暇尽乐。先帝(刘备)之志,堂构(按:指祖先遗业)未成,诚非尽乐之时。愿省减乐官、后宫所增造,但奉修先帝所施,下为子孙节俭之教。"①事实证明,刘禅对此倒是挺有主意,我行我素,谯周的劝谏没有收到应有的效果。

既总国政,治国乏术

诸葛亮在世,军政总统,一切军事、政治、经济、文化等方面的成功与失败,自然都应记在诸葛亮的账上。诸葛既殁,蒋琬开府掌权13年,军不见进,政无建树。延熙六年,蒋琬在给刘禅的上疏中不得不承认:"臣既暗弱,加婴(患)疾疹,奉辞六年,规方无成,夙夜忧惨。"②

蒋琬之死,对于刘禅来说是个重要的转折点。史有明记,延熙九年,蒋琬死后,刘禅开始"自摄国事"③。

汉制,凡大将军领尚书事,或录尚书事、平尚书事,就是最大的权力者。正如《文献通考·职官十三》所说:"西汉以来,大将军之官,内秉国政,外则仗钺专征,其权任出宰相之右(按:右为上)。"诸葛亮死后,蜀汉没有再置丞相,大将军录尚书事,就是实际的执政。尚书令在一定意义上也就是实际的丞相。先是以蒋琬为尚书令,再迁大将军、录尚书事、领益州刺史,总统国事。蒋琬病死前后,又以费祎为大将军、录尚书事、领益州刺史,当权。

刘禅既已"自摄国事",自此以后,蜀汉休咎的主要责任,当然

① 《三国志·蜀书·谯周传》。
② 《华阳国志·刘后主志》。
③ 《三国志·蜀书·后主传》注引《魏略》。

就该由刘禅来承担了。历史证明,蜀汉不仅没有因此好起来,而是更加一天不如一天了。简而言之,第一,诸葛亮的一些行之有效的政治、经济措施,没有得到继续贯彻;第二,诸葛亮的一些弊政和局限性,诸如用人不明,执法不公,反而有所发扬;第三,宦官干政,朝无诤臣;第四,经济凋敝,生产衰微,"民有菜色";第五,疲于用兵,国力难支,民不得安息;第六,内部腐败,大臣失信,互为掣肘,不求有功,但求免罪自保。

据《华阳国志·刘后主志》载,刘禅先是"超迁(意为破格提拔)蜀郡太守吕乂为尚书令,进姜维为卫将军,与大将军费祎并录尚书事"。这说明,刘禅亲政之后,依然只能依靠诸葛亮遗留下的班底。他没有办法、也没有能力完全摆脱诸葛亮及其僚属的影响。当然,从另一个角度说,幸然如此,否则,说不定情况更糟。

吕乂主内政。《三国志·吕乂传》说,吕乂曾为巴西太守,"丞相诸葛亮连年出军,调发诸郡,多不相救,乂募取兵五千人诣亮,慰喻检制(劝慰约束),无逃窜者",得到诸葛亮的信任,调为汉中太守,兼领督农。诸葛亮死后,吕乂累官广汉太守、蜀郡太守,入为尚书,"代董允为尚书令,众事无留,门无停宾。乂历职内外,治身俭约,谦靖少言,为政简而不烦,号为清能。然持法刻深,好用文俗吏,故居大官,名声损于郡县"。可见,吕乂曾经是一个不错的官,但是持法峻刻,好用俗吏,官做大了,却没有做出像样的成绩来,名声也大不如做地方官的时候了。

延熙十四年(一作十五年),吕乂死,刘禅任用侍中陈祗为守尚书令,加镇军将军,主政事。《三国志·陈祗传》载,陈祗"多技艺,挟数术,费祎甚异之",因而被越级提拔,从"选曹郎"一跃而为侍中,继而"又以侍中守尚书令,加镇军将军"。"大将军姜维虽班在祗上,常率众在外,希亲朝政。祗上承主指,下接阉竖,深见信爱,权重于维。"《华阳国志·刘后主志》也说:"姜维虽班在祗右(古代官以右为上),权任不如,蜀人无不追思董允者。"陈祗主政七年,朝风日坏,寸绩未见,却得刘禅的信爱和重用。景耀元年(公元258年),陈祗死,"后主痛惜,发言流涕",并下诏枉赞其功绩,谥为忠侯,赐其长子爵关内侯,拔其次子为黄门侍郎。可见其昏庸不明之甚。

费祎、姜维主军事。二人虽然并录尚书事,应该管更多的事情,但主要是把精力放在军事上。他们在平抚凉州,以及益州境内汶山平康、涪陵蜀国少数民族的"反叛"中屡建"功勋",但在对魏战争中却败多胜少。而且,二人在战争策略上存在很大分歧。《三国志·姜维传》说:"维自以练(熟习)西方风俗,兼负其才武,欲诱诸羌、胡以为羽翼,谓自陇以西可断而有也。每欲兴军大举,费祎常裁制不从,与其兵不过万人。"费祎对姜维说:"吾等不如丞相亦已远矣。丞相犹不能定中夏,况吾等乎! 且不如保国安民,敬守社稷,如其功业,以俟能者,无以为希冀侥幸而决成败于一举。若不如志,悔之无及。"①应该说,费祎的方略,虽然难建大功,但比较符合蜀汉的实际。

延熙八年(魏正始六年,公元245年)冬,刘禅批准费祎出屯汉中。费祎承袭诸葛亮、魏延的做法,据险御敌,围守为主。九年,回成都,十一年复出汉中。此期间,加以魏、吴二国均致力内部,都没有主动向外耀兵。所以,蜀军未致兵败。

十二年(魏嘉平元年,公元249年),魏国发生内乱,司马懿杀大将军曹爽,本在秦陇与蜀军相抗的右将军夏侯霸(夏侯渊的儿子)惧诛,自驻屯地陇右出奔,投降蜀汉。刘禅、姜维认为,时机可

---

① 《三国志·蜀书·姜维传》注引《汉晋春秋》。

乘。姜维出兵攻雍州,依麹山(今甘肃岷县东)筑二城,使牙门将勾安、李歆等守之。魏以征西将军、都督雍凉诸军事郭淮与雍州刺史陈泰、南安太守邓艾等,围其城,"断其运道及城外流水",蜀军"将士困窘,分粮聚雪以稽日月"。姜维自牛头山(今甘肃岷县东南)来救,陈泰等截断姜维的退路。姜维"惧,遁走",置二城于不顾,勾安、李歆"孤悬"无援,降魏①。

十三年(一作十二年),姜维复出西平(今青海西宁),"不克而还"②。

十六年(魏嘉平五年,公元253年)春,费祎为魏降人郭修所杀。《华阳国志·刘后主志》载,费祎虽典戎于外,庆赏刑威,都向刘禅报告、请示,听听朝廷的意见。自祎殁后,阉宦秉权。姜维自负才兼文武,"至是无惮,屡出师旅,功绩不立,政刑失错矣。"

是年夏,姜维再次率数万人出石营(今甘肃西和西北),经董亭,围南安(今甘肃陇西东北)。魏雍州刺史陈泰驱兵解围,姜维"粮尽退还"。

十七年(魏正元元年,公元254年)夏,魏狄道长李简密书请降,姜维率荡寇将军张嶷复出陇西,"军前与魏将徐质交锋,嶷临阵陨身",虽然取得小的胜利,但断送了善处民族关系的安邦名臣张嶷的命③。魏军败退,姜维乘胜拔河关(今甘肃兰州西)、狄道(今甘肃临洮西南)、临洮(今县)三县民而还。

十八年春,姜维又提出出征,刘禅召集大臣讨论,征西大将军张翼"廷争",以为"国小民劳,不宜黩武"。姜维不听,而且故意要张翼从征,让刘禅改授张翼为镇南大将军。是年夏,姜维即率魏降

---

① 《三国志·魏书·陈泰传》。
② 《三国志·蜀书·后主传》。
③ 《三国志·蜀书·张嶷传》。

将、车骑将军夏侯霸（按：夏侯霸投降后，被授车骑将军）和张翼等俱出狄道。史载，"维至狄道，大破魏雍州刺史王经，经众死于洮水者以万计"。张翼劝其适可而止，对姜维说："可止矣，不宜复进，进或毁此大功。"姜维大怒说："为蛇画足。"①姜维遂进兵围王经于狄道，魏代征西将军、都督雍凉诸军事陈泰，进军陈仓，趋兵上邽（今甘肃天水西南），"分兵守要，晨夜进前"。陈泰分析军事态势说，姜维"县（悬）军远侨，粮谷不继，是我速进破贼之时也，所谓疾雷不及掩耳，自然之势也。洮水带其表，维等在其内，今乘高据势，临其项领（项领，喻咽喉要道），不战必走"。果如陈泰所料。魏军"潜行，夜至狄道东南高山上，多举烽火，鸣鼓角。狄道城中将士见救者至，皆愤踊。维始谓官救兵当须众集乃发，而卒闻已至，谓有奇变宿谋，上下震惧。"②陈泰与王经密谋，截断姜维的退路，姜维等听到消息后，随即退驻钟提（今甘肃临洮西）。

十九年（魏甘露元年，公元 256 年）春，刘禅升迁姜维为大将军。姜维"更整勒戎马，与镇西大将军胡济期会上邽。济失誓不至，故维为魏大将邓艾所破于段谷（今天水境），星散流离，死者甚众。"③本来形势有利于蜀而不利于魏，如魏将邓艾所说："（魏）洮西之败，非小失也。破军杀将，仓廪空虚，百姓流离，几于危亡。今以策言之，彼有乘胜之势，我有虚弱之实，一也。彼上下相习，五兵犀利，我将易兵新，器杖未复，二也。彼以船行，吾以陆军，劳逸不同，三也。狄道、陇西、南安、祁山，各当有守，彼专为一，我分为四，四也。从南安、陇西，因食羌谷，若趋祁山，熟麦千顷，为之县饵，五也。贼有黠数，其来必矣。"姜维果出祁山，"闻艾已有备，乃回从

---

①　《三国志·蜀书·张翼传》。
②　《三国志·魏书·陈泰传》。
③　《三国志·蜀书·姜维传》。

董亭趣南安,艾据武城山以相持。维与艾争险,不克。其夜,渡渭东行,缘山趣上邽,艾与战于段谷(在今甘肃天水境),大破之"①。姜维败退,蜀国"众庶由是怨讟,而陇已西亦骚动不宁。维谢过引负,求自贬削"②。于是降为后将军,行大将军事。

二十年,魏征东大将军诸葛诞反于淮南,分关中兵东下,姜维意欲乘虚取秦川,再次率数万人出骆谷(今陕西周至西南),至芒水(今陕西周至西南),与魏征西将军、都督雍凉二州诸军事、司马懿的侄子司马望和镇西将军邓艾相拒。当时,"长城(地名,在今陕西周至西南)积谷甚多而守兵乃少,闻维方到,众皆惶惧"。③ 司马望、邓艾傍渭坚围,不与战。既而,姜维得知诸葛诞失败,魏国将移兵来战,料难进取,主动撤兵,回到成都。

景耀元年(魏甘露三年,公元 258 年),刘禅恢复了姜维大将军的职务。据《三国志·姜维传》载,"初,先主留魏延镇汉中,皆实兵诸围以御外敌。敌若来攻,使不得入。及兴势(今陕西洋县北)之役,王平捍拒曹爽,皆承此制。"但姜维认为,这种立足于防御的布兵方式,不易获得大的成功,"不若使闻敌至,诸围皆敛兵聚谷,退就汉(今陕西勉县西南)、乐(今陕西城固境)二城。使敌不得入平,且重关镇守以捍之。有事之日,令游军并进以伺其虚。敌攻关不克,野无散谷,千里县粮,自然疲乏。引退之日,然后诸城并出,与游军并力搏之,此殄敌之术也"。一相情愿地自我设计,非常美妙。刘禅接受了姜维的建议。于是,姜维一改诸葛亮用兵方略,重新部署了军队。

嗣后数年,魏国司马昭忙于巩固权力,吴国内部不稳,也未对

---

① 《三国志·魏书·邓艾传》。
② 《三国志·蜀书·姜维传》。
③ 同上。

外用兵,三国短暂相安。

景耀五年(魏景元三年,公元 262 年),蜀汉已属积弱不振,姜维又率众出汉、侯和(今甘肃临潭南)①。

姜维数出兵,"蜀人愁苦",很多人提出了反对意见。征西大将军张翼廷争,"以为国小民劳,不宜黩武"②。太中大夫(一作中散大夫)谯周鉴于"军旅数出,百姓凋瘁",而与尚书令陈祗论其利害,因作《仇国论》以讽之,其中有言"可为(周)文王,难为汉(高)祖"。又谓:"夫民疲劳,则骚扰之兆生,上慢下暴则瓦解之形起。谚曰:'射幸数跌,不如审发(意谓射箭屡屡失败而侥幸射中一次,不如审慎而一箭射中)。'是故智者不为小利移目,不为意似改步,时可(时可,时机合适)而后动,数合而后举(数合,天下大势有利),故汤、武之师不再战而克,诚重民劳而度时审也。如遂极武黩征,土崩势生,不幸遇难,虽有智者将不能谋之矣。"③意思很明白,他把刘禅、姜维的屡屡用兵,视为穷兵黩武,并进而危言后果不堪设想。右车骑将军廖化说得更明白:"兵不戢,必自焚,伯约(姜维字)之谓也。智不出敌而力小于寇,用之无厌,将何能立!"④

姜维不悟,结果在侯和被邓艾打败。然后,他置益州咽喉于不顾,还住沓中(今甘肃临潭西南),远离汉中而不在汉中设重兵固守。这是重大的战略性错误。

事实证明,姜维住兵沓中,完全是出于自利自保的目的;也是

---

① 《三国志·蜀书·姜维传》。按:汉城、侯和相距甚远,似难同出。《华阳国志·刘后主志》只说"(姜)维出侯和",未提汉城;《资治通鉴》卷78 说,景元三年十月,姜维"入寇洮阳,邓艾与战于侯和,破之",也没提到汉城,应当是对的。

② 《三国志·蜀书·张翼传》。

③ 《三国志·蜀书·谯周传》。

④ 《三国志·蜀书·廖化传》注引《汉晋春秋》。

刘禅昏庸所导致的结果。对于姜维来说,固然情有可原;但对于刘禅来说,实在是罪不容贷。《三国志·姜维传》说:"维本羁旅托国,累年攻战,功绩不立。而宦官黄皓等弄权于内,右大将军阎宇与皓协比(协比,意同朋比,勾结),而皓阴欲废维树宇。维亦疑之,故自危惧,不复还成都。"《华阳国志·刘后主志》说:"大将军维恶皓之恣擅,启后主欲杀之。后主曰:'皓,趋走小臣耳。往者董允切齿,吾常恨之,君何足介意!'维本羁旅自托,而功效无称,见皓枝附叶连,惧于失言,逊辞而出。后主敕皓诣维陈谢,维说皓求沓中种麦,以避内逼。"

景耀六年(八月改元炎兴元年。魏元帝景元四年,公元263年),魏相国司马昭知道时机成熟,即大兴徒众,发动灭蜀战争,命征西将军邓艾、镇西将军钟会、雍州刺史诸葛绪数路并进。姜维"闻钟会治兵关中,欲规进取",乃上表刘禅,要求增兵,提出"宜并遣张翼、廖化督诸军分护阳安关口(今阳平关,在陕西宁强西北)、阴平桥头(今玉垒关,在甘肃文县东南),以防未然。"刘禅昏庸,没有主意,什么事都听黄皓的。他把表章先给黄皓一个人看。据说,"皓征信鬼巫",用求神弄鬼、打卦问卜的伎俩,自欺欺人,散布鬼、巫诳语,说敌人最终是不会来的。他把这些鬼话上奏刘禅,让刘禅"寝(搁置)其事",把姜维的表章压下来。所以,朝臣都不知有姜维从前线送回情报和要求派兵这回事①。及至魏军蜂拥而来,才知大事不好了。

据《三国志·钟会传》载,邓艾督三万余人自狄道向甘松(在今甘肃迭部境)、沓中进发,以牵制姜维;诸葛绪督三万余人自祁山向武街(今甘肃武都西南)、桥头(今甘肃文县东南之玉垒关)进

---

① 《三国志·蜀书·姜维传》。

发,"绝维归路";钟会统十二万众分从斜谷、骆谷、子午谷取汉中。刘禅下诏,敕令"诸围皆不得战,退保汉、乐二城"。

钟会一路:钟会率领诸军平行前进,直取汉中。令前将军李辅统万人围蜀将王含于乐城,护军荀恺围蜀将蒋斌于汉城,护军胡烈攻蜀将傅佥于关口。蒋斌投降,傅佥战死。钟会得知前部已将关口拿下,"长驱而前,大得库藏积谷"①。

邓艾一路:邓艾令天水太守王颀直攻姜维营,令陇西太守牵弘截断姜维后路,令金城太守杨欣趋取甘松。姜维"闻钟会诸军已入汉中,引退还。欣等追蹑于强川口(在今甘肃文县境),大战,维败走"②。

诸葛绪一路:诸葛绪得知姜维自强川口败退,屯住桥头,当即回军三十里,欲以截击,追之不及,姜维退守剑阁。

史称,刘禅派出右车骑将军廖化、左车骑将军张翼、辅国大将军董厥等分别至沓中、阳安关口增援。"比至阴平,闻魏将诸葛绪向建威(今甘肃成县西),故住待之。月余,维为邓艾所摧,还住阴平。钟会攻围汉、乐二城,遣别将进攻关口,(蜀将)蒋舒开城出降,傅佥格斗而死。(钟)会攻乐城,不能克。闻关口已下,长驱而前,翼、厥甫至汉寿,维、化亦舍阴平而退。适与翼、厥合,皆退保剑阁以拒会。"③

两军相持于剑阁,钟会与姜维书劝降,"维不答书,列营守险"。正当钟会陷入困境,"粮运县远,将议还归"的时候。邓艾"道行无人之地七百余里,凿山通道,造作桥阁。山高谷深,至为艰险,又粮运将匮,频于危殆。艾以毡自裹,推转而下。将士皆攀

① 《资治通鉴》卷78。
② 《三国志·魏书·邓艾传》。
③ 《三国志·蜀书·姜维传》。

木缘崖,鱼贯而进。"①夺取江油(四川今县),进逼绵竹(今四川德阳东北)。蜀汉亡国危机,便迫在眉睫了。

信用宦者,贻误大事

历史说明,君主昏庸,易被宦者所控。刘禅自然不会例外。他从立为太子,即与宦官黄皓相善;继位以后,事多依从。正因如此,诸葛亮便将太子舍人、洗马董允提拔为黄门侍郎,主宫中事。建兴六年,诸葛亮北出祁山前,更"虑后主富于春秋,朱紫难别,以允秉心公亮,欲任以宫省之事",上表要求刘禅"宫中之事,事无大小,悉以咨之,然后施行"。不久,又升迁董允为侍中,领虎贲中郎将,统宿卫亲兵。据载,"献纳之任,允皆专之矣。允处事为防制(防制,防备与制约),甚尽匡救之理。"刘禅和黄皓都有点怕他。刘禅常想广选美女以充后宫,如前所述,董允曾经"以为古者天子后妃之数不过十二,今嫔嫱已具,不宜增益"为由,坚决不同意。刘禅渐长,益加宠幸黄皓,"皓便辟佞慧,欲自容入"。董允常常"上则正色匡主,下则数责于皓"。因此,刘禅有点怕,黄皓也有点怕。"皓畏允,不敢为非。终允之世,皓位不过黄门丞。"②

延熙九年(公元 246 年),蒋琬、董允先后死去,刘禅自摄国政,黄皓便有恃无恐、肆无忌惮了。刘禅任用陈祗代董允为侍中,继而又让他以侍中守尚书令,加镇军将军。自从陈祗有宠,刘禅"追怨"董允日深,认为是董允降低了自己的威望。陈祗"上承主指,下接阉竖",与黄皓互相表里③。可见,刘禅亲摄国政之日,也

---

① 《三国志·魏书·邓艾传》。
② 以上参见《三国志·蜀书·董允传》。
③ 《三国志·蜀书·陈祗传》。

是黄皓"始预国政"之时。景耀元年(公元 258 年),陈祗死去,宦人黄皓开始"专政","操弄威柄,终至覆国"①。

刘禅在最后的几年里,也算是逐步"健全"了自己的领导核心:黄皓从黄门令而为中常侍、奉车都尉,全面掌握权力;以仆射董厥为尚书令,继迁辅国大将军;拜诸葛亮的儿子、刘备的女婿、尚书仆射、军师将军诸葛瞻为行都护卫将军,与董厥"并平尚书事";继而又以侍中樊建守尚书令②。史称,"自瞻、厥、建统事,姜维常征伐在外,宦人黄皓窃弄机柄,咸共将护,无能匡矫,然建特不与皓和好往来。"③这说明,诸葛瞻、董厥都曾为虎作伥,"咸共将护"黄皓的权力,只有樊建还有点志气,不与黄皓相善。

刘禅信宦误国,重有三端:一是把权力交给了黄皓,自己沉湎酒色、不修政事。二是阻断良谋,贤者离心。诸如前面所说,黄皓与右大将军阎宇勾结,阴欲废黜姜维而树立阎宇的权力,姜维疑惧,不敢回成都。再如,秘书令郤正,博览坟籍(古代典籍),性淡荣利,"自在内职(按:郤正由秘书吏转迁秘书令,是能够接近皇帝的内朝官),与宦人黄皓比屋周旋,经三十年。皓从微至贵,操弄威权,正既不为皓所爱,亦不为皓所憎,是以官不过六百石"④。三是贻误国家大事。国难当头,竟然听信黄皓的鬼话,把姜维求援的表章搁置不理,贻误了仅有的一点战机。

陈寿说得很对,像刘禅这样无能的君主,是否有所作为,全在辅佐,即所谓:"后主任贤相则为循理之君,惑阉竖则为昏暗之后

①　《三国志·蜀书·后主传》、《陈祗传》。
②　《三国志·蜀书·诸葛瞻传》、《华阳国志·刘后主志》。
③　《三国志·蜀书·董厥传》。
④　《三国志·蜀书·郤正传》。

（君），《传》曰'素丝无常，唯所染之'，信之矣!"①

刘禅统治下的蜀国，到底是个什么样子呢？质言之，不几年，便把诸葛亮取得的成就耗光了。政治昏暗，经济凋敝，人民食不果腹。有一个历史故事足可证明这一点：景耀四年（魏景元二年，吴永安四年，公元261年），吴国派遣五官中郎将薛珝出使蜀汉，薛珝回国后，吴景帝孙休"问汉政得失"，薛珝生动地描述了蜀汉的情况："主暗而不知其过，臣下容身以求免罪，入其朝不闻直言，经其野民皆菜色。"薛珝因此还发表了一通议论，说："臣闻燕雀处堂，子母相乐，以为至安也，突决栋焚，而燕雀怡然不知祸之将及，其是（指蜀汉）之谓也。"②一言中的，蜀汉君臣上下正是这个样子，目光短浅，安于逸乐，不知亡国之期将至。

当然，蜀之亡，并非只有刘禅信用宦者一个方面的原因，古代历史家常把历史的责任过多地加在黄皓头上，也是不公平的。《三国志·谯周传》记载了一个异兆故事说："宦人弄权于内，景耀五年，宫中大树无故自折，（谯）周忧之……"。这都属于蜀汉亡后的附会言论。况且，黄皓专权，诸葛瞻、董厥等人"咸共将护，无能匡矫"，不是也有"助纣为虐"之嫌吗。

苟且偷生，没有志气

刘备征战数十年争得了一方天下，由于未及建起牢固的基础；诸葛执政，初有政绩，继而徒耗国力，积弱难复；阿斗昏庸，文无谋事之思，武无驭将之能，自然无所作为。所以，没有多年的工夫，这个偏居一隅的小朝廷便彻底断送了。亡国之际，刘禅的怯懦之性、

① 《三国志·蜀书·后主传》评语。
② 《资治通鉴》卷77。

昏庸本质更加充分地反映出来。

景耀六年(魏景元四年,公元 263 年)十月,魏征西将军邓艾以"攻其不备,出其不意,掩其空虚"之术,凿山通道,驱军于无人之地七百里,直至江油。蜀汉江油守将马邈投降,卫将军诸葛瞻不听尚书郎黄崇"速行固险,无令敌得入坪(平地)"的劝告,即弃涪城(今四川绵阳)而退保绵竹①。邓艾诱降诸葛瞻,说:"若降者,必表封琅邪王。"瞻愤怒,杀掉邓艾的使者。邓艾即遣其子邓忠等"出其右",右司马师纂等"出其左",邓忠、师纂出战不利,还告邓艾说"贼未可击",艾大怒:"存亡之分在此一举,何不可之有!"艾叱忠、纂等出,将斩之,"忠、纂还更战,大破之,斩瞻及尚书张遵等首,进军到雒(治今四川广汉北)。"②诸葛瞻长子诸葛尚不禁叹道:"父子荷恩,不早斩黄皓,以致败国殄民,用生何为!"于是"驱马赴魏军而死"③。由此可见,诸葛瞻父子不愧是诸葛亮的子孙,战死阵前。

雒县至成都,路仅八十里,不及一日之遥。刘禅昏弱,不懂军事,更不知未雨绸缪之要,诸葛瞻既死,姜维、董厥、张翼、廖化等远在剑阁,于是蜀汉朝野一片惊慌。据《三国志·谯周传》说,"蜀本谓敌不便至,不作城守调度,及闻艾已入阴平(按:入阴平,误。当以《华阳国志》作'入坪',或如《资治通鉴》所说作'入平土'),百姓扰扰,皆迸山野,不可禁制。"

大敌当前,刘禅召开了一次御前会议,"计无所出"。

有的主张投吴,认为"蜀之与吴,本为和国,宜可奔吴"。

有的主张南逃,认为"南中七郡,阻险斗绝(陡峭险峻。斗,通陡),易以自守,宜可奔南"。

---

① 《华阳国志·刘后主志》。
② 《三国志·魏书·邓艾传》。
③ 《华阳国志·刘后主志》。

光禄大夫谯周则主张投降。他针对"奔吴"的主张指出："自古已来,无寄他国为天子者也,今若入吴,固当臣服。且政理不殊,则大能吞小,此数之自然也。由此言之,则魏能并吴,吴不能并魏明矣。等为小称臣,孰与为大?再辱之耻,何与一辱?"又针对"奔南"的主张指出："若欲奔南,则当早为之计,然后可果;今大敌以近,祸败将及,群小之心,无一可保,恐发足之日(发足,开步走),其变不测,何至南之有乎!"

据说,聚议时,大臣们质问谯周说,现在邓艾已经离成都不远,如果不肯接受我们投降怎么办? 谯周根据天下形势,做出判断,认为:"方今东吴未宾(宾,服),事势不得不受,受之不得不礼。"并进而保证说:"若陛下降魏,魏不裂土以封陛下者,周请身诣京都,以古义争之。"

经过聚议,众人期于自保,"皆从周议",刘禅则依然有点倾向于南奔少数民族地区。谯周即又上疏,陈说四点不可南去的理由:一为南方不可靠,指出:"南方远夷之地,平常无所供为,犹数反叛,自丞相亮南征,兵势逼之,穷乃幸从。是后供出官赋,取以给兵,以为愁怨,此患国之人也。今以穷迫,欲往依恃,恐必复反叛";二为难免敌人追及,指出:"北兵之来,非但取蜀而已,若奔南方,必因人势衰,及时赴追";三为南方没有立足的条件,指出:"若至南方,外当拒敌,内供服御,费用张广,他无所取,耗损诸夷必甚,甚必速叛";四为失掉民心,民必"亡叛",分析说:"昔王郎以邯郸僭号,时世祖(东汉光武帝)在信都,畏逼于郎,欲弃还关中。邳彤(一作肜(初为王莽属下,后归刘秀))谏曰:'明公西还,则邯郸城民不肯捐(弃)父母,背城(成)主,而千里送公,其亡叛可必也。'世祖从之,遂破邯郸。今北兵至,陛下南行,诚恐邳肜之言复信于今"[1]。最

---

① 参见《后汉书·邳肜传》。

后,谯周对两条道路作了对比,指出:"早为之图,可获爵土;若遂适南,势穷乃服,其祸必深。"①

最终,刘禅觉得谯周的话有道理,于是决定投降。

当时,坚决反对投降的只有刘禅的第五子北地王刘谌②。据《三国志·后主传》注引《汉晋春秋》说:"后主将从谯周之策,北地王谌怒曰:'若理穷力屈,祸败必及,便当父子君臣背城一战,同死社稷,以见先帝可也。'后主不纳,遂送玺绶。是日,谌哭于昭烈之庙(刘备庙),先杀妻子,而后自杀,左右无不为涕泣者。"

刘禅命秘书令郤正起草投降文书,并派侍中张绍(张飞的儿子)、驸马都尉邓良(邓芝的儿子)等到邓艾营,联络投降。投降文书,竭尽屈辱媚敌、摇尾求怜之语。

> 限分江、汉(长江、汉水相隔),遇值深远(得机占有远离中原之地),阶缘(凭借)蜀土,斗绝(险峻地势)一隅,干运犯冒,渐苒历载,遂与京畿攸隔万里。每惟(想起)黄初中,文皇帝(按指曹丕)命虎牙将军鲜于辅,宣温密之诏,申三好之恩,开示门户,大义炳然,而否德暗弱(否德,卑劣的品德),窃贪遗绪(遗绪,前人留下的功业),俯仰累纪(意谓很快几十年。纪,十二年。刘禅在位已三纪余),未率大教(意谓没有奉行魏国教令)。天威既震,人鬼归能之数,怖骇王师,神武所次,敢不革面,顺以从命!辄敕群帅投戈释甲,官府帑藏一无所毁。百姓布野,余粮栖亩,以俟后来之惠,全元元(老百姓)之命。伏惟大魏布德施化,宰辅伊、周(伊,伊尹;周,周公。此喻司马昭),含覆藏疾(意谓包容社会存在的弊病)。谨遣私

---

①　以上《三国志·蜀书·谯周传》。

②　《三国志·蜀书·二主妃子传》注引孙盛《蜀世谱》说,后主太子璿,璿弟瑶、琮、瓒、谌、恂、璩六人。蜀败,谌自杀,余皆内徙。

署侍中张绍、光禄大夫谯周、驸马都尉邓良奉赍印绶,请命告诚,敬输忠款,存亡救赐,惟所裁之。舆榇(用车载着棺材)在近,不复缕陈(不再细说)。①

　　既然要投降,势之所在,语含屈辱,似乎也不必多责。《三国志·后主传》载,"绍、良与艾相遇于雒县。艾得书,大喜",接受了刘禅投降,并立即报以回书,让绍、良先还。邓艾的书信,首言自古以来凡与中原对抗者没有不灭亡的,继而言及受降之义:"衔命来征,思闻嘉响,果烦来使,告以德音,此非人事,岂天启哉!昔微子归周(微子,名启,商末大臣),实为上宾,君子豹变(豹变,豹文越变越美),义存《大易》,来辞谦冲,以礼舆榇,皆前哲归命之典也。全国为上,破国次之,自非通明智达,何以见王者之义乎!"②可见,用车拉着棺材(舆榇)、自缚出降实际也是邓艾向刘禅提出的条件。

　　刘禅为了表示归从,即遣太常张峻、益州别驾汝超归邓艾节度。同时,遣太仆蒋显通知姜维投降钟会。《华阳国志·刘后主志》说:"姜维未知后主降,谓且固城;素与执政者不平,欲使其知卫敌之难,而后逞志;乃回由巴西(治今四川阆中),出郪(今四川三台县南)、五城(今四川中江)。会被后主手令(被,收到),乃投戈释甲,诣钟会,降于涪。军士莫不奋激,以刀斫石。"

　　同时,刘禅又遣尚书郎李虎献《士民簿》给邓艾。簿计:"领户二十八万,男女口九十四万,带甲将士十万二千,吏四万人,米四十

　　① 《三国志·蜀书·后主传》。
　　② 《三国志·蜀书·后主传》注引王隐《蜀记》。"君子豹变",语出《周易·革》,喻君子迁善去恶之意。"舆榇",用车载着棺材,表示愿意受死。典出《左传》僖公六年,许僖公见楚子,"许男面缚衔璧,大夫衰绖,士舆榇"。据传,微子降周就是这样的。

余万斛,金银各二千斤,锦绮采绢各二十万匹,余物称此(称此,相当)。"①

邓艾至成都城北,刘禅率太子诸王及群臣六十余人,舆榇自缚,衔璧出迎(衔璧,口中含着玉璧)。邓艾亲释其缚,受其璧,焚其榇,承制拜刘禅为骠骑将军(承制,代表皇帝),仍让其住在成都宫中。蜀汉群僚皆"各随高下拜为王官,或领艾官属"②。据《华阳国志·刘后主志》载,邓艾捉住了宦官黄皓,"将杀之,受贿而赦之"。

不久,景元(魏元帝年号)五年(公元264年)正月,钟会诬陷邓艾谋反,诏书"槛车征艾"(槛车,囚车)。钟会阴怀异计,重用姜维,出则同车,坐则同席,"将至成都,自称益州牧以叛。恃维为爪牙,欲遣维为前将军伐中国"。姜维教钟会诛杀"北来诸将",南安太守胡烈等知其谋,"烧成都东门以袭杀会及维、张翼、后主太子璿等"③。

景元五年三月,刘禅被举家东迁洛阳,封为安乐县公。由司马昭控制的魏国末代朝廷以皇帝曹奂的名义发的策命中,称刘禅"恢崇德度,深秉大正,不惮屈身委质,以爱民全国为贵,降心回虑(平下心来想想过去),应机豹变,履信思顺,以享左右无疆之休,岂不远欤!"又说,根据前训旧典,"锡兹玄牡(黑色公牛),苴以白茅(用白茅包土。古代帝王分封诸侯的仪式。苴,包裹),永为魏藩辅",食邑万户,赐绢万匹,奴婢百人。史载,刘禅子孙为三都尉封侯者五十余人。尚书令樊建、侍中张绍、光禄大夫谯周、秘书令

① 《三国志·蜀书·后主传》注引王隐《蜀记》。
② 《资治通鉴》卷78。
③ 《华阳国志·刘后主志》。

邰正、殿中督张通等一干帮助刘禅投降的人们并封列侯①。

对于谯周、邰正等劝说刘禅投降的主张，历史常有谴责之论。《三国志·谯周传》注引晋人孙绰和孙盛的话可作为代表。孙绰说："谯周说后主降魏，可乎？曰：自为天子而乞降请命，何耻之深乎！夫为社稷死则死之，为社稷亡则亡之。先君（指刘备）正魏之篡，不与同天矣。推过于其父，俯首而事仇，可谓苟存，岂大居正之道哉！"孙盛说："春秋之义，国君死社稷，卿大夫死位，况称天子而可辱于人乎！（谯）周谓万乘之君偷生苟免，亡礼希利，要冀微荣，惑矣。……禅既暗主，周实谄臣，方之（相比）申包、田单、范蠡、大夫种，不亦远乎！"客观地说，此皆迂阔之说，属于传统的儒家忠君死国理论。三国形势，实为华夏疆域内的三个地方政权的鼎立，任何一方的战争行动都是统一和反统一战争的实施，不宜以严格意义的国家间关系论。"国"既难保，为使老百姓免遭涂炭，财产免遭蹂躏，全土安民，相机而降，实是对国家统一的重大贡献，也是对人民负责的精神体现。正因如此，司马昭为魏相国，发兵征蜀，并以"爱民全国"之功，封赏刘禅和谯周等，都是应该肯定的。陈寿的评论更是有道理的："刘氏无虞，一邦蒙赖，周之谋也。"

应该受到谴责的主要人物只有刘禅。身为一国之君，虽然从谯周之策投降了，但他更多的是出于保命保族的考虑，况且他：第一，初无治国之方；第二，临难怯敌，不明御敌之策；第三，苟安偷生，没有骨气。

"乐不思蜀"的故事，生动地说明了刘禅的平庸、暗弱、可笑。《三国志·后主传》注引《汉晋春秋》载，刘禅投降到洛阳后，司马昭为他办了一次宴会，故意"为之作故蜀技"，以刺激他。结果是，

---

① 《三国志·蜀书·后主传》。

"旁人皆为之感怆,而禅喜笑自若"。这不由使司马昭发出了"人之无情,乃可至于是乎! 虽使诸葛亮在,不能辅之久全,而况姜维"的慨叹。有一天,司马昭问刘禅:"颇思蜀否?"刘禅回答说:"此间乐,不思蜀。"随从刘禅到洛阳的原秘书令郤正闻知此等毫无人情味的回答后,急见刘禅,给其出主意说:"若王(指司马昭)后问,宜泣而答曰:'先人坟墓远在陇蜀,乃心西悲,无日不思',因闭其目。"后来司马昭果然又问,刘禅便按郤正的话回答,司马昭深知刘禅说不出此等话来,因说:"何乃似郤正语邪!"刘禅吓得目瞪口呆,便即承认:"诚如尊命。"惹得左右人等"皆笑"。

刘禅,晋泰始七年(公元 271 年)病死洛阳,谥思公。第六子刘恂嗣爵安乐县公。

三、蜀无能臣谋将

三国鼎立,蜀汉先亡,自然有许多方面的原因。诸如,国小力弱,难抗大国;后主暗弱,诸葛亮壮志未酬先死;宦官误国,等等。但最为重要的还是人才问题。所以我的结论是:蜀无能臣谋将。

这个结论不是我的创造,曾任蜀汉蜀郡太守的王崇后来著《蜀书》时即说:"后主庸常之君,虽有一亮之经纬,内无胥附之谋(胥附,使远者亲附),外无爪牙之将,焉可包括天下也!"[1]晋人常璩则说:"爰迄(蒋)琬、(费)祎,遵修弗革(意指遵循诸葛亮的方针不变),摄乎大国之间,以弱为强,犹可自保。姜维才非亮匹,志继洪轨,民嫌其劳,家国亦丧矣。"[2]孙盛说:"蜀少人士"[3]。袁宏

① 《华阳国志·刘后主志》。
② 《华阳国志·刘后主志》。
③ 《三国志·蜀书·许慈传》注。

说："小国贤才少"①。后人王夫之也说："先主之初微矣,虽有英雄之姿,而无袁、曹之权藉,屡挫屡奔,而客处于荆州,望不隆而士之归之也寡。及其分荆据益,曹氏之势已盛,曹操又能用人而尽其才,人争归之,蜀所得收罗以为己用者,江、湘、巴、蜀之士耳……虽若费祎、蒋琬之誉动当时,而能如钟繇、杜畿、崔琰、陈群、高柔、贾逵、陈矫者,亡有也。"②

最为不幸的是,刘备崩殂前后,相当一部分稍见武能定国、文能安邦的英才,壮年逝去了(前已述及)。诸葛亮执政以后,事无巨细,咸决于己,忽视了后继者的使用和培养,所选非能,守成尚恐不支,何谈事业的发展和壮大。

《华阳国志》说："时蜀人以诸葛亮、蒋琬、费祎及董允为四相,一号四英也。"实际上,蒋琬、费祎、董允都是原丞相府的班底,均为守成之臣,根本无法同诸葛亮相比。

蒋琬,字公琰,零陵湘乡人。诸葛亮很赏识他,称其为"社稷之器,非百里之才也"。(姑且不论做不好地方官的人而能做大官的理论是否正确)诸葛亮开府,以琬为东曹掾,主管人事;继而升为参军、长史,加抚军将军,主持丞相府事,表现出一定的办事能力。史载,"亮数外出,琬常足食足兵以相供给"。因此,诸葛亮常说："公琰托志忠雅,当与吾共赞王业者也。"并且密表刘禅说："臣若不幸,后事宜以付琬。"诸葛亮死后,刘禅即以蒋琬为尚书令,随后加行都护,假节,领益州刺史,迁大将军,录尚书事,开府,加大司马。他为人稳重,颇得时人好评,所以史称"琬出类拔萃,处群僚之右,既无戚容,又无喜色,神守举止,有如平日,由是众望渐服"。

---

① 《三国志·蜀书·诸葛亮传》注引《袁子》。
② 王夫之:《读通鉴论》卷十。

他的对魏策略,如刘禅延熙元年诏中所说,"诸军屯住汉中,须吴举动,东西犄角,以乘其衅";又"以为昔诸葛亮数窥秦川,道险运艰,竟不能克,不若乘水东下。乃多作舟船,欲由汉、沔袭魏兴、上庸"。蒋琬保守的战略方针,和乘水东下的打算,就当时的形势来说,未可为非。但他长驻汉中,"会旧疾连动,未时得行"。因此,诸葛亮的这第一位接班人是,内无建树,外无勋功,九年而事无所成[1]。

费祎,字文伟,江夏鄳(今河南罗山西)人,是诸葛亮心目中的第二任接班人。曾为丞相府参军、中护军、司马,帮助杨仪除掉魏延;后为后军师,代蒋琬为尚书令,迁大将军,录尚书事,领益州刺史。延熙十一年,出住汉中,"自琬及祎,虽自身在外,庆赏刑威,皆遥先谘断,然后乃行,其推任如此"。什么事情都向昏庸的刘禅请示,虽免专断之嫌,但也证明了他才有所限,缺乏政治家、谋略家的能力。延熙十五年,费祎开府,十六年初被魏降人郭修所杀。据说,费祎为人倒也聪明。《三国志·费祎传》注引《祎别传》说:"于时军国多事,公务烦猥,祎识悟过人,每省读书记,举目暂视,以究其意旨,其速数倍于人,终亦不忘。"而且为官清正,"雅性谦素,家不积财。儿子皆令布衣素食,出入不从车骑,无异凡人"。但是,为官平平,内无匡主殊勋,外未建功立业。应该肯定的是,他甚有自知之明,军事上主张战略防御,所以对姜维说:"吾等不如丞相亦已远矣。丞相犹不能定中夏,况吾等乎!且不如保国安民,敬守社稷,如其功业,以俟能者,无以为希冀侥幸而决成败于一举。若不如志,悔之无及。"应该说,费祎的方略,虽然难建大功,但比较

---

① 《三国志·蜀书·蒋琬传》。

351

符合蜀汉当时的实际①。

董允，字休昭，南郡枝江人，是诸葛亮心目中的第三任接班人，所以《出师表》中有所谓"若无兴德之言，则戮允等以彰其慢"之语。董允为侍中，上能正色匡主，下能抑制黄皓为非作歹。后以侍中守尚书令，做大将军费祎的副手，可惜未及有所大的成就，便先费祎而亡了②。

董允之后，相继为尚书令或"平尚书事"的有吕乂、陈祗、董厥、诸葛瞻、樊建等。吕乂，字季阳，南阳人，"治身俭约，谦靖少言，为政简而不烦"，但好用俗吏，缺乏开拓精神。陈祗，字奉宗，汝南人，"上承主指，下接阉竖"，是第一位同宦官勾结用事的尚书令。主政期间，毫无成绩。董厥，字龚袭，义阳（今河南桐柏东）人，初为丞相府令史，曾经受到诸葛亮的好评："董令史，良士也。吾每与之言，思慎宜适。"因此能以尚书仆射代陈祗为尚书令，迁辅国大将军。诸葛瞻，字思远，是诸葛亮的儿子，史称"美声溢誉，有过其实"，为行都护卫将军，与董厥"并平尚书事"。樊建，字长元，也是义阳人，由侍中守尚书令。前已言及："自瞻、厥、建统事，姜维常征伐在外，宦人黄皓窃弄机柄，咸共将护，无能匡矫"。"咸共将护"反映了他们品德上的欠缺，"无能匡矫"道出了他们能力上的局限。他们三人，除诸葛瞻死难外，董厥、樊建均降魏，做了魏国的官③。

诸葛亮不信魏延，而用杨仪，遽拔姜维都是重大的失误。

杨仪，字威公，襄阳人，是个野心家，自认为"当代亮秉政"，结

---

① 《三国志·蜀书·费祎传》。

② 《三国志·蜀书·董允传》。

③ 《三国志·蜀书·吕乂传》、《陈祗传》、《董厥传》、《诸葛瞻传》。

果蒋琬做了尚书令、大将军,因而对诸葛亮在世时的安排和当政的人很为不满。史载,"初,仪为先主尚书,琬为尚书郎,后虽俱为丞相参军长史。仪每从行,当其劳剧,自为年宦先琬,才能逾之,于是怨愤形于声色,叹咤之音发于五内。"《三国演义》中诸葛亮说魏延"脑后有反骨",史实证明,真正"脑后有反骨"的人不是魏延,而是杨仪。当其野心得不到满足时,便彻底暴露了自己的嘴脸,自谓"往者丞相亡没之际,吾若举军以就魏氏,处世宁当落度如此邪!令人追悔不可复及。"费祎先是帮助杨仪除掉了魏延,此时又将杨仪的话密报刘禅,杨仪被废为民,自杀[1]。

姜维,字伯约,天水冀人,建兴六年以州郡从事归降,诸葛亮即以为丞相府仓曹掾,加奉义将军,封侯,并称:"姜伯约忠勤时事,思虑精密"。又说:"姜伯约甚敏于军事,既有胆义,深解兵意。"因为得到诸葛亮器重,4年后,姜维便为辅汉将军,"统诸军",继而刘禅将其升迁为卫将军,录尚书事,大将军。如果诸葛亮晚死数年,姜维的实际本领得到体现,或许没有什么问题。但诸葛亮早死,问题就来了。第一,诸将不服,姜维也觉自卑。姜维为大将军,本来年资浅短而不易服众,可刘禅还另封了一些其他名号的大将军,如以王平为镇北大将军,胡济为镇西大将军,阎宇为右大将军,董厥为辅国大将军,张翼为征西大将军、镇南大将军、左车骑将军,宗预为征西大将军、镇军大将军,廖化为右车骑将军,等等。大将军太多了,所以便出现了调度不灵,军事指导思想难以统一的问题:胡济"失誓不至",导致姜维为邓艾所破,"星散流离,死者甚众";阎宇与黄皓勾结,策划夺取姜维的兵权;张翼在战略主张上与姜维不同,因而军事行动上不易协调;宗预、廖化,年龄较大,不仅军事主

---

① 《三国志·蜀书·杨仪传》。

张与姜维不同，而且不求进取。史载诸葛瞻初统朝事，廖化约宗预去见诸葛瞻，宗预说："吾等年逾七十，所窃已过，但少一死耳，何求于年少辈而屑屑造门邪？"寥寥数语，足见其一斑心情。第二，维不善知势而用兵。频繁出兵，徒伤国力，及至敌以优势兵力来犯，遂不能支。第三，维"外宽内忌"，听不得不同意见。史载，"自（张）翼建异论，维心与翼不善，然常牵率同行，翼亦不得已而往"；射声校尉杨戏"随大将军姜维出军至芒水。戏素心不服维，酒后言笑，每有傲弄之辞。维外宽内忌，意不能堪，军还，有司承旨奏戏，免为庶人。"第四，重己安危，私心太重，不能果断行事。阎宇与黄皓想夺他的兵权，他"亦疑之，故自危惧不复还成都"，关键的时刻，不能果断地铲除阻力，谋划大的进取。第五，及至蜀亡，试图利用钟会叛魏的机会复国，精神可嘉，但少知天下形势，亦乏知军之明，徒致灭顶，累及妻子。晋人孙盛在《晋阳秋》中说："……邓艾之入江油，士众鲜少，维进不能奋节绵竹之下，退不能总帅五将，拥卫蜀主，思后图之计，而乃反复于逆顺之间，希违情于难冀之会，以衰弱之国，而屡观兵于三秦，已灭之邦，冀理外之奇事，不亦暗哉。"①此论遭到裴松之的批评，但窃以为倒是颇有一定道理。

至于其他一些在刘备、诸葛亮死后的后继人物，或世之硕儒，文藻壮美，或修身谨严，不谋家产，或忠勇坚贞，临官忘家，甚或得到配享武侯之荣。但以定国安邦大器言，有的过早谢世，更多的是才不足称。诸如：

陈震，南阳人，建兴三年，以犍为太守入拜尚书，迁尚书令。建兴七年，曾受诸葛亮派遣出使吴国，祝贺孙权称帝，"申盟初好"，

---

① 以上见《三国志·蜀书·姜维传》并注、《宗预传》、《廖化传》、《杨戏传》，《华阳国志·刘后主志》。

为诸葛亮的"续结吴好"的政策做出了贡献。但诸葛亮死后不久，未及作为，他便死去了①。

向朗，襄阳宜城人，年轻时师事司马徽，与徐庶、庞统相善。随刘备入蜀，曾为巴西、牂牁、房陵太守，领丞相长史。因为袒护马谡，被免官。数年后，为光禄勋。诸葛亮死后，为左将军。本来"以吏能见称"，但"自去长史，优游无事垂三十（按：当作二十）年，乃更潜心典籍，孜孜不倦。年逾80，犹手自校书……开门接宾，诱纳后进，但讲论古义，不干时事，以是见称。"既然不干政事，政治上自然也就无所成就了。延熙十年死去②。

杜琼，成都人，曾被授予谏议大夫、左中郎将、大鸿胪、太常。精究儒术，蒋琬、费祎等"皆器重之"。然而，"为人静默少言，阖门自守，不与世事"，且年事已高，延熙十三年死时，已80多岁，自然难为治国之术③。

许慈，南阳人，官至大长秋；孟光，洛阳人，官至大司农；来敏，义阳新野人，官至光禄大夫；尹默，梓潼涪人，官至太中大夫。四人皆为儒者，官非政要，且在刘禅"自摄国事"时，都已年届耄耋，苟活尚恐不及，何来振国之思。

最可算得上人物的是谯周和郤正了。谯周，巴西西充国（四川今县）人，耽古笃学，"研精六经，尤善书札"，身长八尺，"体貌素朴，性推诚不饰，无造次辩论之才，然潜识内敏"。曾官益州劝学从事、典学从事、太子家令、中散大夫、光禄大夫。历史记载了他的三大事绩，一是疏谏刘禅，不要没有节制地外出游观、增广声乐、扩建后宫；二是著《仇国论》，以寓言形式，讥论频繁出兵、百姓凋瘁

---

① 《三国志·蜀书·陈震传》。
② 《三国志·蜀书·向朗传》。
③ 《三国志·蜀书·杜琼传》。

之非;三是劝刘禅投降于魏。据说,谯周"不与政事,以儒行见礼,时访大议,辄据经以对"。可见,是一位儒者,基本上不具备大政治家的才质①。

邰正,本名纂,河南偃师人。史称:"少以父死母嫁,单茕只立,而安贫好学,博览坟籍。弱冠能属文,入为秘书吏,转为令史,迁郎,至令。性淡于荣利,而尤耽意文章,自司马、王、扬、班、傅、张、蔡之俦遗文篇赋,及当世美书善论,益部有者,则钻凿推求,略皆寓目。自在内职(内朝官),与宦人黄皓比屋周旋,经三十年。皓从微至贵,操弄威权,正既不为皓所爱,亦不为皓所憎,是以官不过六百石,而免于忧患。"应该说,邰正是蜀汉末年惟一具备政治家才能的人,有文采,善韬晦,多智谋,但没有得到应有的重用。

军事人物,略如:

吴壹,陈留人,刘备之吴皇后的哥哥,刘璋时为中郎将,投降刘备后先后被授为护军、讨逆将军、关中都督。诸葛亮死后,壹都督汉中,以车骑将军,假节,领雍州刺史。然而,3年后就死了。

吴班,吴壹族弟,刘备时为领军,是蜀吴夷陵之战时的主要将领,后主世,为骠骑将军,未见殊功而逝。

向宠,襄阳宜城人,曾是受到刘备、诸葛亮重视的军事优秀人才。建兴元年封都亭侯,后为中部督,典宿卫兵。诸葛亮《出师表》中提到的惟一军事人物。诸葛亮说:"将军向宠,性行淑均,晓畅军事,试用于昔,先帝称之曰能,是以众论举宠为督。愚以为营中之事,悉以咨之,必能使行阵和睦,优劣得所也。"迁中领军。正当可能成为军事领袖人物的时候,延熙三年,"征汉嘉蛮夷,遇

① 《三国志·蜀书·谯周传》。

害",死去了①。

马忠,巴西阆中人。刘备死前,曾经在永安见过马忠,谈话之后对时任尚书令的刘巴说:"虽亡黄权(按:指黄权降魏),复得狐笃(按:马忠少养外家,姓狐名笃),此为世不乏贤也。"曾官牂牁太守、丞相参军、州治中从事、庲降都督、镇南大将军,为平抚夷越做出了贡献。为人"宽济有度量,但诙啁大笑,愤怒不形于色。然处事能断,威恩并立,是以蛮夷畏而爱之"。可惜,刘禅亲政不久,延熙十二年,马忠也便死去了②。

王平,巴西宕渠人,初为裨将军,曾是参军马谡的部属。诸葛亮出祁山,"谡舍水上山,举措烦扰,平连规谏谡,谡不能用,大败于街亭。众尽星散,惟平所领千人,鸣鼓自持,魏将张郃疑其伏兵,不往逼也。于是平徐徐收合诸营遗进,率将士而还。"因此,加拜参军,进位讨寇将军。诸葛亮死后,帮助杨仪除掉魏延,被授安汉将军,协助车骑将军吴壹住汉中,领汉中太守,进而代壹督守汉中。延熙六年,升职前监军、镇北大将军。王平生长戎旅,屡有战功,头脑清楚,"口授作书,皆有意理"。但他又是一个"手不能书,其所识不过十字"的文盲,且"性狭侵疑,为人自轻",自卑感很重。自然,他难承大任。况且,他也于刘禅自摄政事以后不久死了③。

邓芝,义阳新野人,在刘备死后曾向诸葛亮自荐出使吴国,为吴、蜀再次联合做出了贡献。军无大功,年逾70,被授车骑将军。年事既高,期其大为,难矣哉④。

张翼,犍为武阳人,累官梓潼、广汉、蜀郡太守、庲降都督、绥南

① 《三国志·蜀书·向朗传》附《向宠传》。
② 《三国志·蜀书·马忠传》。
③ 《三国志·蜀书·王平传》。
④ 《三国志·蜀书·邓芝传》。

中郎将，前军都督、领扶风太守，前领军，征西大将军、镇南大将军、左车骑将军，是蜀汉末年惟一可资重用的大将，然而因与姜维意见不合，受到姜维的钳制，难挽狂澜于既倒①。

另，宗预，南阳人，官至征西大将军、镇军大将军；廖化，襄阳人，官至右车骑将军。蜀汉末年，他们都是 70 岁以上的人了。正如宗预对廖化所说，"吾等年逾七十，所窃已过，但少一死耳"，自然是不会有所作为了②。

以上就是刘备、诸葛亮为刘禅留下的班底。老朽者多，平平者众，怀奸者当道，略有微能者受到钳制而发挥不出应有的作用。

特别要指出的是，诸葛亮和刘禅都继承了刘备的不重视、培养、使用巴蜀人士的错误思想。仅从本书所举人员看，平、录尚书事和尚书令以上者十几人，仅马忠一人为蜀籍；大将军、骠骑、车骑、卫将军以上十数人，除镇北大将军王平、左车骑将军张翼、镇西大将军马忠外，余皆客籍。甚至已经受到诸葛亮一定赏识的人也没得到重用。例如，杨戏，犍为武阳人，年轻时，从州书佐为督军从事，"职典刑狱，论法决疑，号为平当，府（丞相府）辟为属主簿。"诸葛亮死后，为尚书右选部郎，蒋琬以大将军开府，又辟为东曹掾，迁南中郎参军，副贰庲降都督，领建宁太守，继拜护军监军，出领梓潼太守，入为射声校尉，"所在清约不烦"，颇多智能，就是因为对姜维不服，便被免去了全部职务③。

君主平庸，国无出色的政治家、军事家，以至"内无胥附之谋，外无爪牙之将"，欲求国之不亡，怎么可能呢。

历史证明，相对于蜀无能臣谋将的情形来说，魏国，先期不论，

① 《三国志·蜀书·张翼传》。
② 《三国志·蜀书·宗预传》。
③ 《三国志·蜀书·杨戏传》。

明帝以后仍有司马懿父子,以及辛毗、蒋济等一批老臣和张郃等谋勇俱佳的武将;及至末年,司马昭当政,其人本善权谋,又有不少有计谋、敢冒险者如钟会、邓艾等听其驱使,力量自然非蜀吴可比。吴国,孙权亲政50余年,顾雍、陆逊相继为相,他们都是善于谋国强兵之人,因此能够有力地扼住长江天堑,不时给魏以威胁。当然魏、吴地比蜀大,兵比蜀众,蜀汉先亡,亦属于情理中事。

蜀汉亡(公元263年)后,不久,司马氏用政变的手段夺取了曹魏的政权(公元265年),建晋;又十余年,公元280年,晋灭孙吴。魏、吴灭国,最重要的原因也同蜀国一样,后继者平庸无能,既乏良谋,又少贤者为其用,于是或被权臣篡夺,或被强者剿灭。

第十二章 《三国演义》是怎样塑造刘备形象的

本书以比较大的篇幅系统地论述了刘备坎坷崎岖、充满危机的人生历程，着力分析了他那种折而不挠、败不气馁的战斗精神。同时，对其功业、某些思想主张，以及为人、平庸的一面做出适当的分析和研究。明显的结论是：第一，刘备"折而不挠"，终得一方天下，他的坚韧精神值得赞许；第二，刘备参与了东汉末年的军阀混战，但也为结束这种局面，为国家的渐趋统一，做出了一定贡献；第三，刘备是一个两面性突出的人物，一位平庸君主（或客气地称其为未及有所作为的皇帝）；第四，刘备重义、爱民甚得历史好评，但同封建时代一切谋立大业的历史人物一样，他并没有将信义作为目的而信守不易。从一定意义上说，他同曹操一样也是一个很不讲信义的人；第五，刘备不喜欢读书，没有真才实学，一门心思"打天下，坐天下"，在中国历史上对于政治、经济、思想、文化的发展，没有多少贡献，难与曹操同日而语；第六，刘备同曹操一样，可谓是鞍马劳顿，倥偬军旅数十年，但他不是一个善于用兵的人，指挥的战争败多胜少，甚乏军事才略。如果说他在中国军事史上有什么贡献的话，主要不在少有的几次"成功"，而在几次颇有警示意义的失败"教训"；第七，刘备不具备大政治家的素质，不善分析形势、把握时局，易被感情左右，导致盲动、被动，最终失败；第八，刘备用人不如曹操，更不如孙权，既信之又疑之，喜欢搞小圈子，不重视人才的罗致和培养,贻误国家,导致蜀无名臣谋将;第九,三国鼎立,蜀汉先魏、吴而亡,刘备和诸葛亮都应承担一定责任。

无疑,这样的结论同人们心目中景仰的传统的刘备形象是大相径庭的。通常觉得,刘备是一个正人君子,重义尚贤,恤民疾苦,为民所爱;一个心存汉室、不惜身家性命,为挽汉室于既倒的大忠臣;一个力挽狂澜、历经磨难的真命天子;一个同奸邪势力冰炭不容、战斗终生的典范;一个中国历史帝王传承中的正统皇帝。

殊不知,这是基于"帝蜀寇魏"的指导思想,从"尊刘抑曹"出发,着力于刻画曹操的奸诈一面,不切实际地褒扬刘备的作为,隐其诡诈之行,并且有形或无形地给刘备以极大同情、给曹操以极大鄙视,使之最终形成忠与奸、美与丑、好与坏的尖锐对比,成功地完成了两个人物的艺术创造,从而所达到的社会和艺术效果。这不是历史上的真正的曹操和刘备。这样的形象是在历史中,特别是在文艺创作中逐渐演绎,并由《三国演义》这部不朽的著作最后完成的。

我在《曹操传》中讲到:据学者们考证,叙说三国故事的话本在宋元时代已经有了。如元初至元年间《三分事略》话本。我们现在看到的三国故事的最早写定本是元代至治年间(公元1321~1323年)的新安虞氏刊刻的《全相三国志平话》,长达八万多字,三国故事的始末已粗具规模。金院本、元杂剧中存留至今的三国故事剧目也有四十多种,剧本一二十种。学界共认,罗贯中《三国演义》就是参照史籍、采摘传说,并在这诸多已流传颇广的平话、杂剧的基础上写成的。因此,《三国演义》的思想倾向,代表着一个时代的思想。

历史的正统观和《三国志平话》、《三国演义》以及杂剧类的著作影响着千百年来人们对曹操、刘备、诸葛亮、孙权等人的认识和评价。所以,要在广大人民群众中还历史的本来面目,最重要的莫过于让人们能够区分历史上和文艺作品中人物形象的不同。

这里,我试图以正史与《三国演义》相比照,探讨一下后者(有些内容,自然包括它的源头《三国志平话》和元杂剧等)是怎样塑造刘备形象的。无疑,这对我们更准确地了解刘备是有益的。

一、续家谱,说天命,"刘皇叔"当有天下

东汉末年,天下大乱,军阀割据,"群雄"争霸,名显当世、功垂后代和遗臭千古者都不少。然而,《三国演义》开篇却置当时诸多显赫人物于一边,首先将后起的、出身孤寒、名不见经传的刘备作为第一位"英雄"推向读者,以期收到先入为主之效。渲染他的出身,描绘他的异形怪貌,突显他的远大志向,预示他必将获得成功而贵为天子,进而不断完善他的形象,提高他的身世,从而使读者自始至终都有一种期盼刘备获得成功的欲望,把同情寄到了刘备一边。

提高身世

所有正史和有影响的历史著作,对于刘备的身世,大都寥寥数语。前已论到,根据对《史记》、《汉书》和《三国志》等书有关记载的分析,刘备虽属汉景帝子中山靖王刘胜的儿子刘贞的后代,但自公元前112年刘贞因"坐酎金失侯",至公元161年刘备出生,270余年,他们这一支再无一人封侯,早已是平民百姓了。虽然祖父刘雄做过县令,但并不能改变他们的这种社会地位,所以父亲死了以后,便失去了生活依靠,成了孤儿,只好"与母贩履织席为业"。南朝人裴松之和元人胡三省在注《三国志》和《资治通鉴》时均已明

确指出：刘备"虽云出自孝景，而世数悠远，昭穆难明"，"自祖父以上世系不可考"。

《三国演义》的作者为了塑造人物的需要，自然不肯囿于这些仅有的记载，因此不惜虚构事实，千方百计地提高刘备的身价。

第一，编造宗族世谱。《三国演义》第二十回编造了一个自汉景帝至刘备共十九代（若从汉高祖算起，共二十二代）的直系传承世系，其中在刘贞失侯以后至刘备的曾祖"济川侯刘惠"，仍有十三人封侯。虽然祖父、父亲未及封侯，但刘备出身于皇族的"世爵之家"，却是非常明确的。

第二，让皇帝认刘备为皇叔。《三国演义》说，"帝（刘协）排世谱，则玄德乃帝之叔也。帝大喜，请入偏殿叙叔侄之礼。帝暗思：'曹操弄权，国事都不由朕主，今得此英雄之叔，朕有助矣！'遂拜玄德为左将军、宜城亭侯。设宴款待毕，玄德谢恩出朝。自此人皆称为刘皇叔。"（第二十回）这是非常滑稽、荒唐的记叙。其一，汉献帝是汉高祖刘邦的第十七代孙，既然他按照世谱确定刘备是刘邦的二十二代孙，辈分比自己小得多，怎么会认做皇叔呢？其二，刘备归依曹操之后，是曹操先后表荐刘备为豫州牧、左将军、宜城侯的，史有明记，怎么可以偷梁换柱变成刘协为了除掉曹操而特意加封的呢！

第三，通过别人之口，宣示刘备的"高贵"身世，以期灌输到读者的头脑中去。刘备得蜀之前，在《三国演义》中有两个尊称，一是见于史传的"刘豫州"（或作"刘使君"）。这是因为在曹操的荐举下，刘备曾被皇帝正式授予豫州牧的官职；一是"刘皇叔"。这是《三国演义》和话本、戏剧等艺术作品中给刘备戴上的艺术桂冠。这后一个称呼，在重视封建继统的社会里，自然更容易获得人格上的敬仰。所以作者不断加以宣示，让朝野上下人等皆肃然称之,肃然敬之。国舅、车骑将军董承受衣带诏密谋除操,联络刘备时称其为"汉朝皇叔"(第二十一回);刘备投靠袁绍,作者婉称"皇叔败走投袁绍"(第二十四回);不久,就连曹操也称其为皇叔了(第二十五回);甚至自己的老婆和"结义"兄弟在同别人说话时,竟然也用"皇叔"称呼(第二十六回)……如此等等,不一而足。最为重要的是,作者在处理敌友关系时,总是忘不了把刘备的"高贵"身世抬出来。诸葛亮"舌战群儒",直谓"刘豫州堂堂帝胄"(第四十三回);当鲁肃代表孙权要求刘备退还荆州时,诸葛亮理直气壮地说:"自我高皇帝斩蛇起义,开基立业,传至于今;不幸奸雄并起,各据一方;少不得天道好还,复归正统。我主人乃中山靖王之后,孝景皇帝玄孙,今皇上之叔,岂不可分茅裂土? 况刘景升乃我主之兄也,弟承兄业,有何不顺? 汝主乃钱塘小吏之子,素无功德于朝廷;今倚势力,占据六郡八十一州,尚自贪心不足,而欲并吞汉土。刘氏天下,我主姓刘倒无分,汝主姓孙反要强争?"似乎这样一强调,对方就矮了半截似的,使得谈判对手也以皇叔相称(第五十四回)。刘备东吴招亲,"吴国太佛寺看新郎,刘皇叔洞房续佳偶",自吴国太、乔国老以至鲁肃和参与设计加害刘备的大将吕范等无不敬称为"皇叔"。

第四,让刘备经常自报家门。作者经常拉大旗作虎皮,让刘备自报显赫家门。比如,第一次面君即谓:"臣乃中山靖王之后,孝景皇帝阁下玄孙"(第二十回);三顾茅庐见诸葛,叩门自称"汉左将军、宜城亭侯、领豫州牧、皇叔刘备,特来拜见先生"(第三十七回)。及至刘备称王称帝,作者更是大力宣扬刘备表章中出身帝胄当有天下的核心内容。

天贵、天助、天成

《三国演义》成功地利用了历史记载中一切有利于刘备的材料,生动地贯彻了一种"天生贵人"必有"天助",而最终获得"天成"的宿命思想。

刘备乃天生贵人,本是《三国志·先主传》已有的荒唐记述,《三国演义》加以改造,更加突出了"风水"效应:"其家之东南,有一大桑树,高五丈余,遥望之,童童如车盖。相者云:此家必出贵人。"(第一回)进而让少年的刘备直白自己将来必为"天子"。

刘备"垂手下膝,顾自见其耳",长相怪异,被吕布骂为"大耳贼"。这种异形怪体,本来没有什么值得夸耀的,但在《三国演义》中被改写成了"两耳垂肩,双手过膝,目能自顾其耳,面如冠玉,唇若涂脂"(第一回),陡然便成了福态贵相的美男子。

孟子说:"天将降大任于是人也,必先苦其心志,劳其筋骨,饿其体肤,空乏其身,行拂乱其所为,所以动心忍性,增益其所不能。"不难发现,《三国演义》就是怀着这样的心情去刻画刘备的坎坷人生的。相反,对待曹操却自始至终都将蕴含着的一种鄙视心情发诸笔端。因此,不惜掩盖刘备的无能,渲染曹操的诡诈。早在宋代,据苏东坡《志林》说:"涂巷中小儿薄劣,其家所厌苦,辄与钱令聚坐听说古话。至说三国事,闻刘玄德败辄蹙眉,有出涕者,闻曹操败,即喜唱快。"这种效果,被《三国演义》进一步加强了。广大的读者和善良的人们被"征服"了,同情心完全倒向了刘备一边。

封建时代的皇帝,不管是有德者,还是无赖泼皮,都视自己为天子。夺得权力的手段,不管多么恶劣,都被他自己及其从属演绎成"天命所归"。曹丕、刘备、孙权等自然也不例外。有趣的是,

《三国演义》将《三国志·文帝纪》以及裴注中连篇累牍的有关曹丕称帝的"瑞兆"和大臣们呈说"天命"的奏章,非常简短地带过了,突出逼禅情势,随后加写了一段怪象,说:曹丕登坛受禅,"百官请曹丕答谢天地。丕方下拜,忽然坛前卷起一阵怪风,飞砂走石,急如骤雨,对面不见;坛上火烛,尽皆吹灭。丕惊倒于坛上,百官急救下坛,半晌方醒。侍臣扶入宫中,数日不能设朝。后病稍可,方出殿受群臣朝贺。"(第八十回)很明显,这是向读者做示"天不佑魏"。对于刘备,则将大臣们不多的劝进内容和谶语、瑞兆录于书中,突出其逊让之德和迫于"天命不可以不答,祖业不可以久替,四海不可以无主"的心情,完成了一个当之无愧的"真命天子"形象。

另外,《三国演义》还常常通过百姓之口传述谣言,不断散布和确认刘备的非凡身分。例如,第三十五回讲刘备"跃马过溪",逃跑中偶遇水镜先生司马徽,司马徽对刘备解释儿歌"到头天命有所归,泥中蟠龙向天飞"时,不怕泄露"天机",明确说:"天命有归,龙向天飞,盖应在将军也。"

二、多其义德之行

《三国演义》中,曹操的残忍谲诈和刘备的仁义好德形象都被典型化了。二者形成了鲜明的对比。虽然许多情况并非空穴来风,但有不少事实真相被特意模糊了,并且虚构了若干故事,从而使刘备获得了更多分数。

义贯始终

《三国演义》以"宴桃园豪杰三结义"开篇,以"雪弟恨"兴兵伐吴、为义而死结束刘备的一生,真可谓是义贯始终。

历史上的刘备确有重义的一面。我在前面已有论述。这是刘备取得一定成功的一个重要条件,因此而让他获得某些历史好评亦属自然。但是,《三国演义》中刘备、关羽的高大"义人"形象,除确实反映了他们尚义重义的某些事实外,而在很大程度上是被艺术加工出来的。手法有三:

第一,升华故事。《三国志》中有关刘、关、张的初期关系非常简单。《关羽传》说,关羽"亡命奔涿郡。先主于乡里合徒众,而羽与张飞为之御侮";"先主与二子寝则同床,恩若兄弟,而稠人广坐,侍立终日,随先主周旋,不避艰险。"《张飞传》说,张飞"少与关羽俱事先主,羽年长数岁,飞兄事之"。仅有的这些记载,反映了他们之间的真挚情感,同时也表明了他们之间的尊卑关系,但并没有涉及三人结拜的事。《三国演义》据此大加渲染,设计出了生动的桃园结义的场面,将"恩若兄弟"变成了"结拜兄弟",并写出了影响后世千余年的结拜誓词:"……不求同年同月同日生,只愿同年同月同日死。皇天后土,实鉴此心。背义忘恩,天人共戮。"开篇伊始,一个艺术化、理性化的桃园三结义的故事,便深入人心了。

第二,变假为真。刘备的诸多假仁假义,常被演绎成真仁真义。

比如,刘表"托国",想让刘备继为荆州牧,刘表说:"吾今年老多病,不能理事,贤弟可来助我。我死之后,弟便为荆州之主也。"裴松之早已指出,刘表舍嫡立庶,情计久定,无缘临终举荆州以授备,此乃不然之言。其实,当时刘表周围有蒯越、傅巽、王粲等为代表的一股很强的亲曹势力和以其次子刘琮为首的实权派,他们不仅不愿轻易失国于人,竭力抵制刘琦,而且经常酝酿除掉刘备。刘备自然明白其中情理,"不敢当此重任",所以诡称"此人待我厚,今从其言,人必以我为薄,所不忍也"①。《三国演义》加上了诸葛亮同刘备的如下对话:诸葛亮问:"景升(刘表字)欲以荆州付主公,奈何却之?"刘备说:"景升待我,恩礼交至,安忍乘其危而夺之!"诸葛亮不由感慨而叹:"真仁慈之主也!"(第三十九回)诸葛亮说:"今若不取,后悔何及!"刘备说:"吾宁死,不忍作负义之事。"(第四十回)。

另如,刘备入川的目的本来非常明确,就是要夺得刘璋的益州而自为其主。这是他同诸葛亮早已确定的既定方针②。但《三国演义》却尽力回避刘备的真实思想,好像一切都是庞统、法正等人的计谋,将他陷入不义,使他渐离初衷,最后不得已才决定夺取以诚相待的"兄弟"刘璋的地盘。作者绘声绘色地写了一个新的"鸿门宴会",让庞统支使魏延"舞剑筵前",刘备大惊,急掣左右所佩之剑,站起来说:"吾兄弟相逢痛饮,并无疑忌。又非'鸿门会'上,何用舞剑? 不弃剑者立斩。"又说:"吾弟兄同宗骨血,共议大事,并无二心。汝等勿疑。"刘璋吓得执着刘备的手泣感救命之恩,刘备则谴责庞统等"公等奈何欲陷我于不义耶"(第六十一回)。甚至篡改事实,使刘备的"不义"之举变成"正义"行动。例如,史载,刘备召斩刘璋大将杨怀、高沛。这本是刘备、庞统的计谋暴露以后的实际行动。《三国演义》则颠倒原委,说成是杨怀、高沛"各藏利刃",阴谋行刺,刘备不得已而为之。

第三,围绕"义"字讲故事。《三国演义》特意着力于用一个"义"字贯穿于刘备的事业之中,诸多行事都成了为义而举。

例一,陶谦面临曹操的威胁,深知自己的两个儿子无能,不足

---

① 《三国志·蜀书·先主传》注引《魏书》。
② 《三国志·蜀书·先主传》。

以承当大任,临死让刘备接任徐州牧。刘备鉴于当时的局势,北有曹操、袁绍,南有袁术,不敢贸然答应。此有史可据。《三国演义》却加上了如下对话,以表露刘备"义"性心理,面临大利而不忘大义:关羽说,"既承陶公相让,兄且权领州事。"张飞说,"又不是我强要他的州郡,他好意相让,何必苦苦推辞。"刘备说,"汝等欲陷我于不义耶!"(第十一回)

例二,吕布被曹操打败,投奔徐州,《三国演义》说刘备明知吕布反复无常,不可信赖,又得曹操密书"教杀吕布",而且关羽、张飞也都劝刘备杀掉吕布。张飞说:"吕布本无义之人,杀之何碍!"刘备却说:"他势穷而来投我,我若杀之,亦是不义。"(第十四回)

例三,官渡之战本是袁绍、曹操为争夺和加强最终权力而不可避免的战争,深刻地影响了东汉末年的形势。就当时的形势言,无所谓"正义"和"非正义"。《三国演义》把它同刘备联系起来,说刘备为了防止曹操对自己的进攻,用陈登之计,请大学者、"弃官归田"的尚书郑玄写信给袁绍,劝其起兵伐曹。袁绍接到信后,遂与文武官员商量,袁绍问:"郑尚书有书来,令我起兵助刘备,起兵是乎? 不起兵是乎?"有的反对,有的则说应该"从郑尚书之言,与刘备共仗大义,剿灭曹操",最终决定帮助刘备同曹操打一仗,即令书记陈琳起草《讨曹檄文》,起精兵三十万,向黎阳进发。(第二十二回)不久,刘备被曹操赶出徐淮地区,丢妻失子,归投袁绍。当时,袁绍属下分歧严重,有远见的沮授、田丰都不主张进一步发动进攻,这使袁绍非常生气。《三国演义》说,袁绍去问刘备,刘备向袁绍晓之以大义:"曹操欺君之贼,明公若不讨之,恐失大义于天下。"袁绍说:"玄德之言甚善。"遂兴兵。这些宣传刘备为了"大义"而推动袁绍抗曹的情节,历史上是根本不存在的。(第二十五回)

例四，《三国演义》特写了一场不曾存在的军师徐庶帮助刘备计袭樊城的战争，打败曹仁、李典。曹操为了得到徐庶，设计将徐庶的母亲抓去，刘备闻此消息后，大哭说"子母乃天性之亲"，便忍痛让徐庶去归投曹操。谋士孙乾密劝刘备"切勿放去"，并对刘备说："操见元直（徐庶字）不去，必斩其母。元直知母死，必为母报仇，力攻曹操也。"刘备大不为然，说："不可。使人杀其母，而吾用其子，不仁也；留之不使去，以绝其子母之道，不义也。吾宁死，不为不仁不义之事。"大家听了都很感动。（第三十六回）

例五，作者写刘备"携民渡江"，兵败当阳，虽以不少文字描述战争过程，但自始至终都是用"仁、德、义、情、勇"这条线贯穿起来。

例六，作者说，刘备闻知关羽遇害，哭倒于地，半日方醒，说"孤与关、张二弟桃园结义时，誓同生死，今云长已亡，孤岂能独享富贵乎！"（第七十八回）。得知张飞被杀，又哀痛至甚，饮食不进，说："朕想布衣时，与关、张结义，誓同生死。今朕为天子，正欲与两弟同享富贵，不幸俱死于非命。""二弟俱亡，朕安忍独生。"这样，便把一场带有重要政治意义的刘备伐吴的战争，完全变成为兄弟"义气"而战了（第八十一回）。

另外，关羽"千里走单骑"、"会古城主臣聚义"等许多历史上不曾存在的情节，虽然突出写了关羽、张飞的义举，实际也是为了在更深的层面上表现刘备的"信义"人格。

德及黎庶

我在前面讲到刘备很懂"得人心者得天下"的道理。所以，为政在宽，史无苛敛记载。不少作为，应该肯定。

《三国演义》作者笔下的刘备，则完全"德君"化了。他考虑问题,总是以"以德及人"为出发点。

刘备得到"的卢"马一匹,先是作为礼物送给刘表,刘表听蒯越言"此马眼下有泪槽,额边生白点,名为'的卢',骑则妨主",便托词说:"贤弟不时征进,可以用之,敬当送还。"刘备骑马出城,伊籍对他说:"此马不可骑,乘则伤主";不久,单福(徐庶)对他说,"的卢"虽是千里马,"却只妨主",如"意中有仇怨之人,可将此马赐之,待妨过了此人,然后乘之,自然无事"。刘备闻言变色说:"公初至此,不教吾以正道,便教作利己妨人之事,备不敢闻教。"单福说:"向闻使君仁德,未敢便信,故以此言相试耳","吾自颍上来此,闻新野之人歌曰'新野牧,刘皇叔,自到此,民丰足',可见使君之仁德及人也。"(第三十五回)

刘琮降操后,荆州许多人归投刘备,"比到当阳,众十余万,辎重数千辆",诸葛亮等劝刘备弃众而"速行保江陵",刘备不忍,说:"济大事必以人为本,今人归吾,吾何忍弃去。"①撇开战略上的失算不谈,这的确算得上是刘备的义德之举。由此受到后人赞扬,实属应当。但《三国演义》为了更加拔高刘备的形象,说刘备望见百姓"扶老携幼,将男带女,滚滚渡河,两岸哭声不绝",便痛不欲生,"欲投江而死,左右急救之",实属外加之笔(第四十一回)。

渴得人才

刘备和曹操、孙权都很爱才。但《三国演义》对于曹操、孙权爱才用人的思想和行动,并没有做到充分反映。相反,刘备爱才、求才、用才的一些作为和思想,虽然不及曹操和孙权,但却通过典型事例被夸张了。

---

① 《三国志·蜀书·先主传》。

例一，"伐树望徐"。刘备历经磨难，逐渐认识到人才的重要，所以从驻扎新野时开始了主动地访贤活动。这是他的进步。徐庶是第一个投到刘备麾下的比较有文才武略的人物，非常受到刘备的重视。但历史上并没有记录下徐庶的业绩。后来，徐庶的母亲的确被曹操捉去，刘备不得不放徐庶到曹操那里去。《三国演义》虚拟的樊城大战，让徐庶大展鸿图，大出风头。徐庶别去，刘备设酒饯行，"二人相对而泣，坐以待旦"。刘备不忍相离，送了一程，又送一程，"玄德立马于林畔，看徐庶乘马与从者匆匆而去。玄德哭曰：'元直去矣，吾将奈何？'凝泪而望，却被一树林隔断。玄德以鞭指曰：'吾欲尽伐此处树木。'众问何故。玄德曰：'因阻吾望徐元直之目也。'"（第三十六回）如此描写，全是为了表现刘备对人才的重视和渴望人才的来归，以与曹操"用权术相驭"的用人指导思想相区别。

例二，"三顾茅庐"。我说过，刘备通过与徐庶、司马徽的接触，知道了诸葛亮、庞统以及客居荆州的颍川石韬（广元）、博陵崔州平、汝南孟建（公威）等。这都是一些待机而出的人物，并不是隐士。但他们中的多数，并不看重刘备，而是倾向于北去，到曹操那里做官。诸葛亮认为中原人才济济，难以出人头地，所以暂时待机于家。史称刘备见诸葛亮，"凡三往，乃见"（按：俗谓"三请诸葛亮"，其说不甚确切，不是"三请"，而是去了"三次"，即"三顾"才见到，一请也）。《三国演义》正是根据这一模糊记载，艺术地加工出了刘备请诸葛亮出山的艰辛、曲折和关羽、张飞的不理解。但作者只字未提有关诸葛亮可能曾经主动求见刘备的记载。困难说得大、阻力讲得多、避开诸葛亮可能主动求见的情节，这样，便将刘备求才的急迫心情更加突出而生动化了。

例三，"礼遇张松"。张松背叛刘璋，是将刘备引入益州的关键人物。他本想投靠曹操,但曹操以貌取人,看不起他。张松志不得酬,受到侮辱,因此痛恨曹操,劝刘璋绝操而与刘备相结,为刘备入蜀提供了有利机会。但刘备并没有直接见过张松。《三国演义》却在讲述了曹操不礼张松之非后,长篇叙说了本不存在的刘备礼遇张松的行动,说:曹操欲斩张松,杨修、荀彧力谏,方免其死,"令乱棒打出",张松连夜出城,往荆州界而来。刘备隆礼相迎,一派赵云在数百里外的郢州界口迎接,"军士跪奉酒食,云敬进之";二派关羽在荆州界首击鼓迎接,关羽马前施礼:"奉兄长将令,为大夫远涉风尘,令关某洒扫驿庭,以待歇宿。"三是亲自出城迎接:张松"次日早膳毕,上马行不到三五里,只见一簇人马到。乃是玄德引着伏龙、凤雏,亲自来接。遥见张松,早先下马等候。"张松见状,亦慌忙下马相见。刘备给张松大戴"高帽",并发出正式邀请,说:"久闻大夫高名,如雷灌耳。恨云山遥远,不得听教。今闻回都,专此相接。倘蒙不弃,到荒州暂歇片时,以叙渴仰之思,实为万幸!"张松大喜,上马与刘备并辔入城,"至府堂上各各叙礼,分宾主依次而坐,设宴款待"。一连饮宴三日,张松见刘备"如此宽仁爱士",很受感动,便即"披肝沥胆"劝刘备入川取蜀,并献上了蜀中地图,"上面尽写着地理行程,远近阔狭,山川险要,府库钱粮,一一俱载明白"。刘备以"情""敬""礼""义"待人,收到了罗致人才之效,推动了事业的大发展。

例四,"不责"刘巴和黄权。刘备久知刘巴名,欲致之而不得,"深以为恨"。刘璋准备迎刘备入蜀,刘巴、黄权等人竭力谏阻。刘璋不听,巴闭门称疾。刘备攻成都,下令军中说:"其有害巴者,诛及三族。"可见其对于刘巴的重视。《三国演义》将此令之效,扩及黄权,说:"玄德入成都,百姓香花灯烛,迎门而接。玄德到公厅,升堂坐定。郡内诸官,皆拜于堂下。惟黄权、刘巴,闭门不出。

众将忿怒,欲往杀之。玄德慌忙传令曰:'如有害此二人者,灭其三族!'玄德亲自登门,请二人出仕。二人感玄德恩礼,乃出。"历史确有刘巴主动"辞谢罪负"而刘备"不责"的记录。但《三国演义》作者夸大了刘备对刘巴和黄权的信任和任用,说刘备授刘巴为左将军,黄权为右将军。(第六十五回)这里,为了展示刘备对人才的重视,连事实也不顾了。当时,刘备的武衔不过是"左将军",诸葛亮不过是"左将军军师",怎么可能授二人为左右将军呢?实际上是,刘备给黄权的头衔是"假偏将军";刘巴在诸葛亮数荐其之能的情况下,才被授为左将军西曹掾。西曹掾,官秩四百石。差不多五年后,算是得到重用,授以尚书、尚书令。我在前面说过,刘巴的惶惧之心,始终未曾平静,"自以归附非素,惧见猜嫌,恭默守静,退无私交,非公事不言"。所以,严格说来,刘巴、黄权都没有得到应有的重用。

另外,比如绘声绘色地写"赵子龙单骑救主",赵云血染征袍,"怀抱公子(刘禅),身突重围",刘备接过阿斗,掷之于地,因说:"为汝这小子,几损我一员大将!"纯属言过其实。作者的目的,全在表现刘备的爱才、爱将之心。所以随后便写道:赵云忙向地下抱起阿斗,泣拜曰"云虽肝脑涂地,不能报也!"《三国演义》制造了这个情节以后,也不得不承认其真实目的:"无由抚慰忠臣意,故把亲儿掷马前。"(第四十一、四十二回)

三、夸其勇谋,战功杰出

刘备倥偬军旅数十年,终得一方天下,固有其可称之处,断非"草包"。所以曹操、孙权以及他们的谋士、将领都很重视刘备,称其为"英雄"、"人杰"。但他一生,败仗打得多,胜仗打得少,勇不及吕布,谋不如曹操,也是不争的事实。毫无疑问,是宋代以后的说书人和《三国演义》让他成了智勇俱佳的人。

大其战功

《三国演义》中,刘备参与或指挥过的战争,大都是确实存在的,但也有一些是查无史据的,或被夸张了的。数其著者:

(1)大挫黄巾。刘备以乘天下大乱投军参加镇压黄巾起义起家,史称"从校尉邹靖讨黄巾有功",被授安喜尉;在下邳"遇贼",力战有功,被授下密丞。但历史并没有记载刘备参加过什么样的具体战斗。这样便给艺术家们的创作留出了驰骋的天地。

《三国演义》说,刘备投军"不数日",即受命与邹靖"统兵五百"去与进犯涿郡的"黄巾贼将程远志统兵五万"战斗。五百比五万,以一抵百,力量对比悬殊,"玄德等欣然领军前进,直至大兴山下",两军相对,"玄德出马,左有云长,右有翼德,扬鞭大骂:'反国逆贼,何不早降!'"张飞"挺丈八蛇矛直出",刺中邓茂心窝,关羽"舞动大刀",将程远志挥为两段,刘备"挥军追赶,投降者不计其数,大胜而回"。次日,又受命救援青州。初战不胜,刘备即对关、张说:"贼众我寡,必出奇兵,方可取胜。"于是以关羽率一千兵伏山左,以张飞率一千兵伏山右,鸣金为号,齐出接应,刘备等则"引军鼓噪而进",接战便退,"方过山岭,玄德军中一齐鸣金,左右两军齐出,玄德麾军回身复杀。三路夹攻,贼众大溃。"从军伊始,仅仅两次战斗,刘备的智勇形象便被铸就了。因此,作者借诗为赞:"运筹决算有神功,二虎还须逊一龙。初出便能垂伟绩,自应分鼎在孤穷。"肯定了刘备的智谋,预示了刘备的未来。(以上第一回)

《三国演义》专题讲述"刘皇叔北海救孔融",说刘备接到太史慈来报,即刻同关羽、张飞点精兵三千,往北海郡进发。管亥望见救军来到,亲自引兵迎敌;因见玄德兵少,不以为意。玄德与关、张、太史慈立马阵前,管亥忿怒直出。太史慈却待向前,云长早出,直取管亥。两马相交,众军大喊。量管亥怎敌得云长,数十合之间,青龙刀起,劈管亥于马下。太史慈、张飞两骑齐出,双枪并举,杀入贼阵。"玄德驱兵掩杀。城上孔融望见太史慈与关、张赶杀贼众,如虎入羊群,纵横莫当,便驱兵出城,两下夹攻,大败群贼,降者无数,余党溃散。"其实,历史的真相完全不是这个样子,而是黄巾军闻有救兵来到,随即"解围散走"。既如此,自然未曾交手,《三国演义》所说刘备救孔融的情节也自然是被夸大了的。

更为滑稽的是《三国演义》还写了刘备亲战黄巾首领张角、张宝的场面。其一说,刘备勇战张角救董卓。刘备引军北行,忽闻山后喊声大震,"见汉军大败,后面漫山塞野,黄巾盖地而来,旗上大书'天公将军'。玄德曰:'此张角也,可速战!'三人飞马引军而出。张角正杀败董卓,乘势赶来,忽遇三人冲杀,角军大乱,败走五十余里。三人救了董卓回寨。"(第一回)其二说,刘备破解张宝妖法,箭中张宝左臂。张宝引众八九万人,屯于山后,朱儁令刘备为其先锋,"玄德麾军直冲过去。张宝就马上披发仗剑,作起妖法。……次日,张宝摇旗擂鼓,引军搦战,玄德出迎。交锋之际,张宝作法,风雷大作,飞砂走石,黑气漫天,滚滚人马,白天而下。玄德拨马便走,张宝驱兵赶来。将过山头,关、张伏军放起号炮,秽物齐泼。但见空中纸人草马,纷纷坠地;风雷顿息,砂石不飞。张宝见解了法,急欲退军。左关公,右张飞,两军都出,背后刘备、朱儁一齐赶上,贼兵大败。玄德望见'地公将军'旗号,飞马赶来,张宝落荒而走。玄德发箭,中其左臂。张宝带箭逃脱,走入阳城,坚守不出。"场面好不热闹(第二回)。

另外,还有一些跟随朱儁计破黄巾余部的无稽故事,不另一一列出。这都是不可能的。若有此等事情,史籍不可能不记。

（2）英战吕布。历史上没有可靠证据证明刘备参加了曹操首义后发起的藩镇联合讨伐董卓的大会。所以,不仅关羽"酒尚温时斩华雄"、"威镇乾坤第一功"纯属张冠李戴,就是虎牢关"三英战吕布"的雄壮场面也是不存在的。《三国演义》特意艺术地加写了吕布搦战,八路诸侯齐出而不能敌,公孙瓒败阵遇险,张飞"抖擞精神,酣战吕布",关羽"舞动青龙偃月刀,夹攻吕布",刘备"掣双股剑,骤黄鬃马,前来助战",三人围住吕布,"转灯儿般厮杀,八路人马都看呆了……吕布荡开阵角,倒拖画戟,飞马便回。三个哪里肯舍,拍马赶来。八路军兵,喊声大震,一齐掩杀。吕布军马望关上奔走,玄德、关、张随后赶来。……张飞拍马上关,来擒董卓"。（第五回）就这样,"枭雄玄德掣双锋,抖擞天威施勇烈",一个"英雄"的形象,再次被强化了。

（3）赤壁破曹。赤壁之战,孙刘联合,打败曹操。前面的论述,已很清楚。刘备的主要作用在陆战方面,当周瑜在乌林一侧登陆时,刘备的军队,主要是张飞和赵云,也自蜀山（今湖北嘉鱼境）向乌林进发,所以他们能在曹操败退之时与周瑜的军队形成共同追击之势,迫使曹操退至巴丘时,主动将余船烧掉。如果说赵云、张飞先后同曹操的军队有过接触,不无可能。但说曹操在华容道又遭遇关羽,关羽念操旧情,把他放走了,纯属子虚乌有。真实情况是,刘备在华容行动迟缓,没有赶上曹操,只是放了一把火而已。《三国演义》作者竭力渲染刘备军队在追击曹操中的作用,意图全在扩大刘备的战果,美化关羽的人格,深化诸葛亮的智谋,丑化曹操的嘴脸。

（4）南取四郡。曹操败归之后,刘备乘周瑜、曹仁相持江北之际,南征江南荆州辖地武陵、长沙、桂阳、零陵四郡,因为四郡都是已故荆州牧刘表和时为荆州牧刘琦的属地,所以基本上没有遇到很大的抵抗,四郡太守皆降。《三国演义》艺术化地夸大了战况,铺述了诸葛亮智得零陵、赵云计取桂阳、张飞勇夺武陵、关羽大战长沙的精彩的战争场面。从而说明刘备之有荆州绝非"苟得",而是经过艰苦战斗得来的,为刘备对付孙权"索还"荆州,准备了更为充足的理由。

另外,《三国演义》还特别夸张了刘备的勇力。

一曰武艺高超。如说,曹操聚兵城外,入请天子田猎,刘、关、张各弯弓插箭,内穿掩心甲,手持兵器,随驾前往。献帝对刘备说:"朕今欲看皇叔射猎。"刘备领命上马,忽草中赶起一兔,"玄德射之,一箭正中那兔,帝喝彩。"(第二十回)前面提到的刘备"箭中张宝左臂",也属此类。

二曰勇力异常。如说,刘备东吴招亲遇惊,更衣出殿前,见庭下有一石块,拔从者所佩之剑,仰天祝谓:"若刘备能够回荆州,成王霸之业,一剑挥石为两段。若死于此地,剑剁石不开。"言罢,"手起剑落,火光迸溅,砍石为两段"。(第五十四回)等等。

虚构战役

刘备一生,打仗的时候,败多胜少,史有定评。但《三国演义》中的刘备却完全不是这个样子了。作者充分反映了刘备的一些成功战例,同时,为了塑造刘备的智勇形象,也虚构了若干战役。

刘备代陶谦为徐州牧后,袁术曾几次进攻刘备。对于袁术的进攻,刘备"使司马张飞守下邳,自将拒术于盱眙、淮阴,相持经月,更有胜负"①。袁术又以吕布攻下邳,张飞大溃。刘备收拾余

---

① 《资治通鉴》卷62,献帝建安元年。

兵,东取广陵,再与袁术战,结果又败,不得已转屯于海西(今江苏东海县南)。① 刘备抗拒袁术失败了,以致被吕布端了老窝。后来袁术再次攻打刘备,吕布为了自身的利益,"辕门射戟",平息了战斗。这些,《三国演义》都做了接近事实的铺述。但《三国演义》有意将袁术的彻底失败记到刘备的功劳簿上,便虚构了刘备对袁术的最后一战。《三国志·先主传》说:"袁术欲经徐州北就袁绍,曹公遣先主督朱灵、路招要击术。未至,术病死。"意思很明白,刘备与袁术没有正式接战。《三国演义》则说刘备兵至徐州,探子报道:"术势甚衰,乃作书让帝号于袁绍。绍命人招术,术乃收拾人马、宫禁御用之物,先到徐州来。"刘备知袁术将至,"乃引关、张、朱灵、路招五万军出,正迎着先锋纪灵至。张飞更不打话,直取纪灵。斗无十合,张飞大喝一声,刺纪灵于马下,败军奔走。袁术自引军来斗。玄德分兵三路,朱灵、路昭在左,关、张在右,玄德自引兵居中,与术相见,在门旗下责骂曰:'汝反逆不道,吾今奉明诏前来讨汝,汝当束手受降,免你罪犯。'袁术骂曰:'织席编屦小辈,安敢轻我!'麾兵赶来。玄德暂退,让左右两路军杀出。杀得术军尸横遍野,血流成渠;兵卒逃亡,不可胜计。"袁术"又被嵩山(当作潜山)雷薄、陈兰劫去钱粮草料。欲回寿春,又被群盗所袭,只得住于江亭。止有一千余众,皆老弱之辈。时当盛暑,粮食尽绝,只剩麦三十斛,分派军士。家人无食,多有饿死者。术嫌饭粗,不能下咽,乃命庖人取蜜水止渴。庖人曰:'止有血水,安有蜜水。'术坐于床上,大叫一声,倒于地下,吐血斗余而死。"(第二十一回)这样说来,铲除袁术这股军阀势力,便是刘备的功劳了。其实,真正打得袁术走投无路的是当时受到曹操支持的吕布。

① 《三国志·蜀书·先主传》、《三国志·魏书·吕布传》并注。

刘备投靠刘表,刘表待以上宾之礼。《三国演义》特意安排了一次刘备为刘表"平叛"的战斗,以作进见之礼。"一日正相聚饮酒,忽报降将张武、陈孙在江夏掳掠人民,共谋造反"。刘表闻报大惊,刘备便对刘表说:"不须兄长忧虑,备请往讨之。"刘表大喜,即点三万军给刘备。刘备领命即行,来到江夏,"张武、陈孙引兵来迎。玄德与关、张、赵云出马在门旗下,望见张武所骑之马,极其雄骏。玄德曰:"此必千里马也。"言未毕,赵云挺枪而出,径冲彼阵。张武纵马来迎,不三合,被赵云一枪刺落马下,随手扯住辔头,牵马回阵。陈孙见了,随赶来夺。张飞大喝一声,挺矛直出,将陈孙刺死。众皆溃散。玄德招安余党,平复江夏诸县,班师而回。表出郭迎接入城,设宴庆功。

　　刘备在新野,曾拒夏侯惇、于禁、李典等于博望,设伏兵,将其打败。我在前面说过,刘备用诱敌深入的计策打赢了这一仗,取得小胜,但未敢主动扩大战果。这是他一生中少有的胜仗之一。《三国演义》将刘备指挥的这次小规模战役放在"三顾茅庐"之后,移植为诸葛亮加入刘备阵营后指挥的第一次漂亮的战争——博望坡军师初用兵(第三十九回)。这对刘备是不公平的。因此,作者为了显示刘备的智勇,特意于此前另外加写了一场樊城大战,让刘备和徐庶都大出风头。此次战争,第一仗,刘备出马于旗门下,使关羽、张飞、赵云出马,赵云一枪刺曹操大将吕旷于马下,张飞挺矛直取吕翔,一矛刺中,吕翔翻身落马而死。"余众四散奔走,刘备合军追赶,大半多被擒获";第二仗,大破曹仁"八门金锁阵"。曹仁败北,全军大乱,刘备"麾军冲击,曹兵大败而退";第三仗,设伏兵打败曹仁劫营,乘虚夺取了樊城,"曹军大半淹死水中,曹仁渡过河面,上岸奔至樊城,令人叫门。只见城上一声鼓响,一将引军而出，大喝曰：'吾已取樊城多时矣！'众惊视之，乃关云长也。仁大惊，拨马便走。云长追赶过来。曹仁又折了好些军马，星夜投许昌。"（第三十六回）如此轰轰烈烈，实在是好。但这是历史上不曾存在的战争。

刘琮投降曹操，刘备在樊城，不知曹操"卒至"，及闻之，知难抵御，逃之惟恐不及，遂率其众南行。《三国演义》加写了刘备自新野退据樊城前"诸葛亮火烧新野"的场面，说：曹仁、曹洪引军十万为前队，前面已有许褚引三千铁甲军开路，浩浩荡荡，杀奔新野来。许褚方欲前进，只听得山上大吹大擂。抬头看时，只见山顶上一簇旗，旗丛中两把伞盖：左玄德，右孔明，二人对坐饮酒。许褚大怒，引军寻路上山。山上檑木砲石打将下来，不能前进。又闻山后喊声大震。欲寻路厮杀，天色已晚。曹仁领兵到，教且夺新野城歇马。军士至城下时，只见四门大开。曹兵突入，并无阻当，城中亦不见一人，竟是一座空城了。……初更已后，狂风大作，西、南、北三门皆火起。曹仁急令众将上马时，满县火起，上下通红。曹仁寻路逃命，又遭赵云、糜芳、刘封各杀一阵；关羽在上流用布袋遏住河水，望见新野火起，急令军士一齐掣起布袋，水势滔天，望下流冲去，曹军人马俱溺于水中，死者极多。曹仁引众将望水势慢处夺路而走，行到博陵渡口，张飞又拦住了去路，大叫："曹贼快来纳命！"曹军军士自相践踏，死者无数。（第四十回）这是作者写在刘备惨败当阳之前的一次让读者认知刘备能力的战争，以使读者能够理解当阳之败不是刘备无能，而是仁者"不忍弃众"所致，从而获得更多同情，让读者更加期盼刘备成功。

孙权想将刘备挤出荆州，声称欲与刘备共取蜀，刘备自然不同意。孙权派遣奋威将军孙瑜率水军进住夏口,蓄势待发。周瑜自京急还江陵,部署进兵。刘备迅疾调整并加强了阻抗孙权的布防,使关羽屯江陵,张飞屯秭归,诸葛亮居南郡,自己在屠陵,构成了数百里防线。孙权知道刘备、诸葛亮已洞悉其用意,只好命令孙瑜撤军;周瑜"道于巴丘病卒"。可见,双方并未直接战斗。《三国演义》勾画了周瑜"假途灭虢"和诸葛亮气死周瑜的场面:周瑜率领人马径往荆州而来,"忽一声梆子响,城上军一齐都竖起枪刀",赵云对周瑜说:"孔明军师已知都督'假途灭虢'之计,故留赵云在此。"周瑜听此一说,勒马便回,只见马前一人报道:"探得四路军马,一齐杀到:关某从江陵杀来,张飞从秭归杀来,黄忠从公安杀来,魏延从屠陵杀来,四路正不知多少军马。喊声远近震动百余里,皆言要捉周瑜。"又见刘备、诸葛亮在前山顶上"饮酒作乐",周瑜马上大叫一声,箭疮复裂,坠于马下。周瑜催军前行,行至巴丘,上流有刘封、关平截住水路;忽然又接到诸葛亮来信,拆阅之后,仰天长叹"既生瑜,何生亮",连叫数声而亡。这是大长刘备志气,大灭周瑜的威风的生动描绘。但它与历史的真实却是相距甚远的。

刘备进军益州,总的来说,比较顺利,没有遇到特别严重的抵抗。在刘备由涪向成都进发时,刘璋曾经组织抵抗,其中最重要的是刘璝、冷苞、张任、邓贤等先拒刘备于涪,后退守雒城,乱箭射死庞统。张任勒兵出战于雁桥(在雒城南),兵败,被刘备杀了。《三国演义》说"孔明定计捉张任",特意让诸葛亮分享了战争的功劳,同时回避了刘备杀害名将张任之不明之举。(第六十四回)

为了写足刘备的武功和展现其知人善任之明,《三国演义》虚构了大战马超的战斗。

《三国志·马超传》说，马超投奔张鲁后，以张鲁"不足与计事，内怀于邑（忧郁），闻先主围刘璋于成都，密书请降。先主遣人迎超，超将兵径到城下"。刘备得知马超来到，高兴地说"我得益州矣"。《典略》记载，刘备"潜以兵资之"，令屯城北，"超至未一旬而成都溃"。可见，刘备大战马超的事是不存在的。《三国演义》绘制的这次战争场面特别精彩，说马超受张鲁之命进兵葭萌关，刘备、诸葛亮让张飞、魏延出战。魏延被马岱射中左臂；张飞战败马岱，直接向马超挑战。"次日天明，关下鼓声大震，马超兵到……张飞便要下关，玄德急止之曰：'且休出战，先当避其锐气。'关下马超单搦张飞出马，关上张飞恨不得平吞马超，三五番皆被玄德当住。看看午后，玄德望见马超阵上人马皆倦，遂选五百骑，跟着张飞，冲下关来。……两马齐出，二枪并举。约战百余合，不分胜负。玄德观之，叹曰：'真虎将也！'恐张飞有失，急鸣金收军。两将各回。张飞回到阵中，略歇马片时，不用头盔，只裹包巾上马，又出阵前搦马超厮杀。超又出。两个再战。玄德恐张飞有失，自披挂下关，直至阵前；看张飞与马超又斗百余合，两个精神倍加。玄德教鸣金收军。二将分开，各回本阵。"随后，刘备根据张飞的要求"多点火把，安排夜战"，张飞"抢出阵来，叫曰：'我捉你不得，誓不上关！'超曰：'我胜你不得，誓不回寨！'两军呐喊，点起千百火把，照耀如同白日。两将又向阵前鏖战。"最后是诸葛亮用计，离间了张鲁与马超的关系，马超不得已才投靠了刘备。（第六十五回）

《三国演义》说，曹将张郃兵败瓦口关，复攻葭萌关。刘备、诸葛亮以老将黄忠、严颜为将，大战天荡山。黄忠挥刀斩韩浩，严颜手刃夏侯德。曹军"军马自相践踏，死者无数"，张郃、夏侯尚"前后不能相顾,只得弃天荡山,望定军山投奔夏侯渊去了"。绘声绘色,轰轰烈烈。可惜! 于史无征。

刘备在定军山,听从法正的建议,"夜命黄忠乘高鼓噪"而攻夏侯渊,并同时派军烧毁夏侯渊军营外围的鹿角。夏侯渊"自将轻兵护南围",因为轻敌,带兵很少,遭遇刘备的军队,被杀。这是事实。《三国演义》进一步扩大战果,以至引申出黄忠、赵云夹击曹军,"徐晃大败,军士逼入汉水,死者无数";刘备再次同曹操面对面对话(按:没有这种可能),高叫"奉诏讨贼",结果"曹兵大溃而逃";曹操命许褚出战,"战不数合,(许褚)被张飞一矛刺中肩膀,翻身落马";曹操引兵来战,"蜀兵营中,四下炮响,鼓角齐鸣。曹操恐有伏兵,急教退军。曹兵自相践踏,死者极多。奔回阳平关,方才歇定,蜀兵赶到城下:东门放火,西门呐喊;南门放火,北门擂鼓。操大惧,弃关而走。蜀兵从后追袭。操正走之间,前面张飞引一枝兵截住,赵云引一枝兵从背后杀来,黄忠又引兵从褒州杀来。操大败"。又说,曹操收兵后退,魏延挡住去路,"拈弓搭箭,射中曹操,操翻身落马"(第七十二回)。等等,诸多情节,有的是被夸大了的,更多的是出于作者的想像,为了长刘备的志气、灭曹操的威风、出曹操的丑,并让曹操撤出汉中的行动蒙羞,而特意撰写出来的。

这样,就把本来曹操观形势、察地理、度兵力,知道汉中很难保住,且急于回去巩固权力,主动"引出汉中诸军还长安"这件事,变成了被刘备打得狼狈逃窜了。《三国演义》概括说,曹操急急班师,三军锐气堕尽,人人丧胆,"操令军士急行,晓夜奔走无停,直至京兆方始安心"(第七十三回)。真可谓是大快"疾曹爱刘"者之心。

刘备征吴,惨败而归,忧死白帝。《三国演义》没有篡改这一历史大局。很显然,这样的结局,不仅难慰关、张地下之灵,而且也让读者徒增悲伤,因此作者另外加写了一些小的"战斗"和生动场面。

其一,让关兴、张苞大展乃父雄风,说关兴、张苞互相配合,大战东吴名将孙桓、韩当和周泰,杀入吴军,刀劈李异、周平,枪挑谢旌、夏恂,生擒谭雄、崔禹。

其二,黄忠宝刀不老,勇战潘璋。

其三,沙摩柯射死东吴名将甘宁。(以上第八十二回)

其四,枭首仇人,血冤得报。这是最为激动人心的情节:

一曰关公显圣,帮助儿子关兴杀死潘璋。作者描绘说,"关兴杀入吴阵,正遇仇人潘璋,骤马追之。璋大惊,奔入山谷内,不知所往",关兴往来寻觅不见,迷踪失路,投宿一老者之家,"三更已后,忽门外又一人击户。老人出而问之,乃吴将潘璋亦来投宿。恰入草堂,关兴见了,按剑大喝曰:'歹贼休走!'璋回身便出。忽门外一人,面如重枣,丹凤眼,卧蚕眉,飘三缕美髯,绿袍金铠,按剑而入。璋见是关公显圣,大叫一声,神魂惊散;欲待转身,早被关兴手起剑落,斩于地上;取心沥血,就关公神像前祭祀。兴得了父亲的青龙偃月刀,却将潘璋首级,摽于马项之下,辞了老人,就骑了潘璋的马,望本营而来。老人自将潘璋之尸拖出烧化"。

二曰关兴刀剐糜芳、傅士仁。作者说,糜、傅二人杀了杀害关羽的吴将马忠,到御营中来见先主,献上马忠首级,"伏乞陛下恕罪",刘备大怒,"令关兴在御营中,设关公灵位。先主亲捧马忠首级,诣前祭祀。又令关兴将糜芳、傅士仁剥去衣服,跪于灵前,亲自用刀剐之,以祭关公"。

三曰张苞手刃范强和张达。作者说,"此时先主威声大震,江南之人尽皆胆裂,日夜号哭",孙权心怯,"遂具沉香木匣,盛贮(张)飞首,绑缚(杀害张飞的)范强、张达,囚于槛车之内",送至猇亭。刘备闻知,两手抱头,说"此天之所赐,亦由三弟之灵也",即令张苞设张飞灵位,"先主见张飞首级在匣中,面不改色,放声大哭。张苞自仗利刀,将范强、张达万剐凌迟,祭父之灵"。(以上第八十三回)

其五,赵云救主,枪刺东吴名将朱然于马下。刘备败走,狼狈不堪,《三国演义》说,刘备奔走之间,喊声大震,吴将朱然引一军截住去路,"关兴、张苞纵马冲突,被乱箭射回,各带重伤,不能杀出。背后喊声又起,陆逊引大军从山谷中杀来。先主正慌急之间,此时天色已微明,只见前面喊声震天,朱然军纷纷落涧,滚滚投岩:一彪军杀入,前来救驾。先主大喜,视之,乃常山赵子龙也。……陆逊闻是赵云,急令军退。云正杀之间,忽遇朱然,便与交锋;不一合,一枪刺朱然于马下,杀散吴兵,救出先主,往白帝城而走。"(第八十四回)

其六,孔明预设"八阵图",迫使已经取得胜利的陆逊狼狈而归。作者说,"陆逊大获全功,引得胜之兵,往西追袭。前离夔关不远,逊在马上看见前面临山傍江,一阵杀气,冲天而起;遂勒马回顾众将曰:'前面必有埋伏,三军不可轻进。'即倒退十余里,于地势空阔处,排成阵势,以御敌军;即差哨马前去探视。回报并无军屯在此,逊不信,下马登高望之,杀气复起。逊再令仔细探视,哨马回报,前面并无一人一骑。逊见日将西沉,杀气越加,心中犹豫,令心腹人再往探看。回报江边止有乱石八九十堆,并无人马。逊大疑,令寻土人问之。须臾,有数人到。逊问曰:'何人将乱石作堆?如何乱石堆中有杀气冲起?'土人曰:'此处地名鱼腹浦,诸葛亮入川之时,驱兵到此,取石排成阵势于沙滩之上。自此常常有气如云,从内而起。'"陆逊率数骑入石阵观看,"方欲出阵,忽然狂风大作,一霎时,飞沙走石,遮天盖地。但见怪石嵯峨,槎枒似剑;横沙立土,重叠如山;江声浪涌,有如剑鼓之声。逊大惊曰:'吾中诸葛之计也!'急欲回时,无路可出。"幸诸葛亮预让岳父黄承彦在此等候,才将其引出阵外。陆逊叹曰:"孔明真卧龙也,吾不能及。"于是下令"班师"。(第八十四回)

以上诸多情节,无须逐一甄误,只要知道了以下诸点,便可知其全非。

第一,关兴、张苞二人没有参与战争。《三国志·关羽传》说,关兴"少有令问,丞相诸葛亮深器异之,弱冠为侍中,中监军,数岁卒"。这说明,关兴曾经受到诸葛亮的重用,并被授官,但夷陵猇亭战时,关兴年少,未预战事。否则,历史不会不做记载。《三国志·张飞传》说,"(飞)长子苞,早夭。次子绍嗣"。这说明,张苞死在张飞被杀之前,所以不得"嗣爵",而由他的弟弟张绍继承。既已"早夭",如何能够参加战争。因此,战争中凡与关兴、张苞有关的情节,都是不存在的。

第二,黄忠死于建安二十五年(公元220年),夷陵猇亭之战发生在章武元年(魏黄初二年,公元221年)至章武三年。人既已死,怎么能去勇战潘璋呢?

第三,战前吴国名将甘宁已故,所以《三国志·陆逊传》载,"刘备率大众来向西界,权命逊为大都督,假节,督朱然、潘璋、宋谦、韩当、徐盛、鲜于丹、孙桓等五万人拒之。"名单中没有甘宁的名字。既如此,自然不会阵前被杀。

第四,《三国志·潘璋传》记载,"刘备出夷陵,璋与陆逊并力拒之,璋部下斩备护军冯习等,所杀伤甚众,拜平北将军、襄阳太守。……吴嘉禾三年(公元234年)卒。"潘璋既然死在夷陵战争十年以后,又怎么可能被关兴"取心沥血,就关公神像前祭祀"呢?

第五,《三国志·吴主传》记载,吴黄武二年(蜀后主建兴元年,公元223年)六月,"(孙)权令将军贺齐督糜芳、刘邵等袭蕲春,邵等生虏(魏蕲春太守)晋宗"。糜芳既然两年后还活着,那么也就不可能存在两年前糜芳、傅士仁回到刘备那里去自找其死的事了。

第六,《三国志·朱然传》说,吴黄武元年(公元222年)"刘备举兵攻宜都,(朱)然督五千人与陆逊并力拒(刘)备。然别攻破备前锋,断其后道,备遂破走"。又说,"自创业功臣疾病,(孙)权意之所锺,吕蒙、凌统最重,(朱)然其次矣。(朱然)年六十八,赤乌十二年(公元249年)卒。"20多年后才死的人,作者让他28年前就被赵云枪挑了,实在是太过分了。

第七,关于诸葛亮布石为"八阵图",后人的确有些记载:北魏郦道元《水经注》说,"沔阳定军山有亮八陈(通阵)图";唐李吉甫《元和郡县志》说,"诸葛公八陈,在新都县北十九里";宋乐史《太平寰宇记》说,"夔州奉节县,本汉鱼复县。八陈图在县西南七里"。另《兴元志》说,"西县有武侯八陈图";《九州通志》说,定军山下有"八陈图"。诸葛亮所到之处,喜欢用石布阵,实属演练阵法的示意图,不知其详者走进去,有似迷宫,不易找到出口走出来。但摆在地上的石阵本身,是个"图",并不具备实时的战斗作用,什么"杀气冲天而起"、"狂风大作,飞沙走石,遮天盖地"、"怪石嵯峨,槎枒似剑;横沙立土,重叠如山;江声浪涌,有如剑鼓之声"云云,纯属臆断妄说。实际上,这是作者特加的抚慰读者之笔,刘备虽然失败了,但诸葛亮的预谋却让陆逊狼狈而回。自然,也是为了表达对刘备的同情和神化诸葛亮。

虽败犹荣

刘备常打败仗。有趣的是即使打仗失败了,《三国演义》也常抹上些光彩,使之虽败犹荣。

　　董承衣带诏事暴露,曹操杀董承及王子服、种辑等,夷其三族,并彻底知道了刘备参与其谋,因此更想将其除掉。刘备急遣孙乾与袁绍连合。曹操派遣司空长史刘岱、中郎将王忠击刘备,"不克",随即决定亲征。

　　我在前面已指出,曹操打了刘备一个措手不及。当时刘备错误地估计了形势,认为曹操正与大敌袁绍对峙,不能东顾;及至探子来报曹操兵马即到,便慌了手脚。《三国志·武帝纪》注引《魏书》说:"是时,公(曹操)方有急于官渡,乃分留诸将屯官渡,自勒精兵征备。备初谓公与大敌连,不得东,而候骑卒至,言曹公自来。备大惊,然犹未信。自将数十骑出望公军,见麾旌,便弃众而走。"曹操尽收其众,虏备妻子,进拔下邳,擒关羽,又击破昌豨。对于刘备"望风而逃"、置妻子于不顾、关羽被俘、关系刘备人生转折、但场面并不激烈的这次战争,《三国演义》特写了刘备、张飞劫寨失利和关羽死守下邳、力保刘备妻小、大战曹操名将夏侯惇、徐晃、许褚的场面,保全了刘备、关羽的面子,使刘备虽败犹荣,让关羽虽降而义。(第二十四、二十五回)

　　建安五年,袁绍为了牵制曹操曾派刘备率领本部兵马两至汝南。第一次,"绍遣刘备徇灅强诸县"。据说,"自许以南,吏民不安"。曹操"以为忧",遂使曹仁南征。曹仁打败刘备,"尽收诸叛县而还";刘备不敌,又跑回袁绍那里去。第二次,刘备到汝南后,即与黄巾龚都等部联合,有众数千人,击斩叶县守将蔡扬。① 不久,官渡之战结束,曹操"自南击先主"。据载,"公(操)南征备,备

---

　　① 《三国志·魏书·曹仁传》、《三国志·蜀书·先主传》。

闻公自行,走奔刘表,(龚)都等皆散。"①刘备逃依刘表时,曹操没有追击他。

《三国演义》却描绘出一场不存在的、有声有色的、虽败犹荣的、曹操与刘备的面对面的战争,说:"玄德与关、张、赵云等,引兵欲袭许都。行近穰山地面,正遇曹兵杀来,玄德便于穰山下寨。军分三队:云长屯兵东南角上,张飞屯兵于西南角上,玄德与赵云于正南立寨。曹操兵至,玄德鼓噪而出。操布成阵势,叫玄德打话。玄德出马于门旗下。操以鞭指骂曰:'吾待汝为上宾,汝何背义忘恩?'玄德曰:'汝托名汉相,实为国贼!吾乃汉室宗亲,奉天子密诏,来讨反贼!'遂于马上朗诵衣带诏。操大怒,教许褚出战。玄德背后赵云挺枪出马。二将相交三十合,不分胜负。忽然喊声大震,东南角上,云长冲突而来;西南角上,张飞引军冲突而来。三处一齐掩杀。曹军远来疲困,不能抵挡,大败而走。玄德得胜回营。"只是后来中了曹操的计,力战不胜,不得已才杀出重围,投奔了刘表。这样,刘备的形象,又大大提高了。(第三十一回)

刘备兵败当阳。《三国演义》虽然讲述了其惨败的情况,但同时加写了若干局部的胜利,以迎合读者不愿刘备失败和憎恶曹操猖狂的心理。例如,刘备使张飞率领二十骑兵断后,张飞"据水断桥",延迟了敌军对刘备的逼进,立有功劳。《三国演义》形容说,张飞倒竖虎须,圆睁环眼,手绰蛇矛,立马桥上……曹操亲自来看,张飞厉声大喝曰:"我乃燕人张翼德也!谁敢与我决一死战?"声如巨雷。曹军闻之,尽皆股栗。大将夏侯杰惊得肝胆碎裂,倒撞于

① 《三国志·魏书·武帝纪》。

马下。操便回马而走。于是诸军众将一齐望西奔走,"一时弃枪落盔者,不计其数,人如潮涌,马似山崩,自相践踏"。曹操"惧张飞之威,骤马望西而走,冠簪尽落,披发奔逃"。作者作诗称赞:"一声好似轰雷震,独退曹家百万兵。"这是什么?说穿了,这是"精神胜利法",是为了丑化曹操,给刘备挽回点面子。

隐其失败

有些刘备参与或指挥的战争,暴露了刘备的怯懦、乏谋,导致了失利或失败。《三国演义》为了顾全刘备的面子,特意将这些战争场面隐去了。

刘备参加过平定张纯反叛的战争,有史可据。但进军中,他突与叛军遭遇,受伤后装死,才幸免于难。史籍不载刘备有何战绩。《三国演义》隐去了不光彩的情节,而只说幽州牧刘虞"令玄德为都尉,引兵直抵贼巢,与贼大战数日,挫动锐气"。因此,"刘虞表奏刘备大功,朝廷赦免鞭督邮之罪,除下密丞,迁高堂尉。公孙瓒又表陈玄德前功,荐为别部司马,守平原县令"(第二回)。

建安末年,曹操后方政局不稳,决策错误,撤离汉中。刘备抓住时机,两路出兵,一是自己在法正的辅佐下,亲率赵云、黄忠、魏延等诸将,出东路,向汉中进兵;二是派遣张飞、马超、吴兰等,出西路,攻取曹操西北驻军重地下辩(今甘肃成县西)。

刘备自己直接指挥的军队,屯驻阳平关,微有进展,但他错误地低估了曹操军队的力量,派遣陈式等十余营兵力去切断马鸣阁栈道(在今四川昭化县境)。结果被曹将徐晃打得大败,蜀兵"自投山谷,多死者"①。本来处于进攻势头的刘备军队反而为敌反包围,失掉主动权,吃了败仗。刘备的主力部队攻张郃,虽然形成了包围形势,但也未能克敌制胜。据说,刘备"以精卒万余,分为十部,夜急攻郃。郃率亲兵搏战,备不能克。"②

张飞、马超、吴兰一路,"欲断(曹)军后",结果被曹操的骑都尉曹休和议郎辛毗等识破,曹军乘张飞、马超等"未集",突袭吴兰,大破之,斩吴兰将任夔等,吴兰逃亡中被氐人杀死。《三国志·先主传》说,刘备"分遣将军吴兰、雷铜入武都(即下辩),皆为曹公军所没"。张飞、马超败走汉中方向。

如此重要情节,《三国演义》概不反映。

四、掩盖其诡诈和失误

《三国演义》"白门楼吕布殒命"一节,比较客观地反映了曹操和刘备的心态,适量据史直书了刘备的诡诈。使读者得知刘备也存在着另外的一面。"曹操煮酒论英雄"一节,据史演绎了刘备善于谎对紧急事态和为防曹操加害而伪作后园种菜的故事。从而,使读者理解到刘备能在形势危急之时善为"韬光养晦"之举。

但是,刘备的更多的阴暗心理和作为被掩盖了,有些事实被颠倒了。甚至,有的记载本来很有利于说明刘备深得人心的形象,作者因怕产生负面影响,也有意不讲了。

移花接木,掩盖事实真相

史载,吕布、袁术被消灭,刘备追随曹操到了许都,曹操即以车

① 《三国志·魏书·徐晃传》。
② 《三国志·魏书·张郃传》。

胄为徐州刺史。不久,刘备、朱灵受命截击袁术,袁术南走而死,朱灵等还许,刘备遂据下邳。刘备据有下邳以后,为了彻底摆脱曹操,以求在徐淮地区发展,乘机杀死曹操所置徐州刺史车胄,留关羽守下邳(暂摄徐州刺史事),自还小沛(表明自己是名正言顺的豫州牧)。从此,刘备不再听从曹操的号令。所以,史称:"备到下邳,杀徐州刺史车胄,反。"①但《三国演义》却故意颠倒事情原委,说车胄接曹操钧旨教杀刘备。车胄伏兵瓮城边,欲待刘备到来,"一刀斩之"。可是,出此主意的陈登又把此谋"飞马"告知关羽和张飞。关、张假扮曹军,夜叫城门,"车胄只得披挂上马,引一千军出城;跑过吊桥。火光中只见云长提刀纵马直迎车胄,大叫曰:'匹夫安敢怀诈,欲杀吾兄!'车胄大惊,战未数合,遮拦不住,拨马便回。到吊桥边,城上陈登乱箭射下,车胄绕城而走。云长赶来,手起一刀,砍于马下,割下首级提回,望城上呼曰:'反贼车胄,吾已杀之;众等无罪,投降免死!'诸军倒戈投降,军民皆安。云长将胄头去迎玄德,具言车胄欲害之事,今已斩首。玄德大惊曰:"曹操若来,如之奈何?"云长曰:"弟与张飞迎之。玄德懊悔不已,遂入徐州。百姓父老,伏道而接。玄德到府,寻张飞,飞已将车胄全家杀尽。"(第二十一回)一场谋夺地盘、叛离曹操的行动变成了不得已而为之的自卫反击,并将杀人责任推到了张飞、关羽身上。

刘备鞭打督邮,史有明记。《三国志·先主传》说,"督邮以公事到县,先主求谒,不通,直入缚督邮,杖二百,解绶系其颈着马柳,弃官亡命。"《三国演义》为了塑造刘备的宽宏仁慈形象,竟移花接木,把刘备亲手做的这件事改作"张翼德怒鞭督邮",说:督邮无

① 《三国志·魏书·董昭传》。

礼,意欲索贿,勒令县吏诬告刘备"害民",刘备求免不得,张飞饮了数杯闷酒,乘马从馆驿前过,见五六十个老人,皆在门前痛哭。飞问其故。众老人答曰:"督邮逼勒县吏,欲害刘公;我等皆来苦告,不得放入,反遭把门人赶打!"张飞大怒,睁圆环眼,咬碎钢牙,滚鞍下马,径入馆驿,把门人那里阻挡得住,直奔后堂,见督邮正坐厅上,将县吏绑倒在地。飞大喝:"害民贼!认得我么?"督邮未及开言,早被张飞揪住头发,扯出馆驿,直到县前马桩上缚住;攀下柳条,去督邮两腿上着力鞭打,一连打折柳条十数枝。玄德正纳闷间,听得县前喧闹,问左右,答曰:"张将军绑一人在县前痛打。"玄德忙去观之,见绑缚者乃督邮也。玄德惊问其故。飞曰:"此等害民贼,不打死等甚!"督邮告曰:"玄德公救我性命!"玄德终是仁慈的人,急喝张飞住手。傍边转过关公来,曰:"兄长建许多大功,仅得县尉,今反被督邮侮辱。吾思枳棘丛中,非栖鸾凤之所,不如杀督邮,弃官归乡,别图远大之计。"玄德乃取印绶,挂于督邮之颈,责之曰:"据汝害民,本当杀却;今姑饶汝命。吾缴还印绶,从此去矣。"事实篡改了,目无"王法"的面目被"偷梁换柱"了,一个宽厚仁慈的刘备和一个胸怀坦荡、正义而莽撞的张飞,同时被加工出来。(第二回)

不写有损刘备形象的内容

《三国演义》的写作倾向很明确,对曹操"显其诈",对刘备"隐其恶"。所以刘备酷虐的一面和一些虚伪,大都被隐去了。

《三国演义》渲染的赵云"截江夺阿斗",吴将被杀,孙夫人只身回吴情景,考诸事实,基本上是不存在的。这个生动的情景,掩盖了刘备入蜀以后在法正的建议下主动"出妇"的作为。

刘备克蜀之后,施行峻刑苛法,"自君子小人咸怀怨叹"。《三国演义》基本没有反映这方面的事实。例如，前面提到的：

刘备根据自己的好恶律外妄杀治中从事彭羕；为报宿恨，挟嫌杀死后部司马张裕；为了避免死后亲生儿子的皇位受到威胁，以刘封"侵陵（孟）达"、"不救（关）羽"为由，赐养子刘封死，"使自裁"。

刘备对于阻碍自己谋王称帝的人，或抑之，或除之，从不手软。益州前部司马费诗劝刘备不要急于称帝，"由是忤指"，被降了职；尚书令刘巴和主簿雍茂，劝刘备缓称帝，刘备便找了一个别的理由把雍茂杀了，并使刘巴受到威慑，吓得刘巴惶恐万状，"惧见猜嫌，恭默守静，退无私交，非公事不言"。

最为难以让人理解的是，像赵云那样的战功累累的忠臣、宿将，只是因为克蜀之后某些政见和军事见解不同，便受到了压抑。《三国演义》关于关、张、赵、马、黄"五虎将"的排列，完全没有事实根据。事实是，刘备称王后，封关羽为前将军，张飞为右将军，马超为左将军，黄忠为后将军，赵云不得入列，而为翊军将军。据《汉书·百官志》载，大将军、骠骑将军，位次（按：相当于）丞相；车骑将军、卫将军、前后左右将军，"皆金紫，位次上卿"。而翊军将军是次于前后左右将军的一种名号将军，或谓杂号将军、列将军。刘备称帝，关羽、黄忠已死，右将军张飞升为车骑将军，领司隶校尉，并由新亭侯进爵为西乡侯；左将军马超升为骠骑将军，领凉州牧，由前都亭侯进封氂乡侯。而赵云仍为翊军将军，而刘备生前始终不给赵云封侯。

以上仅是几个典型的例子。此类情事，如果发生在曹操身上，那就不同了。《三国演义》对于曹操的酷虐变诈的一些事例，不仅大都书录在案，而且更加典型化、艺术化了，所以使得人们过目不忘。

另外，还有诸多用人不明、待人不公、疑虑并压抑蜀籍官员、拒谏、记仇报复和军事行动中表现出来的乏谋无能、色厉内荏、狼狈形象等，都没有得到应有的暴露。

其至，有些好事，如《三国志·先主传》说，刘备做平原相的时候，"郡民刘平素轻先主，耻为之下，使客刺之。客不忍刺，语之而去。其得人心如此"。这是一个非常有利于给刘备脸上贴金的故事，但不见于《三国演义》。原因就在于依作者看来这事非常不容易把刘备深得人心的话说圆，所以就舍而不用了。

另如，南朝宋人刘义庆《世说新语》中所反映的有关曹操的众多诡谲事例，几乎全收，而其中仅有的曹操问刘备"才"的记录，却不见提及。《世说新语·识鉴》载："曹公问裴潜曰：'卿与刘备共在荆州，卿以（刘）备才如何？'潜曰：'使居中国，能乱人，不能为治，若乘边守险，足为一方之主。'"这样的评论，虽然反映了一定事实，但在作者看来，无疑是贬抑之笔，所以不予著录。

五、渲染危难，突出其坎坷人生

刘备一生，坎坷多难，史不讳言。这些，在《三国演义》中，有的，因为不利于刘备的美好形象，被隐去了；有的，则不仅作了反映，而且更加渲染，使其更加形象化。下面是一些突出的例子。

渲染危难

在许都，刘备被董承拉进了除曹阴谋的活动，因而惶惶不可终日。曹操"煮酒论英雄"一番话，吓得他"手中所执匙箸，不觉落于地下"。故事本来已很精彩，《三国演义》作者又加写了关羽、张飞突入曹操后园，"见玄德与操对坐饮酒。二人按剑而立。操问二人何来。云长曰：'听知丞相和兄饮酒，特来舞剑，以助一笑。'"把

气氛渲染到了极致。(第二十一回)

在荆州,刘表的老婆蔡夫人和部属蒯越、蔡瑁等几次想把刘备除掉。《三国演义》根据几条简单的记载,演绎出"蔡夫人隔屏听密语,刘皇叔跃马过檀溪"大篇文字。史载,刘表使刘备屯新野,"荆州豪杰归先主者日益多,表疑其心,阴御之"①。《三国演义》将"阴御"变成"明斗",杜撰刘备失言"若有基本(按:指地盘),天下碌碌之辈,诚不虑也",使刘表产生疑虑。蔡夫人因而告诫刘表:"适间我于屏后听得刘备之言,甚轻觑人,足见其有吞并荆州之意。今若不取,必为后患。"同时,让蔡瑁"连夜点军",实施"就馆舍杀之"的阴谋。幸亏伊籍探知蔡瑁欲害刘备的阴谋,"黉夜来报",刘备才"急唤从者,一齐上马,不待天明,星夜奔回新野",躲过一难。随后,蔡瑁与蔡夫人又生一计,筹划了一次襄阳大会。刘备虽有疑虑,但没有理由不参加,只好让赵云带三百人马"围绕保护"。蔡瑁预请蒯越计议说:"刘备世之枭雄,久留于此,后必为害,可就今日除之。"并告诉蒯越,已经部署停当:"东门岘山大路,已使吾弟蔡和引军守把;南门外已使蔡中守把;北门外已使蔡勋守把;止有西门不必守把;前有檀溪阻隔,虽有数万之众,不易过也。"蒯越设计将赵云请入另席,"蔡瑁在外收拾得铁桶相似,将玄德带来三百军,都遣归馆舍,只待半酣,号起下手。"又是伊籍救了他,"酒至三巡,伊籍起把盏,至玄德前,以目视玄德,低声谓曰:'请更衣。'玄德会意,即起如厕。伊籍把盏毕,疾入后园,接着玄德,附耳报曰:'蔡瑁设计害君,城外东、南、北三处,皆有军马守把。惟西门可走,公宜速逃!'玄德大惊,急解的卢马,开后园门牵

① 《三国志·蜀书·先主传》。

出，飞身上马，不顾从者，匹马望西门而走。门吏问之，玄德不答，加鞭而出。门吏当之不住，飞报蔡瑁。瑁即上马，引五百军随后追赶。""玄德撞出西门，行无数里，前有大溪，拦住去路。那檀溪阔数丈，水通襄江，其波甚紧。玄德到溪边，见不可渡，勒马再回，遥望城西尘头大起，追兵将至。玄德曰：'今番死矣！'遂回马到溪边。回头看时，追兵已近。玄德着慌，纵马下溪。行不数步，马前蹄忽陷，浸湿衣袍。玄德乃加鞭大呼曰："的卢，的卢，今日妨吾！"言毕，那马忽从水中涌身而起，一跃三丈，飞上西岸，玄德如从云雾中起。"九死一生的场景，非常动人。（第三十四回）

　　在东吴，《三国演义》说，早在赤壁之战发动以前，周瑜就想把诸葛亮、刘备干掉。周瑜受孙权之命，统率三万人马，欲与刘备联合抗曹，同诸葛亮"一同登舟，驾起帆樯，迤逦向夏口而进"，先是谋划借曹操之手杀死诸葛亮，既而谋略被诸葛亮识破，不由摇首顿足说："此人见识胜我十倍，今不除之，后必为我国之祸。"结果反被诸葛亮戏弄。周瑜驻夏口，想把刘备诓来杀死，对刘备的来使麋竺说："欲见刘豫州，共议良策；奈身统大军，不可暂离。若豫州肯枉驾来临，深慰所望。"鲁肃问周瑜："公欲见玄德，有何计议？"瑜曰："玄德世之枭雄，不可不除。吾今乘机诱至杀之，实为国家除一后患。"鲁肃再三劝谏，周瑜只是不听，遂传密令："如玄德至，先埋伏刀斧手五十人于壁衣中，看吾掷杯为号，便出下手。"刘备与关羽乘小舟，并从者二十余人，赴江东。军士飞报周瑜："刘豫州来了。"瑜问："带多少船只来？"军士答曰："只有一只船，二十余从人。"瑜笑曰："此人命合休矣。"乃命刀斧手先埋伏定，然后出寨迎接。刘备引关羽等二十余人，直到中军帐，叙礼毕，乃分宾主而坐。周瑜设宴相待。酒行数巡，周瑜起身把盏，"猛见云长按剑立于玄德背后",大惊,汗流浃背,未敢动手。(第四十五回)以上都不是事实,事实是,已如前述,大敌当前,孙权已经决定同刘备联合抗曹。刘备得知周瑜带兵来,"单舸往见"。会见中,周瑜的确有点盛气凌人,但并没有借机杀死刘备的打算。

孙权嫁妹与刘备,意在"固好"。最多也不过像周瑜、吕范等人所想的那样,"徙备置吴,盛为筑宫室,多其美女玩好,以娱其耳目",瓦解他的斗志。《三国演义》不讲此间孙、刘两家"绸缪恩纪",关系暂有缓和的事实,而是大讲孙权、周瑜、吕范等设计欲害刘备的情节,幸乔国老帮助,吴国太喜欢上了这位"有龙凤之姿,天日之表"(按:即帝王之相)的"女婿"。及至"刘皇叔洞房续佳偶",入得房来,"灯光之下,但见枪刀簇满,侍婢皆佩剑悬刀,立于两旁,吓得玄德魂不附体"(第五十四回)。刘备想回荆州,用哭声和双膝下跪感动了孙夫人,夫妻毅然离开南徐。孙权得知,先后派出几路人马追杀。险情环生,危难重重,多亏孙夫人智退诸军,诸葛亮派军接应,周瑜"纵马逃命","赔了夫人又折兵",气得"金疮迸裂",不省人事。刘备化险为夷,回到荆州(第五十五回)。如此诸多生动的情节,自然都是小说家言。

在益州,刘备进围雒县,庞统"率众攻城,为流矢所中,卒"。《三国演义》根据《三国志·庞统传》这极简单的记载,绘声绘色地写了庞统代死的场面,说:刘备传下号令,军士五更造饭,平明上马。黄忠、魏延领军先行。庞统的坐骑,忽然"眼生前失,把庞统掀将下来"。玄德跳下马,亲自为庞统笼住那马,因对庞统说:"临阵眼生,误人性命。吾所骑白马,性极驯熟,军师可骑,万无一失。劣马吾自乘之。"遂与庞统更换所骑之马。庞统引军前进,张任军士遥指军中大将:"骑白马者必是刘备。"结果,蜀兵乱箭齐发,"只

望骑白马者射来",因使庞统在落凤坡被乱箭射死,刘备又逃过一难。(第六十三回)

哭藏异蕴

《三国志·先主传》说:"少语言,善下人,喜怒不形于色。"这大概是刘备的性格所使然。《三国演义》给刘备另加了一个特别的性格,即善哭。哭的原因和形式各有不同,但作者的立意很明确,不是丑化他,而是表现其"大志"、"大义"、"大德"和"善谋"、"多情",以及"能屈能伸"之能,以显现其坎坷多难的人生,以博得更多的同情和理解。

刘备被吕布打败,丢妻失子,奔投曹操。《三国演义》说,刘备"途次绝粮",曾到村中求食,"但到处,闻刘豫州,皆争进饮食。一日到一家投宿,其家一少年出拜,问其姓名,乃猎户刘安也。当下刘安闻豫州牧至,欲寻野味供食,一时不能得,乃杀其妻以食之"。刘备知之,"不胜伤感,洒泪上马"。(第十九回)这是见之于书的第一次哭,当属人之常情之哭,硬说其有什么目的,自然有失公允。而以后诸哭,就不那么简单了。

《三国演义》说,刘备见自己髀肉复生,不觉潸然泪下(第三十四回)。确有其事。这是刘备为了远离刘表驻地、避免不测、以求更好地发展自己的势力想出的计策。前已论及。

刘备闻徐庶要去,大哭;并假意说"先生既去,刘备亦将远遁山林矣";送别徐庶,就马上握徐庶手说:"先生此去,天各一方,未知相会却在何日!"说罢,泪如雨下。庶亦涕泣而别。(第三十六回)这是要折射刘备深爱人才,情动于中,从而感动了徐庶,使其身在曹营,"终身不设一谋"。实际上,徐庶到了人才汇聚的曹操那里,便算不上什么杰出的人物了,官至右中郎将、御史中丞,一生没有大的作为,实属情在其中,所以诸葛亮感叹说:"魏殊多士邪!何彼二人(按:指徐庶、石韬)不见用乎?"①

　　曹兵杀来,刘备弃樊城而走,百姓随者十余万。作者加写了一个生动场面:"两岸哭声不绝。玄德于船上望见,大恸曰:'为吾一人而使百姓遭此大难,吾何生哉!'欲投江而死,左右急救止。闻者莫不痛哭。船到南岸,回顾百姓,有未渡者,望南而哭。"

　　史载,刘备过辞刘表墓,"遂涕泣而去"。作者加写了刘备哭致的"望兄英灵,垂救百姓"的祷词。

　　史载,有人劝刘备"速行保江陵",刘备不忍,说:"济大事必以人为本,今人归吾,吾何忍弃去!"一般的对话,在《三国演义》中变成了"泣曰",并渲染为"临难仁心存百姓,登州挥泪动三军"悲壮场面。

　　以上三哭(第四十一回),陡然之间,一个"仁德之君"的形象便被树立起来了。

　　赵云长坂坡救阿斗,杀透重围,血满征袍,"见玄德与众人憩于树下,云下马伏地而泣,玄德亦泣"。(第四十二回)此地此情,不能不哭。败兵折将,从者十余万遭殃,妻死子失,仅与数十骑得免,前途茫然,不知所在。事实凿凿,作者无法避开,不能不写。同时写到刘备伤心痛哭,亦属理所当然。否则,刘备的有德、有义、有

――――――――――

　　① 《三国志・蜀书・诸葛亮传》。

情的形象，便要大打折扣了。

刘琦病亡，刘备闻知，"痛哭不已"。诸葛亮劝刘备说："生死分定，主公勿忧，恐伤贵体。且理大事：可急差人到彼守御城池，并料理葬事。"刘备即时便教云长前去襄阳保守。刘备说："今日刘琦已死，吴必来讨荆州，如何对答？"诸葛亮说："若有人来，亮自有言对答。"（第五十三回）刘备以刘琦为荆州牧，乘机在荆州地盘获得了重大发展。刘琦既亡，他同孙权的关系便会立即紧张起来，所以情绪上有点激动是可能的。但从刘备与诸葛亮的对话和后来诸葛亮对鲁肃高论"刘皇叔当有荆州"中不难看到，《三国演义》安排此哭，纯粹是为后文对付东吴讨荆州张本。

刘备东吴招亲，久之，闻知荆州"有警"，入见孙夫人，"暗暗流泪"，跪告孙夫人说："备欲不去，使荆州有失，被天下人耻笑；欲去，又舍不得夫人。"孙夫人被感动了，不仅愿意跟随他回荆州，而且智退孙权、周瑜、程普等派来的追杀部队。（第五十五回）哭之为用，可谓妙极。自然也得到了读者的认可和同情。

又说，刘备来到刘郎浦，沿江岸寻渡，"一望江水弥漫，并无船只"，俯首沉吟，"蓦然想起在吴繁华之事，不觉凄然泪下"。作者评谓"谁知一女轻天下，欲易刘郎鼎峙心"，适度地反映了刘备的"平凡"的一面。（第五十五回）这是作者从"人之常情"的角度去写刘备，拉近了读者与主人公的情感，从而让读者从紧张的情绪中回到平静，从刘备的泪面上去领会人生。

孙、刘两家为"借荆州"、"索还荆州"事斗争激烈，最终难免兵戎相见。《三国演义》加写了一个用哭解除危机的场面，说：孙权命鲁肃去"索还"荆州,刘备根据诸葛亮授意,"掩面大哭"。诸葛亮对鲁肃说:"当初我主人借荆州时,许下取得西川便还。仔细想来:益州刘璋是我主人之弟,一般都是汉朝骨肉,若要兴兵去取他城池时,恐被外人唾骂;若要不取,还了荆州,何处安身? 若不还时,于尊舅(按:指孙权)面上又不好看。事实两难,因此泪出痛肠。"孔明说罢,触动刘备衷肠,"真个捶胸顿足,放声大哭"。鲁肃是个宽仁长者,见刘备如此哀痛,只得应允去说服孙权"再容几时"。(第五十六回)一次严重的争土拓地之争,被刘备的眼泪化解了。

《三国演义》说,刘备在荆州盛宴款待张松,十里长亭饯行,刘备举杯对张松说"甚荷大夫不外,留叙三日,今日相别,不知何时再得听教",言罢,潸然泪下。动之以情,眼泪深深打动了张松,使其不由自思:"玄德如此宽仁爱士,安可舍之,不如说之,令取西川。"随即献上了军事地图。(第六十回)为后面刘备进军益州张本。真可谓:眼泪一滴,不啻雄兵十万。

《三国演义》说,刘璋与简雍同车出城投降,刘备出寨迎接,握手流涕曰:"非我不行仁义,奈势不得已也!"(第六十五回)这样的哭,简直无异于人们常说的"鳄鱼的眼泪",但作者却要通过此情此景表现刘备的"仁德"。

至于闻知关羽遇害,号哭终日,"一日哭绝三五次,三日水浆不进,只是痛哭,泪湿衣襟,斑斑成血"(第七十八回),张飞被杀,放声大哭,昏绝于地(第八十一回),自然属于情理中事。

《三国演义》在刘备弥留之际,让他做了最后一哭,说:刘备病入膏肓，又哭二位结义兄弟，其病愈深，两眼混花，"忽然阴风骤起，将灯吹摇，灭而复明，只见灯影之下，关、张二人侍立。刘备起而视之，上首乃云长，下首乃翼德也。刘备扯定大哭"。在此，作者特意撰述三兄弟"集首"于病榻之旁，并让关羽告诉大哥"上帝以臣二人平生不失信义，皆敕命为神"，预示大哥也将仙逝为神，呼应并完成了作者所设定的"但求同年同月同日死"的"大义"之举（第八十五回）。

刘备以哭终命，显然不是大的政治家的形象，但足可博得广泛同情。

赘言：我如上叙说《三国演义》对于刘备形象的塑造，是不是要否定《三国演义》这部著作呢？不，绝对不。我一直认为，《三国演义》是中国历史上最具经典意义的伟大的文艺作品之一。《三国演义》的思想倾向，代表着一个时代的思想潮流，它在充分渲染曹操诡谲奸诈、残忍少信及其无君之心的一面的同时，尽力塑造刘备的正面形象，突出他的忠勇，渲染他的智能义德，夸张他的事功，不讲或少讲他的弱点和错误，回避他的虚伪酷虐，都是著作的主题思想所要求的。这种经过艺术加工过的曹操和刘备，已经不是或不完全是原来意义上的曹操和刘备。我在《曹操评传》一书中说过，这种差距是应该允许的，因为它是文艺作品，是历史小说，而不是历史书。

历史著作要求的是史实本来面目的记述和探索，是历史经验和历史教训的总结，以及由此得出的规律性结论，进而让读者得到或增长历史知识，从历史中汲取营养，受到历史的、政治的、道德的，以及艺术的、科技的等诸多方面的教育；文艺著作，包括历史小说和戏剧，是服务于一种大的思想前提下的形象思维作品，而这种前提往往是作者所处社会和历史环境所决定了的,作者可以根据时代和作品本身的需要,在大的思想前提下,在大的历史框架内引述、素描、渲染,甚至虚构某些历史场景和人物。所以,历史著作和文艺作品中的历史人物有一致的地方,但常有或更多的是差别,甚至迥然不同。这一点,自然会在一定范围内造成一些混乱,但是,它们的社会、思想作用,却在某种意义上又可能是殊途同归的。正因如此,二者完全可以并行不悖而绝对不能相互取代。

《三国演义》鞭笞诡诈邪恶、褒扬义德忠勇的积极意义,以及描述战争场面和众多人物而取得的可喜的愉悦人心的艺术价值,是永生的。它的负面作用,始终是第二位的。关键的问题是,我们必须时刻不忘,《三国演义》中的人物和历史中的真实人物,特别是曹操、刘备、诸葛亮等重头人物,是不同的,或不完全相同的。否则,我们获得的知识将是片面的,或是混乱的。

后　记

有两个因素促使我完成了《刘备传》这本书。一是《曹操评传》和《曹操传》出版后，不少朋友鼓励我做拓展性研究。二是自己在撰写《曹操评传》等书时形成了对三国人物的一些看法，想再进一步说一说。

本书试图勾勒出历史人物的本来历史面目，所以书中刘备和诸葛亮等许多人物的形象不同于《三国演义》和以《三国演义》为基础衍生出来的诸多文艺作品中的形象。取材是否有失偏颇，置评是否得当，都将接受读者和时间的检验。

在本书写作和出版过程中，人民出版社社长黄书元、副社长陈有和、历史编辑室主任乔还田等许多朋友给了很多鼓励和实际帮助，谨向他们表示衷心感谢。

2004 年 3 月

重印后记

本书是一本学术性历史人物传记，写作时注意向读者提供可靠的历史根据，力求在原始材料的基础上更客观地反映人物的本来面目，因此引文较多。这样写作，得到了学界和文化基础较好的读者的认可，但也为不少读者带来了阅读困难。为了更方便广大读者阅读这本著作，作者借此重印之机对于一些难懂的引文和表述作了简短的释义性夹注。夹注的文字是否真切地体现原意，难免见仁见智，仅供参考。同时，本次重印，作者还订正了原稿和第一次印刷中出现的错讹，并对少数评述性的文字作了一些修改。因此，敬请读者注意文中与以前印刷本不同处，皆以此为准。

2014 年 4 月

责任编辑：于宏雷

图书在版编目（CIP）数据

刘备传/张作耀 著.-2 版.-北京:人民出版社,2015.3(2025.8 重印)
（中国历代帝王传记）
ISBN 978-7-01-014439-9

Ⅰ.①刘…　Ⅱ.①张…　Ⅲ.①刘备(161~223)-传记
　Ⅳ.①K827＝362

中国版本图书馆 CIP 数据核字(2015)第 018689 号

刘 备 传
LIUBEI ZHUAN

张作耀　著

人 民 大 版 社 出版发行
（100706　北京市东城区隆福寺街 99 号）

北京新华印刷有限公司印刷　新华书店经销

2015 年 3 月第 2 版　2025 年 8 月北京第 3 次印刷
开本:850 毫米×1168 毫米 1/32　字数:303 千字　印张:13　插页:1

ISBN 978-7-01-014439-9　定价:45.00 元

邮购地址 100706　北京市东城区隆福寺街 99 号
人民东方图书销售中心　电话 (010)65250042　65289539